우리철학총서 특집호

오늘의 한국철학,
그리고 우리철학

우리철학총서 특집호

오늘의 한국철학, 그리고 우리철학

조선대학교 인문학연구원
우리철학연구소 지음

學古房

한국에서 철학하기

21세기가 진행 중인 오늘날 우리 사회는 여러 문제가 중층적으로 드러나고 있다. 세계 유일의 분단국이라는 상황이 빚어내는 민족적 아픔이 있고, 신자유주의 이념의 확산에 따른 다양한 형태의 소외 현상이 사회적 갈등으로 표출되고 있다. 또한 도구적 이성의 일반화에 따른 생태계 파괴와 인간성 상실의 문제도 빈번하게 발생하고 있다.

이러한 시대 문제가 산적한 한국의 현실에서 철학은 어떠한 역할을 할 수 있을까? 그동안 한국의 철학계는 이러한 문제에 어떻게 대응했는가? 앞으로 우리의 철학은 어느 방향으로 향해야 하는가? 한국의 철학자들은 자신의 철학함을 어떻게 규정해야 할까? 이러한 구체적인 현실 문제에 집중하기보다 형이상학적인 고담준론高談峻論을 즐기는 것으로 만족해야 할까? 특정 시기 특정 지역의 문제보다 보편적인 인류의 근본 문제 해결에 집중해야 할까? 이러한 문제에 직접 개입하기보다 이전 시대 혹은 다른 나라에서 정립된 이론을 수용하여 우리의 현실에 적용하면 될까?

이와 같은 물음에 대한 반응은 철학자마다 다르게 나타날 수 있다. 다양한 반응 속에는 공통점과 차이점이 공존할 수 있지만, 보편과 특수의 문제로 정리할 수 있다. 이 보편과 특수의 관계 문제는 절대와 상대, 형이상학과 변증법 등의 문제와 연계될 수 있다. 특수보다 보편을 강조할 경우, 절대와 형이상학을 각각 상대와 변증법보다 중시하는 경향을 보인다. 또한 보편보다 특수를 강조할 경우, 상대와 변증법을 각각 절대와 형이상학보다 중시하는 경향이 있다. 전통적으로 철학사에서는 특수보다 보편을 중시하는 관점도 있고, 특수로부터 보편을 도출하는 관점도 있다.

한국의 현대철학사는 이러한 문제에 대해 시사점을 제공한다. 그것은 '철학哲學' 용어의 탄생과 관련된다. 이 '철학'이란 용어는 근대전환기에 일본사람 서주西周가 'Philosophy'를 번역한 개념이다. 유학儒學의 폐기와 서양 근대 문명을 추종했던 그는 동아시아의 전통적 사유를 철학의 범주에서 제외시키고, 서구적 사유를 '철학'으로 여겼다. 곧 복택유길福澤諭吉, 서주, 가등홍지加藤弘之 등 근대 동아시아의 학문체계 형성에 깊이 관여했던 일본의 사상가들은 유·불·도를 중심으로 하는 전통적인 동아시아의 사유방식을 지양하고, 서구 중심주의적 사고를 지향하였다.

특히 일제강점기와 20세기 후반기에 한국의 제도권에 속한 철학계는 동아시아의 전통철학보다 서양철학이 주류를 이루었다. 그 결과 많은 사람들에게 서양철학은 보편, 동양철학은 특수로 여겨졌다. 이 시기 철학과를 개설한 대부분의 대학에서 교과목의 구성은 동양철학보다 서양철학을 더 많이 편성했다. 교수의 수에서 서양철학 전공 교수가 동양철학 전공 교수를 압도했기 때문에 학생들은 자연스럽게 동양철학보다 관념론 계열의 서양철학에 익숙해졌다.

이 무렵 일부의 철학자들이 학문의 균형 발전과 동·서양철학의 유기적인 결합을 통한 우리철학의 정립을 위해 노력했지만, 상당수 연구자들은 여전히 관념론 계열의 서양철학을 무비판적으로 소개하고 전파하였다. 동양철학을 전공하는 상당수 연구자들도 현실의 문제의식 속에서 전통철학을 주체적으로 탐구하지 않고, 훈고학적인 관점에서 전통철학을 맹목적으로 소개하였다. 따라서 이 무렵의 철학 교육과 연구 풍토는 일부를 제외하고, 상당수가 비주체적인 관점에서 서양의 관념론과 동양 전통의 관념론을 가르치고 소개하는 경향이 강했다.

이러한 비주체적인 교육과 연구 풍토는 대부분의 철학 내용이 우리의 현실 문제가 배제된 상태에서 우리의 삶과 직접적으로 관계하지 않는 다른 나라 사람들의 사유와 옛날 사람들의 사유가 보편의 이름으로 우리의 정신세계에 막대한 영향을 끼쳤다.

그러나 이러한 비주체적이고 비실제적인 철학 연구의 풍토는 20세기 후반의 민주화 과정을 겪으면서 새로운 국면을 맞는다. 이 시기에 많은 철학자들은 자본주의를 배경으로 하여 형성된 자유주의 이념을 중심으로 하는 서양의 관념론적 세계관에 대해, 시대를 초월하는 절대 보편이 아니라 특수한 시대에 특수한 계층을 대변하는 이론이라고 생각했다. 그들은 철학 이론 역시 역사의 산물로 여긴다. 이것은 그들이 철학 이론을 초시공의 절대 보편이 아니라, 시대와 장소에 따라 생멸할 수 있는 특수로 여기는 것이다. 그들은 선험적인 보편으로부터 구체적인 특수가 정해지지 않고, 구체적인 특수로부터 시작하여 특수와 특수의 유기적인 결합에 의해 보편이 형성되는 것으로 생각한다. 따라서 그들은 보편을 절대자에 의해 주어지는 것이 아니라, 그 시대를 사는 사람들의 협의와 합의를 통해 만들어가는 공속의식으로 생각한다. 이러한 의식은 한국의 철학연구자들에게 무비판적인 외국철학의 소개와 맹목적인 전통철학의 부활에 문제를 제기하며, 지금 이 땅에서 발생하는 문제들을 외면하지 않도록 유도한다. 이는 철학을 시대 문제를 해결하기 위한 사유체계이며 실천 활동으로 여기는 것이다. 따라서 이러한 관점은 현재 우리 앞에 펼쳐지는 수많은 문제에 대해 철학자들이 깊이 개입할 것을 요구한다.

조선대학교 우리철학연구소는 한국의 철학계에 남아 있는 비주체적인 철학 풍토를 비판적으로 성찰함과 아울러, 통일 시대에 부응하는 보편성을 담보한 21세기형 우리철학의 정립을 목표로 2014년에 설립되었다. 본 연구소는 2014년 5월의 "우리철학 어떻게 할 것인가? - 수입철학과 훈고학을 넘어서 - "라는 주제의 창립 기념 학술대회부터 2018년 5월의 "서양철학의 한국화 및 우리철학의 성찰과 전망"의 학술대회까지 매년 의미 있는 학술대회의 개최와 활발한 학술활동을 통해, 우리철학의 개념과 범주, 토대와 현황, 방법과 방향 등에 관해 연구를 진행해왔다.

이 책에 수록된 11편의 글은 모두 본 연구소의 취지에 부응하는 글이다. 특히 「동양철학 연구현황과 과제 - 동양철학연구 50년사」(최영성), 「중국 전통철학의 연구 의미」(이철승), 「우리철학의 길」(김교빈) 등 3편의 글을 제외한 「동양철학 연구방법론의 궁핍과 문제점, 그리고 모색」(홍원식), 「북한철학의 패러다임 변화와 사상적 특징」(이병수), 「서양고대철학의 수용과 한국화의 전망」(장영란), 「독일철학의 한국적 수용을 위한 시도 - 헤겔과 함께 헤겔을 넘어서」(나종석), 「서양철학의 수용과 프랑스철학의 위상」(류종렬), 「영미철학의 수용방식과 우리철학의 가능성」(이유선), 「기독교 토착화의 필요조건과 충분조건」(송명철), 「마르크스주의 철학의 수용과 나」(김재현) 등 8편의 글은 본 연구소에서 개최한 학술대회에서 발표한 글을 수정하고 보완한 것이다.

이 책은 우리철학 정립의 토대 구축이라는 프리즘을 통해 동양철학 분야와 서양철학 분야를 망라한 한국 철학계의 연구 동향을 분석하고, 바람직한 우리철학의 길이 무엇인지를 모색한다.

동양철학 분야에서 최영성은 1945년부터 2000년까지 유·불·도를 중심으로 하는 동양철학 관련 연구 현황을 종합적으로 분석하였고, 홍원식은 동양철학 연구 방법론의 문제점을 분석하였으며, 이철승은 중국 전통철학을 연구하는 한국인의 의미를 분석하였고, 이병수는 북한의 핵심 철학인 주체사상의 역사적인 위상과 특징을 분석하였다.

서양철학 분야에서 장영란은 서양고대철학의 한국적 수용과 의의에 대해 분석하였고, 나종석은 헤겔을 중심으로 한 독일 관념론에 배태된 서구중심주의의 문제와 대동민주 유학을 집중적으로 조명하였으며, 류종렬은 논리와 수학의 상층 대 생명과 영혼의 심층이라는 프리즘으로 서양철학사의 특징과 프랑스철학의 위상을 분석하였고, 이유선은 초시공의 관점이 아니라 역사적인 산물의 측면에서 영미철학의 수용방식과 우리철학의 가능성을 논구하였으며, 송명철은 한국적 신학 수립을 위한 기독교 토착화의 문제를 취급하였고, 김재현은 자신의 삶과 마르크스주의 철학의 관계에 대해 진솔하게 고백하였다.

김교빈은 우리철학의 정립 과정에 주체성, 비판적 사유, 열린 마음 등의 자세가 필요함을 지적하고, 우리철학의 나아갈 길을 논구하였다.

이 책은 조선대학교 우리철학연구소가 발행하는 총서 사업의 일환으로 기획되었다. 이 책은 우리철학의 정립에 필요한 기초 자료를 제공하는 성격을 띠고 있다. 조선대학교 우리철학연구소는 앞으로 우리철학 정립과 관련된 총서를 계속 발행할 것이다. 이 책과 이후에 발행될 본 연구소의 총서가 21세기형 우리철학의 정립 방면에 생산적인 도움이 되기를 기원한다.

2019년 2월
글쓴이들을 대표하여
조선대학교 우리철학연구소장 이철승

한국 철학계의 연구동향

한국 철학계의
연구동향

동양철학 연구현황과 과제
- 동양철학연구 50년사(1945-2000)

최영성

1980년대 이래 동양철학에 대한 연구는 실로 황금기를 구가謳歌하였다고 해도 과언이 아니다. 해가 갈수록 연구 논저들이 집적되어 20여 년이 지난 오늘에는 데이터 뱅크를 운영하지 않으면 안 될 상황에까지 왔다.1) 광복 이후 학계에 발표된 연구 성과들을 일별一瞥할 때, 1950년대부터 1960년대까지는 연구 인력이 제한되어 있었고, 연구의 방향이나 수준이 전반적으로 보잘 것 없었다. 이것은 동양철학 분야에만 국한된 것은 아니고, 기실 동양학 및 한국학 전체에 해당되는 상황이었다. 그러다가 연구영역이 확대되고 주제가 다양하게 되어, 양과 질 두 측면에서 어느 정도 수준을 유지하게 된 것은 대개 1970년대 후반부터였으며, 1980년대에 이르면 질·양면에서 '다양화'가

---

 * 이 글은 한국사상문화학회의 『한국사상과 문화』제10집에 게재한 논문 「東洋哲學 硏究 五十年史」의 일부를 수록한 것이다.

 1) 한국철학사연구회에서는 1997년 불함문화사를 통해 『한국유학사상 논문선집』 99책을 영인, 간행한 데 이어 『한국실학사상 논문선집』(22책), 『茶山實學思想 논문선집』(13책), 『중국사상 논문선집』(38책) 등을 계속적으로 펴냈으며, 2000년 3월에는 위의 성과를 종합하고 수정, 보완하여 '한국사상논문선집' 150권을 발간한 바 있다. 2001년 3월 무렵에도 약 50권 분량의 補遺篇이 나올 예정으로 있다. 본고를 작성하면서 이에 많은 도움을 받았음을 밝혀둔다.

하나의 보편적 현상이 되었다. 2000년 말 현재 시점에서 보면, 1990
년대 후반 5년 동안에 나온 연구업적들이 1980년대 10년 동안 생산
된 것을 훨씬 넘어설 만큼, 그야말로 '폭발적'인 증가를 보였다. 이러
한 추세는 여러 가지 측면에서 설명될 수 있을 것이다. 그러나 무엇
보다도 우리나라 대학이 1960년대 이후로 웬만큼 안정을 기할 수 있
었고, 또 꾸준하게 증가하여 많은 졸업생들이 배출된 것과 무관하지
않다. 1960년대 이후 대학을 졸업한 학인들이 국내 또는 국외에서 계
속 학문을 연마하여 연구업적을 낼 정도에 이른 시기가 1980년대였
던 만큼, 당시에 와서 그 결실을 맺은 것이라 할 수 있다.[2]

　오늘날 우리는 어느 곳에서 어떠한 연구물들이 나오고 있는지 일
일이 체크할 수 없을 정도가 되었다. 이러한 때 광복 이후 동양철학
의 연구 성과와 발달과정을 되돌아보는 것도 의미가 있으리라고 본
다. 더욱이 20세기를 마감하고 새로운 천 년을 맞이하는 시점이기에
그 필요성이 있는 것이다. 다만, 회고하는 데서 그치는 것이 아니라,
동양철학 연구의 현재적 수준을 점검하고, 아울러 미래적 전망을 곁
들이는 것이 필요할 것이다. 본고에서는 1945년 광복으로부터 2000
년까지 지난 50여 년 동안 동양철학이 어떠한 과정으로 어느 정도의
수준을 유지하면서 발달해 왔는지, 그 역사적 흐름을 개관槪觀하고,
또 이를 바탕으로 하여 21세기 동양철학 연구의 새로운 전망과 방향
을 가늠해 보고자 한다.

　'동양철학 연구사'라 할 수 있는 이 글은 저간這間 한국에서 동양
철학이 어떻게 발전해 왔는가를 현재 시점에서 중간 결산해 본다는

---

2) 李恩奉, 「해방후 한국종교 연구의 흐름과 관심」, 1995년 추계 한국종교학회발
　표문, 1쪽 참조.

16 한국 철학계의 연구동향

원초적 의미를 지니는 것만은 아니다. 비록 간접적으로 엿볼 수밖에 없기는 하지만, 동양철학의 학문적 특성 및 연구현황 등을 종합적으로 소개함으로써, 우리나라에서 동양철학의 학문적 위상을 제고提高하는 데 나름대로 기여할 수 있다고 본다. 또한 여러 연구업적들을 통해서 동양철학의 연구방법론과 동양철학을 하는 자세, 동양철학의 현대적 의의 등에 대한 진지한 반성과 토론의 장場이 마련될 수 있다고 생각한다. 필자는 이 연구사를 통해 앞으로 동양철학의 진로와 방향성에 대해서도 일정하게 비판적 좌표를 이끌어 낼 수 있을 것으로 기대한다. 동양철학이 과거는 물론 오늘과 미래에도 긍정적으로 기능할 수 있다는 확신을 갖는 데 기여하게 되기를 바란다.

본고에서는 동양철학의 범위를 주로 유교·불교·도교에 한정시켜 논하고자 한다. 다만 불교의 경우, 현재 살아 있는 종교이자 철학사상이기 때문에, 여러 가지 면에서 다루기 어려운 점이 있다. 실제로 불교에 대한 종래의 연구는 순수하게 철학적 입장에서보다도 교학적敎學的 측면에서 이루어진 것이 많은 게 사실이다. 따라서 철학을 전공한 필자의 입장에서 불교에 대한 연구사를 요령 있게 정리한다는 것은 참으로 어려운 일이라 하지 않을 수 없다. 불교에 대한 직접 서술은 후일을 기약하면서, 유가철학과 도가철학을 중심으로 하여 서술하고자 한다.3) 동양철학의 지역적 범위는 분류자에 따라, 한국철학·중국철학·인도철학·일본사상·동서비교철학 등으로 분류하기도 하지만, 본고에서는 크게 한국철학과 중국철학 두 부분으로 나

---

3) 본고의 성격상 도가와 도교를 엄격히 구분하여 논술하기로 하며, 동학(천도교)·증산교·원불교 등 근대종교에 대해서는 종교적 측면에서 이해하여, 서술에서 제외하기로 하였다.

누어 서술하기로 한다. 검토 대상이 되는 논저는 단행본과 박사학위 논문, 국내의 주요 학술지에 실린 논문을 주로 하되, 특별한 경우 연구보고서까지도 포함시키기로 한다. 또 순수하게 학문적 성격을 띠는 자료를 대상으로 하는 만큼, 종래의 논의를 반복하거나 재정리한 논문 등 학술적 가치가 떨어지는 것은 원칙적으로 제외한다. 다만, 논의의 대상에는 순수하게 철학적 문제의식을 담은 논저뿐만 아니라, '사상적' 차원에서 논할 수 있는 논저들까지도 상당수 포함시켜 서술하기로 한다.

1 동양철학 발전의 역사적 과정

1) 대학교육과 동양철학

한국에서 철학을 전공하는 학도들이 배출되기 시작한 것은 1920 년대부터였다. 1926년 경성제국대학에 철학과가 설치됨으로써, '철학'이 대학에서 교육되기 시작하였다. 당시 국내 학생들이 철학을 공부할 수 있는 유일한 곳이 경성제대 철학과였다. 일제 시기 동양철학과 관련 있는 교육기관으로는 경성제대 철학과(支那哲學 강좌)와 불교계통의 혜화전문학교惠化專門學校(동국대학교 전신), 유교계통의 명륜전문학교(성균관대학교 전신)가 있었지만, 경성제대는 일제가 정책적으로 서양철학을 중점 교육하였으며, 두 전문학교는 엄밀히 말해서 '철학'보다는 경학經學과 한학漢學 일반을 가르치는 곳이었다고 하는 편이 정확할 것이다. 경성제대 초창기 출신으로는 김계숙金桂淑(1905-1989)·권세원權世元·조용욱趙容郁(1902-1991)·민태식閔泰植(1903-1981)·배상하裵相河(1906-?)·안용백安龍伯(1910-1977)·고유섭高裕燮

(1905-1944)·신남철申南澈(1907-?)·박종홍朴鍾鴻(1903-1976)·박치우朴致祐 (1909-1949)·고형곤高亨坤(1906-2004) 등을 들 수 있다. 이들은 거의 서양철학(교육학·미학 포함)을 전공하였고, 지나철학을 전공한 이는 조용욱과 민태식 두 사람뿐이었다. 이처럼 한국철학, 동양철학을 연구하는 학자가 전무하다시피 하였기 때문에, 당시부터 1960년대에 이르기까지 약 30년 동안은 '철학' 하면 의례히 서양철학을 일컫는 것으로 통용되었다.

광복이 되자 서울대학교를 비롯한 몇몇 대학에서 철학과를 설치했다. 그러나 대학 철학과의 커리큘럼은 서양철학 일색이다시피 하였고, 전통사상에 대한 배려가 너무도 소홀하였다. 다소의 강좌·세미나 등이 없는 것은 아니었으나 '십한일폭十寒一暴' 격으로 볕을 쬐는 둥 마는 둥 하였다. 1961년에 와서야 국립서울대학교의 학부과정에 '한국철학사'가 개설되었다는 것은 지금의 현실에서 볼 때 매우 부끄럽고 안타까운 일이 아닐 수 없었다.

돌이켜 보건대, 광복 이후로 1960년대까지는 동양철학을 전공하는 학자가 매우 드물게 배출되었다. 사회 전반적으로 여건이 몹시 열악하여 학문할 수 있는 분위기와 확고한 학자상學者像이 제시되지 못하였고 문화의식 또한 뚜렷할 수 없었다. 이런 까닭에 당시로서는 '버려진 학문'이나 다름없는 동양철학을 전공하여 빼어난 연구업적을 내기란 지극히 어려운 일이었다. 이 때 유학을 교시로 하는 성균관대학교, 불교계통의 동국대학교 이외에 다른 대학에서 동양철학에 관계된 독립학과는 물론 없었고 동양철학에 종사하는 학인들은 극소수에 불과하였다. 동양철학은 가르칠 교수조차 구하기 어려운 실정이었다. 실로 학문적·사상적 단절현상의 심화를 걱정해야 했던 시절이었다. 이 시기의 정황을 좀 더 살펴보기로 한다.

…… 1950년대 동란動亂의 와중에서 유학 연구와 출판을 아울러 수행하기는 지극히 어려운 일이었다. 이제 국학이나 유학儒學 연구는 누가 말려서 못하는 것이 아니었다. 그러나 여건이 대단히 불비不備하였다. 이 시기에 있어서 연구인력의 대폭적인 증가는 기대하기 어려웠으며, 아직도 일제시기로부터 흘러온 타성과 구미의 서양 사조가 섞여서 풍미風靡하는 정황을 보여 주었다 할 것이다. 그러나 사회적으로 일반 세태는 그러할지라도 유명·무명의 학인들이 조용히 성장하고 있었다. 대학에서 유학을 탐구할 수 있는 곳은 1946년부터 현대 대학으로 다시 출발한 성균관대학에 전공학과를 두게 되었으며, 경향간의 소수대학에서 수삼인도 못되는 교수들이 개별적으로, 형편 되는대로 가르칠 뿐이었다. 광복 이후 6·25를 거치면서 유학 연구의 중요성을 소신 있게 강조하고 교육을 기구화·조직화하며 진취적으로 고취하는 사례를 보기란 쉬운 일이 아니었다. 신학문을 한 사람은 고전을 모르고, 반대로 고전을 아는 사람은 새로운 학문에 어두웠다. 후학들이 유학을 연구할 수 있는 문호가 별로 없었다. 그러므로 초기에는 젊은 학자로서 끝까지 유학에 종사했던 숫자는 중견학자를 포함하여 전국을 통틀어 손가락을 헤아릴 정도였다.4)

이러한 상황에서 성균관대 동양철학과의 구실은 참으로 중요한 것이었다고 하겠다. 1970년대 이후로 고려대·연세대·충남대 등 몇몇 대학 철학과에서 동양철학 전공자가 상당수 배출되고, 1980년대 이후로는 안동대학교·경산대학교(대구한의과대학의 후신) 등에 동양철학과가 설치됨으로써, 동양철학 전공자가 비약적으로 증가하는 상황을 맞이했지만, 아직까지도 성균관대 동양철학과 내지 유학대학

---

4) 이동준, 「광복 50년, 한국유학의 사상사적 위상과 전망」, 『광복 50주년 국학의 성과』, 한국정신문화연구원, 1996 ; 『유교의 인도주의와 한국사상』, 266쪽.

출신 학자의 비중과 구실은 높다고 할 것이다.

광복 이후 유학을 비롯한 동양철학 연구의 중심 구실을 해 왔던 성균관대 동양철학과의 학과 명칭이 갖는 의미를 새겨 볼 필요가 있다. 유학사상을 교시校是로 하는 학교 성격상 유학을 전문적으로 교수하는 학과이면서도 명칭을 동양철학과라고 했던 데서 초창기 학교 당국자들이 유학을 '철학'의 범주 속에서 이해하려 했음을 엿볼수 있다. 동양철학과는 1967년 12월에 이르러 학교 특성에 걸맞게 유학대학이 신설됨에 따라 유학과로 개편되어 정통 유학의 계승자적 위치를 보다 분명히 하게 되었다. 이후 1981년에는 유학대학에 한국철학과와 동양철학과가 신설되어 동양철학의 세분화를 이루었으며, 1996년부터는 학부제 실시에 따라 유학대학이 유학·동양학부로 개편되고 유교철학·한국철학·중국철학으로 전공을 세분하기에 이르렀다.

이제, 성균관대 유학대학의 학풍과 특성 및 한계성 등에 대해서 살펴보지 않을 수 없다. 이에 대해 어떤 이는 다음과 같이 평하기도 한다.

> 성균관대 동양철학과 내지 유학대학의 학풍은 '전통적 방법'에 충실한 편이다. 한국철학이라 할 때도 전통 주자학에 주안점을 두는 오랜 전통이 이어지고 있다. 그래서 동양철학계 내부에서도 성균관대의 학풍에 대해 '보수적이고 시대에 뒤떨어져 있다'는 지적이 있다. 경전간행사업 및 유교진흥사업에서는 활발한 반면, 학문적으로 특출한 학자가 배출되지 못한 것도 이런 분위기와 무관하지 않다고 볼 수 있을 것이다. 경전 읽기가 학문은 아닌 것이다. 그러나 80년대 중반부터 성균관대의 학풍도 '유학의 현대화'를 지향하는 방향으로 바뀌었다. 최근에 박사학위를 받은 학자들 중에 상당수가 이런 경향을 보이고 있는 것은 여러 모로 반가운 현상이다.[5]

대체로 수긍할 만한 내용이다. 전통적 방법에 충실한 편이라는 지적은 오늘의 시점에도 여전히 유효한 것이라 하겠다. 그러나 '전통에 충실하다'고 해서 그것이 곧 '보수적이고 시대에 뒤떨어진 것'일까. 여기에는 이의가 없을 수 없다. 물론 그간 성균관대 유학대학 교수들과 이 대학 출신 학자들이 정통 유학의 계승자라는 자부심과 긍지만을 앞세운 채 시대에 뒤떨어진 사고와 타성을 보여 온 측면이 일부 있었음은 부인하기 어렵다. 1950년대로부터 1960년대에 이르기까지 동양철학과 내지 유학과 소속 교수 대부분이 재래 한학자漢學者의 테두리를 벗어나지 못했고, 경학 내지 한문학을 동양철학으로 인식하는 정도에 있었던 것이 사실이다. 그 동안 재직하였던 민태식·성락훈成樂熏·양대연梁大淵·조정趙禎·김종국金鍾國·한상갑韓相甲 교수 등은 대부분 한학자에 가까운 분들로서 연구논문이나 저서를 별로 남기지 않았을 뿐만 아니라, 서당 훈장식의 강의 스타일도 동양철학을 명실공히 철학의 한 주축으로 이끌어 내기에는 크게 미약하였다고 하지 않을 수 없었다.[6] 따라서 유학사상의 본질 및 그 현대화와 관련한 수준 높은 논문이나 저서는 기대하기 어려웠다. 학계에 논문을 발표하는 일 자체가 매우 드물었고, 특히 유학의 현대화

---

5) 李翰雨, 『우리의 학맥과 학풍』, 문예출판사, 1995, 65쪽.

6) 당시 성대 동양철학과 교수들의 연구 수준이나 강의 정도는 1962년에 출간된 『儒學』(성대 東哲敎授室編, 新雅社刊)이라는 책을 보면 어느 정도 짐작할 수 있으리라 본다. 이 책은 교양 필수과목인 '유학개론'의 강의용으로 집필되었으나, 유학개론서라고 보기 어렵다. 유가의 여러 경전과 韓中名家의 문학작품에서 명문들을 뽑아 배열한 한문교과서라고 보면 꼭 알맞을 정도로 유학 내지 유교철학과 거리가 멀었다. 1960년대의 동양철학과 강의 정도를 짐작하기에 알맞은 책이다. 1978년에 유학과에서 펴낸 『儒學原論』과는 여러 면에서 대비가 된다.

에 소홀히 해 왔던 점은 인정해야 하리라. 그러다가 1970년대 이후로 제2세대, 제3세대 학자들로 세대교체가 이루어지면서 개선되기 시작하여 1980년대부터는 '보수'의 울타리에서 벗어나기에 이르렀다고 할 수 있다.

국립 서울대학교 철학과는 초창기 거의 서양철학 일색으로 강의가 진행되었다. 『서울대학교 40년사』를 보면 '철학과' 항목에 동양철학과 관련하여 다음과 같은 대목이 있다.

> 철학과는 처음부터 서양철학 위주여서 동양철학에 대한 고려가 너무나 빈약했다. 유학 전공의 민태식 교수가 46년 부임했으나 3년 후에 곧 떠나게 되고, 그후 72년에 유학 전공의 이남영李楠永이 전임으로 부임할 때까지 20여 년동안 동양철학은 오직 한 두 분의 시간강사에 의존하게 되어, 이 부분의 후진을 제대로 양성하지 못하였다.

서울대학교에서의 동양철학의 출발점을 극명하게 보여주고 있으니, 사실상 '동양철학의 부재'를 공식으로 시인한 것이라 하겠다. 서양철학을 전공했으면서도 동양철학, 한국철학에 관심과 조예가 있었던 박종홍이 동양철학의 빈 공간까지 메우기에는 너무도 황량荒凉하기 이를 데 없었다.[7] 이러한 빈약한 학문적 기반은 이후로도 서울대학교 철학과의 큰 약점이자 한계로 내려왔다.

고려대학교에는 해방 직후 현상윤玄相允·이상은李相殷·김경탁金敬琢과 같은 걸출한 세 학자가 자리 잡고 있어서, 이후로 고려대학교가 '동양철학'의 강세를 유지하는 큰 자양분이 되었다. 이들 세 학자

---

7) 1980년대에 불교철학의 沈在龍, 중국철학의 宋榮培, 1990년대 초에 한국철학의 許南進이 보강됨으로써 비로소 진용을 갖추게 되었다.

는 공교롭게도 모두 북한 출신이다. 지난날 유학의 불모지나 다름없던 평안도·함경도 출신이라는 점에서 아이러니컬한 느낌이 없지는 않지만, 지역색이 없었던 까닭에 학연·지연 등에 구애됨이 없이 자유롭게 유학, 동양철학을 탐구할 수 있었던 것으로 보인다. 현상윤이 『조선유학사』와 『조선사상사』를 저술하는 등 주로 한국의 사상사, 특히 유학사를 전공한 데 비해, 이상은은 중국철학을 전공하면서 유학사상 연구에 권위가 있었으며, 아울러 퇴계철학에도 지대한 관심을 가졌다. 김경탁은 중국철학을 전공하면서도 유교는 물론 노장철학에 심취하였으며, 제자백가에 이르기까지 폭넓게 섭렵하였다. 한편 한국철학 중에서는 율곡철학 연구에 많은 정열을 쏟아 율곡학의 정립에 선구적 구실을 하였다. 이상은과 김경탁이 마치 역할 분담이나 한 것처럼 퇴계와 율곡을 전공하면서 한국철학의 가능성을 모색했던 것은 후학들에게 큰 모범이 되었다고 할 것이다.

연세대학교는 기독교 계통의 학교라는 특성상 처음부터 서양철학이 강세를 유지할 수밖에 없었으나, 한편으로 지난날 연희전문학교 문과의 전통이 잘 이어져 한국학·동양학에 대한 관심과 연구가 시들지 않았다. 1960년 정석해鄭錫海(1899-1996) 교수의 천거로 경성제대 철학과 출신의 배종호裵宗鎬가 전임이 되어 동양철학 – 특히 한국성리학을 담당하고, 이어 1964년에는 그동안 성균관대학교 동양철학과에 재직하였던 구본명具本明(1912-1981)[8]이 자리를 옮겨 합류함으로써 연세대 동양학풍을 구축하게 되었다. 연세대학교 동양철학의 학풍은 배종호에게 의지한바 컸다고 할 것이다.

---

8) 1982년에 생전의 유고를 모아 엮은 『中國思想의 源流體系』(大旺社)가 간행된 바 있다.

한편, 광복 이후로 대학에서 동양철학이 활발하게 강의되지 못했던 것은, 동양철학 강의에 필요한 기본 교재들이 전무하다시피 했던 사정을 보더라도 짐작할 수 있다. 한 통계에 의하면, 1936년 한국 최초의 철학개론서가 나온 이래 1992년까지 모두 180권이 나왔다고 한다.[9] 대개 많은 대학에서 교양과정 강좌의 하나로 개설되었던 '철학개론'은 거의 서양철학 일색으로 강의가 이루어졌다. 그럼에도 불구하고 동양철학개론서는 1970년 김경탁의 '중국철학개론'이 나왔을 뿐, 그 뒤를 잇는 저술이 거의 없었다. 1980년대에 서일전문대학瑞逸專門大學에서 강의교재로 '동양철학개론'이 나온 이래 극히 적은 숫자의 개론서가 나왔으며,[10] 그 내용 역시 서양철학개론서에 비교할 수 없을 정도로 수준 이하의 것이 대부분이어서 소개하기조차 부끄럽다. 그러는 가운데 1986년 한국방송통신대학 출판부에서 펴낸『중국철학개론』(李康洙 외 共著)과 같은 출판부에서 펴낸『중국철학개론』(金敎斌 외 共著, 1998)은 비록 교재용으로 집필된 것이기는 하지만, 저간這間의 학계 성장을 대변이라도 하듯 상당한 가능성을 보여주고 있어 주목된다.

2) 동양철학 관련 학회의 활동

학회의 발전은 학문의 발전과 정비례하며, 학문의 발전상을 상징

---

9) 김남두,「해방 50년, 서양철학의 현황과 과제」,『해방 50년의 한국철학』, 193쪽.
10) 성교진,『동양철학개론』, 이문출판사, 1989 ; 최승호(외),『동양철학의 이해』, 도서출판 소강, 1996 ; 박기성,『동양철학개론』, 칼빈서적, 1997 ; 金勝東(외), 『동양철학입문』, 부산대학교 출판부, 1997 ; 김익수(외),『동양철학개론』, 修德文化社, 1998.

적으로 보여주는 것이다. 한국에서 철학을 전공하는 학자들이 모여 학회를 결성한 것은, 1953년 환도還都 직후에 발족한 '한국철학회'가 그 효시이다. 그러나 한국철학회는 초창기 활동이 부진하였다. 1955년 학회지『철학』제1집을 낸 뒤 1957년에 제2집이 이어졌지만, 1958년부터 1969년까지 10여 년 동안이나 학회지가 간행되지 못하고 학술발표회만으로 명목을 유지해 왔다. 가장 큰 이유는 재정난이었으나, 학회 내면을 들여다보면 기실 논문다운 논문이 나오지 못했던 것도 하나의 이유였다. 이처럼 철학계의 활동이 전반적으로 부진한 가운데 이상은·김경탁·구본명·김용배金龍培 등이 동양철학 관계 논문을 간헐적으로 발표하였다. 그러다가 1958년 고려대 출신의 최동희崔東熙·신일철申一澈 등 소장학자를 중심으로 한국사상연구회가 발족되었다. 이 연구회는 상당히 의욕적인 활동을 벌여 학회지『한국사상』11)을 간단間斷 없이 지속적으로 발간하였다. 1958년 제1집부터 박종홍의 '한국철학사'와 이상은의 '중국철학사'를 나란히 연재한 것이라든지,12) 또 1966년에 단행본으로 '한국사상사 - 고대편'를 펴냈던 것은 이 학회의 관심사를 잘 보여준다고 할 것이다. 『한국사상』은 '동학사상東學思想의 고취'라는 측면에서도 큰 공헌을 하였다. 당시까지 동학에 대해 새롭게 인식할 수 있는 계기를 마련한 것은 무엇보다도 『한국사상』의 힘이 컸다고 할 것이다.

한편 1972년 5월, 동양철학 전공자로는 처음으로 류승국柳承國이 한국철학회 회장에 피선되고, 이듬해 재선됨으로써, 철학계에서 동

---

11) 1973년에는 학회지『한국사상』을 재편집하여 '한국사상총서'(I·II·III)를 발간하였다.

12) 한국사상연구회(편),『한국사상사 - 고대편』, 法文社, 1966에 실려 있다.

양철학의 위상이 점차 높아지게 되었다. 한국철학회는 1976년 이후부터 10개의 분과연구회를 두어 활발한 활동을 벌였다. 이 중에서 한국철학분과는 규모가 큰 학술발표회를 자주 개최한 분과로, 주로 한국철학의 본질과 전통에 대한 성찰을 주제로 하였고, 중국철학분과는 태극론太極論과 인성론人性論의 문제에 관심을 갖고 세미나를 가졌으며,[13] 이를 심화시켜 나중에 단행본으로 출간하기도 하였다.

  1980년대에 들어 동양철학계는 연구인력의 증대와 함께 독립적인 학회의 결성이 요청되었다. 이러한 여망을 안고 출범한 것이 동양철학연구회와 한국동양철학회다. 이 두 학회는 동양철학 전공자들이 만든 학회라는 데서 그 의의가 적지 않다. 동양철학연구회(1979)는 성균관대학교 동양철학과 또는 유학과를 졸업한 학자들을 중심으로 결성된 학회이다(초대 회장: 安炳周). 1953년 한국철학회가 발족한 이후 동양철학 전공자들의 독립적인 학회로는 처음인 만큼 일단의 감회가 없을 수 없었다. 안병주의 『동양철학연구』 창간사' 일부는 이러한 감회를 간결하게 압축하고 있다.

  지난날 불씨마저 꺼질 뻔하였고, 폐수를 여과시키지 못하였던 과오는 누구의 책임인가. 그나마 육침陸沈을 모면하려던 소수의 심혈心血이 있어 왔고, '어려우나 바른 것을 지킨다면 이롭다'는 명이明夷의 교훈에 힘입어 늦은 감이 있지마는, 이제 조그마한 실마리로서 『동양철학연구』 창간호를 내어놓는다. 이것은 씨줄과 날줄의 상호 부조不調로 길쌈을 하지 못하였던 지난날의 반성에서부터 뜻을 한 데 모아, 한올이기도 사장死藏시키지 않고 직포織布로 성숙시켜 나가려는 작업과 탁마琢磨의 결정結晶에서 비롯되었기 때문에 사학斯學에 대한 하나의 통로가 될 수 있을 것이다.

13) 趙要翰(외), 『한국의 학파와 학풍』, 46-47쪽 참조.

동양철학연구회는 처음 월례발표회 형식으로 학술발표 모임을 가져왔다.[14] 나중에는 연 2회의 학술발표대회 형식으로 바꾸었으며, 집중탐구를 위한 공동주제를 내걸기도 하였다.[15] 학회지는 매년 1회씩 내던 것을 1998년부터는 연 2회, 2002년부터는 연 4회 발간해 왔으며 2003년 7월 현재 제33집을 간행한 바 있다.

이 학회는 성균관대학교 출신이 회원 대다수를 차지한다. 그런 점에서 본의 아니게 '학연적 폐쇄성'을 염려해야 하는 한계성을 안고 있다. 또한 사실상 유학 전공자 일색이다시피 하여, 불교와 도가철학에 대한 연구는 찾아보기 어려운 실정이다. 이러한 점은 동양철학연구회가 해결해야 할 어려운 과제가 아닐 수 없다.

한국동양철학회(1982)는 한국철학회 16개 분과연구회 가운데 중국철학 분과연구회 회원들이 주축이 되어 독립적인 학회로 발전시킨 것이다(초대 회장 배종호). 성균관대학교 유학대학 출신 이외의 전공자들이 회원의 다수를 이룬다. 주요 활동으로는 월례발표회와 학술발표회가 있다. 2000년 9월 현재 '고봉학과 21세기 한국유학의 과제'라는 주제로 제35차 학술발표회를 개최한 바 있으며, 2000년 11월 11일에는 '주자朱子 서거 8백주년 기념 학술회의'(동국대)를 학회 차원에서 성대하게 치른 바 있다. 학술지 『동양철학』은 2001년 2월 제14

---

14) 1979년 8월 11일 제1회 월례발표회가 있은 이래 1995년 5월 12일 제102회까지 지속되었다.
15) '도가사상과 老聃'(1983) ; '도란 무엇인가'(1984) ; '유교와 현대'(1986) ; '조선조 유학사에 있어서의 主理·主氣의 문제'(1991) ; '理氣論의 재검토'(1992) ; '荀子思想의 본질과 철학사적 位相'(1995) ; '율곡사상의 현대적 이해'(1996) ; '崔漢綺 사상의 종합적 조명'(1997) ; '현대 新儒家의 계보와 사상'(1997) ; '한국실학사상의 재검토'(1998) ; '牛溪思想의 본질과 그 현대적 조명'(1998) ; '慈孝의 현대적 이해'(1999) ; '經學의 학문적 축적과 그 시대적 의미'(1999).

집이 발행될 예정으로 있다. 그 밖의 학술적 업적으로는 배종호의 주도로 간행된『동양철학의 본체론과 인성론』(연세대학교 출판부, 1982) 이 있다. 이는 주로 성리학에 초점을 맞추어 집필한 것으로서, '성리학 개론서'라고 하기에 알맞은 역저이다.

이밖에도 위의 두 학회와 성격이 유사한 것으로 1993년에 결성된 한중철학회韓中哲學會(초대 회장 劉明鍾)가 있다. 학회지『한중철학』을 매년 1회씩 간행하고, 원전 윤독회를 정기적으로 갖고 있으나, 아직은 주목할 만한 활동이 없는 듯하다. 한편, 고려대학교 철학과 출신들을 주축으로 한 '중국철학회'가 있으나, 전국 규모라 할 수는 없다.

2 동양철학의 연구동향

1) 광복 이후 - 1960년대의 동향

1945년 광복 이후 1960년대까지는 정치·경제·사회·문화적으로 정신을 차리기 어려운 시기였다. 일제의 압제에서 풀려나 숨돌릴 겨를도 없이 남북분단의 아픔을 맛보아야 했으며, 이어 둘로 갈라진 국토에서 동족상잔의 비극을 겪어야만 했다. 모든 것이 황폐해지고 인적·물적으로 가난하기 이를 데 없었다. 1960년대에 들어 4·19와 5·16을 겪고 난 뒤에도 사정은 크게 나아지지 못했고, 서양 풍조가 일세를 풍미風靡하였다. 실로 어려운 상황이었다. 이러한 시기에 한국학 내지 동양학의 진흥이란 요원한 것이 아닐 수 없었다.

이제 광복 이후 1960년대까지 동양철학·한국철학에 관계된 업적들을 일별一瞥함으로써, 당시의 척박한 풍토에서 동양철학이 어떻게 성장해 왔는지 살피기로 한다. 1949년에 현상윤의『조선유학사』(민중서관)가 나왔다. 국문으로 된 최초의 유학사인 이 책은 광복 이후 동양철학 분야를 통틀어 거의 유일하다시피 한 업적이다. 전후 시대를 이어주는 관절적關節的 의미를 지닌 저술로서 이후 후학들에게 끼친 영향이 지극히 컸다.

이어 1950년 4월에는 율곡선생기념사업회에서 『국역 율곡전서 정선國譯栗谷全書精選』을 펴냈으며, 6·25 한국전쟁을 겪고 난 뒤 1955년에는 정인보鄭寅普(1893-1950)의 유저遺著를 엮은 『담원국학산고詹園國學散藁』(문교사)가 나와 국학 연구에 한 가닥 희미한 불빛을 비춰 주었다. 『담원국학산고』에 실린 「양명학연론」은 한국양명학사의 가닥을 잡는 데 두고두고 큰 도움이 되었다. 1959년에는 어려운 환경 속에서도 한국학에 관계된 중요한 저술이 셋이나 나왔다. 이능화李能和(1869-1943)의 1930년대 저술인 『조선도교사』(동국대학교 영인), 이병도李丙燾의 『자료 한국유학사 초고』(서울대학교 국사연구실 謄刷), 홍이섭洪以燮의 『정약용의 정치 경제사상 연구』(한국도서관)가 그것이다. 한국사상 가운데 큰 봉우리인 도교사상과 유학사상을 통사적으로 조명한 저술이 하나도 아닌 둘이 나왔다는 것은 한국학의 앞날을 위하여 매우 다행한 일이자 학계의 성사盛事라 하지 않을 수 없다. 본격적으로 '다산학茶山學' 연구의 기초를 다진 홍이섭의 저술 역시 이 방면에서 선구적 의의를 지닌 것으로 높이 평가할 만하였다. 이에 앞서, 1958년에는 성균관대학교 대동문화연구원大東文化硏究院에서 『퇴계전서』와 『율곡전서』가 영인되어 나옴으로써, 이후 퇴계·율곡학이 한국유학의 대명사처럼 인식되면서 활발한 연구가 이루어지는 데 적지 않은 기여를 하였다.

이와 같이 우리 사상사의 공백을 메울 만한 저술들이 드물게 나왔던 1950년대를 지나 1960년대에는 주목할 만한 저술들이 계속되었다. 주요 단행본으로 김경탁의 『율곡의 연구』(한국연구도서관, 1960), 이상은의 『현대와 동양사상』(일신사, 1963), 이을호의 『다산 경학사상 연구』(을유문화사, 1966), 유명종의 『한국철학사』(한명문화사, 1969) 등이 출간되었다. 1950년대와 비슷한 수의 한작翰作이었으나 역시 동양철학의 발전 가능성을 엿보게 하는 소중한 업적들이었다. 김경탁의 저서는 1970년대에 본격적으로 전개될 퇴계·율곡학 연구의 선하先河를 이룬 업적이라 할 수 있다. 이상은의 저서는 유학사상에 대한 원리적, 응용적 탐구를 주로 하면서도, 동양사상의 현대적 의의를 밝혀 우리의 진로와 연결시키는 문제를 주의 깊게 논의한 것으로서, 비록 여러 형태로 발표한 글들을 모아 엮은 것이기는 하지만 당시로서는 동양철학 분야에서 몇 안 되는, 수준을 갖춘 저서라 하겠다. 이을호의 저서는 정약용이 자신의 학문을 경학과 경세학으로 구분한 것과 마찬가지로, 홍이섭의 저서와 더불어 서로 체용體用, 표리表裏의 관계를 이룬다는 점에서 중요한 의미가 있다. 유명종의 저서는 우리나라 정신사의 정수인 '한국철학사'로서 초유의 것이라는 데 역사적 의미가 있다고 할 것이다.

1960년대는 1950년대와 달리 주목할 만한 논문, 학계의 기풍을 세우는 데 기여한 논문들이 꽤 나왔다. 이미 1955년에 이상은이 「맹자 성선설性善說에 대한 연구」(『高大 50주년 기념논문집』)와 「인심·도심人心道心의 원시해석原始解釋」(『철학』 제1집, 한국철학회), 「박문호朴文鎬의 인물성고人物性考」(『고대문리학보』)를 발표하여, 조선 성리학 연구의 기풍을 선도한 이래, 1960년에는 유명종이 「퇴계의 이학관異學觀」(『高秉幹 송수기념논문집』), 「정우담丁愚潭 연구」(『경북대논문집』 제3집)를 발표하였고, 1962년에는 김경탁이 「퇴·고退高의 사칠논변四七論辨」(『아세아연구』 제18호), 유명종이 「주리파主理派 형성의 논거 – 활재活齋

이구李榘를 중심으로」(『경북대논문집』 제5집)와 「장여헌張旅軒 사상의
연구」(『경북대논문집』 제5집)를 동시에 발표하였으며, 이어 1963년에는
류승국이 「송대 성리학 형성의 연원적 고찰 - 상」(『대동문화연구』 제1
집, 성균관대)을 발표하였다. 이러한 분위기 속에서 1960년대 동양철
학 연구가 유학, 그것도 성리학을 중심으로 이루어지는 기풍이 조성
되기 시작했다. 여기에는 성리학이 지닌 철학적 성격과, 한국유학의
성격을 '철학 강세'로 파악한 현상윤의 『조선유학사』가 끼친 영향이
상당하였던 것 같다.

한편, 1960년대는 1958년 무렵부터 가열되기 시작한 '실학개념 논
쟁'이 학계를 뜨겁게 달구었던 시기이기도 하다. 천관우千寬宇·한우
근韓祐劤·전해종全海宗 등 역사학자들이 이 논쟁을 이끌었다. 광복
이후 국학계의 연구성과 가운데 가장 주목할 만한 것이 '실학' 부분
이라 할 수 있다. 다만, 철학계의 뒷받침이 없었던 것이 아쉬움으로
남는다. 그러는 가운데서도 박종홍은 1963년 「한국에 있어서의 근대
적인 사상의 추이推移」(『대동문화연구』 제1집)를 발표한 이래 1965년
「최한기崔漢綺의 경험주의」(『아세아연구』 제8권 4호), 1966년 「인륜과
산업과의 불가리不可離의 관계를 역설한 이원구李元龜의 사상」(『昔泉
吳宗植 회갑기념논문집』)을 발표하였다. 이 세 논문은 당시 학계에서 꽤
폭넓게 논의되고 있던 조선 후기 '실학'의 사상적·철학적 기반을 탐
구하기 위한 목적의식에서 나온 것으로, 당시 역사학계가 주도하던
실학 연구에 대하여 철학계의 반성적 성찰의 계기를 제공함과 동시
에, 실학의 철학적 기반을 살피는 데 길잡이가 되었다. 특히 최한기
에 대한 논문은 최한기의 기철학 연구에 시단始端을 여는 것으로 평
가된다. 비록 1960년 북한에서 나온 『조선철학사』에 일정한 자극을
받은 것이긴 하지만, 『조선철학사』의 소략하고 부정확한 소개에 비

하면 사실상 새로 발굴한 것이나 다름없다. 1966년에는 이상은이
「한국에 있어서의 유교의 공죄론功罪論」(『아세아연구』 제9권 4호)을 발
표하였다. 일찍이 현상윤의 『조선유학사』에서 유교의 공죄론을 제
기한 이래, 유학에 대한 재래의 인식을 바로잡고자 하는 논설이 거
의 없었던 터에, 유학의 본질과 응용을 구분해서 보아야 한다고 하
는 논문이 나온 것은, 한국철학 내지 동양철학의 주체적 연구를 위
하여 적지 않게 다행스러운 일이었다.

　요컨대, 1960년대의 동양철학 연구는 정부나 학술단체로부터 정
신적·재정적 지원을 기대하기 어려운 상태였다. 그저 연구자 개인
이 관심 분야를 개별적으로 연구, 발표하는 단계에 머물 뿐이어서,
조직적이고 체계적인 연구는 뒷날을 기대할 수밖에 없었다. 다만
'정중동靜中動'으로 조용한 움직임이 일고 있었다. 여러 대학에서는
국학 및 동양학을 전공하는 차세대 학자들이 점차 늘어나기 시작하
였다. 이제 동양철학 내지 동양학은 막 소생의 빛을 보이기 시작한
것이다. 그러나 전반적인 연구경향은 계몽적이고 훈고학적訓詁學的
인 데서 벗어나지 못했다고 할 수 있다. 훈고학적 연구 형태는 많은
철학적 작업을 원전의 해석에 머물게 하는 동시에, 거기에 포함된
철학적 주장을 일반 철학인이 이해할 수 있는 언어로 비판, 검토하
는 일을 어렵게 했음이 사실이다.[16]

2) 1970년대의 동향

　1970년대에는 '민족의식의 고양'이라는 사회적 분위기에 맞물려

---

16) 金麗壽, 「한국철학의 현황」, 『한국에서 철학하는 자세들』, 집문당, 1989, 368쪽
　　참조.

국학 진흥의 기운이 점차 무르익어 갔다. 1970년 퇴계선생 4백주기를 기념하여 각종 학술발표회가 열리는 가운데 퇴계학 연구에 대한 열의가 높아져 많은 논문과 저술들이 쏟아져 나오는 계기가 되었다.[17] 1971년 퇴계학연구원(이사장 李東俊)이 발족한 데 이어 1973년 경북대학교 퇴계연구소(초대 소장 韓明洙)가 문을 열었으며, 이 연구단체에서 각기 학보를 펴냄으로써, 퇴계학 연구는 바야흐로 황금기를 향해 나아가기 시작했다. 1972년에 퇴계 4백주기 기념사업회에서 펴낸 『퇴계학연구』는 본격적인 퇴계학 연구에 앞서 전위적前衛的 구실을 한 것으로 평가할 수 있다. 한편, 이 시기에는 비록 드물기는 하지만 박사학위 논문이 본격적으로 나오기 시작했다. 1970년대에 한국유학을 전공하여 박사학위를 취득한 11명 가운데 5명이 퇴계 또는 퇴율성리학을 전공함으로써, 당시 시대적 분위기를 대변하기도 하였다.

퇴계학 연구의 붐은 한국유학 전반에 걸쳐 폭넓은 관심과 새로운 인식을 불러와, 유학 연구에 종사하는 이들이 상당하였으며 많은 연구가 줄을 이었다. 유학 연구의 경향은 대체로 조선성리학의 쟁점과 전개과정을 해명하는 데 관심이 집중되어, '성리학=유학'이라는 등식이 성립될 정도의 현상을 보이기도 했다. 이러한 학문 기풍은 전통사회의 유교적 신념이 붕괴되고 난 뒤, 일제하에서 학문적 관심의 차원에서 유학을 새롭게 공부하는 학구들이 유학=철학으로 인식해왔던 전통과도 무관하지 않다.[18] 배종호의 『한국유학사』(1974)는 이

---

17) 퇴계학연구원, 『退溪學研究論攷提要』, 1981 ; 단국대학교 퇴계학연구소, 『퇴계학연구논저목록』, 1989 ; 금장태, 「퇴계학연구의 회고와 전망 – 철학적 영역」, 『한국의 철학』 제18집, 경북대학교, 1990 참조.
18) 금장태, 「한국유교사 연구의 현황과 방향」, 『종교학연구』 제12집, 서울대학교, 1993, 8쪽.

러한 사정을 단적으로 보여주는 저술이라 하겠다. 이 시기에는 동양
철학 연구자들이 서양철학의 틀에 맞추어 한국철학, 특히 성리학을
연구하는 경향이 다분하였다. 존재론·인식론·가치론과 같은 개념
들이 논문 제목에 자주 등장했다.

　1970년대는 원효·퇴계·율곡·다산으로 대표되는 한국철학의 주
요 인물들에 대한 연구 업적들이 다수 나와 성황을 이루었던 시기였
다. 이기영李箕永의 『원효사상』(1967)을 필두로 이을호의 『다산학연
구』(1975), 이상은의 『퇴계의 생애와 학문』(1973), 이병도의 『율곡의
생애와 사상』(1973) 등 허다한 저술들이 나왔다. 인물중심의 연구는
거의 절정에 달한 느낌이었다. 이러한 즈음에 역사학계가 아닌 동양
철학계에서 일제 식민사관의 잔재殘滓를 청산하는 문제가 공식적으
로 제기되어 눈길을 끌었다. 윤사순尹絲淳의 논고가 바로 그것이다.
당시의 시대적 분위기에 걸맞은 시의 적절한 논의였다고 생각된다.

　이 시기에는 국학 진흥의 기운을 타고 서양철학을 전공한 학인들
이 동양철학 내지 한국철학에 대해 부쩍 관심을 보이기도 했다. 한
국의 철학자와 서양의 철학자를 비교 연구하는 움직임도 선을 보였
다. 1967년 전두하全斗河가 율곡 이이의 리기론과 독일 철학자 하이
데거(1889-1976)의 존재론을 비교 연구한 『존재와 리기理氣』(선명문화
사)를 펴낸 것을 시발로 하여, 1971년에는 역시 '선'과 하이데거의 존
재론을 연결시켜 고찰한 고형곤의 『선禪의 세계』三英社가 나왔으며,
1972년에는 김형효金炯孝가 「율곡과 메를로 뽕띠와의 연구」(閔泰植
고희기념 유교학논총)를 발표함으로써, 이후 비교철학의 연구방법을 동
양철학계에 선도하는 데 큰 역할을 하였다. 1984년에 발표되었던 하
영석河永晳의 「퇴계의 성리학과 칸트철학의 비교연구」(『한국의 철학』
제14집, 경북대학교)는 이런 연구방법의 한 선구라 할 것이다.

이 시기 철학계의 움직임 가운데 빼놓을 수 없는 사실이 있다. 한국사상, 한국철학을 의식하고 이에 대한 논의를 펴는 경향이 갈수록 짙었다는 점이다. 1970년대 철학계의 움직임에 대하여 조요한趙要翰은 다음과 같이 감동적으로 서술한 바 있다.

> 서양 철학이 대종을 이루는 한국의 철학계가, 70년대에 현상학 분과가 '지향적志向的 의식'에 따라 선험적인 것을 찾아 들어갔고, 분석철학 분과가 '현장확인現場確認'에 대한 관심에 열을 올리고 있을 때, 사색의 원목을 두들기는 소리에 옛 고향의 소리가 살아 나오는 것을 느낀 듯, 70년대에 우리는 우리 본래의 철학의 가락을 찾으려 했다. 사회 분위기가 그랬고 국가 시책이 역시 그랬다. 돌이켜 보면 20세기 초부터 방황하던 한국의 철학 분야가 이제 고향에 돌아가려는 의지를 굳혔다고 말할 수도 있다. 30년대부터 서양철학의 일방적인 진출에서 따지면, 이제 50년만의 자가복귀이다.[19]

당시 철학계를 주도하였고, 또 서양철학 전공자가 회원의 다수를 차지했던 한국철학회에서는 1970년대에 들어 확실히 그전과는 다르게 '한국철학의 정립定立과 탐구'에 큰 비중을 두고 연구를 진행시켜 나갔다.[20] 한국철학회는 학회 차원의 토론회를 준비하고 1970년에 '도道의 현대적 의의'를 토론의 주제로 하였고, 1973년에는 '한국철학의 새로운 방향'을, 1975년에는 '한국철학사 정립의 기본문제'를, 1977년에는 '한국철학의 과제 – 오늘의 한국철학 정립을 위한 모색'

---

19) 조요한(외),『한국의 학파와 학풍』, 宇石, 1982, 49쪽.
20) 이러한 경향은 한국철학회 뿐만 아니라, 철학연구회·한국철학연구회 등 여타의 학회에서도 마찬가지였으니, 이들 학회에서는 1970년대에 전통사상, 한국철학에 대하여 많은 관심을 가지고 여러 차례 학술발표회를 갖기도 하였다. 金麗壽, 「한국철학의 현황」, 『한국에서 철학하는 자세들』, 368쪽 참조.

을, 1979년에는 '동양철학의 방법 문제'를 토론의 주제로 하여 한국철학에 관계된 제반 문제들을 포괄적이고 심도 있게 다루었다. 1974년에는 한국철학회 소속 16명의 교수가 집필에 참여하여 『철학사상의 한국적 조명 - 한국사상의 새로운 창조를 위하여』(일지사)이라는 단행본을 펴냈다. '한국철학의 정립을 위한 철학적 이론', '외국철학사조의 한국사상에 대한 응용'의 2부로 구성된 것을 보더라도 한국철학의 연구방법론과 한국철학사 서술을 위한 예비적 작업이었음을 짐작할 수 있다. 마침내 1977년부터 이듬해에 걸쳐, 한국철학회 회원 110여 명이 참가하여 집필한 『한국철학연구』(동명사, 전3권)가 간행되었다. 이는 당시 한국철학회에서 첫 손에 꼽을 만한 주요 사업으로서 매우 중대한 업적이었으며, 이후 철학적 관심을 한국사상과의 관련하에 추구하는 방향으로 전환하는 데 결정적 계기를 마련하게 되었다.[21]

1970년대는 한국학 내지 동양학 전반에 대한 사회적 관심과 연구의 붐을 타고 학자들 개인에 못지않게 학회·연구회·대학부설연구소 등에서 매우 활기차게 업적들을 쌓아 올린 시기이기도 하다. 대표적인 예로 고려대 아세아문제연구소의 『실학사상의 탐구』(1974), 전남대 호남문화연구소의 『실학논총』(1975), 성균관대 대동문화연구원의 『한국사상대계』(1973-1984), 아세아학술연구회의 『한국민족사상사대계』(전4권, 1971-1974), 한국철학회의 『한국철학연구』(1977-1978) 등을 들 수 있다.

선유先儒들의 문집을 비롯한 각종 연구자료가 영인 간행되고, 동양철학과 한국철학에 관계된 원전들이 육속陸續 번역되어 나오기 시작했던 것도 이 시기이다. 원전자료 영인 간행은 그 동안 아세아문

---

21) 조요한(외), 위의 책, 41-43쪽 참조.

화사亞細亞文化社·보경문화사保景文化社·경인문화사景仁文化社·여강
출판사驪江出版社·태학사太學社 등 일부 영인본 중심의 출판사를 통
하여 산발적으로 이루어져 오다가, 1980년대에 들어 연원淵源·계열
별의 영인으로 발전하고, 또 최근에는 재단법인 민족문화추진회의
역점사업의 하나로 '한국문집총간'이 순차적으로 간행되고 있다. 이
는 유학사 연구는 물론 국학연구 전반에 걸쳐 참으로 막대한 도움을
주는 일이라 하지 않을 수 없다. 한편, 원전자료 번역 출판의 효시를
이루는 것은 아무래도 1965년 현암사玄岩社에서 '신역 사서삼경' 전 6
권을 펴내 경이적 판매 부수를 기록한 예가 아닐까 한다. 그 뒤 1972
년 대양서적大洋書籍에서 '중국사상대계中國思想大系' 전10권과 '한국명
가대전집' 20여 종을 출간하였고, 공교롭게도 같은 해에 동화출판공
사同和出版公社에서 한국 역대 명가의 저술 가운데 중요한 것들을 뽑
아 번역한 '한국의 사상 대전집' 전 36권을 펴냄으로써, 동양철학·
한국철학의 연구 및 그에 대한 인식의 저변을 넓히는 데 크게 기여
하였다. 출판계의 이러한 움직임은 일본 학계로부터 받은 영향이 적
지 않았지만 오히려 만시지탄이 있었다. 이후 이러한 성격의 번역류
가 잇따랐다. 삼성출판사三省出版社에서 1976년부터 모두 50권에 달
하는 '삼성판 세계사상전집'[22])을 연차적으로 간행한 것은 학계와 일
반에 끼친 공이 실로 적지 않았다. 이로써 '사상전집'류의 출판은 절
정에 달한 듯하였다.

---

22) 한국사상·동양사상에 관계된 것으로 (1) 한국의 실학사상 (4) 논어·중용집주
    (5) 맹자·대학집주 (6) 한국의 불교사상 (21) 한국의 유학사상 (23) 노자·장자
    (31) 한국의 근대사상 (35) 史記列傳 (40) 삼민주의·大同書外 (42) 한국의 민
    속·종교사상 (47) 韓非子·荀子外가 있다.

3) 1980년대의 동향

1980년대에는 유교사상과 관련된 학회[23] 및 연구단체[24]가 수다하게 생겨났다. 1980년대 후반부터는 유교자본주의, 유교사회주의, 유교공산주의 등의 논의와 함께 유교에 대해 재인식·재평가하려는 움직임이 활발하였으며, 이를 위한 대규모 국제학술회의가 자주 열리기도 하였다. 이는 곧 국제적으로 볼 때, 전통사상의 전면 부정이

---

[23] 1970년대이래 많은 연구소와 학회가 꾸준히 생겨났다. 이들 중에는 유학사상 연구를 표방하는 연구소나 학회가 대다수를 이룬다. 학회의 경우, 한국학술진흥재단의 '국내 학술지 등급부여 조사연구결과'(2000. 12)에서 C등급 이상을 받은 것만도 16개에 달한다 ;『공자학』(한국공자학회),『남명학연구』(경상대),『도교문화연구』(도교문화학회),『동서철학연구』(한국동서철학회),『동양철학』(한국동양철학회),『동양철학연구』(동양철학연구회),『양명학』(한국양명학회),『오늘의 동양사상』(예문동양사상연구원),『유교사상연구』(한국유교학회),『인도철학』(인도철학회),『주역연구』(주역학회),『퇴계학보』(퇴계학연구원),『한국사상사학』(한국사상사학회),『한국의 철학』(경북대학교 퇴계연구소),『한국철학논집』(한국철학사연구회),『한중철학』(한중철학회)

[24] 대표적인 연구단체를 연대별로 들면 다음과 같다. 이 밖에도 많은 기념사업회가 있으나 생략한다.

1960년대: 民族文化推進會('65), 栗谷研究院('69).

1970년대: 단국대학교 東洋學研究所('70), 斯文學會('71), 退溪學研究院('71), 경북대학교 退溪研究所('73), 栗谷思想研究院('75), 韓國精神文化研究院('78), 心山思想研究會('78).

1980년대: 東洋哲學研究會('80), 韓國孔子學會('80), 韓國東洋哲學會('82), 韓國思想史學會('84), 韓國儒教學會('85), 南冥學研究院('86), 단국대학교 退溪學研究所('86), 牛溪文化財團('87), 艮齋學會('89), 안동대학교 退溪學研究所('89), 圃隱思想研究院('89), 儒教思想研究院('89, 현 儒教學術院).

1990년대: 충남대학교 宋子學研究所('90), 경상대학교 南冥學研究所('90), 道山學術研究院('90), 韓國周易學會('90), 栗谷學會('91), 高峯學術院('91), 韓國禮學會('91), 충남대학교 儒學研究所('93), 韓國陽明學會('95), 孤雲學會('96), 東洋禮學會('98).

'문화적 허무주의'로 떨어지고 말았던 사실을 절감한 결과라고 할수 있다.[25] 또한 이 시기에는 도교사상에 대한 관심이 보다 확대되어 한국도교학회와 한국도교사상연구회가 발족하기에 이르렀다. 이들 학회의 창설을 기점으로 도교 내지 도가철학 연구는 종래의 '걸음마' 단계에서 벗어나 활발한 연구활동을 벌이게 되었다.

1980년대는 한국유학의 연구가 종래의 훈고학적 연구단계에서 탈피하여 일정한 경지에 올랐던 시기라 할 수 있다. 1980년대의 시작과 함께 윤사순의 『한국유학논구』(1980), 김길환金吉煥의 『조선조 유학사상 연구』(1980)와 『한국양명학연구』(1981), 유명종의 『한국사상사』(1981)와 『한국의 양명학』(1983), 그리고 『조선후기 성리학』(1985), 김충렬의 『고려유학사』(1984)와 같은 묵직한 저서들이 육속 간행되었던 것을 보면 이 시기의 연구 정도를 짐작할 수 있겠다. 이제 한국유학은 우리나라 사람들의 것만이 아니라 국제적으로 많은 학자들이 연구하는 대상이 되었다. 특히 퇴계학의 경우, 1980년대 이후로 '폭발적'인 연구 추세가 지속되어 연구논저의 전체 규모를 정확히 파악하기조차 쉽지 않은 실정이며, 또한 일본·중국은 물론 서구에서까지 전공하는 사람들이 적지 않아 세계적 학문으로 발돋움하고 있다.[26] 퇴계학과 관련된 외국인의 저술 가운데 대표적인 것으로, 일본에서는 아베 요시오阿部吉雄의 『일본 주자학과 조선』(1965) 이후

---

25) 安炳周, 「한국의 유교사상연구 현황과 방향」, 『유교학연구』 제1집, 22쪽.

26) 경북대 퇴계연구소에서 전10권, 6,240페이지에 달하는 『퇴계학연구논총』을 펴낸 바 있다.
제1권 철학사상(上), 제2권 철학사상(中), 제3권 철학사상(下), 제4권 문학사상(上), 제5권 문학사상(下)·정치사상, 제6권 교학사상, 제7권 일본의 퇴계연구, 제8권 중국의 퇴계연구, 제9권 서양의 퇴계연구, 제10권 연보 및 자료집.

도모에다 류타로友枝龍太郎의 여러 편 논문과 다카하시 스스무高橋進의 『이퇴계의 철학과 경敬』(安炳周·李基東譯, 신구문화사, 1985)이 있다. 중국의 경우 장입문張立文의 『퇴계서절요退溪書節要』(1989), 『주자와 퇴계사상 비교연구』(1995) 등이 있다. M.Kalton의 『성학십도聖學十圖』 영역본도 중요한 업적 가운데 하나이다. 이밖에 대만臺灣 출신의 학자로 한국유학을 전공하여, 국내 학자보다도 더 열심일 정도로 한국유학사를 연구하고 있는 사람으로 채무송蔡茂松을 빼놓을 수 없다. 그는 1972년 『퇴율성리학의 비교연구』(성균관대학교 박사학위논문)를 발표하여 한국성리학 연구에 획기적 전기를 마련하였고, 그 뒤로도 활발한 연구활동을 벌이고 있다. 그의 필생 염원이 '한국유학사'의 저술이라고 한다.[27] 지금까지 발표한 일련의 논문들은 거의 한국유학사와 관계 있는 것들이다. 그가 준비하고 있는 『한국유학사』가 출간되어 한국유학이 외국에 더욱 널리 알려지기를 기대한다.

1980년대에는 동양철학계에 여러 가지 움직임이 있었다. 그렇지만, 무엇보다도 '동양철학의 연구방법론'에 대한 모색을 우선적으로 들지 않을 수 없다. 이것은 종래 서양철학의 방법론으로 동양철학을 연구해 왔던 데 대한 철학계 내부의 자성의 목소리를 반영한 것이라 할 수 있다. 연구방법론을 가지고 광복 이후의 동양철학 연구사를 살펴보면, 시기적으로 크게 둘로 나누어진다. (1) 서양철학의 방법론

---

27) 채무송은 이미 '한국유학사' 서술을 위해 이른 시기에 그 시론적 서술을 『중국학보』 제5-6집(1966-1967)에 발표한 바 있다. 또 1995년에는 世界思想文化史叢書 가운데 하나로 『韓國近代思想文化史』(臺北: 東大圖書公司, 民國 84年, 677頁)를 출간하였고, 가까운 시일 내에 『한국의 주자학』을 간행할 예정에 있다고 한다. 이러한 저술들이 하나로 통합된다면, 외국인에 의해 이룩된 최초의 '한국유학사'가 되리라 생각한다.

과 개념에 입각하여 동양의 전통철학을 연구하던 시기: 서양철학의 틀과 개념을 원용하여 동양철학을 해석, 설명하던 시기로, 1960년대 부터 1970년대 초반까지가 이에 해당된다고 할 수 있다. 단적으로 말해서 동양철학에서 서양철학과 일치되는 면을 찾던 단계로, 동양 에도 서양에 못지 않은 정치精緻하고 논리적인 철학이 있었고, 플라 톤·아리스토텔레스·칸트 같은 위대한 철학자가 있었다는 주장이 주류를 이룬다. 이것은 민족 자존심의 고양이라는 당시 사회적 분위 기와 무관하지 않다. (2) 동양철학의 독자적 연구방법론과 분석틀을 모색하던 시기: 서양철학의 방법론에 입각한 동양철학 연구가 한계 성을 드러내기 시작했던 1970년대 중반 이후로 지금까지도 이에 해 당된다고 할 수 있다. 동양철학에 서양철학으로 해석, 설명할 수 없 는 내용이 자재自在한다는 점을 자각하게 됨에 따라 독자적 연구방 법론을 모색하는 분위기가 조성되었다. 서양철학의 개념과 틀을 빌 어 동양철학을 해석하고, 동양철학에서 서양철학의 요소를 찾아내 는 작업은 짧은 시간에 동양철학을 학문적으로 체계화하는 등 여러 면에서 일정한 성과를 거두었다. 그렇지만, 서양철학에 대한 열등감 을 깊이 심어준 것이 가장 큰 폐단이었다. 연구방법론과 분석틀에 대한 자각적 성찰을 이끈 데에는 동양철학을 '철학'으로 인정하지 않는 서양철학계의 편향된 시각도 한몫했다고 본다.[28]

동양철학의 연구방법론에 대한 추구는 1979년 2월 한국정신문화 연구원에서 주최한 학술대회와 역시 1979년 10월 한국철학회 주최 추계학술발표회에서 한국철학의 모색과 동양철학방법론이 종합적

---

28) 許南進, 「해방 50년, 동양철학 연구의 과제」, 『해방 50년의 한국철학』, 224쪽 참조.

으로 다루어진 것이 기폭제가 되었으며, 1980년대에 들어 더욱 활성화됨으로써, 연구방법론의 문제는 동양철학계에서 중요한 담론의 하나로 자리잡기도 하였다. 1980년대의 이러한 분위기와 연구성과를 그대로 보여주고 있는 것이 심재룡沈在龍 편, 『한국에서 철학하는 자세들』(집문당, 1986)이다. '철학연구 방법의 한국적 모색'이라는 부제를 달고 있는 이 책은 '한국철학 가능한가' '한국사상은 무엇인가' '동양철학 어떻게 할까' '세계 속의 한국철학으로'의 4부로 구성되었으며, 동양철학 연구방법론과 관련된 글로 이완재李完栽 외 5명의 것을 싣고 있다.

1980년대에는 한국사상의 원형과 원류에 대해 탐구하면서, 우리 고유사상을 '한사상' 또는 '한철학'으로 구체화시키는 작업이 활발하였다. 1970년대부터 최민홍崔旼洪(전 중앙대학교 교수)을 비롯한 철학계 일부와 재야의 학자들 사이에서 일기 시작한 '한철학' 연구 움직임은 1980년대에 꽃을 피웠고, 1990년대에는 기운이 약간 시들기는 하였으나 연구논저는 계속적으로 나왔다. 최민홍 이후 김상일金相日(현 한신대학교 교수)의 활약이 두드러졌다.29) '한철학' 논자들은 한국철학사에서의 여러 사상 조류들을 '한철학'의 보편성과 연관 지어 설명

....

29) '한사상' 또는 '한철학'과 관련된 저술들을 연도별로 소개하면 다음과 같다. 최민홍, 『한국철학』, 성문사, 1969 ; 김상일, 『한철학』, 전망사, 1983 ; 宋鎬洙, 『한민족의 뿌리사상』, 개천학술원, 1983 ; 최민홍, 『한철학』, 성문사, 1984 ; 李乙浩, 『한사상의 苗脈』, 思社硏, 1986 ; 김상일, 『한밝문명론』, 지식산업사, 1988 ; 최민홍, 『한철학과 현대사회』, 성문사, 1988 ; 김상일, 『한사상』, 온누리, 1990 ; 이을호, 『한사상과 민족종교』, 일지사, 1990 ; 김상일(외), 『한사상의 이론과 실제』, 지식산업사, 1990 ; 林均澤, 『한사상의 고찰』, 동신출판사, 1991 ; 김상일, 『한철학』, 온누리, 1995 ; 최민홍, 『한철학사』, 성문사, 1997 ; 임균택, 『한철학사상사』 전5권, 호서문화사, 1995-1997.

하고자 한다. 이는 '한국철학의 체계화'라는 점에서는 의의가 적지 않다. 그러나 저들의 주장에는 논리적 정합성에 문제가 적지 않고, 민족주체적 성격에서 더 나아가 국수적國粹的 성향이 너무 강한 나머지, 철학계에서는 대체로 저들의 연구성과를 평가절하하거나 인정하지 않고 있는 실정이다. 심지어 '허구적 사이비 철학'30)이라고 비판하기도 한다.

끝으로, 1980년대의 동향을 일별하면서 간과할 수 없는 것이 하나 있다. '동양학 어떻게 할 것인가'라고 하는 화두를 학계에 던졌던 김용옥金容沃 충격파 바로 그것이다. 김용옥은 1984년『동양학 어떻게 할 것인가』를 펴낸 이래, 많은 저서를 통해 일관되게 고전의 중요성과 동양문화에 대한 자부심을 불러 일으켰다. 특히 번역 경시풍조에 대해 강하게 비판을 함으로써 눈길을 끌었다. 그에게 있어 번역이론은 학문방법론이라고 일컬어질 정도로 중요한 위치를 차지하는 것이었다. 한 때 '김용옥 신드롬'이라고 불릴 만큼 일대 센세이션을 일으켰던 김용옥은 일단 '철학의 대중화'에 크게 기여하였다. 또한 그가 제시한 번역이론은 단순히 번역문제에 그치는 것이 아니라, 동양학 전반에 걸쳐 타성에 젖어 있는 학계에 반성적 성찰을 촉구하는 계기가 되었다. 새로운 연구방법론을 모색하는 전기를 제공하였다는 데서 그 파급효과가 컸다고 하지 않을 수 없다. 그러나 김용옥에 대한 학계의 평가는 지금까지도 양극단으로 달린다. 그가 끼친 공과 功過 역시 제대로 평가되지 않은 상태로 남아 있다.

---

30) 이한우,『우리의 학맥과 학풍』, 83-85쪽 참조.

4) 1990년대의 동향

1990년대에 들어 가장 뚜렷한 연구동향은 1970년대로부터 1980년 대까지 가장 많은 비중을 차지하였던 인물중심의 연구가 급격히 줄 어들고 관심 분야와 주제가 다양하게 확산되었다는 것을 들 수 있겠 다. 그리고 '포스트모더니즘'이라는 시대적 분위기에 걸맞게 동양철 학계에서도 당면한 현실문제의 해결을 위해 고민하고 노력하였다는 점을 빼놓을 수 없다. 유교의 경우 양명학 연구를 통해 생명철학, 생 태환경철학적 측면에서 유학사상이 세계 인류에 공헌할 수 있다는 점을 부각시킨 것이 돋보인다. 노장철학의 경우도 마찬가지로 인간 소외, 인간성 상실, 환경문제, 생태계의 문제 등 인류 공동의 관심사 에 대해 진지하게 논의를 전개했다는 평을 받는다. 다만 이러한 논 의들은 논리적 정합성에 적지 않은 문제가 있고 식상한 감도 없지 않았다.

또한 이 시기에는 동양사상에 대한 높은 관심을 반영이라도 하듯 대규모 국제학술회의가 많이 열렸다. 1994년 중국 곡부曲阜에서 '공 자사상과 21세기'라는 주제로 개최되었던 한·중 국제학술회의는 1992년 수교修交 뒤 처음으로 한국과 중국의 석학들이 한 자리에서 만나, 공자사상이 21세기에 어떤 역할을 할 수 있을지 전망해 본 유 익한 모임으로서,[31] 이후 공자사상이 재조명되는 분위기를 조성하 였다. 또 1994년에 한국정신문화연구원에서 '유교문화의 보편성과

---

31) 이 공자학술회의에서 발표된 논문은 동아일보사에서 펴낸『공자사상과 21세 기』(1994.10)에 실려 있다. 한국 측에서는 김충렬의「21세기와 동양철학」외 6편, 중국 측에서는 張立文의「한중성리학의 互動」외 7편의 논문이 발표되 었다.

특수성'이라는 주제를 내걸고 대규모 국제학술회의를 개최한 것이라든지, 1995년에 한국방송공사 및 삼성복지재단이 주최하고 역시 한국정신문화연구원이 주관하여 '효사상과 미래사회'라는 주제로 효사상 국제학술회의를 개최했던 것은 대표적 사례라 할 것이다. 이와 함께 국제학회도 창설되었다. 1994년 10월 국제적인 유교 연합기구인 '국제유학연합회(ICA)'가 중국 북경에서 설립되었다. 한국의 유교학회, 중국의 공자기금회孔子基金會, 대만의 공맹학회孔孟學會, 일본의 사문회斯文會 등 15개국 유교단체가 참여하고 있다.

　1990년대에는 박사학위 취득자가 대폭 늘어난 것이 두드러진 특징 가운데 하나이다. 동양철학 관련 박사학위 취득자는 1970년대 중반 '신제新制 박사제도'의 시행(1975)을 전후하여 비록 적은 숫자이지만 계속 배출되었다. 연구인력이 풍부하지 못한 탓에 연구의 경향이나 영역을 논하기 어려운 시기였다. 그러다가 1980년대를 거쳐 1990년대에 와서는 학위 취득자가 이전과 비교할 수 없을 만큼 대폭적으로 증가하였다. 부록으로 별첨한 학위논문 목록을 보면, 한국유학을 전공한 예만 들더라도 1953년 이후 1980년까지 약 30년 동안 모두 16명에 불과한 데 비해 1981부터 1990년까지는 10년간 31명, 1991년부터 1995년까지는 5년 동안에 무려 52명이 배출되었다. 이러한 현상은 중국철학이나 불교철학의 경우도 예외가 아니었다. '폭발적'이란 표현이 결코 지나치지 않을 정도였다. 1980년대 후반부터 1990년대에 걸쳐 박사학위 취득자가 대폭 늘어나게 된 것은 무엇 때문인가? 우리나라 학문발달사를 살펴볼 때, 대체로 그 이전은 '잠용물용潛龍勿用'의 잠복기요 양성기인 셈이니, 이때에 와서 크게 증가한 것은 어쩌면 자연스런 결과요, 학계를 위해 반가운 현상이라 할 수도 있다. 배출된 수가 이처럼 현격한 차이를 보이는 것은 1980년대 후반까지의 오랜 적체로 말미암은 측면과 지나친 양산量産 때문이라는 측면이 동시에 있으므로 잘라 말할 성질의 것은 아니지만, 1990년대 후반으로 내려오게 되면 확실히 '과잉생산'이라는 문제점이 두드러지게 된다.

논문 주제를 가지고 보면, 한국철학과 중국철학이 대체로 비등한 형세를 보이고 있고, 또 후대로 올수록 연구영역이 확대되고 주제가 다양화·세분화되는 추세에 있다. 바람직한 현상으로 생각된다. 다만 박사학위의 '경쟁적 남발'로 인한 질적 저하는 앞으로 학계의 큰 두통거리로 남게 될 전망이다.

동양철학관계 박사학위 취득자를 가장 많이 배출한 대학은 역시 동양철학 관련 3개 학과를 설치하고 후진을 배출하는 성균관대학교이다. 성균관대는 한국유학을 전공한 박사만 하더라도 1953년부터 1995년까지 34명을 배출하여 전체 조사대상 99명 가운데 34.4%를 차지하였으며, 이어서 고려대가 20명으로 20.2%를 차지하였다. 노장철학 및 제자철학 전공자의 경우 전체 39명 가운데 고려대 9명, 성균관대 8명으로 비등한 수를 보이고 있지만, 전공학과 수를 고려할 때 역시 유학을 기본으로 하는 성균관대의 기풍이 크게 바뀌지 않았음을 엿볼 수 있다. 위의 분석으로 사실상 성균관대와 고려대가 한국 동양철학의 양대 지주 구실을 하고 있음이 증명된 셈이다. 그밖에 연세대·동국대를 비롯하여 충남대·원광대·전남대·영남대·동아대 등 지방대학에서도 비록 많지는 않지만 동양철학을 전공한 박사가 배출되고 있다.

1990년대에는 동서철학에 대한 비교 연구도 적지 않게 시도되었다.32) 비교 대상이 매우 다양하고 폭도 넓어 앞으로 많은 연구가 기대된다고 하겠다. 한 예로 1999년에 펴낸 박재주朴再柱의『주역의 생성논리와 과정철학過程哲學』(청계출판사)은 『주역』의 논리와 영국의 철학자 화이트 헤드(1861-1942)의 과정철학의 사상을 비교한 것으로, 저자에 의하면, 『주역』의 생성논리적 사유양식은 직관적 사유, 상징적 사유, 과정적 사유, 전일적 사유, 상보적 사유, 생명적 사유 등의 측면에서 각각 화이트 헤드의 과정철학이나 신과학 사상과 유비적類比的으로 설명될 수 있다는 것이다.

이 시기에는 소장학자들의 활약이 두드러졌다. 특히 1980년대 후반에 결성된 한국철학연구회(약칭 韓哲硏) 동양철학분과에 소속된 연구자들의 활동상이 돋보였다. 이들은 당시 중국 본토 학자들의 영향을 받아 주로 유물론적 시각에서 연구활동을 하였고, 중국학자들의 저서를 대거 번역, 소개함으로써 한 때 바람을 일으키기도 하였다. 이들이 현대적 방법으로 동양철학을 접근한 것은 평가받아 마땅하다. 그렇지만 독자적 방법이 아닌, 그것도 지극히 교조적敎條的인 사고의 틀에 의존하려 했다는 점에서 우려와 비판의 목소리가 높았던 것이 사실이다.[33]

이밖에 동양사상 내지 동양철학에 대한 일반인들의 관심에 영합, 일반인들에게 동양사상을 널리 알리기 위한 움직임이 있었던 것이

---

32) 목영해, 『동서철학비교』, 교육과학사, 1992 ; 金夏泰, 『동서철학의 만남』, 종로서적, 1986 ; 한국동서철학연구회(편), 『동서철학통론』, 문경출판사, 1993 ; 이희재, 『동서철학과 불교』, 도서출판 선우, 1998 ; 梁再赫, 『동양사상과 마르크시즘』, 일월서각, 1987 ; 양재혁, 『장자와 모택동의 변증법』, 이론과 실천, 1989 ; 김형효, 『데리다와 老莊의 讀法』, 한국정신문화연구원, 1994 ; 김창모, 『동양철학과 기독교의 자연·환경사상』, 장로회신학대학교 출판부, 1996 ; 金相日, 『화이트헤드와 동양철학』, 서광사, 1993 ; 김상일, 『東學과 新西學』, 지식산업사, 2000.
33) 이한우, 『우리의 학맥과 학풍』, 93-95쪽 참조.

특기할 만하다. 이 시기에 일반 대중을 위한 입문서 내지 계몽용 저작들이 상당수 출판되었다.34) 대표적인 것으로 김교빈金教斌·이현구李賢九의『동양철학 에세이』(동녘, 1993), 양재혁梁再赫,『동양철학 - 서양철학과 어떻게 다른가』(소나무, 1998), 김교빈(외),『동양철학은 물질문명의 대안인가』(웅진출판, 1998) 등을 들 수 있다. 최근에 나온 것으로, 조선성리학에서 가장 중요한 문제의 하나였던 '사단칠정'을 오늘의 감각에 맞도록 풀어 쓴 박일순의『하나이면서 둘이기, 둘이면서 하나이기 - 사단칠정』(다해, 2000)도 이 대열에 속하는 것 가운데 하나이다.

한편, 1980년대에 이어 1990년대에는 철학서적을 전문적으로 펴내는 출판사들이 등장하기도 했다. 대표적인 것으로 서광사曙光社·철학과 현실사를 비롯하여 이문출판사以文出版社(대구) 등을 꼽을 수 있다. 동양철학 전문 출판사로 '오늘의 동양사상'을 펴내고 있는 예문서원藝文書院, '동양사상문고'를 펴내고 있는 조합공동체 소나무, 청계출판사淸溪出版社, 통나무 등이 있다. 이들 출판사를 통해 동양철학에 관계된 저서들이 적지 않게 나왔다. 한편, 출판 여건의 호전에 따라 박사학위 논문을 단행본으로 출판하는 일도 부쩍 늘어났다.

---

34) 김철호,『동양철학 이야기 주머니』, 도서출판 녹두, 1995 ; 한국동서철학연구회,『동양철학사상의 이해』, 문경출판사, 1995 ; 최승호(외),『동양철학의 이해』, 도서출판 소강, 1996 ; 중국철학회,『현대의 위기 동양철학의 모색』, 예문서원, 1997 ; 李完栽,『동양철학을 하는 방법』, 도서출판 소강, 1997 ; 한국철학사상연구회,『우리들의 동양철학』, 도서출판 동녘, 1997 ; 楊在鶴(외),『동양철학의 이해와 깨달음』, 도서출판 보성, 1998.

동양철학의 통사적_{通史的} 연구

1) 철학사 연구와 통사적 저술

(1) 한국철학사

일반적으로 '철학사'는 한 나라 정신사의 정수精髓라고 한다. 완정된 철학사를 갖는다는 것은 곧 한 나라의 정신사, 지성사의 측면에서 매우 큰 의의를 지니는 것이다. 돌이켜 볼 때, 광복 이후 '한국철학사'의 통사적 저술은 1980년대 후반까지 나오지 못했다. 유학사·불교사·도교사와 같은 분류사는 있었지만, 이를 하나로 아울러 역사적 맥락을 짚어낼 철학사는 좀처럼 등장하지 못했다. 그 만큼 한국철학 내지 동양철학 분야의 학문적 업적이 축적되지 못하였기 때문이다.

한국철학사는 남한보다 북한에서 먼저 관심을 갖고 착수하였다. 1960년에 정진석鄭鎭石(1912-1968)·정성철鄭聖哲·김창원金昌元 3인의 공저로 『조선철학사』(상)가 평양 과학원출판사에서 출간되었다.[35] 유물사관唯物史觀에 입각하여 상고대로부터 조선말기까지를 다룬 것으로서, 오늘의 관점에서 볼 때 유물사관에 입각하여 서술된 것치고는 비교적 온건한 내용과 구성으로 되어 있다. 그런 까닭에 뒤에 나온 최봉익의 『조선철학사상사연구』(평양: 사회과학출판사, 1975)와 『조선철학사개요』(평양: 사회과학원출판사, 1986)에 비추어 볼 때, 남한 학자들에게 상대적으로 거부감이 적은 편이다.[36] 최봉익의 위 두 철학사

---

35) 1962년 宋技學의 번역으로 일본 東京 弘文堂에서 출간되었다. 이『조선철학사』(상)는 初刊으로부터 30년이 다 된 1988년에야 '조선철학사 연구'(도서출판 광주)라는 제목으로 남한에서 첫선을 보였다.
36) 북한의 철학사상에 대한 비판적 검토는 철학연구회에서 발행하는『철학연구』

는 1960년에 나온『조선철학사』를 수정, 보완하기 위한 의도에서 10년 단위로 개정을 거듭한 것이다.『조선철학사개요』의 표제를 보면, '주체사상에 의한『조선철학사』(1962)의 지양'이라고 되어 있어 이 책이 나오게 된 저간의 사정을 엿보게 한다.

한편, 남한에서는 북한의『조선철학사』보다 2년 앞서 행정 관료 출신인 김득황金得榥(1915-2011)의『한국사상사』(南山堂, 1958)가 나오긴 했으나, 이것은 철학통사의 차원에서 논할 수 있는 성격의 저술이 아니었다. 그러다가 1969년에 전 경북대 교수 유명종이『한국철학사』(한명문화사, 1969)를 출간하였다. 이는 남한에서 개인에 의해 집필된 최초의 '한국철학사'라는 데 의의가 있다. 이 책의 저술 의도를 보면 북한의『조선철학사』를 의식하였음이 분명하다. 유명종은 이 책의 머리말에서, "북괴는 국가적 사업으로『조선철학사』를 내어놓아 유물사관으로 일관 해석해서 우리의 철학사를 의곡歪曲하여 불쾌하기 그지없다. 그러므로 …… 늘 마음속으로 괴롭게 생각하던 차에" 운운하여, 저술의 직접적인 계기가 사실상『조선철학사』에 있었음을 밝혔다. 그러나, 북한의『조선철학사』를 의식하고 나온『한국철학사』였지만, 적지 않은 곳에서『조선철학사』의 내용을 답습하거나 표절하다시피 한 부분이 있어 뒷날 문제가 되기도 했다. 또한 공동저술이 아닌 개인의 단독저술이라는 큰 장점을 가지고 있었음에도 사관史觀이나 서술방법 등에 있어서 고민한 흔적이 거의 보이지 않는다. 이것만 보더라도 한 권의 완성된 '한국철학사'의 저술이 얼

제23집, 1988년 봄호에서 수행되었다. 李楠永,「북한의『조선철학사』서술의 특징과 문제점」; 李俊模,「『조선철학사』에 적용된 유물사관」; 成泰鏞,「『조선철학사』의 史實性 문제」참조.

마나 어려운 것인가를 짐작케 한다. 유명종의『한국철학사』가 출간
된 이후에도 몇 종의 철학사·사상사가 나왔는데,[37] 강의 교재용으
로 편술編述한 것들이 대부분이고 특기할 만한 것이 드물다. 게다가
인물중심, 자료나열의 통폐通弊에서 벗어나지 못하였다. 이 가운데
허유虛有 하기락河岐洛(1912-1997)의『조선철학사』(1996)는 공동 분담으
로 인한 한계를 극복하기 위해 약 8백쪽에 달하는 방대한 저술을 개
인이 독자적으로 엮었다는 데서 일차적 의의가 있다. 더욱이, 문제
의식이라든지 민중사관(?), 철학사 서술방법 등에서는 이전에 나온
저술들과는 뚜렷히 대비된다. 그의 철학사 서술방법은 다음의 글에
서 엿볼 수 있다.

> 한 나라의 철학의 역사는 그 정치·경제의 변천의 역사와 불가분
> 한 관계에 있다고 본다. 이것들로부터 분리된 철학의 서술은 한갓
> 관념의 역사에 불과하지 총체적 철학의 역사로 될 수는 없을 것이
> 다. 정치·경제의 변천에 따른 각 시대의 전체적 사회의 변천과정
> 그 가운데서 겪어온 백성들의 희비애락喜悲哀樂, 말하자면 시대의
> 변천을 통한 일대 서사시와 같은 것이 곧 한 나라의 철학사가 아닐
> 까.[38]

다만, 제1편 '상고시대 조선철학'이 전체 분량의 3분의 1에 해당한
데서 엿볼 수 있듯이 강한 민족주의적 성향을 넘어 국수주의적國粹

---

37) 崔旼洪,『한국철학사』, 星文社, 1980 ; 유명종,『한국사상사』, 이문출판사, 1981
 ; 하기락,『조선철학사』, 형설출판사, 1996 ; 한국철학사연구회,『한국철학사상
사』, 한울아카데미, 1997 ; 金勝東,『한국철학사』, 부산대학교 출판부, 1999 ; 池
斗煥,『한국사상사』, 도서출판 역사문화, 1999.
38) 하기락,『조선철학사』, 형설출판사, 1996, 14쪽.

主義的 경향마저 있는 것이 사실이다. 이것은 재야사학자들이 주로 이용하는 사서史書를 즐겨 이용한 것으로도 알 수 있다. 서술에서는 사료의 객관성의 확보가 문제라 할 것이다.

'한국철학사'의 외형적 수준을 한 단계 끌어 올린 것은 1987년에 나온『한국철학사』전3권이다. 이『한국철학사』는 한국철학회의 역점사업으로 기획, 출간되었으나, 기실 문교부와 한국문화예술진흥원 등 정부의 관계 당국과 그 밖의 각계에서 막대한 재정적 지원을 하였던 만큼, 관찬적官撰的 성격이 전혀 없는 것은 아니었다.

한국철학회는 1974년 7월 5일『한국철학사』의 간행을 학회의 장기적 기획 사업으로 확정했고, 이듬해 5월 15일 '한국철학사 편집위원회'를 정식 발족시켰다. 국내 철학계의 숙원 사업의 하나였던 '한국철학사'가 광복된 지 30년만에 본격적으로 집필에 들어가게 된 것이다. 한국철학회는『한국철학사』의 간행에 앞서 보다 완정된 철학사 서술을 위한 기초적 연구의 차원에서 '한국철학사연구' 상·하권을 간행하기로 하였다. 1977년 4월, 연인원 48명이 동원된 끝에 마침내『한국철학연구』상권이 나오고, 이듬해 9월 하권을 중·하권 2권으로 나누어 출간했다. 이로써『한국철학사』의 기초작업은 완성된 셈이었다. 한국철학회에서는 이를 바탕으로 하여 1978년부터 곧바로『한국철학사』집필에 착수하였다. 이후 약 10년 동안 국내 철학계를 대표하는 19명의 학자들이 동원된 끝에 1987년 총 22편 90장에 달하는 3권의 거질巨帙이 완성을 보게 되었다. 북한에서 이미 1960년에『조선철학사』를 펴낸 것에 비하면 27년이나 뒤졌지만, 어찌 되었든지 당시 지식사회의 반향은 실로 컸다.

그러나 공동집필에 따른 통폐와 한계성이 이 저술에서도 어김없이 드러났다. 1987년 당시 한국철학회 회장이던 한전숙韓荃淑은『한국철학사』의 서문에서 다음과 같이 문제점을 통절하게 자인하였다.

　　…… 각 분야마다의 많은 전공학자들에게 집필을 의뢰하게 됨으로써, 우리는 이런 공동집필에 거의 필수적으로 따르는 폐단을 미리 막는 작업에 전혀 성공하지 못하고 있다. 여러 토속적인 사상과 종교사상 중에서 어디서부터가 철학사상인지 하는 근본개념에 관한 문제들은 차치하고라도, 우리는 집필자 모두가 하나의 통일된 방법론에 따르는 그런 공동연구를 하지 못하고 있으며, 더 나아가서 각 사상과 각 시기의 사적史的인 연결을 거의 고려하지 못하고 있다. 이리하여 이 『한국철학사』는 그 준비작업이던 『한국철학연구』와 유사한 하나의 논문집의 영역을 벗어나지 못한 감이 없지 않다.

이밖에 분량 배분에서 심한 불균형을 이룬 점이라든지, 시대구분에 대한 어떠한 설명이 없는 것이 하나의 문제점으로 지적되기도 하지만,39) 위의 인용에서 문제점에 대해 너무도 명확하게 인식하고 있는지라 특별히 더 덧붙일 게 없다. 다만 어느 면에서는 이전에 나온 『한국철학연구』보다 오히려 후퇴한 듯한 대목이 없지 않다는 점을 추가하고 싶다. 그러나 한편으로 한전숙이 자위自慰하였듯이, 본시 역사는 늘 새로 쓰고 또 고쳐 쓰고 하는 것이다. 우리나라에서 처음 나온 것이나 다름없는 이 『한국철학사』가 첫술에 배부를 수는 없다. 완정된 철학사를 위한 준비 단계에 불과하다고 보면 책임이 한결 가벼워짐을 느낄 수 있으리라고 본다.

---

39) 成泰鏞, 「기본적 관점의 제시를 통한 한국유학사 연구의 반성」, 『철학』 제27집, 1987, 한국철학회, 25쪽 참조.

(2) 중국철학사

현재까지 한국인에 의해 저술된 '중국철학사'는 몇 종 되지 않고 그 수준도 지극히 보잘 것이 없다. 1955년 김경탁이 강의 교재용 성격의 『중국철학사상사』[40]를 펴낸 것을 시발로, 이듬해 김용배金龍培의 『동양철학사상사대관東洋哲學思想史大觀』이 그 뒤를 잇고, 1960년부터 이상은이 『한국사상』지에 '중국철학사'를 연재한 데서 중국철학사 서술에 대한 학계의 관심을 엿볼 수는 있으나, 한 권의 통사로 출간된 것은 이로부터 상당히 먼 뒷날의 일이었다. 1964년에 숭실대학 교수 김능근金能根이 『중국철학사』(장학출판사)를 저술했다. 이는 자신의 독특한 사관과 구성, 필치에 의해 이룩되었다고 보기는 어렵고, 일본의 저명한 학자 가노 나오키狩野直喜(1868-1947)의 『중국철학사』(岩波書店, 1953)와 우노 데쯔토宇野哲人(1875-1974)의 『지나철학사 - 근세유학』(日月社, 1936) 내용을 압축, 요약한 성격이 짙다. 따라서 학술적 가치를 논하기에는 어려운 점이 있다.

한편, '한국의 철학사가'로 불릴 만큼 철학사 관계 저술을 많이 남긴 유명종은 한국철학사에 이어 중국철학사의 집필을 기획하고 이를 연차적으로 출간하였다. 『송명철학』(형설출판사, 1976), 『중국사상사 - 고대편』(이문출판사, 1983), 『청대철학사』(이문출판사, 1989), 『중국 근대 정치사상사』(이문출판사, 1990), 『중국 근대철학사』(이문출판사, 1994), 『한당철학사』(경인문화사, 2000)가 그것이다. 실로 건필健筆이 아닐 수 없다.

한국에서 중국철학사를 통사적 형태로 완성한 예는 아직까지 유명종이 처음이자 유일하다고 할 수 있다. 그런데 그의 저술은 뚜렷

---

40) 이것은 臺灣의 학자 錢穆의 『중국사상사』를 대본으로 한 것이었다. 김경탁은 1962년에 역시 강의 교재용 성격의 『중국철학사』(泰成社)를 펴낸 바 있다.

한 사관을 찾아보기 어렵고 자료 나열식의 기술을 하고 있는 까닭에, 역시 그의 『한국철학사』와 함께 한계를 느끼게 한다. 그 뒤를 이은 김충렬金忠烈은 완정된 중국철학사의 서술을 염원하며 많은 각론격의 논문들을 통해 철학통사로 나아가는 수순을 밟았다. 1994년 '통사의 저술'을 예고하며 『중국철학사』 제1권(예문서원)을 선보였다. 이는 서술체계나 구성 등에서 중국의 저명한 『중국철학사』에 비추어 보아도 손색이 없다. 학계에서 그 완성에 거는 기대가 크다. 이밖에 '사상사'라는 제목으로 나온 책들도 약간 있기는 하나 학문적 가치는 그리 높지 못하다.[41]

2) 한국유학의 통사적 연구

한국유학의 통사적 연구는 장지연張志淵의 『조선유교연원』(1921)이 나온 뒤로 70여 년의 짧지 않은 역사를 기록한다. 그러나 연구 성과는 아직까지 미미한 실정이다. 참고로 '한국유학사' 통사적 문헌을 소개하면 다음과 같다.

단행본

張志淵, 『朝鮮儒敎淵源』, 京城: 滙東書館, 1922.

河謙鎭, 『東儒學案』, 1943년 완성, 1970년 출간.

玄相允, 『朝鮮儒學史』, 민중서관, 1949.

趙楨·金知源(共著), 『儒學史』, 月刊獨逸語社, 1958.

---

41) 박일봉, 『중국사상사』, 서울: 육문사, 1990 ; 오재환, 『중국사상사』, 서울: 신서원, 1999 ; 중국철학교실(편), 『중국철학사상사』, 광주: 전남대출판부, 1986 등이 있다.

李丙燾, 『資料韓國儒學史草稿』(謄刷本), 서울대학교 국사연구
　　　실, 1959.

裵宗鎬, 『韓國儒學史』, 연세대학교출판부, 1974.

柳承國, 『한국의 유교』,42) 세종대왕기념사업회, 1976.

劉明鍾, 『韓國思想史』(韓國思想史 II), 이문출판사, 1981.

金忠烈, 『高麗儒學史』, 고려대학교출판부, 1984.

劉明鍾, 『朝鮮後期 性理學』, 이문출판사, 1985.

성균관대　大東文化硏究院(편), 『韓國思想大系 – 性理學思想
　　　篇』, 1985.

李丙燾, 『韓國儒學史略』, 아세아문화사, 1986.

李丙燾, 『韓國儒學史』, 아세아문화사, 1987.

琴章泰, 『韓國儒學史의 理解』, 민족문화사, 1994.

崔英成, 『韓國儒學思想史』(전5권), 아세아문화사, 1994-1997.

黃義東, 『한국의 유학사상』, 서광사, 1995.

한국인물유학사편찬위원회(편), 『韓國人物儒學史』(전4권), 한길
　　　사, 1996.

논문 및 논설류

高橋亨, 「朝鮮儒學大觀」 『朝鮮史講座　特別講義』, 朝鮮史學
　　　會, 1925.

高橋亨, 「李朝儒學史に於ける主理派主氣派の發達」, 『朝鮮支
　　　那文化の硏究』, 京城帝國大學 法文學會, 1929.

---

42) 나중에 臺灣에서 '韓國儒學史'로 改題하여 출간되었다. 傅濟功(譯), 臺灣: 商
　　務印書館, 民國 78년(1989).

松田甲,「朝鮮儒學の大觀」,『續日鮮史話』, 조선총독부, 1931.

蔡茂松,「韓國儒學史(Ⅰ·Ⅱ)」,『중국학보』제5-6집, 1966-67.

成樂熏,「韓國儒敎史」,『한국문화사대계(6)』, 고려대 민족문화연
　　구소, 1970.

成樂熏,「韓國儒敎思想史」,『한국문화사대계(6)』, 고려대 민족
　　문화연구소, 1970.

尹南漢,「韓國儒學史」,『韓國文化史新論』, 중앙대출판부, 1975.

柳承國,「韓國의 儒學思想 槪說」,『韓國의 儒學思想』, 三省出
　　版社, 1976.

琴章泰,「韓國儒敎思想史」,『韓國宗敎思想史(2)』, 연세대출판
　　부, 1986.

李東俊,『韓國思想史大系 – 유교적 측면』, 한국정신문화연구원,
　　1990.

통사적 연구업적이 보잘 것 없는 것은 한국학의 여타 분야도 크게 다를 바 없다고 생각되지만, 특히 유학통사의 경우는 정도가 심한 편이라고 해야 할 것이다. 아직까지 유학사(유교사)를 전공하는 전문학자가 양성되지 못하고 있는 것만 보아도 어느 정도 짐작할 수 있다. 이점 '불교사'를 전문으로 하는 학자가 상당수에 달하는 불교 쪽의 경우와 뚜렷이 대비된다. 이러한 현상은 '유학'이라는 학문 자체가 지닌 특수성에 원인이 있다고 볼 수 있을 것이나, 유학사에서 연구되어야 할 대상이나 범위도 결코 불교사에 뒤지지 않는다고 본다. 이제는 유학사 또는 유교사가 동양학 내지 한국학 가운데 하나의 전문 연구분야로 정착되어야 할 줄로 믿는다.

1970년대 이래로 한국유학에 관계된 각론격의 논문들이 수도 없

이 쏟아져 나와 데이터 뱅크를 운영해야 될 상황에 놓여 있다. 그럼에도 불구하고, 그와 같은 호한浩瀚한 연구업적들을 통사적 차원에서 반영시켜 재정리하는 전문가가 배출되지 않는다면, 한국유학사의 연구는 심한 기형적 상태에서 벗어나지 못할 뿐 아니라, 역사와 유리遊離된 채 사상적·철학적 측면만을 논구하는 유학연구로 흐르게 될 것이다. 이런 연구는 별의미가 없게 된다. 한국유학사상사는 많은 각론격의 논문들을 토대로 하여 이루어지는 총론적 성격을 지닌다. 양쪽이 고르게 연구되어야, 여기서 한국유학 연구의 비전도 제시할 수 있는 것이다.

위에서 소개한 바와 같이 현재까지 통사적 체계를 갖춘 '유학사상사'는 매우 적으며, 앞으로도 체계와 내용을 잘 갖춘 유학통사의 출현을 쉽사리 기대하기 어려운 실정이다. 완정된 사상사·철학사가 나온다는 것이 그만큼 어려움을 증명하는 것이다. 어려운 통사적 저술보다 이미 발표된 논문 등을 모아 책으로 엮어내는 것을 선호하는 학계의 풍토도 이와 무관하지 않다.

이제 종래의 연구 업적 중에서 통사적 체계로 서술된 대표적 저서 몇 가지를 들어 그 체계와 특성을 살펴봄으로써, 앞으로 보다 발전적인 한국유학사상사를 서술하는 데 일정한 도인導引의 구실을 하고자 한다.

『조선유학사』(현상윤, 1893-1950)의 저서로 1949년 민중서관에서 간행되었다. 한국의 유학사를 국한문으로 정리한 최초의 업적이다. 전편을 17장으로 나누어 유학사상의 흐름과 경향을 인물중심으로 간명하고 체계 있게 서술하였다. 한국유학의 철학적 문제의식에 초점을 맞춘 것이 특징이다. 장지연의 『유교연원』에서처럼 통일신라시대와 고려시대의 유학을 '나려시대의 유학'이라는 항목으로 간단히 서술하고, 나머지는 조선시대의 유학사상을 집중적으로 다루었다. 당시까지 미처 체계적으로 정리되지 않았던 예학·양명학·경제학(실학) 등의 학파적 영역과, 모화사상慕華思想·서학西學·척사위정斥邪衛正 등의 문제까지 포괄하여 복합적 체계를 갖추었다. 이로써 볼 때, 서술의 중심이 된 조선시대 유학사의 제문제를 거의 빠짐없이 망라하고 있는, 비교적 균형 있고 체계적인 구성이라 할 수 있다. 기본적으로 압축된 자료집의 성격에다 인물 중심의 서술 방식을 취하면서도, 시대적 흐름과 학문상의 특징 또는 요점·쟁점 등이 뚜렷하게 드러날 수 있도록 배열에 힘쓴 것 또한 특장特長이라고 하겠다.

그러나 복합적인 체계를 갖추고 있으면서도 성리학에 치중하여, 그 밖의 여러 측면과의 유기적 연결이 아쉽고, 성리학의 서술에서도 기본적으로 다카하시 도오루의 「이조 유학사에 있어서 주리파·주기파의 발달」(1929)이라는 논문의 논리에 입각하여, 퇴계·율곡 이후의 성리학을 주리·주기파로 대별하여 서술하였다. 이런 분류틀은 면밀한 검토가 필요하다. 그리고 착상과 서술에서 종래 유학자의 구투舊套에서 탈피하지 못한 것도 유감으로 지적된다.[43]

더욱 문제가 되는 것은 서론에서 제시한 이른바 '유교공죄론'이다. 이는 유교사상이 사회이념이었던 조선시대로부터 현대로 전이轉移하는 과정에서 전통사상에 대한 반성적 성찰을 통해 올바른 계승을 추구하려는 사고에서 나온 것으로, 일단 시대적 의의와 진보적 성격을 갖는다고 할 것이다. 그러나 후배학자인 이상은(1905-1976)이 지적한 것처럼 유교의 본질과 응용을 혼동한 면이 지배적이어서 문제가 적

---

43) 高橋亨, 「朝鮮儒學史書評」, 『조선학보』 제3집, 1952, 188쪽.

지 않다.[44] 여기에는 저자의 본의와 달리 일본인 관학자들이 내세운 주장과 비슷한 일면이 있음을 배제할 수 없으며, 또 유교에 대한 반성적 성찰을 추구하려던 본래의 취지와 다르게 다른 종교에서 유교의 폐단을 공격하는 데 이용되었음도 사실이다. 그러므로 유교의 본질과 그것이 응용되어 나타난 현상을 엄정하게 재검토할 필요가 있는 것이다.

『한국유학사』(이병도, 1896-1989)의 저서로 1987년 아세아문화사에서 출간되었다. 이미 1937년에 한문으로 서술한 일단의 초고가 이룩되었으나 계속 간행하지 않다가, 1959년에 '자료 한국유학사초고'라는 제목의 비공간 등사본(서울대 국사연구실편)을 내어 학계에 선을 보였다. 『한국유학사』는 이 등사된 초고를 바탕으로 국역에 충실을 기하면서, 그간 저자의 의견이 달라진 부분을 손질하고 충실하지 못한 데를 증보한 것이다.[45]

저자는 장년기부터 한국유학사를 강의하였고, 선유先儒에 대한 개인별 연구를 비롯하여 유학사상사에 관한 논문을 다수 발표한 바 있다. 그것이 초고를 거쳐 체계적으로 재정리되었다. 본서의 특징은 자료를 풍부하게 제시함으로써 자료집의 역할도 충실히 해낼 수 있도록 한 것이다. 그리고 학설소개를 중심으로 한 현상윤의 『조선유학사』의 간략한 서술에 비해, 문화사적 측면을 가미하여 폭넓고 상세하게 다룬 것이라든지, 종래의 유학사에서 간단히 다루어 왔던 조

---

44) 李相殷, 「한국에 있어서의 유교의 功罪論」, 『아세아연구』 통권 제24호, 고려대학교 아세아문제연구소, 1966 참조.

45) 한문본 『한국유학사략』(아세아문화사, 1986)도 있다.

선시대 이전의 유학에 대해서 짜임새 있게 구성하였다는 점을 들 수 있다. 또 성리학 중심의 도통연원에 치중했던 조선조 학인들의 유학사 인식에서 탈피, 각 영역별로 고증적인 충실한 서술을 기하여 문헌실증적인 역사서술의 본을 보여줌으로써, 유학사 연구의 수준을 향상시킨 점을 빼놓을 수 없다. 엄격한 의미에서의 근대적 연구방법, 특히 '문헌 실증적 방법론'에 입각하여 유학사 연구를 시도한 것은 그가 최초였다고 본다. 이점에서 그의 '유학사' 출현이 갖는 의의가 적지 않다.

그러나 사회사상사로서의 기능까지 발휘하기에는 역시 거리감이 있다. 가장 큰 아쉬움은 유학사상의 흐름과 경향을 서술하면서, 원인과 배경에 대한 분석 및 나름의 평가 내리는 것을 결여하였다는 점이다. 그밖에 조선조 후기의 실학사상을 다루면서, 1930년대 저술 당시의 서술내용을 그대로 수록하고 있는 것이라든지, 양명학의 전개와 발전에 대해 서술하면서 정제두鄭齊斗(1649-1736)에 이르러 그침으로써, 강화학파江華學派의 학맥이 어떻게 전승되었는지에 대해 간과해버린 것 등 미비점이 적지는 않다.

『한국유학사』는 기본적으로 학파와 당파의 연관성을 중시하면서, 인적 계보 내지 학문유파를 중심으로 학설을 정리하여 한국유학사의 체계화를 시도하였다. 이것은 그가 당쟁사 연구에 관심을 갖고 유학사 연구를 병행한 데서 연유한다. 초창기 한국유학사 연구에서의 방법적 특징이자 한계라 할 수 있다. '철학 강세'를 조선유학의 주된 특징으로 파악했던 현상윤의『조선유학사』와는 상당히 대조적인 일면을 보여준다.

『한국유학사』(배종호, 1919-1990)의 저술로 1974년 연세대학교 출판

부에서 간행되었다. 한국유학사에서 주종을 이루어 왔던 성리학-
그것도 리기심성론-에 대해서만, 문헌자료를 충실히 섭렵하면서
체계 있게 서술하였다. 무엇보다도 유교철학에서 큰 문제라고 할 수
있는 리기심성론의 이해, 발전과정을 논쟁사적 측면에 초점을 맞추
어 쉽게 파악할 수 있도록 했다는 점에서 그 의의를 찾을 수 있겠다.
서문에 의하면 "유교의 실천적 조목은 우리에게 있어 이미 생활화
되어진 지 오래이므로 이에 형이상학적 근거 탐구의 과제만이 남았
을 따름이다"고 하면서 "한국유학 본질로서의 사단칠정론과 인심도
심설, 인물성동이론 및 그 철학적, 형이상학적 근저根柢로서의 리와
기의 문제만을 주로 다루었다"고 밝히고 있다. 그러므로 성리학 수
용 이전의 유학에 관한 것과, 성리학 이외의 양명학·실학·예학 등
에 대해서는 아예 논급하지 않았다. 여기서 저자의 저술의도와 서술
범위를 엿볼 수 있겠다. 아울러 성리학의 권외圈外에 있는 것들을 다
루지 않는 철저한 태도에서, 우리는 저자가 유학사를 '유교철학사'로
인식하였음도 엿볼 수 있게 된다.

그러나 그와 같은 저자의 견해와 의도가 학계로부터 얼마만큼의
공감을 얻을지는 의문이다. 저자의 견해를 그대로 수용한다 하더라
도, 최소한 정주학程朱學과 함께 확고한 철학적 체계를 이루고 있는
양명학만이라도 다루어 주었더라면 하는 아쉬움은 남는다. 비록, 양
명학이 조선조 학계에서 이단시되어 활발히 전개되지는 못했지만,
조선 후기의 사상사에 끼친 영향은 결코 소홀히 보아 넘길 수만은
없다. 특히 유학사의 서술에서는 더욱 그러한 점들에 세심한 배려를
했어야 할 줄로 안다.

책이름에 부제副題가 있어야 됨직한 본서에서는, 시대적 흐름을
주로 하면서 리기심성론에서의 여러 문제들을 논점에 따라 학파별

로 다루었다. 특히 제1장에서 정주의 성리학을 개관한 것은 한국성리학사의 이해에 큰 도움을 주었다고 생각된다. 그러나 전체적으로 볼 때 리기심성론을 다루면서도 학설만 설명, 분석하였을 뿐, 학설이 지닌 사회적 의미와 현실에 끼친 영향에 대해서는 아예 논급하지 않음으로써 '유학의 형이상학적 근거 탐구'라는 저자의 기본방침이 보다 더 심화, 확충되지 못한 느낌이 있다. 그리고 리기론·심성론 등과 함께 다루어져야 할 수양론(誠·敬 등)이 약간 서술되었을 뿐이며, 더욱이 성리학의 전래와 수용과정마저도 인색할 정도로 간단히 처리되었다. 이러한 것들은 아쉬운 점이라 하지 않을 수 없다.

이밖에 류승국의 『한국의 유교』(세종대왕기념사업회, 1976), 김충렬의 『고려유학사』(고려대학교출판부, 1984), 최영성崔英成의 『한국유학사상사』(전5권)(아세아문화사, 1994-1997)도 빼놓을 수 없는 성과이다. 류승국의 저서는 유교에 소양이 있는 일반인이 쉽게 볼 수 있도록 한 고급 개설서로, 이제까지 간단하게 취급하여 왔던 조선시대 이전의 유학사에 비중을 두어 집필한 것이며, 김충렬의 저서는 삼국시대부터 고려시대까지의 유학사를 그간의 어느 저서보다도 많은 자료에 의거하여 충실히 다룬 것으로, 저자는 '조선유학사'의 속간을 예고한 바 있다. 전자가 개설서라는 점과 후자가 아직 통사로서의 완결을 보지 못했다는 점에서 논평은 유보하고자 한다. 최영성의 '유학사'는 서술 범위가 매우 넓을 뿐 아니라 하한선을 1990년대 후반까지로 하고 있어 우리나라 유학사상의 발전양상을 정밀하게 살필 수 있는 저술이다. 지금까지 나온 '유학사'의 특징과 장점들을 두루 반영하고자 하였으며, 학계의 연구성과를 폭넓게 수렴하고 있는 것이 특징이다.

이상 소개한 업적들을 통해서 보면, 우선 '유학사'라는 이름이 말해주듯 학술사 - 특히 철학사적 관점에서의 연구성과가 대부분이다. 그런 만큼 자연히 폭넓은 내용을 담을 수 없는 한계성이 있다. 가장 큰 문제점이라고 할 만한 것은 바로 국사와의 연관성에 소홀한 데다 사적史的 맥락이 분명하지 않다는 점이다. 즉, 유학의 흐름이나 경향, 그리고 학설 등의 전개 원인이라든지 시대적 배경, 역사적 의의를 면밀하게 밝히지 못하고, 아울러 그 기능과 역할을 등한시하여, 기본적으로 현실감이 결여된 관념의 세계에서 유학사상을 논함으로써, 다중에게 현대적 응용성에 의문을 갖게 한다. 이는 인물중심의 서술 체계와 직결된 문제다. 인물중심의 유학사는 한국유학을 연구하는 데 여러 가지 문제점을 던지고 있다.

1987년 성태용成泰鏞은 「기본적 관점의 제시를 통한 한국유학사 연구의 반성」이라는 논문을 발표한 바 있다. 그는 이 글에서 한국유학사 서술에 유의해야 될 사항으로 ① 한국사와의 관련성을 중시해야 한다는 것 ② 유학사상의 본령에 바탕 하여야 한다는 것, 즉 수기치인修己治人의 구조 또는 인격완성과 사회완성이라는 양면을 동시에 고려해야 한다는 것 ③ 사실 기술의 진실성, 종적 맥락과 횡적 구조의 정합성整合性, 평가기준의 명확성을 제고시켜야 한다는 것을 제시하면서, 이상적인 유학사란 사상사 서술에 필요한 요건들에다가 학술적 성격까지 갖춘 것이라고 주장하였다. 그는 한국유학사 연구에서 무엇보다도 문제의식과 방법론에 대한 탐색이 요구되며, 또한 의식과 현실, 사상과 삶이 서로 긴밀하게 연결되어 역동적인 것으로 전개되고, 유학사에 드러난 정신사적 맥락이 한국사상사에 제대로 수렴되어야 한다고 하였다. 이는 한국사상사 연구에서 기본적 문제점에 대해 각성케 하고 학문적 성취를 도모하는 데 일정한 자극제가 되었다고 본다.

4 동양철학의 연구현황과 과제

1) 유학사상 연구의 경향과 흐름

1950-60년대 유학사상에 대한 연구의 경향과 흐름을 보면, 역사학 전공자들이 유교에 관심을 가지고 개별적으로 연구하는 정도였다고 할 수 있다. 따라서 일제시기의 연구 수준을 크게 웃도는 차원이었다고 말하기는 어렵다. 그러다가 1950년대 말 실학개념 논쟁의 발단으로 역사학자들 사이에 조선 후기의 실학사상에 대한 관심이 높아졌다. 그리고 그것이 1960년대까지 이어지면서 그에 대한 연구가 붐을 이루기 시작하여, 1970년대 국학 활성화의 전조前兆를 보여주었다. 1960년대 이래 철학전공자로서 유학사상을 재평가하고 심도 있게 탐구한 학자로는 박종홍·이상은·김경탁·유정기柳正基(1910-1997)·류승국·유명종 등을 꼽을 수 있다. 비록 소수이긴 하지만 이들의 활약은 값진 것이었다.

1970년대 이후 유학사상에 대한 연구는 '발전기' '도약기'라 일컬어도 좋을 만큼 연구인력과 연구성과에서 대폭적 증가가 이루어졌다. 유학연구의 초점이 성리학 연구에 맞추어지고 인물중심의 연구경향이 두드러졌다. 철학사의 주요 인물들에 대한 연구는 한국유학을 심화시켜 나가는 과정으로서 첫 단계를 나타낸 현상이라 하겠다. 이때에 와서야 비로소 유학에 대한 철학적 측면에서의 연구가 역사학 전공자 중심의 연구 분위기를 바꾸어 놓게 된다. 1970년대 후반에 가서는 유학자 중심의 연구가 보다 확대되고 심도를 더해 가면서 유학사상 자체에 대한 관심의 폭이 넓어졌다. 이 시기에는 '민족주체의식 고양'이라는 목적의식이 연구에 상당히 영향을 끼친 것으로 보인다. 일본인 어용 관학자들에 의해 한국유학이 곡해된 측면에 대한 재검토가 이루어지기 시작했던 것은 좋은 예다. 윤사순의 「다카하시 도오루高橋亨의 한국유학관 검토」(1976)와 「한국유학의 제문제諸問題」(1977)가 그 선편先鞭을 친 논문이다.46) 윤사순은 이들 논고를 통해 다카하시를 비롯한 일제 관학자들이 우리 민족의 특성을 논하면서 사상적 고착성과 종속성을 두드러진 것으로 도출하여, 한국사상으로서의 한국유학 부재론不在論을 주장한 데 대하여 그 오류를 논박하였다. 즉, 한 가지 사상에 빠지면 그로부터 벗어나지 못함을 뜻하는 고착성의 전제가 역사적 사실과 어긋나며, 또 한 가지에 고착하더라도 한국 특유의 창의성을 발휘하지 못한다는 종속성(무독창성)의 전제가 퇴계와 율곡 등의 철학 내용과 어긋남을 실증적으로 논박함으로써, 한국유학 부재론이 허구에 찬 오류이며, 식민정책의 합리화를 위한 악의에서 나온 곡해임을 밝혔다.47)

1970년대 주요저술로는 배종호의 『한국유학사』(1974), 류승국의 『한국의 유교』(1976), 박종홍의 『한국사상사논고 - 유학편』(1977)를 먼저 들 수 있다. 주역·정역 연구의 권위인 이정호李正浩의 『훈민정음의 구조원리 - 그 역학적易學的 연구』(1975)와 『정역연구』(1976)는 한국역학 연구사에서 거의 독보적 업적이다. 이상은의 『퇴계의 학문과 사상』(1973), 이병도의 『율곡의 생애와 사상』(1973), 이을호의 『다산학

---

46) 이밖에도 다카하시의 한국유학관 내지 한국사상사연구에 대한 논문 및 역서로는 다음과 같은 것들이 있다.
權純哲, 「高橋亨の朝鮮思想史研究」, 『埼玉大學紀要 教養學部』 제33권 제1호, 1997 ; 趙南浩(역), 『다카하시 도오루 - 조선의 유학』, 조합공동체 소나무, 1999 ; 최영성, 「高橋亨의 한국유학관 연구」, 『철학연구』 제74집, 대한철학회, 2000 ; 李炯性, 「다카하시 도오루(高橋亨)의 조선유학사 연구의 영향과 그 극복」, 『한국사상사학』 제14집, 한국사상사학회, 2000.

47) 尹絲淳, 「한국유학에 대한 철학적 이해의 문제」, 『철학』 제39집, 1993, 10쪽.

의 이해』(1975) 등도 빼놓을 수 없는 업적이다.

한편, 1970년 퇴계서거 4백주년에 즈음하여 경향 각지에서 학술발표회가 개최됨으로써 퇴계학에 대한 관심이 고조되었고, 또 퇴계선생 4백주기 기념사업회에서 『퇴계학연구』(1972)를 펴냄으로써 이후 퇴계학 연구에 하나의 기폭제가 되었음을 주목하지 않을 수 없다. 1975년 전남대학교 호남문화연구소에서 '이을호 교수 정년기념'으로 펴낸 『실학논총』과 1976년 고려대 아세아문제연구소에서 펴낸 『실학사상의 탐구』는 당시까지의 실학연구를 집성한 것이거나, 실학에 대한 철학계의 견해를 대변하는 대표적인 논문들을 모은 것으로 평가된다. 이밖에 철학계의 실학 연구를 자극하고, 반성을 촉구한 것으로 역사학회의 『한국실학입문』(1973) 등을 들 수 있다.

1980년대는 연구인력의 폭발적인 확대와 아울러 연구대상과 주제의 다양화가 눈에 띄게 달라졌다. 성리학의 경우만 하더라도 연구의 폭과 깊이가 확충되고, 종래의 편향적 성향이 상당히 누그러졌으니, 퇴계와 율곡을 중심으로 하여 전·후로 확산시켜 나가는 추세가 뚜렷해졌다. 또한 유학 내적으로 각 부문 간의 연구가 진행되는 가운데, 접근 방법에서도 철학적 측면뿐만 아니라, 역사·종교·문화 등 여러 측면에서의 조명이 이루어지기 시작했다. 이것은 유교철학 연구자들에게 주의를 환기시켜 주는 작용을 하였다. 새로운 인물들의 발굴과 종래 주요 연구대상이었던 인물들에 대해서도 새로운 시각에서의 연구가 심화되면서,[48] 유학사상을 보는 시각과 관점에 적지

---

48) 대표적인 것으로 民族과 思想硏究會 편,『四端七情論』, 서광사, 1992 ; 韓國思想史硏究會 편,『人物性論』, 한길사, 1994 ; 한국철학사상연구회 편,『논쟁으로 본 한국철학』, 예문서원, 1993 ; 한국사상사연구회 편,『조선유학의 학파들』, 예문서원, 1996 같은 것을 들 수 있겠다.

않은 변화와 움직임이 있었다. 기존 연구의 오류와 미비점을 보완하려는 노력도 잇달아 '~에 대한 재검토' '~에 대한 재론再論' 등과 같은 제목의 글들이 다수 발표되었다.

1980년대에는 이전 시기 '자료적 한계'를 이유로 연구가 진척되지 못했던 고려 이전 시기의 유학에 대한 연구작업이 활발하게 이루어졌으며, 또 조선 중기 퇴율성리학의 그늘에 가려 그다지 조명되지 못했던 조선 후기 성리학자, 후기 유교사에 대한 연구가 활성화되었다.49) 이는 분명히 유학연구에서 '발전적 국면'이 조성된 것이라 말할 수 있다. 이로써 유학사가 통시대적 맥락 속에서 규모 있는 학문사로서의 역할을 제대로 할 수 있는 기초작업이 웬만큼 이루어졌다고 본다.50)

이 시기에는 유학사상을 전공한 학자들 가운데 비교종교학의 관점에서 유학과 서학西學의 관계성 탐토探討에 공을 들여 온 학자들의 활약도 있었다. 그 선구적 학자로 주역과 정역正易 연구의 권위인 이정호李正浩(1913-2004)를 들 수 있으며, 후진으로 금장태·송석준宋錫準·류무상柳茂相 등이 꼽힌다. 신부 출신으로 유학사상에 대한 소양이 깊은 최기복崔基福 신부 등도 이 대열에 포함시킬 수 있다.

1990년대에는 유학사상의 현대적 의의를 논하는 글들이 많이 발표되었다. 특히 후반기에 들어 '포스트모더니즘'이 지식층의 주요 담론談論 가운데 하나가 되면서, 유학사상에 대한 관심이 부쩍 고조되고 유교의 시대적 역할에 대한 논의가 빈번하게 이루어졌다. 이러한

---

49) 이러한 작업을 통사적 차원에서 수행한 학자는 유명종 교수다. 유명종, 『조선 후기 성리학』, 이문출판사, 1985 참조.
50) 鄭奎薰, 「思想分野에서의 韓國學硏究의 回顧」, 75-76쪽 참조.

시대적 분위기 탓인지 유학사상의 현대적 응용은 물론 '미래적 전망'에 대한 주제의 연구가 많았다. '유학의 국제화' 문제가 크게 부상하고 '생태계와 환경문제' 같은 것이 유교적 측면에서 중요하게 다루어지는 등 중요한 논의들이 다양하게 이루어졌다. '유교와 페미니즘'이라는 주제를 가지고 그 동안 민감한 문제로 여겨 왔던 것까지 논의의 조상組上에 올려지기도 하였다. 한편, 학술적으로 1990년대는 40대 학자의 활약이 매우 눈부신 시기였다. 조심스럽기는 하지만 동양철학 연구에서 '학문적 세대교체'가 이루어졌다고 말하는 학자가 있을 정도다. 기성층으로서는 김형효金炯孝[51])와 금장태의 저술활동이 두드러졌다.

다음으로는 원시유학과 중국유학에 대한 연구현황을 간략히 살피기로 한다. 먼저 유학사상에 대한 개설적 저술을 살펴보면 퍽 드물게 나온 편이다. 1962년에 양대연梁大淵이 『유학개론』을 펴냈지만, 이것은 강의용 교재의 성격을 띠고 있기 때문에 학술적, 철학적으로 문제삼기 어렵다. 1978년 성균관대학교에서 유학의 원론적 지침서가 되는 '유학원론'을 류승국 외 3인의 공동 저술로 간행하였다. '유학의 경전' '유학의 철학사상' '유학의 윤리사상' '유학의 정치사상' '유학의 교육사상'의 5개 장으로 구성된 이 책은 비록 교양교재로 사용하기 위한 목적에서 집필된 것이기는 하나, 내용상으로 볼 때 유학사상을 상당히 심도 있게 논술한 것이어서 학술적으로도 그 가치

---

51) 1990년대에 펴낸 김형효의 주요 저술로 『知訥의 사상과 그 현대적 의미』, 한국정신문화연구원, 1996 ; 『退溪思想과 그 현대적 의미』, 한국정신문화연구원, 1997 ; 『茶山의 사상과 그 현대적 의미』, 한국정신문화연구원, 1998 ; 『老莊思想의 解體的 讀法』, 청계출판사, 1999 ; 『元曉에서 茶山까지』, 청계출판사, 2000가 있다.

가 인정된다고 할 수 있다.

중국유학 연구에서 단연 으뜸을 차지하는 것은 선진유학과 송대 성리학으로 조사되었다. 선진유가에 대한 연구로는 공자·맹자가 주를 이루었으며, 이와 함께 순자荀子에 대한 연구도 중요하게 다루어졌다. 김승혜金勝惠는 1990년 『원시유교』(민음사)를 펴내 『논어』『맹자』『순자』에 대한 해석학적 접근을 시도하였으며, 같은 해 김형효金炯孝도 『맹자와 순자의 철학사상』(三知院)을 출간하여, 원시유가의 철학적 사유에 있어 두 원천이 되는 맹자와 순자의 사상에 대해 심도 있게 연구하고 그 현대적 의의를 성찰하였다. 새로운 방법론으로 학계에 신선함을 던져주었다. 순자사상에 대한 연구가 활기를 띠게된 데에는 1995년 동양철학연구회에서 순자사상에 대한 종합적인 학술대회를 개최한 것이 일정하게 역할을 했던 것으로 생각된다.[52] 그 뒤에 나온 업적으로 순자의 예치사상禮治思想을 사회윤리학적 측면에서 고찰한 것도 있어 주목된다.[53] 이밖에 역학사상에 대한 연구가 상당한 성과를 거둔 것으로 보이며, 경학에 대한 연구는 부진을 면치 못하였다. 예학에 관한 연구도 그리 많지는 않은 듯하다.

시대별로는 한당漢唐 시기 및 청대淸代의 유학이 퍽 소홀하게 다루어진 것으로 조사되었다. 한대 인물로는 동중서董仲舒와 왕충王充이 주목을 받았으며, 청대의 인물로는 왕부지王夫之가 중국의 철학자 가운데 상위 10인 안에 꼽힐 정도로 적지 않은 연구성과가 있었

---

52) 결과물은 『동양철학연구』 제15집(1995)에 집약되어 있다. 成泰鏞, 「荀子의 人性論」; 李在權, 「荀子의 正名論」; 金炳采, 「荀子와 孟子」; 尹武學, 「荀子와 法家」; 李東熙, 「荀子와 宋明理學」.

53) 權美淑, 「순자 禮治思想의 사회윤리학적 연구」, 한국정신문화연구원 박사학위논문, 1997.

다. 송대유학은 성리학을 중심으로 이루어졌다. 주자학의 선하先河
를 이루는 당唐의 한유韓愈로부터 시작하여 주돈이周敦頤·장재張載
·이정二程에 대한 연구가 이어지고, 주자朱子와 주자학에 대한 연구
는 부지기수로 많다. 명대유학은 양명학에 대한 연구 일색이라 할
수 있다.

청대를 거쳐 현대 신유가新儒家에 대한 연구도 시작 단계를 벗어
나 본격 궤도에 진입한 것으로 보인다. 1997년 동양철학연구회에서
는 '현대 신유가의 계보와 사상'이라는 주제로 중국 근세 신유가에
대한 학술회의를 개최한 바 있다.54)

2) 한국유학 연구의 현황과 과제

한국유교에 대한 연구에서 가장 미흡한 분야가 고대다. 특히 삼국
시대와 그 이전 시기의 사상적 풍토 속에서, 유교의 모습에 대한 사
료적 검토와 연구가 미흡하였다. 이에 대한 연구가 요청된다. 이와

---

54) 결과물은 『동양철학연구』 제17집, 1997에 집약되어 있다. 安在淳, 「現代新儒
家의 思想的 系譜와 研究現況」; 鄭炳碩, 「熊十力과 現代 新儒家의 形成」;
林秀茂, 「現代 新儒學의 과정에서 하나의 종결 - 牟宗三 哲學」; 李相昊, 「中
國의 新儒家硏究는 무엇을 의미하는가」.
이밖에도 다음과 같은 것들이 있다. 黃熙景, 「馮友蘭 哲學思想에 관한 硏究」,
성균관대학교 박사학위논문, 1998 ; 林秀茂, 「현대 新儒家의 意義 및 그 評價」,
『중국학지』 제5집, 계명대학교, 1989 ; 송영배, 「서양사상의 충격과 중국현대철
학의 생성과 발전의 문제」, 『동아문화』 제28집, 서울대학교, 1990 ; 鄭炳碩, 「熊
十力 哲學에서 本體의 定立과 自我의 實現」, 『철학연구』 제55집, 대한철학회,
1995 ; 張閏洙, 「현대 新儒家思想에 대한 분석과 전망」, 『철학연구』 제55집,
대한철학회, 1995 ; 金炳采, 「중국의 현대신유학 연구」, 『동양학』 제25집, 단국
대학교, 1995 ; 권용옥, 「현대신유가 창시자 梁漱溟」, 『동양학』 제25집, 단국대
학교, 1995.

관련하여 류승국의 「유학사상 형성의 연원적 탐구」(1971)를 주목할
필요가 있다. 이 논문은 갑골문·금석문 등 중국의 고자료를 주요 근
거로 하여 요순堯舜의 실재와 은殷·주대周代 문화의 특성을 탐색한
뒤, 중국유학이 근원적으로 동이족東夷族의 인방문화人方文化와의 관
계 속에서 형성되었음을 논증한 주목할 만한 성과이다. 중국 상고대
의 사상과 문화는 물론, 한국 고대의 사회와 신앙적 일모一貌까지도
엿볼 수 있어 주목된다.

   삼국시대의 유학사상에 대한 연구 역시 퍽 미흡하였다. 그러는
가운데서도 상당 기간 이 문제의 연구에 심혈을 기울여 적지 않은
성과를 거둔 학자가 있다. 그가 바로 천인석千仁錫(경산대 교수)다.[55]
천인석의 연구는 그의 박사학위논문인 『삼국시대 유학사상의 특성
에 관한 연구』(1993)에 집약되어 있다. 한편, 최영성에 의해 나말의
명유名儒 최치원에 대한 연구가 지속적으로 이루어졌음도 꼽을 만
하다.[56]

   고려시대 유학사상에 대한 대표적인 연구자로는 철학 전공의 김
충렬과 역사학 전공의 윤남한尹南漢·이희덕李熙德을 들 수 있다. 특

55) 「고구려 유학사상 연구」, 『동양철학연구』 제8집, 1987 ; 「백제의 유학사상 연
   구」, 『경산대학교 논문집』 제8집, 1990 ; 「삼국시대의 天人觀」, 『동양철학연구』
   제11집, 1990 ; 「삼국시대에서의 음양오행설의 전개」, 『유교사상연구』 제4·5합
   집, 1992 ; 통일신라의 유학사상 전개」, 『香山卞廷煥 화갑기념논문집』, 1992 ;
   「삼국시대의 유학사상」, 『한국학논집』 제21집, 계명대학교, 1994 ; 「백제유학
   사상의 특성」, 『동양철학연구』 제15집, 1995 ; 「발해의 유학사상 연구」, 『동양
   찰학연구』 제16집, 1996.
56) 『崔致遠全集(역주)』 제1·2권, 아세아문화사, 1998-1999 ; 「崔致遠의 哲學思想
   研究」, 성균관대학교 대학원, 1999 ; 「崔致遠의 三敎觀과 그 特質」, 『한국사상
   과 문화』, 제1집, 한국사상문화학회, 1998 ; 「孤雲 崔致遠의 歷史意識 研究」,
   『한국사상과 문화』, 제2집, 한국사상문화학회, 1998 외 다수.

히 윤남한은 역사학의 관점에서 한국유학사를 연구하였는데, 그는 조선시대 양명학사에 대한 연구 이외에도 고려시대 유학에 대한 거시적 차원의 연구에서 단연 독보적 위치를 차지한다. 아세아학술연구회에서 펴낸 『한국사상사대계(2)』 고대편 제4장에 실린 「전환기의 사상 동향」, 「문치주의와 유학사상」, 「고려 전기의 민족사상의 특질」 등은 그 자체가 '고려유학사'를 이루는 것으로서, 후일 김충렬의 『고려유학사』 서술에 많은 영향을 주었다. 이희덕은 유교가 고려 사회에 이념적으로 어떠한 영향을 끼쳤는지에 대하여, 천문天文·오행설 및 효사상을 중심으로 접근하였다. 『고려 유교정치사상의 연구』(일조각, 1984)는 이를 집약적으로 보여주는 저술이다.

이하 조선시대 유학에 대한 연구현황은, 조선유학사의 세 기둥으로서 철학성과 함께 학문적 체계를 지닌 성리학·양명학·실학을 중심으로 서술하기로 한다.

(1) 성리학

한국유학에 대한 연구에서 가장 많은 성과를 축적한 것은 역시 성리학 분야라 할 수 있다. 이것은 허남진의 조사보고를 통해서도 일단 증명된다. 그에 따르면 광복 이후 1990년대 초까지의 유학에 대한 연구물에서 선진유학과 한국성리학에 대한 연구가 단연 압도적이었으며, 단일주제를 가지고 볼 때 성리학의 심성론이 가장 많은 수를 차지하였다고 한다.[57] 이와 같이 성리학에 대한 연구가 풍성한 까닭은 성리학이 지닌 철학성과 체계성, 그리고 정밀성이 큰 요인이

---

57) 허남진, 「해방 50년, 동양철학 연구의 과제」, 『해방 50년의 한국철학』, 230-232쪽 참조.

되었다고 할 수 있겠다. 게다가 조선조 5백 년 동안 성리학이 정·교政敎의 기본이념으로서 중대한 구실을 해왔기 때문에, 성리학자들의 철학적 사유를 담은 자료의 풍부함이란 더 말할 나위가 없다. 이런 까닭에 조선성리학을 일러 '한국유학의 철학적 보고寶庫'라 해도 과언은 아닐 것이다.

　성리학은 유학을 전공하는 학자들에게 중요한 연구대상이 되었다. 또한 성리학에 대한 연구의 열의는 실학을 능가해 왔다. 지금까지 한국성리학에 대한 연구주제를 살펴보면, 대체로 '우주론에 대한 탐구'와 '인성론의 탐구', '윤리·도덕의 실천문제'를 중심으로 논의되어 왔다. 우주론보다 인성론에 대한 연구가 많은 것이 두드러진 특징 가운데 하나이다. 이것은 조선성리학이 인성론 중심으로 전개, 발전되어 왔음을 특징적으로 보여주는 것이기도 하다.

　조선성리학 연구에서 '인성론의 탐구'는 단연 사단칠정론四端七情論이 대표한다고 할 수 있다. 그것은 16세기 중반부터 19세기 말까지 지속되었던 논쟁의 의의라든지 후세에 끼친 영향 등으로 미루어 보더라도 충분히 짐작할 만한 일이다. 오늘날 조선성리학을 탐구하는 학자 치고 이 문제를 소홀히 다루는 사람은 없다고 본다. 1970년대 이래 한국유학을 대표했던 퇴율성리학의 연구도 기실 사단칠정의 문제로부터 시작되었다고 할 수 있을 것이다. 조선성리학에 대한 연구는 1970년대 이전의 훈고학적 연구 단계를 거쳐 1970, 80년대에 이르러 상당히 심화되었다. 1990년대부터는 전문적 저술들이 적지 않게 나왔다. 성리학을 논쟁사적 차원에서 정리한 배종호의 『한국유학사』와 『한국유학자료집성』이 1970년대에 출간되었고, 성균관대학교 대동문화연구원에서 펴낸 『한국사상대계 IV - 성리사상편』, 유명종의 『한국사상사』와 『조선후기성리학』 등은 1980년대의 성과를 대표하는 것이다. 1990년대에는 '문제중심'의 연구경향이 두드러졌다. 신진학자들이 사단칠정의 문제를 인물중심으로 정리한 『사단칠정론』(1992)은 그 선편先鞭을 치는 성과라 할 수 있다. 한편, 1990년대 말에 나온 이상익李相益의 『기호성리학畿湖性理學 연구』(한울아카데미, 1998)는 조선성리학의 한 축을 차지하는 기호학파의 성리설을 유학사적 맥락에서 인물중심으로 연구한 것이다. 그 동안 한국유학사에서 잘못 인식되어 온 부분에 대해 바로잡으려고 하는 노력이 돋보인다.

사단칠정·인심도심人心道心 등 인성론에 대한 탐구는 인성의 문제에만 국한하지 않고 인성과 물성을 함께 탐구하려는 데까지 확대되었으니, 그것이 이른바 '인물성동이론人物性同異論'이다. 이에 대해서는 1960년대의 이상은, 70년대의 배종호, 80년대의 윤사순 등의 연구를 거치면서 구체적인 내용이 대체로 해명되었다. 인물성동이논쟁이 무의미한 스콜라적 논쟁이 아니었음도 밝혀졌다. 1994년에 한국사상사연구회 소속 신진학자들이 펴낸 『인물성론』은 당시까지의 인성·물성에 대한 연구성과를 집약한 것으로 평가된다. 한편, 호락학파의 학설 중에서 낙론洛論이 북학파의 사상적 기저基底 가운데 하나였다는 주장이 1980년대 초에 제기되어 학계의 주목을 끌기도 하였다.

1993년 윤사순尹絲淳은 「한국유학에 대한 철학적 이해의 문제」[58]라는 논문을 통해, 한국유학에 대한 연구성과를 전 영역에 걸쳐 철학적 측면에서 검토한 바 있다. 먼저 '한국유학에 대한 곡해의 시정'을 시작으로 '실학에 대한 연구'에 상당한 분량을 할애하였으며, 이어 성리학에 대해 중점적으로 자세하게 검토, 분석하였다. '우주론의

---

58) 『철학』 제39집, 1993년 봄호, 한국철학회.

검토'에서는 성리학 또는 양명심학陽明心學과 관련한 학설 및 논저를 중심으로 논의를 전개하였고, '인성론의 탐구'에서는 사단칠정설과 인물성동이론에 대해 중점적으로 분석하였으며, '자연과의 관계설'에서는 천인관계론天人關係論에 초점을 맞추어 천명도설天命圖說을 중심으로 서술하였고, '윤리설에 대한 재조명'에서는 오륜五倫·예禮·의리義理 및 인사상仁思想에 대해 논하는 등 한국성리학 전반에 걸쳐 면밀하게 분석하였다. 이 글은 한국유학을 철학적으로 이해하는 데 깊이를 더해줌과 아울러 연구방법에 대한 철학적 탐색의 길잡이 구실을 해냈다. 어떤 의미에서는 한국유학에 대한 개괄적 이해의 틀을 제시하였다는 평가를 받기도 한다.[59] 성리학에 대한 연구업적을 종합적으로 검토하면서 일람一覽을 필요로 하는 글이다. 이에 본고에서는 조선성리학에 대한 연구사적 검토를 윤사순의 글에 미루고, 미처 다루어지지 못한 것에 대해 한 가지 덧붙이고자 한다.

한국성리학에 대한 연구가 심화함에 따라 일제시기 어용 관학자들의 잘못된 학설과 분류방식 등에 대한 회의와 비판이 잇달았다. 특히 조선성리학사를 주리主理·주기主氣로 양분하여 설명하는 분류틀에 대한 재검토가 요구되었다. 1990년대에 들어 관용적으로 사용되어 오던 이 양분법에 대해 문제를 제기하는 경우가 적지 않았다. '조선 유학사에서 주기파의 성립이 과연 가능한가'라고까지 의문을 제기하는 연구자도 없지 않았다.[60] 동양철학연구회에서는 1991년에

---

59) 안병주, 「한국의 유교사상연구 현황과 방향」, 『유교학연구』 제1집, 7쪽.

60) 배종호, 「한국사상사에 있어서의 主理와 主氣의 문제」, 『韓國思想史學』 제2집, 1988 ; 조남호, 「한국에서 主氣哲學 가능한가」, 『논쟁으로 보는 한국철학』, 예문서원, 1995 ; 최영진, 「조선조 유학사상사의 분류방식과 그 문제점」, 『한국사상사학』 제8집, 1997.

'조선조 유학사에 있어서의 주리·주기의 문제'라는 제목으로 특별히 학술발표회를 마련한 바도 있다.[61]

지금까지 나온 '한국유학사'를 보면 조선유학사에서 중핵을 이루는 성리학에 대하여 주리·주기파로 대별하여 서술하고, 양파에 속하지 않는 일군을 절충파折衷派라고 하여 첨가하는 것이 대부분이었다. 이러한 분류틀은 다카하시 도오루高橋亨(1878-1967)의 논문 「이조유학사에 있어서 주리파·주기파의 발달」(1929)에서 시도되었다. 이 논문에서는 한국유학사에서 양대 산맥을 이루는 퇴계 이황과 율곡 이이를 각각 주리·주기파의 대표자로 설정하고 그 토대 위에서 성리학사를 기술하였다. 이후 한국유학사와 관계된 논문이나 저서에서는 대부분 주리·주기 양파의 도식적이고 대립적인 틀을 답습하였다. 현상윤의『조선유학사』(1949)나 배종호의『한국유학사』(1974)에도 그대로 반영되어 있다.

그러나, 1980년대 이후로 율곡 이이를 주기파의 비조로 삼는 데 대하여 이를 비판하는 시각이 다수를 이루어 왔으며, 이이 역시 '리 중시적 학자' 내지 '주리파의 대열에 선 학자'라고 하는 견해가 학계에서 제기되었다. 이제는 뚜렷한 개념 정의 없이 막연하게 주리·주기파로 나누어 서술하는 과거의 낡은 투식套式을 청산하고, 새로운 분류방식에 입각하여 한국유학사를 연구하고 서술해야 할 시점이라 하겠다. 다만, 이러한 필요성에는 대체로 공감대를 형성하고 있지만,

---

61) 이 문제는『동양철학연구』제12집(1991)에서 특집으로 다루어졌다.
   이기동, 「이조유학사에 있어서의 主理派·主氣派의 발달에 대한 분석」; 조남국, 「조선조 유학사에 대한 남북학계의 연구 성과 제시」; 이동희, 「조선조 주자학사에 있어서의 主理·主氣 용어 사용의 문제점에 대하여」; 안재순, 「조선후기 실학파의 사상적 계보 - 성리학파와 관련하여」.

구체적이고 뚜렷한 대안을 제시한 예는 아직 없는 듯하여 여전히 문제로 남는다.

'주리파'의 경우 문제가 없지만, '주기파'로 일컬어지는 학자들의 경우는 사정이 다르다. 그와 관련하여 한 가지 예를 들기로 한다. 지금까지 학계에서는 임성주任聖周 일파를 주기파라고 지칭하여 왔고, 특히 임성주의 경우 유기론자唯氣論者로 지목하기도 했다. 그러나 유기론자라고 하는 것은 그의 성리학을 잘못 이해한 것으로서 받아들이기 어려우며, 관용적으로 사용해왔던 주기론이라는 말에도 오해의 소지가 다분히 있다. 왜냐하면, 주기론의 특징 가운데 하나가 마치 리를 기에 부수된 이차적 개념으로 보는 것인 양 선입견을 갖기 쉬운 까닭이다. 그러나 이는 사실과 다르다. 그 동안 우리가 주기파라고 불러왔던 학자들 가운데 리의 실재성과 주재성主宰性을 부정하거나, 리를 기에 부수된 개념으로 보는 이는 극히 드물다. 임성주의 경우만 보더라도, 그는 결코 리의 실재성이나 주재성을 부정하지는 않았으며, 리기불상리理氣不相離의 차원에서 리기동실理氣同實, 심성일치心性一致를 주장하였다. 다만 리기관계를 구명함에 '주리이언主理而言: 自理而言' '주기이언主氣而言: 從氣而言'의 두 가지 방법이 있음을 전제하면서도, 결국 '종기이언從氣而言' 또는 '기상언지氣上言之'로 표현되는 연구방법론을 취하였으며, 이러한 관점이나 방법을 '주기主氣'라고 표현하기도 했다. 그의 선배 학자로서 주기론의 대열에 서는 권상하權尙夏·한원진韓元震 등도 대체로 이러한 경향을 지녔다. 후배 학자인 최한기崔漢綺의 경우와도 흡사한 바가 많다. 노주老洲 오희상吳熙常은 주리·주기에 대해 "리로부터 기를 보면 리가 주主가 되며 기로부터 리를 보면 기가 주가 된다"[62]고 하였다. 여기서 말하는 '주기'가 인식론적 차원에서의 개념임은 더 말할 나위가 없다.

이와 같이 연구방법론에서의 주리·주기의 문제는 저 영남학파의 한주寒洲 이진상李震相의 경우에서도 찾아볼 수 있다. 이진상은 인식의 방법으로 수간豎看·도간倒看·횡간橫看을, 추리형식으로 순추順推·역추逆推를 제시하면서, 리기에 대한 해명에서는 수간과 순추가 주가 되므로, 결국 주리설로 귀착될 수밖에 없다고 주장한 바 있다. 여기서 임성주의 '기상언지氣上言之: 從氣而言'의 방법론을 '주기'로, 이진상의 수간과 순추를 '주리'로 파악할 수 있다면, 두 선유의 연구방법론 내지 관점을 중심으로 그들 일계一系를 주기파 또는 주리파라 하더라도 그들의 성리학을 살피는 데 하등의 지장이나 해가 없을 듯하다. 주리·주기의 분류틀에 대한 재검토는 다각도로 이루어질 필요가 있다.

(2) 양명학

양명학 연구는 1930년대부터 시작되었다. 1930년대 국고정리운동國故整理運動이 전개되는 가운데, 1933년 정인보가 ≪동아일보≫에 '양명학연론陽明學演論'을 연재하고, 1936년 이능화가 『청구학총靑丘學叢』에 「조선유계지양명학파朝鮮儒界之陽明學派」를 발표함으로써, 양명학이 국고연구의 대상으로 역사적 조명을 받게 되고, 그 사상적 본지가 강론되기에 이르렀다. 정인보에 의해 조선양명학에 대한 문헌학적 연구작업이 이루어졌던 것도 이 시기의 일이다. 그러나 일제시기까지만 하더라도 양명학을 이단시하였던 조선조의 기풍이 상존하여 연구가 활기를 띠지 못했다.

광복 이후, 1953년에 일본인 다카하시 도오루高橋亨의 「朝鮮の陽

---

62) 『老洲集』 권7, 40b-41a, 「答閔元履」 "從理觀氣, 理爲之主, 從氣觀理, 氣爲之主."

明學派」가 나왔다. 이는 이능화의 논문을 부연한 것으로 그 가치는 높다고 할 수 없다. 이어 1955년 정인보의 『담원국학산고』가 간행되어 그의 「양명학연론」이 다시 세상에 빛을 보았지만, 이후로 양명학에 대한 연구는 상당 기간 적료寂寥한 상태에 놓여 있었다. 1970년대에 일본인 학자 아베 요시오阿部吉雄(1905-1978)가 「朝鮮の陽明學」을 발표하였지만, 이것은 조선 양명학의 오리엔테이션에 불과한 것이다. 1970년대까지의 연구 성과는 대체로 양명학의 전래 문제와 수용 시기, 양명학의 배척 상황 등 역사적 사실에 대해 검증하는 차원에서 그쳤다는 느낌이다.[63]

이러는 가운데 1974년에 역사학자 윤남한尹南漢(1922-1979)의 『조선시대의 양명학 연구』가 나왔다. 1982년에 공간公刊된 이 책은 한국양명학 연구에서 한 획을 그은 것이다. 정인보의 『양명학연론』 이후 최고의 업적이라고 해도 과언이 아닐 것이다. 본서는 조선양명학에 관계된 전반적인 문제들을 염두에 두고, 그 총론격에 해당하는 것을 먼저 제시한 뒤, 이어서 각론격으로 심화, 확충시키고자 했던, 방대한 계획의 일환으로 정리된 것이다. 조선 양명학의 전 체계를 '역사적 사상현상思想現象'으로 파악, 이해하려는 데 저술의 기본 의도가 있으므로, 단순한 인물중심의 유학사 연구와는 그 성격을 달리하는 것이었다.

그는 조선양명학의 사상사적 위치를 확인하는 일련의 작업을 수행하면서, 양명학 발전의 내재적 원인을 정주학의 심학화心學化 추세속에서 찾았다. 이와 같이 조선양명학을 정주학과의 연계선상에서

---

63) 閔丙秀, 「양명학의 사상적 계보」, 『한국사상의 심층 연구』, 도서출판 宇石, 1982, 270-271쪽.

주목하고자 했던 관점과 시각은 그의 논저에서 일관되었다. 이는 양명학과 주자학을 대립적인 것으로 보았던 종래의 통념에 비추어 볼때, 퍽 이채로운 것이요 또한 연구 수준을 한 단계 끌어올린 것이라고 할 수 있다. 그의 뒤를 이어 김길환의 『한국양명학연구』(일지사, 1981)와 유명종의 『한국의 양명학』(동화출판공사, 1983)이 출간되어, 양명학 연구가 학계에서 본격 궤도에 오르기 시작했는데, 역사학의 차원에서 그가 이룩한 업적은 철학 전공자들에게도 지대한 도움을 주었다.

양명학 연구는 1980년대 이후로 꾸준히 성장하였다. 1990년대에 이르면 이전 시기와는 달리 양명학 전공자들이 다수 등장하게 되고, 그들에 의해 다양한 연구들이 쏟아져 나왔다. 여기에는 윤남한의 번역으로 민족문화추진회에서 나온 『국역 하곡집霞谷集』 I · II(1972-1977)이 큰 구실을 하였으며, 1995년 4월에 결성된 '한국양명학회' 역시 한 몫을 하였다. 한국양명학 연구는 윤남한의 뒤를 이어 김길환 · 유명종 등의 저술이 나옴으로써 본격화되기 시작했고, 하곡 정제두에 대한 연구를 중심으로 하여 전후로 확대되었다. 1990년대에는 한국양명학의 본산本山이라 할 수 있는 강화학파江華學派에 대한 연구와, 정제두 이전의 양명학 선구자들에 대한 연구가 활발하였다. 이 시기의 주요 저술로는 정양완鄭良婉 외, 『강화학파의 문학과 사상』(1993), 송석준宋錫準 외, 『한국사상가의 새로운 발견 – 포저浦渚 조익趙翼』(1994), 민영규閔泳珪(1914-2005)의 『강화학 최후의 광경』(1994) 등을 들 수 있다.

한국양명학 연구는 하곡 정제두를 중심으로 이루어졌다고 할 수 있을 정도로, 하곡에 대한 연구가 주를 이루었다. '철학적 문제의식의 심화' 역시 정제두에 대한 연구에서 가장 돋보인다. 한국양명학사 일반에 대한 연구도 상당한 분량을 차지하며, 주제별로는 '강화학파 양명학의 전통', '양명학이 실학사상에 끼친 영향', '근대사상사에서의 양명학의 역할' 등이 주요 주제로 꼽힌다.

중국양명학에 대한 본격적인 연구는 1980년대에 들어서야 이루어졌다. 그에 앞서 1974년 송하경宋河璟에 의해『전습록傳習錄』이 번역됨으로써 양명학 연구에 적지 않은 도움이 되었다. 1980년대 중반부터 중국양명학을 전공하여 박사학위를 취득한 학인들이 배출되기 시작하였다. 1996년까지 20명에 달하며, 이 가운데 국외에서 학위를 취득한 사람이 8명이나 되어 상당한 비중을 차지한다. 이들의 연구 주제는 대부분 양명학이고 이어 양명학파, 상산학象山學의 순으로 되어 있다. 일반논문 역시 이와 크게 다르지 않다. 육상산·왕양명에 대한 연구가 대부분을 차지한다. 육상산의 경우, 그의 심학이 가진 성격을 규명하는 데 초점이 두어졌으며, 그것도 주육철학朱陸哲學의 비교를 통한 논의가 많다. 왕양명에 대한 연구는 심즉리心卽理·치양지致良知·사구교四句教 등 학설 전반에 두루 걸쳐 있고, 주자학·상산학·노불老佛과의 사상적 관련성에 대한 논의가 다수 포함되어 있다. 더욱이 왕양명의 정의관·이욕관利欲觀과 같은 철학적 관점 및 '만물일체론에 나타난 환경윤리적 성격' 등 관심 영역이 날로 확대되고 있다.64) 중국양명학 관계 주요 저술로는 송재운宋在雲의『양명철학의 연구』(1991), 배영동裵永東의『명말청초사상明末淸初思想』(1991), 김길락金吉洛의『상산학과 양명학』(1995), 최재목崔在穆의『동아시아의 양명학』(1996) 등을 들 수 있다.

이밖에 일본양명학에 대한 관심도 적지 않아 몇 편의 연구논문이

---

64) 崔在穆,「한국의 양명학 연구에 대한 회고와 전망」,『철학회지』제21집, 영남대학교, 1997, 152-161쪽 참조.

나왔다. 연구자로는 송휘칠宋彙七·최재목·이기동李基東 등 극소수에 불과하지만 앞으로 늘어날 것으로 전망된다. 1997년 5월 한국양명학 회가 '일본양명학의 전개'라는 주제를 가지고 학술발표회를 개최한 것은 일본양명학 연구에 기폭제가 되었을 뿐만 아니라, 연구수준을 한 단계 끌어올린 것으로 평가된다.

양명학 연구에서 문제점은 무엇보다도 중국양명학과 한국양명학 에 대한 연구가 심한 불균형을 이루었다는 점이다. 이것은 박사학위 논문에 대한 조사로도 어느 정도 뒷받침된다. 1996년 8월 현재 중국 양명학 20편, 한국양명학 4편으로 나타났다.[65] 한국에서 양명학연구 가 조선양명학에 대한 연구로부터 시작되었던 점을 감안할 때, 앞으 로 이에 대한 시정이 요구된다고 하겠다.

(3) 실학

조선 후기의 실학사상에 대한 연구는 1950년대 말부터 1970년대 까지 한국유학 분야 중에서도 가장 활발하게 진행되어 왔다고 할 수 있다. 2000년 현재까지 축적된 연구업적은 제대로 통계를 내기가 쉽 지 않을 정도로 엄청난 분량에 달한다. 실학에 대해 학자들의 관심 이 이처럼 집중되었던 것은 아마도 실학이 지닌 '근대지향성'과 '민 족주체성'의 매력 때문이 아니었던가 한다.

그 동안 실학연구는 대개 실학자 개인의 철학사상 탐구를 한 축으 로 하면서, '실학의 개념과 성격', '실학의 철학적 특징', '실학과 근 대사상의 연관성' 등의 문제에 주목하면서 논의를 진행시켜 왔다. 인물 연구에서 가장 큰 수확은 다산 정약용과 혜강惠岡 최한기崔漢綺

---

65) 『양명학』 창간호, 한국양명학회, 1997, 334-335쪽, 345쪽 참조.

의 경우를 꼽을 수 있겠다. 정약용에 대한 연구는 실학자들 중에서도 가장 풍성하다고 할 정도로 많은 연구업적이 나왔다. 그 가운데서도 다산실학사상을 경학·윤리학·경세학 등 다방면에서 입체적 해명을 시도하였던 이을호의 업적은 주목할 만한 성과라 하겠다. 또 조선 후기 '기철학의 집대성자'라고 일컬어지는 최한기(1803-1877)의 경우, 1965년 박종홍에 의해 남한에서 최초로 소개된 뒤 20여 년의 짧은 세월 속에서도 많은 연구가 꾸준히 이어져 연구전망을 매우 밝게 해주었다. 이것은 최한기의 학문과 사상이 갖고 있는 과학성과 경험주의적 성향이 크게 주목을 받은 결과라 할 것이다.

실학의 개념과 성격에 대해서는 1960년대 이래 역사학계의 견해가 학계의 다수설을 유지하면서 오늘에 이른다. 역사학계에서는 실학을 주로 정치적·사회경제사적 관점에서 접근하였고, '내재적 발전론'을 전개하는 학자들이 주류를 이루었다. 이것은 대체로 실학이 반주자학적 성격을 지녔다는 점, 그리고 임병양란壬丙兩亂 이후 주자학적 봉건체제가 붕괴되어 가는 과정에서, 주자학을 대체할 만한 새로운 사상적 대안으로 실학이 대두되었다는 논리를 밑바탕에 깔고 있었다. 1970년대까지 철학적 관점에서 실학의 성격과 특징을 연구하는 학자는 극소수였다. 대부분 역사학자들의 견해를 따르거나, 역사학계의 연구성과에 소극적으로 대응하는 수준에 머물렀다. 물론 여기에는 그럴 만한 이유가 없지는 않다고 본다. 왜냐하면 실학이 사회사상·정치사상으로서는 상당히 높은 의식세계를 보여주었음에 틀림없지만, 생래적生來的으로 일정한 이론틀과 철학적 체계를 갖추는 데 소홀하였기 때문이다. 1960년대에 박종홍과 이을호가 실학의 철학적 성격에 대해 연구의 단초를 열었으며, 이들에 이어 윤사순·금장태·유인희柳仁熙 등이 깊이를 더해 갔다. 실학의 철학적 성격을 구명하는 데 가장 큰 문제는 성리학과 실학의 관계를 어떻게 설정할 것인가 하는 것이었다. 연속성의 측면에서 이해할 것인가, 아니면 불연속성의 측면에서 이해할 것인가 하는 점은 중요한 관건이 아닐 수 없었다. 이에 대해서는 '반성리학' 또는 '탈성리학'의 측면에서 이해하려는 일군一群과 실학·성리학 사이의 연속성을 강조하는 일군으로 대립되어 있어 아직까지도 '미결의 논안論案'으로 남아 있고, 또 쉽게 결말이 날 성질의 것도 아닌 듯하다. 1980년대 후반부터는 위와 같은 단선적 이해에 대한 반동이 일어났다. 실학사상 형성의 학문적 배경을 살피자면 성리학 이외에도 양명학의 영향과 서학과의 연관성, 청淸의 고증학과의 관계를 도외시할 수 없다는 논의들이 속출하였다.

　1980년대에 들어서는 실학연구에 대한 반성의 기운이 대두되었다. 한국사 전반에 걸쳐 '내재적 발전론'에 대한 반성이 이루어지면서, 종래의 연구가 지나치게 실학을 부조적浮彫的으로 확대 해석하였다는 비판이 본격적으로 제기되었으며, 여기에는 조선 후기 사상사를 '실학'이라는 틀 속에서만 파악하려 했다는 것이 주된 내용을 차지하였다. 이러한 움직임은 1990년대에 들어 철학계 뿐만 아니라 역사학계 내에서도 적지 않은 반향을 일으켰다. 1990년 철학자 김용옥은 『독기학설讀氣學說』에서, "조선 후기의 실학은 역사적 실체가 아니며, 일부 역사학자들이 근대성이라는 서구적 잣대를 가지고 우리 역사를 꿰어 맞추는 과정에서 조작된 픽션일 뿐이다"라고 주장함으로써 논란을 일으키기도 했다. 최근에도 《과학사상》 1999년 가을호 권두논문 「기철학 서설序說 – 혜강惠岡의 기학을 다시 말한다」에서 같은 논리를 가지고 실학문제를 재론한 바 있다. 또 1991년에 역사학자 유봉학兪奉學은 실학의 개념에 대해 논급하면서, "17·18세기 조선 주자학의 사회적 기능과 성격에 대한 학계의 공감대가 없는 현시점에서, 연구자가 일방적으로 새로운 학문과 사상이라 하여, (주자학과 대비된 사상 체계로서의) '실학', '실학사상'이라 규정하는 것은 실학사상이라 지칭된 학문과 사상의 올바른 평가에도 혼란을 야기惹起하게 될 것이므로, 조선 후기의 새로운 학문을 실학으로 부르는 것에 대해 유보적 태도를 취하겠다"라고 비판하기도 했다.66) 이러한 논의들은 종래의 실학연구에 대한 중대한 비판이자 도전인 셈이다. 이에 대한 학계 전반의 대응을 예의 주시할 필요가 있다.

실학은 아직까지 그 통일된 개념마저 갖고 있지 못하다. 철학계와 역사학계에서 규정하는 실학의 개념에 거리가 있다. 그러다 보니 그 성격에 대한 규정도 학자에 따라 각기 다를 수밖에 없다. 실학의 학문적 성격에 대해 주기적主氣的 성향이 강하다는 견해가 있는가 하면,67) 그에 대해 유형원柳馨遠의 경우처럼 주리적 경향을 지닌 일군의 학자들이 있어 이것이 종래의 체제를 일신하려는 '전면적인 개혁론'의 바탕이 되었다는 반론이 있기도 하다.68) 또 성리학과의 관련성을 부정하고 북학사상北學思想만을 실학의 범주에 포함시켜야 한다는 견해가 제기되기도 했다.69) 이밖에 실학의 학파를 경세치용經世致用·이용후생利用厚生·실사구시實事求是의 3파로 분류한 것에 대해서도 "이것들이 각 학파의 이념적 표출임에는 분명하지만, 상호

---

66) 兪奉學, 『18·19세기 燕巖一派 北學思想의 연구』, 서울대학교 박사학위논문, 1991, 1쪽.
67) 윤사순, 「실학사상의 철학적 성격」, 『아세아연구』 제19권 2호, 고려대학교, 1976 참조.
68) 이우성, 「초기 실학과 성리학과의 관계」, 『동방학지』 제58집, 연세대학교, 1988.
69) 지두환, 「조선후기 실학연구의 문제점과 방향」, 『태동고전연구』 제3집, 1987.

혼유混糅되어 나타나는 경우가 적지 않은 만큼 각 학파의 명칭으로 사용할 때 문제점이 없지 않다"[70]고 하는 반론이 있다.

한편, 실학사상의 철학적 성격과 관련하여 1980년대 초에 주목할 만한 논문이 발표되었다. 유봉학의 「북학사상의 형성과 그 성격」(1982)이 바로 그것이다. 그는 이 논문에서 호락론湖洛論과 북학사상 사이의 사상사적 연결 고리를 밝혀내는 데 주목하면서, 낙론의 인물성동론이 북학사상의 철학적 기저基底 가운데 하나를 이룬다는 결론을 이끌어 냈다. 그리고 "이는 18세기 조선 정통주자학의 발전적 자기 극복과정이었다"고 해석하였다. 이와 같은 주장은 종래 실학을 성리학(사칠논쟁, 호락논쟁)과 예학에 대한 반발로부터 대두한 학풍이라고 규정해 왔던 것과는 큰 차이가 있는 것으로서 주목할 만한 견해였다. 그는 그 뒤 『18·19세기 연암燕巖 일파 북학사상의 연구』라는 박사학위 논문에서 이 논리를 더욱 가다듬었거니와, 최근 이에 대해 철학계에서의 반론이 만만치 않게 제기되고 있긴 하다.[71] 그러나, 몇 가지 문제점에도 불구하고 실학연구의 최대 쟁점 가운데 하나였던, 실학과 성리학의 관계성에 주목하여 양자의 관계를 재규정한 획기적 논문이었다고 하겠다.

실학사상 연구는 1930년대부터 시작되어 상당히 오랜 연구사를 가지고 있음에도 어느 면에서는 새롭게 시작해야 할 측면이 적지 않다. 특히 실학의 철학적 기초에 대한 해명은 무엇보다도 새로운 연

---

70) 정옥자, 『조선 후기 역사의 이해』, 일지사, 1993, 149쪽.

71) 이상익, 「洛學에서 北學으로의 사상적 발전」, 『철학』 제46집, 1996. 이 논문에서는 낙학에서 북학으로의 사상적 발전계기를 인물성동론이 아닌, 낙학의 氣重視論과 器重視論으로 설정하였으며, 낙학의 인물성동론과 북학파의 人物均論을 연결시키는 데에도 찬동할 수 없다고 하였다(위의 논문, 9쪽).

구를 필요로 한다고 하겠죠. 금후의 연구성과를 기대한다.

3) 한국유학 연구의 문제점

(1) 인물중심의 연구

한국유학사의 연구사적 검토가 몇 분의 선학들에 의해 이루어진 바 있다. 다만 역사학자의 관점에서 분석한 것들이 대부분이기 때문에 한계성이 없지는 않다. 또 철학적 측면에서 한국유학사의 연구를 검토한 윤사순의 논문[72] 역시 철학의 역사적 발전과정, 특히 철학 내적인 발전과정을 제대로 밝히지 못한 한계성이 있기 때문에 철학과 역사학의 소양을 겸한 이들의 검토가 요구된다.

돌이켜 볼 때, 1960년대 이전에는 유학사 연구가 역사학 전공자 가운데 소수의 유학 연구자를 중심으로 이루어졌다. 따라서 전반적으로 훈고학적 연구 수준을 면치 못하였다. 통사적 체계의 '유학사'라고 하더라도, 심층 연구가 뒷받침되지 않은 상태에서 나온 것들이었으므로 높은 수준을 기대하는 것이 사실상 무리였다. 대체로 자료를 분류하고 정리하는 작업 정도에 머물 수밖에 없었다. 게다가 1960년대 이후로 유학사를 장식하는 개별 인물들에 대한 본격적인 연구들이 계속되었으나, 연구대상으로 삼은 인물의 수가 지극히 제한적이었다. 이황·이이·정약용 등 이른바 한국유학사에서 중추적 위치를 차지하는 인물들에 대한 연구는 넘쳐 나는 반면,[73] 여타의

---

72) 윤사순, 「한국유학에 대한 철학적 이해의 문제 - 그 회고와 전망」, 『철학』 제39호, 한국철학회, 1993 참조.

73) 허남진 교수가 조사한 바에 의하면, 1995년 현재 한국의 역대 철학자 상위 10인에 대한 논저는 모두 1126건으로 저서가 51책, 학위논문이 121편, 일반논

경우 심한 빈곤으로부터 헤어나지 못하였다. 결국 유학사 연구는 특정 인물을 중심으로 하면서 그 주변을 확대시켜 나가는 기형적 현상을 보였던 것이다.

특정 인물이나 시기에 대한 편중은 1960년대부터 1980년대까지 공통된 현상이었다. 크게 보아 10인 이내의 특정 인물에 대한 연구가 주류를 이루었다고 할 수 있다. 이는 연구자들의 편의적인 연구 태도와 역사의식의 부족 등에서 그 원인을 찾을 수 있다. 이러한 편향성은 연구의 불균형을 초래하고 평가의 공정성을 상실할 염려가 많다. 철학사상·정치사상·사회경제사상 등에 대한 균형 있고 유기적인 연구가 요구되며, 보다 다양한 학문 분야에서의 한국유학사상에 대한 접근이 필요하다.74) 1980년대에 들어 중견 학자들을 중심으로, 종래 인물중심의 편의적이고 타성에 빠진 연구방법으로부터 탈피하려는 노력이 계속되고 있다. 그러나 아직도 괄목할 만한 개선은 이루어지지 않는 듯하다.

한편, 유학사에 대한 연구가 유학을 전공하는 학자와 역사학자들로 양분되어 온 것도 문제의 하나다. 이들 두 진영은 아직까지도 상대편의 연구성과를 별로 인정하지 않는 경향을 보인다. 이것은 우리 국학계의 큰 통폐通弊 가운데 하나라 할 것이다. 유학을 전공하는 학자들에게는 역사학적 안목이 더욱 겸비되어야 하고, 역사학자들에게는 유학사상에 대한 보다 심도 있는 탐구가 요청된다고 하겠다.

문이 954편이었다. 이 가운데 이황에 관계된 논저가 356건, 정약용 256건, 이이가 143건으로 이들 세 학자를 연구한 논저가 755건, 전체의 67%를 차지하는 기현상을 보인다. 『해방 50년의 한국철학』, 229쪽 참조.
74) 한국역사연구회, 「조선시대 유학사상연구 – 쟁점과 과제」, 『역사와 현실』 제7호, 412쪽.

(2) 경학연구의 부진

경학은 유학사상을 연구하는 데 있어 기초가 되는 학문이다. 그런데, 경학사상에 대한 실증적 연구가 경시되고 있어 유학사상 연구에 큰 장애가 되고 있는 것으로 드러났다. 일찍이 청나라 때 고증학의 비조인 고염무顧炎武(1613-1682)는 경학밖에 이학理學이 따로 있을 까닭이 없다고 하였다. 한 때나마 경학사經傳註釋史가 곧 사상사요 철학사로 인식되던 시기가 있었던 것이다. 그러나, 오늘날은 학문이 다양하게 분화되고 세분화한 가운데 유학을 철학적으로 탐구하려는 연구 경향의 강세에 밀려 경학은 점차 그 설 땅이 좁아져 왔다. 이러한 현상은 우리나라는 말할 것도 없고 중국·일본 역시 예외는 아니다.

그러는 가운데서도 다산 정약용의 육경사서六經四書 체계에 대한 연구를 계기로 경학에 대한 연구가 하나의 맥을 이루어 오고 있기는 하다. 이을호의『다산경학사상연구』(1966)가 나온 이래, 다산의 경학이 가장 활발하게 연구되었다.75) 다산 경학연구 업적으로 주목할 만한 것에 정병련鄭炳連의『다산 사서학四書學 연구』(경인문화사, 1994)와 이지형李篪衡의『다산경학연구』(태학사, 1996)가 있다. 이밖에도 경학을 주제로 한 학위논문이 십 수편 나와 있기도 하다. 역사상易思想과 중용사상에 관심이 컸음을 짐작할 수 있다.76)

---

75) 鄭炳連,『다산 中庸注의 經學的 연구』, 성균관대학교, 1989 ; 金王淵,『다산 易學의 연구』, 고려대학교, 1990 ; 劉權鍾,『다산 禮學研究』, 고려대학교, 1991. 丁海王,『주역의 해석방법에 관한 연구 - 정약용의 易學을 중심으로』, 부산대학교, 1991 ; 金暎鎬,『정다산의 논어 해석에 관한 연구』, 성균관대학교, 1994 ; 張東宇,『다산 예학의 연구』, 연세대 대학원, 1998.

76) 沈佑燮,『中庸思想에 관한 연구』, 동국대학교, 1982 ; 文載坤,『漢代易學 研究』, 고려대학교, 1990 ; 白殷基,『朱子易學研究』, 전남대학교, 1991 ; 宋在國,『先秦易學의 人間理解에 관한 研究』, 충남대학교, 1992 ; 楊在鶴,『朱子의 易

(3) 門中儒學의 폐단

1970년대 이래 퇴계·율곡·다산에 대한 연구가 활발해지면서 여러 선유先儒의 학문과 사상을 조명하려는 움직임이 두드러졌고, 이것은 각 문중에서 벌이는 현조현창사업顯祖顯彰事業과 맞물려 일정한 성과를 거두었다. 특히 선유에 대한 개인별 연구라든지, 문집의 간행 및 영인 등의 면에서 괄목할 만한 성과를 보게 되었다. 그러나 부작용도 적지 않았다. 1970년대 이후 약 20여 년 동안 유학 연구가 인물 중심으로 흘러 하나의 경향성을 띠게 되고, 또 여기에 각 문중으로부터 재정적 지원이 있게 되면서 폐단이 드러나기 시작했다. 일부 학자들 사이에서 '문중유학'이라는 비판이 강하게 제기되었고, 또 '이것이 우리 유학계의 현주소'라는 자성自省의 목소리도 뒤따랐다.77) 비판의 가장 주된 이유는 먼저 연구 대상이 된 선유에 대한 비판적 시각과 안목이 결여되어 객관성과 공정성의 확보에 문제가 있다는 것이고, 다음으로는 종래의 고질적 파벌성을 여전히 청산하지 못하고 있다는 것이다. 실제로 어느 한 선유를 높이기 위해 다른 선유를 깎아 내리는 일이 적지 않았다. 실로 지난날의 지성사가 뒤바뀌는 결과를 초래할 수도 있다. 이러한 점에서 다음과 같은 지적은 유학사상 연구자들이 가슴 깊이 새겨야 할 고언苦言이라 할 것이다.

_____

學思想에 관한 研究』, 충남대학교, 1992 ; 趙明彙, 『中庸思想研究』, 동국대학교, 1992 ; 金珍根, 『王夫之 易哲學 研究』, 연세대학교, 1996 ; 劉欣雨, 『焦循 易哲學 研究』, 동국대학교, 1996 ; 李世東, 『朱子 '周易本義' 研究』, 서울대학교, 1996 ; 林采佑, 『王弼 易哲學 研究 - 以簡御繁思想을 중심으로』, 연세대학교, 1996 ; 이원태, 『王弼과 伊川의 義理易 比較研究』, 연세대학교, 1998.
　※ 이밖에 한국에서는 張顯光·朴世堂·李瀷·沈大允을 주제로 한 것들이 있다.
77) 柳仁熙, 「한국유학계 이래선 안된다 - 한국유학계의 어제와 오늘에 대한 반성」, 『철학과 현실』 제19호, 1993, 191-205쪽 참조.

…… 개인사업회를 중심으로 행해지는 연구업적 중에는 학문이라고 보기에 어려운 경우도 적지 않게 보이고 있다. 동시에 현재의 권력과 부(富)가 과거 인물의 사상의 평가에 영향을 미치는 경우도 생겨나고 있다. 결국 이것은 인물 연구가 한 쪽으로 편중되거나 반대로 해당 시대의 중요한 인물이 연구되지 않은 채 남아 있게 되는 결과를 가져오기도 하였다.78)

따라서 근자에 이르기까지 증가 일로에 있는 문중 중심의 '기념사업회' 내지 '학회'가 장차 한국유학 연구에 어떠한 영향을 끼치게 될 지 주시할 바라 하겠다. 한편으로 1990년대 후반에 들어 지방자치제 실시에 따라, 전국 각 시·군에서 '향토 인물'의 선양이라는 취지에서 역대 명현과 명인들에 대한 각종 기념사업을 벌이고 있다. 여기에는 정기능에 못지않게 부정적 측면이 있다. 그 부정적 측면이란 크게 보아 '문중 유학'의 폐단과 다르지 않다. 이러한 것들은 한국 유학의 장래를 위해서 결코 바람직한 일은 아닐 것이다. 유학 사상에 대한 연구가 활발히 지속됨과 더불어 지양되어야 할 사안이라 하겠다.

4) 도가철학 연구의 현황과 과제

한국의 동양철학계는 전체적으로 유가철학의 전통이 거의 절대적이고, 여타의 분야는 그다지 보잘 것 없다고 해도 과언이 아닐 것이다. 유가철학에 못지않은 비중을 가진 도가철학이나 불교철학은 전공자가 상대적으로 많지 않다. 불교철학은 동국대학교 불교학과

---

78) 한국역사연구회(편), 「조선시대 유학사상연구」, 413쪽.

출신들을 중심으로 철학이라기보다는 종교에 가깝게 연구되어 왔으며, 도가철학의 경우 2000년 현재 시점에서도 전공자가 30명 안팎에 머물 정도로 소수에 불과하다. 이것은 지식사회학적으로 관찰을 요구하는 현상이 아닐 수 없다. 이러한 현상에 대해 이한우는 다음과 같이 분석한 바 있다. 첫째, 초창기 동양철학 교수들 중에는 한학자들이 많았는데 여기서 한학이란 곧 유학을 말한다. 따라서 동양철학하면 곧 유학이요, 그 중에서도 공맹孔孟과 성리학이 전부였던 것이다. 둘째, 한국사회 특유의 가족주의가 침투하기에 가장 알맞은 학문분야가 전통유학이었다. 1980년대에 이른바 '문중유학'이 시작되어 동양철학계, 특히 유학계에 적지 않은 폐단과 악영향을 끼쳤던 것은 이를 대변한다. 비판 없는 '찬양' 일변도의 논문들은 '문중유학'이 빚어낸 폐단 가운데 하나이다. 셋째, 새로운 연구분야의 개척보다는 남들이 이미 해 놓은 것을 대충 정리해 보겠다는 심리가 저변에 깔린 결과다.[79] 이와 같은 분석은 꽤 여러 해 전에 나온 것이지만, 오늘날까지 여전히 유효하다고 하겠다. 본 절에서 도가철학에 대해 볼품없이 논하고 있는 것은 필자의 역량 탓도 있겠지만, 위와 같은 학계의 연구 분위기와 경향도 적지 않게 작용한다는 점을 먼저 밝혀둔다.

(1) 도가철학 연구개관

1970년대 이전까지만 하더라도 한국에서 도가철학을 전문적으로 연구하는 학자는 없었다고 해도 과언은 아니다. 유가, 그것도 정주학 이외의 학문을 이단이라 배척하고, 그에 종사하는 사람을 '사문

---

79) 이한우, 『우리의 학맥과 학풍』, 71-72쪽 참조.

난적斯文亂賊’으로 몰아부쳤던 조선시대의 여풍餘風이 참으로 끈질기게 온존溫存해 왔던 탓이기도 하리라. 1950년대로부터 1960년대에 이르는 시기에는 도가철학에 관한 논저의 수가 극히 적었을 뿐만 아니라, 간헐적으로 발표되는 여러 형태의 글이라고 해야, 한학을 전공하는 학자들이 그야말로 ‘여기餘技’의 차원에서 쓴 것들이 대부분이었고, 도가철학에 관한 전문 저술은 엄두조차 내기 어려웠다. 이러한 상황에서 수준 높은 연구업적을 기대하는 것은 실로 난망難望한 일이 아닐 수 없었다.[80]

1960년대 초부터 도가철학을 주제로 석사학위를 취득한 소수의 학인들이 배출되기 시작하였으나 전공자로서 학계에 계속 남아 있지 못했다. 1970년대에 석사학위를 한 송항룡宋恒龍(1971), 이강수李康洙(1972), 임수무林秀茂(1979) 등 수삼인이 도가철학 전문가로 학계에 발을 디딘 첫 세대에 속한다. 이들 첫 세대가 연구업적을 내기 시작한 1970년대 후반에 와서야 도가철학 연구는 비로소 전문적인 성격을 띠면서 발전하기 시작했으며, 1980년대에 들어서는 연구영역이 확대되고 주제도 세분화되어 어느 정도 면모를 갖추게 되었다.

도가철학 연구가 새로운 전기를 맞은 것은 1977-1978년 한국철학회에서 ‘한국철학사’ 서술을 위한 기초작업의 일환으로 『한국철학연

---

80) 그러는 중에서도 재야의 종교가이자 사상가인 多夕 柳永模(1890-1981)의 노장철학 강의(YMCA에서 다년간 이루어짐)는 척박하기 이를 데 없는 당시 학문 풍토 속에서 실로 가뭄에 단비와 같은 구실을 하였다. 그가 비록 도가철학에 관한 연구논저를 펴낸 일은 없지만, 자신의 철학적 깊이와 체험을 담은 한글판 『老子』(1959년에 ‘늙은이’란 이름으로 펴냄)는 도가철학에 관심 있는 學人들은 말할 것도 없고, 동·서양의 철학사상을 공부하는 이들에게 커다란 자양분이 되어 주었다.

구』(전3권)를 간행하면서부터라고 할 수 있다.『한국철학연구』에서는 이능화의『조선도교사』이후 거의 미개척지나 다름없이 내려왔던 한국의 도교와 도가철학에 대한 역사적 조명이 이루어졌다.[81] 이것은 광복 이후 처음 있었던 일로서 도교와 도가철학 연구에 전반적으로 적지 않은 반향을 일으키면서 연구의욕을 북돋아 주었다. 이와 같은 시기인 1978년에 차주환車柱環의『한국도교사상연구』(서울대출판부)가 출간되어 이러한 분위기를 한층 돋구는 데 기여를 했던 것으로 평가된다.『한국철학연구』에서 다루어진 한국도가철학사는 1987년의『한국철학사』에 수렴된 이후 이 방면의 연구에 기본 틀이 되고 있다.

한편, 이『한국철학연구』를 집필하는 과정에서 그 동안 도교 연구에서 난제의 하나로 내려왔던 도교와 도가의 개념정립 문제가 중요하게 대두되었다. 이는 도가철학과 도교사상을 구분하지 않음으로써 파생되는 문제점들을 해결하자는 방법론적 반성에서 나온 것이라 할 수 있다. '도가'와 '도교'의 개념에 대한 당시 학계의 입장을 보면 도가철학과 도교사상을 구분해서 보자는 것이 대다수의 견해였던 것 같다. 이러한 입장은 '도교사상'의 범주에서 도가철학적 요소를 분리시킴으로써, 순수하게 철학적 탐구의 소재로 삼을 수 있는 장점이 있기 때문에 이후로 학계에서 널리 받아들여지고 있다. 그러나 이에 대한 반론도 만만치 않다. 즉, 중국도교사를 통관通觀할 때 도가와 도교는 사상적으로 연속성을 지니며 내려 왔기 때문에, 도가와 도교 사이의 불연속성을 고집하는 것은 역사적으로, 또 방법론적으로 문제가 있다는 것이다.[82] 따라서 이 문제는 앞으로 더 논의해

---

81) 상권에「고구려의 도교사상」(차주환),「백제의 도가철학사상」(송항룡),「신라 사회와 도가사상」(차주환),「고려의 도교사상」(배종호), 중권에「조선조 전기의 도교사상」(차주환), 하권에「조선조 후기의 도교사상」(배종호)을 실었다.

야 될 문제이기도 하다.

그 동안 국내 주요 대학에서는 도가철학 전공자를 많이 배출하지 못하였다. 서울대학교·성균관대학교·연세대학교의 경우 연구활동이 보잘 것이 없고, 고려대학교는 이에 비해 상대적으로 활발한 편이다. 고려대 철학과에서 노장철학 전공자가 다수 배출되고 있는 것은 김경탁과 김충렬이 가꾸어 놓은 학풍에 힘입은 바 크다고 해도 지나친 말은 아닐 것이다. 서울대 철학과에는 노장철학을 전공한 교수가 없으며, 연세대 철학과에는 고려대 철학과 출신의 이강수가 자리잡고 있어서, 구본명 이후로 명맥을 유지하고 있다. 성균관대의 경우 노장철학 전공자로 송항룡이 있으나, 사실 그는 지도교수 없이 독학을 한 것이나 다름없다. 또 현재까지 유학과에 몸담고 있기 때문에 학과 특성상 노장철학을 전공하는 제자가 다수 배출되기 어려웠으리라고 본다. 성균관대에서 노장철학과 제자학 전공자는 중국철학과에서 드물게 배출되고 있다. 노장철학은 안병주, 제자백가는 이운구李雲九의 지도로 박사학위를 취득한 경우가 대부분이다. 양인은 일찍이 구본명으로부터 지도를 받은 바 있다.

특히 제자철학의 연구는 성균관대 교수 이운구와 그의 지도를 받은 제자들이 맥을 잇고 있을 뿐 대체로 보아 아직도 거의 황무지나 다름없는 상태에 있다. 전문 저술로는 이운구의『중국의 비판사상』(여강출판사, 1987)과 이운구·윤무학(공저),『묵가철학연구』(성균관대 대동문화연구원, 1995)를 들 수 있다. 학위논문으로는 이해영李海英의「선진제자先秦諸子의 비판의식에 관한 연구」(성균관대학교, 1990), 윤무학尹

---

82) 金洛必,「한국도교 연구의 회고와 과제」,『한국 종교문화 연구 100년』, 청년사, 2000, 122-123쪽 참조.

武學의「묵가의 명학名學에 관한 연구」(성균관대학교, 1993), 김예호金藝鎬의「한비자의 법치론 연구」(성균관대학교, 1998)가 있다. 이밖에 김동천金東天・김용섭金容燮・이석명李錫明의 회남자淮南子에 대한 학위논문이 있다.

(2) 한국도가철학회 창립

1980년대 초 한국도교학회와 한국도교사상연구회의 잇달은 창설은 한국의 도교뿐만 아니라 도교 일반, 그리고 도가철학을 연구하는 데 있어 중요한 계기를 마련한 것이라 할 수 있다. 한국도교학회는 1982년 도광순都珖淳을 중심으로 결성되었으며, 2000년 12월 현재 학회지『도교학연구』를 16집까지 펴낸 바 있다. 매년 2회의 정기 학술발표회를 개최하며,[83]『포박자抱朴子』와 같은 도교사상 원전을 역주하여 출판하는 것을 장기적 역점 사업으로 기획하고 있다. 한국도교사상연구회는 1984년 차주환을 회장으로 하여 결성된 학회로, 국문학자・중문학자가 주요 멤버이다. 1996년 학회의 결의에 따라 '한국도교문화학회'로 개칭하였다. 2000년 현재 14집에 달하는 한국도교사상 연구총서를 펴낸 바 있고,[84] 매년 2회의 정기 학술발표회를 개최해 오고 있다.

---

83) 2001년 10월 27일 현재 제24차 학술발표회가 개최되었다.
84)『도교와 한국사상』제1집, 1987 ;『도교와 한국문화』제2집, 1988 ;『도교사상의 한국적 전개』제3집, 1989 ;『한국도교사상의 이해』제4집, 1990 ;『한국도교와 도가사상』제5집, 1991 ;『한국도교의 현대적 조명』제6집, 1992 ;『한국 도교문화의 位相』제7집, 1993 ;『도교의 한국적 수용과 轉移』제8집, 1994 ;『노장사상과 동양문화』제9집, 1995 ;『도교의 한국적 變容』제10집, 1996 ;『도가사상과 한국도교』제11집, 1997 ;『도교와 생명사상』제12집, 1998 ;『도교와 자연』제13집, 1999 ;『한국의 신선사상』제14집, 2000.

이 두 학회는 전문인력이 절대적으로 부족했던 척박한 상황에서 도교와 도가사상 전공자들이 공동으로 토론할 수 있는 장場을 마련함과 아울러 학문적으로도 많은 성과를 올렸다. 도교와 도가사상에 대한 학계의 인식을 새롭게 했다는 데 무엇보다 큰 공이 있다고 본다. 다만, 도교문화 전반과 도가철학에 종사하는 연구자 수가 아직은 많다고 할 수 없고, 또 두 학회의 학문적 경향이나 방향이 별 차이가 없으며, 학회 사정이 보잘 것 없는 현실로 미루어 볼 때, 두 개의 학회로 분화하는 것은 시기상조일 뿐만 아니라, 자칫하면 분파적인 결과를 초래하여 득보다 실이 많게 될 것이라는 우려의 목소리가 적지 않게 있어 왔다. 1990년대 후반에 가서는, 마침내 두 학회가 서로 통합하는 문제를 놓고 꽤 진지하게 논의를 하였고 의견 접근을 본 것으로 알려졌으나, 결국 무위無爲로 돌아가고 말았다.

그러는 가운데 1997년 초에 또 다시 한국도가철학회韓國道家哲學會가 결성되었다. 1997년 3월 22일, 도가철학 전공자 30여 명이 성균관대학교에서 한국도가철학회 창립총회를 갖고, 초대 회장에 성균관대학교 교수 송항룡을 선출하였다. 1980년대에 한국도교학회와 한국도교사상연구회가 결성된 이래 도가철학 연구자들이 이에 참여해 왔는데, 1990년대 이후 도가철학 전공자들이 점차 증가함에 따라 별도로 도가철학회가 분화할 필요성이 제기되어 왔었다. 한국도가철학회는 도가철학 전공자들의 이러한 여망에 따라 결성된 것이다. 조민환曹玟煥이 기초한 창립 취지문은 저간의 사정을 잘 담고 있으므로 전문을 소개하기로 한다.

복제양이 탄생되는 시대에 우리는 살고 있습니다. 이대로 가면 100명의 공자가 탄생할 수도 있고, 100명의 도척盜跖이 탄생할 수도 있겠지요. 혼돈混沌의 우화寓話를 상기하고, 물 긷는 기계의 편리함을 알지만, 그것을 사용하지 않는 농부의 지혜를 배울 때라고 생각합니다. 그 동안 학문의 중요성에 비추어 너무나 방외자方外者의 자세를 취했던 것 같습니다. 노장철학과 관련하여 포스트모더니즘, 신과학新科學, 환경문제 등 논의거리가 많습니다. 이제 많은 연구자가 나왔습니다. 보다 더 다양한 방법에서 노장철학을 이해해 보도록 합시다. 그리고 미래사회에 노장철학이 어떤 역할을 할 수 있을지에 대해서도 고민해 보도록 합시다. 하지만 이런 것 저런 것 상관없이 그저 무하유지향無何有之鄕에서 노닐 수 있는 기회를 만들어 봅시다.

이 학회는 처음 철학 전공자들만의 작은 규모로 출발했다. 뒤이어 문학·역사학 전공자 등이 가세하여 2000년 12월 현재 150여 명의 회원을 확보하고 있다. 매년 2회의 정기 학술발표회를 개최하며 현재 8회(2000.12)에 이르고 있다. 또 매년 1회씩 학회지『도가철학』을 간행하는 데 현재 제2집(2000.2)까지 펴낸 바 있다. 비록 전공자의 수는 많지 않지만, '포스트모더니즘'이 식자층의 중요한 화두가 되어 있는 시대적 분위기 속에서 도가철학에 대한 관심이 국내외적으로 고조되고 있는 만큼, 앞으로 도가철학의 연구는 전망이 밝고 많은 발전이 기대된다고 하겠다.

(3) 한국도교철학사 출간

한국도가철학에 대한 철학사적 탐구는 1979년 한국철학회의『한국철학연구』를 집필하는 과정에서 처음으로 이루어졌다. 이것은 연구사적으로도 상당히 중요한 의미를 지니는 것이었다. 그러나 당시만 하더라도 '한국도가철학사'의 출간은 퍽 요원해 보였다. 상당한 연구업적이 축적된 뒤라야 가능할 것으로 전망되었다. 그러는 가운데 1987년, 한국철학회의 『한국철학사』가 출간되던 해, 송항룡의 『한국도교철학사』(성균관대 대동문화연구원)가 나왔다. 이 책은 1986년 성균관대학교에 박사학위논문으로 제출되었던 '한국도교사상에 관한 연구'를 단행본으로 펴낸 것이다. 내용은 제1장 한국도교사상의 원류, 제2장 한국의 도교사상, 제3장 한국의 도가철학사상으로 나누어 서술하였다. 고려 때까지는 종교로서의 도교가 성행했던 탓인지 도교사상을 중심으로 서술하였고, 조선시대 이후로는 도가철학에 대해 중점적이고 심도 있게 논술하였다. 한국도교사상의 원류에 대한 분석이 돋보인다. 책이름을 '도가철학사'나 '도교사상사'가 아닌 '도교철학사'라고 한 것이 상당히 특이하다. 이 책은 제3장에 가장 많은 분량을 할애한 만큼 전체적으로 도가철학에 비중을 두어 서술하고자 한 것으로 보인다. 그렇지만, 삼국시대로부터 조선시대에 이르기까지 우리나라 도교사상의 역사적 흐름과 맥락을 일관된 관점과 시각으로 포착했다는 점에서 중요한 업적으로 평가할 수 있다. 특히 서경덕의 기철학, 이이의 『순언醇言』, 박세당의 『신주도덕경新註道德經』과 『신주남화경』, 한원진韓元震의 『장자변해莊子辨解』, 서명응徐命膺의 『도덕지귀론道德指歸論』, 홍석주洪奭周의 『정로訂老』 등, 조선시대 도가철학사에서 중요한 문헌들을 중점적으로 분석하여 도가철학사의 맥락을 제시한 것은,[85] 내면적으로 문제점이 없지 않음에도 불구하고 후학들에게 적지 않게 도움을 준다 할 것이다.

　이 책은 저자가 통사적 저술을 기획하고 집필한 것이 아니고, 수년 동안 발표한 논문들을 모아 엮은 것이다. 따라서 외형상 '철학사'

---

85) 이러한 작업은 「율곡의 노자연구와 도가철학의 이해」(『柳正東 화갑기념논문집』, 1981)가 그 시발점이 되었던 것 같다.

라고 하기에는 다소 정제되지 못한 곳도 있다. 그러나 논문 형식을 취했으면서도 비교적 통사적 저술에 가깝다고 할 수 있다. 또한 통사적 성격을 지닌 저술이라는 점에서 이능화의 『조선도교사』(동국대학교, 1959) 이후 초유初有의 것이라 평가할 수 있다. 특히 이능화의 『조선도교사』에서 소홀히 다루었던 도가철학의 흐름을 중점적으로 밝혔다는 점에서 보완적 의미도 있다. 앞으로 더 철저를 기하여 괄목할 만한 저술로 거듭 나기를 기대해 마지않는다.

⑷ 도가철학 연구성과와 과제

한국에서 도가철학 연구는 2000년 현재 시점에서 보더라도 연륜이 일천日淺하다고 할 수밖에 없다. 필자의 과문寡聞 탓인지는 모르겠으나, 아직까지 연구사 정리가 나와 있지 않고, 또 제대로 된 '회고와 전망'이 없는 것을 보면 그 정도를 짐작할 수 있음직하다. 그러나 내면을 들여다보면 학문적 역량이 날로 증대되고 있는 것도 사실이다. 노장철학의 경우 개설류의 글, 주제 중심의 글들이 날이 갈수록 늘어나고, 순수 철학적 측면에서뿐만 아니라 예술철학적 측면에서도 폭넓게 연구되고 있다.[86] 원전에 대한 탐구에서 더 나아가 주해注解까지도 광범위하고 정밀하게 연구되는 등 상당히 발전된 경지에까지 이르고 있다. 또 시대적으로도 노장 편중 현상에서 탈피하여, 황로학黃老學으로부터 노장을 거쳐 한대 도가, 위진魏晉의 현학玄學 등 도가철학사 전반에 걸쳐 연구가 진행되기 시작했고, 현대의 도가

---

86) 예술철학적 관점에서 도가철학을 연구하여 많은 성과를 낸 학자는 조민환이다. 조민환, 『老莊의 美學思想에 관한 연구』(성균관대학교 박사학위논문) 1991 ; 『중국철학과 예술정신』, 예문서원, 1997 등 참조.

까지도 다루어지는 등 연구의 영역이 갈수록 넓어지고 있다.

노장에 대한 논문은 도가철학이 '노장철학'으로 불리는 것처럼 양적으로도 상대적 우위를 차지한다. 허남진의 보고에 의하면, 1992년 현재 중국철학에 관한 연구논저 784건을 대상으로 중국의 철학자 상위 10인(건수 기준)을 가렸을 때, 공자 186건(23.7%), 노자 112건 (14.3%), 장자 105건(13.4%), 주희朱熹 102건(13%) 순으로 집계되었다고 한다.[87] 또 노자와 장자에 대한 연구가 도가철학 관련 전체논문의 1/4 가량 될 것이라는 추정도 있다.[88] 그리고『노자』와『장자』에 대한 번역 현황을 보면,『노자』가 40여 종,『장자』가 30여 종으로 나타났다.[89] 이는 곧 도가철학연구가 노자와 장자를 주요 대상으로 하여 이루어졌음을 입증하는 것이라 할 수 있다. 1980년대 이후 약 20년간 단행본으로 발표된 도가철학 연구서 가운데 학술적 가치가 뛰어난 것들을 꼽아 보면, 박이문朴異汶의『노장철학 - 철학적 해석』(문학과 지성사, 1980), 김항배金恒培의『노자철학의 연구』(思社硏, 1985), 송항룡의『한국도교철학사』(성균관대, 1987), 김형효金炯孝의『데리다와 노장老莊의 독법』(한국정신문화연구원, 1994), 조민환의『유학자들이 보는 노장철학』(예문서원, 1996), 원정근元正根의『도가철학의 사유방식』(법인문화사, 1997), 윤찬원尹燦遠의『도교철학의 이해』(돌베개, 1998) 등을 들 수 있다. 많은 숫자는 아니지만 앞으로의 가능성을 엿보기에 부족하지 않다고 하겠다.

한편, 한국도가철학의 연구는 중국도가철학에 비해 너무 단출하

---

87) 허남진,「해방 50년, 동양철학 연구의 과제」,『해방 50년의 한국철학』, 229쪽 참조.
88) 鄭世根,「98동향과 전망 - 도가·제자철학」,『오늘의 동양사상』, 1998, 141쪽 참조.
89) 한국도가철학회,『道家哲學』제1집, 1998, 권말부록 361-365쪽 참조.

고 빈약하기 이를 데 없다. 중국의 도가철학과 한국의 도가철학에 대한 연구가 심한 불균형을 이룬다. 1980년대 초부터 배출되기 시작한 박사학위 취득자 30여 명 가운데, 한국도가철학 전공은 송항룡(1986)과 김학목金學睦(1998) 두 사람에 불과하다. 석사학위의 경우는 더 심각하다. 1961년부터 1998년까지 약 87편이 제출된 것으로 조사되었는데, 한국도가철학과 관련된 논문은 '『순언醇言』을 통해 본 율곡의 노자 이해'(김석중, 연세대, 1994) 단 1편뿐인 것으로 나타났다.[90] 이와 같이 중국도가철학 일색으로 연구가 이루어져 온 데에는 필시 중요한 이유가 있을 줄 안다. 필자의 생각으로는, 한국도가철학에 관련된 연구자료가 부족하다는 점이 무엇보다도 주된 이유인 것 같다. 자료가 적다 보니 연구가 제대로 이루어지지 못하고, 기존의 연구가 없다 보니 연구업적이 많이 축적된 중국도가철학 연구로 방향을 틀 수밖에 없었을 것이다. 앞으로 한국도가철학에 대한 연구는 출발점에서 다시 시작한다는 마음가짐으로 무장을 단단히 해야 할 것이다. 그러기 위해서는 새로운 자료의 발굴과 이미 확보된 자료에 대한 다각도의 해석이 이루어져야 할 것으로 본다.

참고문헌

趙要翰(외), 『한국의 학파와 학풍』, 서울: 도서출판 宇石, 1982.
한국철학연구회(편), 『해방 50년의 한국철학』, 서울: 철학과 현실사, 1995.
尹絲淳(외), 『우리 사상 100년』, 현암사, 2001.
李翰雨, 『우리의 학맥과 학풍』, 서울: 문예출판사, 1995.

90) 위의 책, 348-352쪽 참조.

高亨坤·柳承國,「한국철학의 어제와 오늘(對談)」,『韓國思想과 現代』, 서울: 동방학술연구원, 1988 所收.

琴章泰,「韓國儒敎史 硏究의 現況과 方向」,『종교학연구』제12집, 서울대 종교학연구소, 1993.

琴章泰,「한국유학사 연구자료의 분석」,『한국유교의 이해』, 서울: 민족문화사, 1989, 所收.

金勝惠,「한국유교 연구 100년」,『한국종교문화연구 100년』, 서울: 청년사, 1999 所收.

金恒洙,「조선후기 유학사상 연구현황」,『韓國中世社會 解體期의 諸問題(上)』, 서울: 한울아카데미, 1991.

金炫榮,「실학 연구의 반성과 전망」,『韓國中世社會 解體期의 諸問題(上)』, 서울: 한울아카데미, 1991.

박상리,「해방 이후 30여 년의 한국 유학연구(I)」,『동양철학연구』제37집, 동양철학연구회, 2004.

宋甲準,「한국유학 연구의 현황과 과제」,『대학교육』제2호, 한국대학총장협회, 1995.

安炳周,「韓國의 儒敎思想硏究 現況과 方向」,『儒敎學硏究』제1집, 유교학술원, 1997 所收.

安銀洙,「중국철학 연구의 현황과 전망」,『동양철학연구』제21집, 동양철학연구회, 1999.

尹絲淳,「韓國儒學의 硏究史的 檢討」,『철학』제39집, 한국철학회, 1993.

李東俊,「광복 50년, 한국유학의 思想史的 位相」,『광복 50주년 국학의 성과』, 한국정신문화연구원, 1996 ;『유교의 인도주의와 한국사상』, 서울: 한울아카데미, 1997 所收.

이상호,「97' 동향과 전망 - 한국성리학 - 상상력의 부재」,『오늘의 동양사상』, 서울: 예문동양사상연구원, 1998.

李承律,「일제시기 '한국유학사상사' 著述史에 관한 일고찰」,『동양철학연구』제37집, 동양철학연구회, 2004.

鄭奎薰,「사상분야에서의 한국학 연구의 회고」,『國學硏究』제2집, 국학연구소, 1988.

鄭聖植,「한국철학 연구의 현황과 과제」,『동양철학연구』제21집, 동양철학연구회, 1999.

鄭世根,「98' 동향과 전망 - 道家·諸子哲學」,『오늘의 동양사상』, 서울: 예문동양사상연구원, 1998.

鄭世根,「99' 동향과 전망 - 道家·諸子哲學」,『오늘의 동양사상』, 서울: 예문동양사상연구원, 1999.

趙珖,「조선후기 실학사상의 연구동향과 전망」,『荷石金昌洙敎授華甲紀念史學論叢』, 1991.

趙成山,「조선후기 성리학 연구의 현황과 전망」,『조선후기사 연구의 현황과 전망』(강만길 엮음), 서울: 창작과 비평사, 2000.

池斗煥,「朝鮮後期 思想史 硏究動向」,『韓國史論』제24집, 국사편찬위원회, 1994.

池斗煥,「高麗末~朝鮮時代 儒學思想 硏究動向」,『韓國史論』제28집, 국사편찬위원회, 1998.

崔英辰,「해방 후 50년의 한국유교 연구사-박사학위논문을 중심으로」,『종교연구』제13집, 한국종교학회, 1997.

崔在穆,「韓國陽明學 硏究에 대한 回顧와 展望」,『哲學會誌』제21집, 영남대학교, 1997.

洪順敏,「조선 후기 정치사상 연구현황」,『韓國中世社會 解體期의 諸問題(上)』, 서울: 한울아카데미, 1991 所收.

洪元植,「한국철학 연구의 현황과 과제」,『한국학논집』제29집, 계명대학교 한국학연구원, 2002.

서울대학교 종교문제연구소,『한국종교 연구사 및 연구방법』(한국인의 종교관 I), 1994.

한국역사연구회,「조선시대 유학사상 연구-쟁점과 과제」,『역사와 현실』제7호, 역사비평사, 1992.

동양철학 연구방법론의 궁핍과 문제점, 그리고 모색

홍원식

1 여는 글

본인을 포함하여 사실 우리 동양철학계는 뚜렷이 연구방법론에 대한 고민이 없이도 많은 연구를 해왔다. 어찌 보면 애써 외면했는지도 모른다. 때늦었지만 이제라도 동양철학계는 이 문제에 대해 진지하게 한번 생각해봐야 한다고 생각한다.

돌아보면 애써 부인하고 싶을지도 모르겠지만 훈고학적 방법이 우리 학계를 뒤덮고 있다고 말해도 무방할 것이다. '성현의 말씀'이 담긴 '경전'을 연구한다는 태도와 방법이 훈고학적 연구의 가장 두드러진 특징이다. 그렇다 보니 자연스레 자구 해석에 매달리고 경전 속으로 빠져 들 뿐 '현실'도 '문제'도 놓쳐 버리기 일쑤다. 대만이나 중국 대륙의 연구방법과 관점을 가져 오기도 하나 비판적 검토의 모습은 보이지 않는다. 중국철학만이 아니라 한국철학 연구에서도 같은 문제점이 그대로 드러난다. 한 마디로 '궁핍'과 '문제투성이'란 말

---

* 이 글은 2014년 조선대학교 우리철학연구소와 대동철학회가 공동주최하는 학술대회에서 발표하고, 『대동철학』 제67집(2014)에 게재한 논문을 일부 수정한 것이다.

로 대신해볼 수 있을 것이다. 굳이 '우리 철학'을 세우기 위해서만이 아니라 제대로 된 연구를 위해서도 방법론적 고민은 더 이상 미룰 수 없다고 생각한다. 비판적 시각과 성찰의 마음으로 그 동안의 연구를 되돌아 본 뒤 그 해결방안을 모색해보기로 한다.

본 발표회의 취지가 '수입철학과 훈고학을 넘어서'이므로 동양철학 가운데에서도 중국철학 연구를 대상으로 삼는 것이 좋을 것 같다.

2 한국에서 중국철학을 연구하는 자들

중국철학을 한국의 학자가 연구하는 것과 중국의 학자가 연구하는 것이 다를 수 있다. 아니 다를 수밖에 없다. 그것은 무엇보다 중국인에게서 중국철학은 '국학國學'일 수 있지만, 한국인에게서 중국철학은 어디까지나 중국의 철학일 뿐 '국학'일 수 없기 때문이다. 이 것은 한국 학자들에게서 '한국철학'이 순수하게 '한국학Korean Studies' 일 수 없고 '국학'으로 받아들여지는 것과 다를 바 없다. 중국철학이든 한국철학이든 '국학'으로서 그것을 연구할 경우 '현대적 계승'이 란 과제를 드러내놓고 말하거나 아니면 은연중에라도 마음속에 품고 있다고 말할 수 있다. 곧 그것은 살아있음을 전제로 하고, 되살림을 목표로 한다는 말이다. 이에 따라 연구의 관점과 방법도 달라질 수밖에 없다.

마찬가지로 미국이나 유럽 등 서양 학자들의 중국철학 연구 관점과 방법이 중국학자들의 그것과 다르기도 하다. 일찍이 1958년 대표적인 '현대 신유가'로 일컬어지는 모종삼牟宗三 등이 주도한 이른바 〈문화선언文化宣言〉[1]에서 중국철학을 위시한 중국문화를 연구하는 세계의 학자들에게 '경고敬告'한 것에서도 우리는 그것을 잘 볼 수 있다. 그들은 중국의 철학과 문화는 "심하게 병들었을 뿐 죽지 않았으므로" 살아있는 생명을 대하듯 '경외심畏敬心'을 가져 줄 것을 당부하였으며, 연구를 함에 있어서도 '해부학적解剖學的 방법'이 아닌 '병리학적病理學的 방법'으로 대해 줄 것을 요청한 적이 있다. 이것은 연구 관점이나 방법과 관련하여 국학자로서 중국 출신의 학자들이 여타 세계의 중국 철학과 문화 연구자들에게 정중하고도 간곡히 요구한 것이라 볼 수 있다. 하지만 이것은 아무래도 무리 섞인 요구일 것이다.

한국 학자들의 경우는 더욱 복잡하다. 한국의 학자들에게서 중국 철학이 비록 '국학'일 수는 없지만, 그렇다고 서양의 학자들처럼 순수히 객관적으로 바라볼 수 있는 '남'의 철학은 아닌 것이다. 이렇듯 한국의 학자들에게서 중국철학은 '우리'의 철학이 아니면서도 동시에 '우리'의 철학이며, 또한 '우리'의 철학이면서도 동시에 '우리'의 철학이 아닌 그 무엇이다. 이것은 일단 한국철학의 많은 부분이 중국철학에 연원을 대고 있다는 역사적이며 객관적 사실 때문이기도 하겠지만, 한편으로는 한국철학이 서양철학과 마주하게 되면 중국철학이 '우리' 철학이 되었다가 중국철학과 마주하게 되면 '남'의 철학이 되어 버리는 특수한 위치와 그에 따른 주관적 태도와 관련이 있을 것이다.

그렇다면 지금 한국에서 중국철학을 연구하는 자들, 그들은 누구

---

1) 원명은 「爲中國文化敬告世界人士宣言(중국문화를 위해 세계의 인사들에게 삼가 당부하는 선언)」이며, 본 선언에는 牟宗三을 위시하여 徐復觀, 唐君毅, 張君勱(칼슨 장) 총 4명이 참가하였다.

인가? 연구자들에 따라 주관적 태도와 연구 관점 및 방법이 다를 수 있기 때문에 이를 한번 자세히 살펴볼 필요가 있다. 크게 다음과 같이 셋으로 나눠 볼 수 있겠다.

먼저 '철학'에 주안점을 두어 중국철학을 연구하는 자들이다. 이들은 철학, 곧 필로소피Philosophy라는 학문이 서양 고대 그리스에서 시작되어 로마와 유럽을 거쳐 미국 등지로 퍼져 나간 것이란 인식 아래, 이것과 유사한 학문이 일찍이 중국에도 있었음을 밝히는 데 주력하고 있다. 따라서 이들은 중국철학을 곧잘 서양철학과 대비시키는 가운데 비교철학의 방법을 즐겨 사용한다. 이들에게서 중국철학은 동양철학과 등치等値되고, 결과적으로 한국철학은 중국철학의 아류亞流 정도로 이해된다.[2] 이들은 보편의 학으로서 철학을 인정한 바탕 위에, 때로는 보편성을 통해, 또 때로는 특수성을 통해 동양철학 곧 중국철학의 존재를 확보하고 강화시키는 데 힘을 쏟는다. 이렇게 볼 때, 이 속에는 물론 정도의 차이는 있겠지만 의식하든 의식하지 않든 중국철학은 곧 동양철학으로서 '우리'의 철학이라는 생각이 바탕에 깔려 있음을 알 수 있다. 달리 말하면, 이들에게서 주관심사는 '철학'일 뿐 중국철학과 한국철학의 구분에는 별다른 관심을 두지 않는다고 할 수 있겠다.

다음은 한국철학의 연원이란 관점에서 중국철학을 연구하는 자들이다. 이들은 계보학系譜學의 관점에 서서 중국철학을 헤집고 다니거나 연원을 찾아 거슬러 올라가기도 하고, 비교의 방법을 통해 한국철학의 차별적 특성을 확보해내기도 한다. 이들에게서 중국철학 연

---

2) 한국에서는 '東西哲學'이란 말을 주로 쓰지만, 중국에서는 '中西哲學'이란 말을 즐겨 쓰는 것을 눈여겨 볼만하다.

구의 일차적인 목표는 한국철학에 대한 역사적, 심층적 이해에 있으므로 중국철학에 대해서는 자칫 단편적 이해에 머물기 쉽다. 이들은 중국철학이 한국철학의 원류이긴 하지만 '우리'의 철학이 아닌 것으로 주로 인식된다. 하지만 이 경우에도 서양철학과 마주했을 때는 중국철학이 돌연 '우리'의 철학이 되어 버리곤 한다.

마지막으로 '중국학Chinese Studies'이란 관점에서 중국철학을 연구하는 자들이다. 일종의 지역학 연구라고 볼 수 있는데, 이들은 그것이 과거 중국이 되었든, 아니면 현재 중국이 되었든 중국에 대한 심층적이면서도 다각적인 이해의 일환으로 철학을 통한 중국 이해와 해석을 시도한다. 이들에게서 학문적 객관성은 필수적인 덕목이다. 중국은 분석되고 해석되어야 할 대상일 뿐 더 이상 부활을 고민할 대상은 아니다. 따라서 중국철학이 '우리' 철학이라는 생각은 전혀 끼어들 필요도, 틈새도 없다. 이러한 관점과 방법은 주로 서양의 학자들이 갖고 있으며, 한국의 학자들 가운데에서도 이러한 관점과 방법에 따른 연구가 점차로 늘어나고 있는 추세이다.

이상과 같이 한국 학자들의 중국철학 연구를 크게 세 부류로 나눠보았다. 그런데 사실은 이처럼 확연히 세 부류로 나눠져 있는 것이 아니며, 많은 경우 한 학자에게서 동시적으로 나타나기도 한다. 그럼에도 이렇게 애써 나눠본 것은 지난 20-30년 동안 연구자의 증가로 연구물의 양적 증대가 비약적으로 이뤄졌으나, 개별 연구자나 학계가 정작 중국철학을 왜 연구하고, 어떠한 관점이나 방법으로 연구할 것인지에 대해서는 별다른 관심을 두지 않았으며, 이로 말미암아 질적 성장을 이루지 못하고 있다는 반성적 자각 때문이다.

3 걸어온 길

중국철학 연구의 현황을 논하기에 앞서 회고의 필요성은 새삼 말할 필요가 없을 것이다. 두말할 나위 없이 이것은 지금의 모습을 되짚어 보고, 앞으로 나아갈 길을 모색하기 위해서이다. 회고를 함에 있어서도 여러 가지 방법이 있을 수 있다. 먼저 시기별로 살펴보는 것이 가장 일반적인 방법일 터이고, 흔히 동양철학은 유·불·도 삼교라고 일컬으니 학문 분야별로 살펴 볼 수도 있으며, 대표적 인물을 중심으로 살펴볼 수도 있을 것이다. 이밖에도 여러 방법이 있을 수 있다. 여기에서는 가장 일반적 방법인 시기별로 살펴보되 분야별이나 대표 인물도 곁들여 살펴보기로 한다. 그런데 불교철학은 동양철학 중에서 독자적으로 연구되는 측면이 강하였고, 중국 불교철학이 한국이나 인도의 불교철학과 함께 연구되어 따로 구분해 논의하기가 쉽지 않으며, 도가철학은 유가철학에 비해 양적으로나 중요성으로 비교가 되지 않고, 논의의 초점도 흐릴 수 있을 것 같아 유학을 중심으로 논의하기로 한다.

한국에서의 중국철학 연구 시작점을 경성제국대학京城帝國大學과 여러 민립民立 전문학교專門學校들이 1920년대 중반 이후에 연이어 설립되었기 때문에 일제강점기로까지 거슬러 올라가 잡아볼 수 있겠으나 뚜렷한 자료들이 없다.3) 따라서 그 이후로 중국철학 연구의 시점을 잡는 것이 큰 무리가 없을 듯하다. 해방과 정부 수립 무렵

---

3) 京城帝國大學 철학과에는 '支那(中國)哲學' 강좌가 개설되었으며, 東國大學의 前身인 惠化專門學校에서는 불교 관련 강좌가, 성균관대학의 전신인 明倫專門學校에서는 유교 관련 강좌가 개설되었을 것으로 짐작된다. 이한우, 『우리의 학맥과 학풍』, 문예출판사, 1995, 63쪽 참조.

여러 대학들이 설립되는 가운데 철학과에 중국철학 관련 강의가 개설되면서 중국철학 연구도 본격적으로 시작되었으며, 1960년대까지를 그 터전을 마련한 첫 번째 시기로 상정해볼 수 있겠다. 그 대표적인 예가 고려대학교 철학과와 성균관대학교 동양철학과이다. 이 시기 이상은李相殷(1905-1976)과 김경탁金敬琢(1906-1970)은 고려대학교에, 유정기柳正基(1910-1997) 등은 성균관대학교에 교수로 재직하면서 앞장서 중국철학 연구의 길을 터 나갔다.

먼저 이상은(호 경로(卿輅))은 북경대학北京大學 철학과(1927-1931)를 졸업하였으며, 해방 후 고려대학교가 설립되자 바로 철학과 교수(1946-1970)로 재직하는 가운데 문리과대학 학장과 아세아문제연구소장 등을 지냈으며, 대외적으로 1956년 한국중국학회韓國中國學會를 창설하여 초대회장과 대한민국 학술원 회원(1961-1976) 등을 지냈다.4) 대표적인 저술로「중국철학사 강의」5)와『현대와 동양사상』(1963)6), 『퇴계의 생애와 학문』(1973)7) 등이 있으며, 사후 20여 년이 지난 1998년에『이상은선생전집』(전4권) 이 발간되었다.

이상은은 한국에서 중국철학 연구의 길을 연 학자이자, 대표적인

---

4) 이상은의 생애와 학문에 관해서는『李相殷先生全集』(예문서원, 1998) 속「卿輅 李相殷博士 年譜」와 윤사순의「卿輅 李相殷博士를 추모하며」, 그리고 『이상은 선생과 한국 신유학』, 한울아카데미, 2006 ; 김병채,「유학의 현대적 의의 – 이상은 선생의 견해를 중심으로」,『해방 50년의 한국철학』, 철학연구회, 1991 ; 최영성,「한국의 현대 신유가, 경로 이상은」,『오늘의 동양사상』 제21호, 2010 등 참조.

5) 본 글은『한국사상』(한국사상연구회) 제3집에서 8집까지 연재한 것으로 先秦 儒家哲學이 중심적 내용이다.

6) 이를 증보하여 1975년『유학과 동양문화』로 발간되었다.

7) 1999년 예문서원에서 이를 증보하여 같은 이름으로 발간되었다.

한국의 '현대 신유가'로 평가받고 있다. 그의 중국철학 연구 관점과 방법은 유학 시절 북경대학 철학과 학풍의 영향을 많이 받았다. 당시 북경대학 철학과는 5.4 신문화운동을 선도하는 등 중국 근대화의 중심에 서서 호적胡適 등이 주도한 의고擬古의 학풍 아래 국고정리운동國故整理運動을 진행하는 가운데 한편으로는 이에 맞서 중국 철학과 문화의 고유한 가치를 되살리려는 '현대 신유가'가 막 태동하고 있었다. 그는 다소 상반되는 이 두 학풍의 영향을 모두 받았다. 그는 유학 시절 귀국하면 중국에서 배운 국고정리를 반드시 실행하리라 다짐하였으며, 실제로 그의 연구는 철저한 문헌비평과 객관적 관점 위에서 전개되었다. 한편으로 그는 현대 신유가로서의 모습도 다음의 글에서 잘 보여주고 있다.

> 유학 연구의 방법도 다른 분야에서와 같이 단순히 객관적·방관적·외형적인 분석, 서술에만 그치지 않고, 시대를 초월한 '인간정신'에 들어가서 고인을 그 시대에 즉卽하여 이해해주는, 동정적同情的·체험적인 방법을 겸채兼採해야 옛 사람의 참 정신을 파악할 수 있을 것이니, 이렇게 되면 이것이 고전을 현대에 살리는 길이며, 따라서 유학 재생의 길이 될 수 있는 것이 아니겠는가.[8]

여기에서 이상은은 유학과 중국철학을 연구한 궁극적 목적이 이것의 '재생'이며, 이를 위해서는 반드시 객관적 분석과 연구가 필요하되 그것만으로는 충분치 않고 반드시 '동정적'·'체험적' 태도와 방법이 함께 필요함을 역설하고 있다. 이것은 중국의 현대 신유학자들이 앞서 행한 〈문화선언〉에 대해 절대적 동의를 표한 것이라고 볼

---

8) 이상은, 「학문의 길」, 〈한국일보〉, 1973.1.19 참조.

수 있겠다. 이렇듯 그는 전통 유학에 대한 비판적 분석과 객관적 연구를 통해 이를 현대화하고 재생, 부활시키는 데 온 힘을 쏟았으며, 만년에는 이황李滉의 퇴계철학退溪哲學을 중심으로 한 한국유학 연구에 힘썼다. 그는 중국철학과 한국철학을 굳이 구분하지 않은 채 말 그대로 '동양철학'으로 인식하였으며, 서양철학에 대해서도 대립 혹은 부정적으로 생각하지 않고 보편성을 바탕으로 동양철학을 더욱 발전시켜나가고자 하였다.

김경탁도 선구적 업적을 많이 남겼다. 그는 1930년대에 중국과 일본 등지에서 동양철학을 공부하였으며, 1949년 고려대학교 철학과 교수로 부임한 뒤 이상은과 같은 학과에 재직하면서 한국의 중국철학 연구를 선도하였으며, 이른바 고려대학교 '동양철학 학단'의 터를 다졌다. 그의 대표적인 저술로는 『중국철학사상사』와 『중국철학개론』, 『노자의 도道』, 『율곡栗谷의 연구』 등이, 역서로는 사서四書와 『주역周易』, 『노자老子』, 『장자莊子』, 『열자列子』, 『율곡전서栗谷全書』 등이 있다. 저술의 목록만으로도 알 수 있듯이 그는 유학만이 아니라 도가 철학 방면에도 주목한 점, 원전 번역에 힘쓴 점, 한국유학에서 율곡 이이를 주목한 점 등을 높이 평가할 만하다. 앞에서 말했듯이 그는 일찍이 여러 나라에서 공부하는 가운데 자신의 '생성철학生成哲學'적 관점을 마련하여 이를 통해 동양철학을 꿰고 있는 점도 주목할 만하다. 또한 이상은과 마찬가지로 그에게서 중국철학과 한국철학을 구분해보려는 시도는 보이지 않는다. 이것은 동양철학 연구 1세대의 특징이자 한계로 볼 수 있겠다.

이들에 이어 한국에서의 중국철학 연구 두 번째 시기는 1970년대와 1980년대 전반까지로 잡아볼 수 있겠다. 이 시기의 중요한 특징은 국내적으로 철학과가 있는 대부분의 대학에서 중국철학 관련 강좌 개설이 일반화되고 세분화되면서 자연스레 연구자 수가 늘어나고 이에 따라 연구 분야가 다양해지고 양적으로 팽창함과 동시에 외국 유학 출신 학자들이 하나둘 귀국하면서 그곳의 연구 관점과 방법도 함께 따라오게 된 점이다. 그런데 대부분 유학한 나라가 대만臺灣이어서 이 시기에는 대만 학풍의 영향을 절대적으로 받게 된다. 당시 대만과 홍콩에서는 이념적 문제로 대륙에서 피난 온 전목錢穆과 방동미方東美, 당군의唐君毅, 모종삼牟宗三 등과 같은 학자들이 중국 철학 연구를 주도하고 있었다. 그들은 바로 대표적인 현대 신유가 2세대들로, 그들의 학풍은 한국의 중국철학계에 여과 없이 이식되었다. 이 시기의 대표적인 학자로 김충열에 이어 제자백가철학 분야의 이운구, 도가철학 분야의 송항룡과 이강수, 유학 및 송명 성리학 분야의 안병주, 정인재, 김길락, 송하경, 김병채, 유인희 등을 들수 있다.

이 시기에는 김충열金忠烈(호 중천(中天), 1931-2008)이 가장 대표적인 이로, 그는 1950년대 중반 대만에 유학하여 대학과 대학원 석, 박사 과정을 모두 그곳에서 마친 뒤 귀국하여 경북대와 계명대를 거쳐 30년 가까이 고려대 철학과에 재직하였다. 정년퇴직 후 대한민국 학술원 회원이 되었으며, 예문동양사상연구원을 설립하여 초대 원장으로 재직하면서 『오늘의 동양사상』을 창간(1998)하는 등 활발한 학술 활동을 이어갔다.

김충열은 대만 유학 시절 방동미의 사사를 받으면서 중국철학 연구에 있어서 특히 그의 영향을 많이 받았다. 방동미는 중국 안휘성安徽省 출신으로 남경대학南京大學 교수로 재직하다 대만에 온 학자로, 그는 크게 보면 현대 신유가에 속하지만 남경대학 중심의 학풍 또한 많이 지니고 있었다. 남경대학의 학풍은 당시 북경대학 중심의 학풍과 대비되는 것으로, 북경대학의 학풍은 1910년대 후반에 불어 닥친 신문화운동의 진원지로서 그 영향을 절대적으로 받아 전통 철학과 문화에 대해 비판적이고 의고적이었으며, 유학 중심적이었다. 철학 방면의 대표적인 인물로 호적과 풍우란馮友蘭 등이 있는데, 그들은 젊은 날 구미歐美 유학을 다녀와 서양철학으로 훈련된 중국철학 연구자들이었다. 이와 달리 남경대학 중심의 학풍은 전통주의적이었고, 신고적信古的이었으며, 유·불·도 삼교 모두에 관심을 두었다. 하지만 1930, 40년대로 접어들면 두 곳의 학풍 모두 서양철학을 학습하고, 동서철학의 공통성을 바탕으로 회통會通과 더불어 중국철학의 특수성을 통한 극복과 지양을 강조하는 점에서는 같은 모습을 보였다. 이러한 점에서 방동미도 현대 신유가의 일원이 된 것이다. 방동미는 특히 니체의 철학을 사숙한 뒤 중국 전통의 역易·용庸 철학과 도가道家, 화엄華嚴 등의 철학을 종합하여 자신의 '생명철학生命哲學'론을 전개하였다.

김충열은 방동미와 여타 대만의 걸출한 현대 신유학자들의 철학적 관심과 관점, 정수를 충실히 이어받아 한국의 중국철학계에 전파하였다. 그는 유학 중심적 한국 학계에 유·불·도 삼교를 거침없이 넘나들며 연구 수준을 한 단계 끌어올렸다. 그는 모택동毛澤東 등 중국 현대철학에도 관심을 가졌으며, 중국철학의 연원을 선사전설시대先史傳說時代로까지 끌어올렸고, 만년에는 마왕퇴馬王堆와 곽점郭店에서 발견된 출토자료出土資料도 자신의 연구에 적극적으로 반영하였다. 이렇게 현대 신유학자들의 관점을 여과 없이 받아들인 탓에 그에게는 중화주의中華主義에 빠졌다는 비판이 종종 따라 다니기도 했다. 그를 의식해서인지 만년에는 한국철학 연구에도 힘을 쏟았다.

1980년대 후반을 지나 90년대로 오면 한국의 중국철학 연구는 세 번째 단계로 접어든다. 대만 유학을 마친 연구자들이 속속 귀국하면서 먼저 귀국해 터를 닦아 놓았던 선배들과 합류하여 학계의 중심을 차지하는 가운데 일본과 미국, 유럽 등지에서 공부한 연구자들도 모여 들었다. 한편 이 시기에 오면 국내에서 중국철학을 전공한 이른바 자생적 국내파 연구자들도 많아졌다. 이들은 연구와 번역, 출판 활동을 활발하게 벌여 한국의 중국철학계는 일순간 세계 중국철학 연구의 총 집결지요 마치 경연장이나 되는 듯하였다.

이미 말한 바와 같이 1980, 90년대는 70년대에 이어 대만 유학파들이 학계를 주도하면서 한국의 중국철학 연구 수준은 한층 높아졌지만, 한편으로 그들의 관점과 연구 방법에 대한 비판적 시각과 담론이 생겨나기 시작하였다. 특히 문제가 된 것은 현대 신유학자들이 지닌 철저한 중국중심주의, 바로 현대판 중화론적 관점이었다. 그것은 원래 서구 열강의 제국주의적 침략과 함께 들어온 서양 철학과 문화에 대한 저항과 대항에서 비롯된 것이었지만, 한국 학계에서 그것을 무비판, 무자각적으로 받아들임으로써 한국 철학과 문화도 중화의 일원이 되어버리는 결과를 빚게 된 것이다.

이렇게 대만 학풍이 서서히 주도적 자리를 굳혀 갈 즈음인 1980년대 중반 고려대 철학과에서 김충열의 훈도를 받은 뒤 대만대臺灣大와 동경대東京大를 거쳐 미국 하바드대에서 박사를 받은 김용옥이 귀국하여 고려대학 철학과 교수에 부임하면서 동양철학계에 새로운 바람을 불러일으켰다. 그는 4년 가량 고려대에 재직한 뒤 대학을 떠난 뒤에도 다양한 저술활동과 사회활동을 통해 당시 학계와 사회에 많은 주목을 받았다. 그는 IMF 금융위기 사태 이후에 공중파 TV에서 '노자철학老子哲學'과 '논어강독論語講讀' 프로그램을 진행하여 많은 사람들의 주목을 받기도 하였다. 이것은 뒷날 중국 우단于丹 교수의 CCTV 백가강단百家講壇 '논어심득論語心得' 강의와 비교되는 것으로, 하나의 중요한 사회문화현상으로 이해되기까지 하였다.

김용옥이 한국 동양철학계에 제일 먼저 던진 화두는 '번역'의 문제였다. 그는 수백 년에 걸친 중국에서의 불경佛經 한역漢譯 과정을 예로 들면서, 번역은 단순히 문자와 책속의 내용 번역에 끝나는 것이 아니라 하나의 거대한 문명과 문화의 번역임을 역설하며, 뒤늦었지만 지금에라도 중국 고전의 한글 번역을 이룸으로써 한국에서의 진정한 '중국 문화' 번역의 완수와 더불어 한국의 한문 고전에 대한 고전국역사업古典國譯事業의 중요성을 역설하였다. 또한 그는 중국 한의학漢醫學과 한국 한의학韓醫學의 학설을 바탕으로 자신의 기철학氣哲學 체계를 세운 뒤 이를 다양한 분야에 접맥하면서 활발한 저술 활동을 전개하였다. 그의 학술활동은 다소 저널리즘과 계몽적 성격을 띠는 것이긴 하였지만, 한국 동양철학계와 동양학계에 미친 영향은 적지 않았다. 그리고 중국 고전의 한글 번역을 강조한 것에서 볼 수 있듯 한국인의 입장에서 중국철학을 보려는 자각적 태도도 엿보인다.

1980년대 초 서울대와 대만대를 거쳐 독일 프랑크푸르트대학에서 박사를 마친 뒤 귀국하여 서울대에서 재직하다 퇴직한 송영배도 이 시기 주요 인물 가운데 한 사람이다. 그는 그의 대표적 저서인『중국사회사상사』9)서문에서 "공자 이전의 서주西周시대 이전부터 현대중

---

9) 독일어판 원명은『유교사상, 유교적 사회와 마르크스주의의 중국화(*Konfuzianismus, Konfuzianische Gesellschaft und die Sinisierung des Marxismus*)』(1983)이며, 약간 증보를 해 1986년『중국사회사상사』란 이름으로 번역 출간하였으며, 1992년 다시 이를 증보해『유교적 전통과 중국혁명』란 이름으로 출간한 뒤, 1998년 또다시 증보해 원래 이름인『중국사회사상사』로 출간하였다.

국의 사회주의혁명에 이르기까지 3천년 이상의 중국사회 발전에 있어서 그것의 사회경제적 토대의 변화와 구조 및 사상의 흐름"을 기술한 책이라고 밝히고 있듯이 한국에서 최초로 마르크스주의철학의 바탕 위에서 중국철학을 연구하여 많은 주목을 받았다. 마침 당시 한국사회는 민주화의 열기 속에서 막 마르크스주의 철학과 방법론에 눈뜨고 있던 상황이어서 중국 대륙의 중국철학 관련 연구 저작들이 속속 들어오고 번역, 출간되면서 그는 이 새로운 경향에 자연스레 선두적 위치에 서게 되었다.

이와 연관하여 한국에서 마르크스주의 철학과 방법론에 적극적인 관심을 가지면서 집단적인 연구를 진행한 한국철학사상연구회도 주목할 필요가 있다. 한국철학사상연구회에서는 여러 분과들이 활동하였는데, 이 가운데 '기철학氣哲學'이나 '논전사論戰史', '현대신유학現代新儒學' 등 동양철학 관련 분과에서 중국 대륙의 마르크스주의 관점에 선 연구들을 적극적으로 소개, 연구하는 한편 개혁改革·개방開放 이후 '문화열文化熱' 등 중국 내부의 논쟁에도 바싹 다가가 귀기울였으며, 20세기 초 5.4신문화운동에 뒤이어 등장한 '현대 신유학'이며, 20세기 후반 서구와 일본, 대만, 홍콩 등지에서 크게 제기되었던 '유교자본주의론', '공동체주의론', '동양생태론', 오리엔탈리즘 등 이른바 '동아시아 담론'에도 적극적으로 뛰어들었다. 사회주의 종주국 소련(소비에트 연방공화국)의 해체와 더불어 전 세계적으로 사회주의가 퇴조하자 이들의 연구 주제와 관점도 변모하고 다양해져 갔다.

위에서 언급한 1990년대 말에 거세게 일어났던 '동아시아 담론'은 좀 더 자세히 되돌아볼 필요가 있다. 본 담론은 일군의 서양 학자들이 자신들의 서구문명 한계를 의식하는 가운데 동아시아 문명을 주목하면서 촉발되었으며, 여기에 동아시아 지역 출신 학자들이 합세하면서 일시에 뜨거운 열기로 달아올랐다. 담론의 중심 주제는 서구 근대문명으로부터 야기된 문제들, 가령 생태환경 위기, 공동체 해체, 인간 소외와 같은 것들이었다. 마침 이 시기에 동아시아의 경제적 성취마저 눈에 두드러지자 자본주의 문제며, 과학에 대한 새로운 인식 등도 담론의 목록 속에 포함되었다. 서양의 학자들은 기본적으로 자신들의 문명을 점검, 비판하고 대안을 모색해보고자 하는 생각이 컸으며, 동양의 학자들은 그 동안 부정당해왔던 동아시아 문화와 학술에 대한 자신감을 회복하는 좋은 기회가 되었다. 그러나 동양의 학자들 가운데 더러는 지나친 자신감에 흥분되어 담론의 내용은 뒤로 한 채 동아시아 문화와 학술의 전도사가 되고 그 부흥을 외치는 데에만 빠져들기도 했다.

전체적으로 말한다면, 지난 시간 동안 한국의 중국철학 분야는 제자백가류諸子百家類의 원전은 물론이고 어지간히 중요한 철학 원전류는 거의 다 번역되었으며, 『주자어류朱子語類』와 『주자대전朱子大全』, 『성리대전性理大全』과 같은 방대한 분량의 원전들도 대부분 번역되었다. 그리고 중국과 대만, 일본, 미국 등지에서 발간된 주요 연구서들도 속속 번역되었으며, 이 지역에서 박사학위를 받은 연구자들도 대거 합류하여 연구 인력 또한 풍부해졌다. 이에 따라 중국철학에 대한 다양한 연구 관점이 한곳에 모이게 되어, 어느 나라보다도 중국철학 연구의 좋은 조건과 토대를 한국의 중국철학계가 확보하게 되었다.

４ 현황과 문제점

지난 세기 말 새 천년을 눈앞에 두고서 마치 '동양의 세기'라도 도래하는 듯 세계의 많은 학자들은 동양을 주목하였고, 한국 및 동양의 중국철학 연구자들은 한껏 들떠 있었다. 이른바 '동아시아 담론'이 그것을 잘 말해 주고 있다. 하지만 그 떠들썩했던 담론의 열기는 어느 순간 식어버린 채 사그라들어 버렸고, 한때 그렇게도 많이 몰려들었던 담론 마당의 인파들은 어디론가 흩어져버렸다. 한국의 경우 1997년 'IMF 사태' 이후 신자유주의의 물결이 뒤덮은 가운데 '인문정신'의 가치는 날로 추락하고, 여기저기에서 '인문학의 위기'를 외쳐대는 소리가 들려오더니, 마침내 여러 대학들은 앞 다투어 구조조정에 나서면서 인문학 관련 학과, 특히 철학과, 그 중에서도 중국철학을 포함한 동양철학 분야가 먼저 축소되거나 퇴출되어 갔다. 이에 따라 이 분야 차세대 연구 지망생들의 발길도 점점 뜸해져 가고 있다.

이렇게 외적으로 무척 어려운 상황 속에서도 기존의 학자들과 1990년대에 유학을 떠났던 연구자들이 연이어 귀국함으로써 당분간 연구 인력의 수가 크게 부족한 상황은 아니며, 이들은 현재 적지 않은 연구 결과들을 내놓고 있다. 한국연구재단(전 한국학술진흥재단) 등이 중심이 되어 중국철학 등 인문학 방면 연구 지원에 힘을 쏟음으로써 많은 논문과 저서, 번역서들이 출간되었으며, 특히 개인적으로 수행키 어려웠던 거질巨帙의 원전 번역 사업들이 속속 이루어지고 있다. 이것은 우리 학계의 숙원사업이기도 했다. 그리고 주역학회, 도가철학회, 양명학회와 같은 분과 학회들의 활동이 두드러져 분야별 연구의 심화 양상을 보이기도 하였다. 여기에다 교육인적자

원부가 주도한 대학별 평가 작업이 개별 연구자들에게도 직접적으로 영향을 미쳐 이전 시기와는 비교될 수 없을 정도의 많은 연구 업적들이 쏟아져 나오고 있다. 이런 현상은 유독 중국철학 분야만이 아닐 것이다. 이러한 연구의 양적 증대가 질적 심화를 가져온 것은 분명한 사실이다. 하지만 여기에는 빛만 있는 것이 아니라 어둠도 함께 있는 것임은 간과할 수 없는 현실이다. 그러면 두드러진 현황 몇 가지를 가려 비판적 관점에서 살펴보기로 한다.

먼저 소통의 부재를 들 수 있다. 여기에서 소통의 부재란 연구자들 사이의 소통 부재를 말한다. 일반 독자들이 중국철학에 가깝게 다가올 수 있도록 쉽게 혹은 다양하게 풀이하는 노력들은 비교적 활발하게 이루어지고 있다. 이것은 상업적 출판과 맞물려 있는 것이기도 하지만, 이를 위해서는 일반 독자의 관점에서 중국철학을 바라본다거나 그들에게 다가갈 수 있는 글쓰기가 반드시 필요하다. 이 방면에서 근자에 강신주의 활동이 눈에 크게 띄며, 한형조와 신정근 등의 저작들도 학문적 수준을 유지하면서 일반 독자들에게 비교적 가까이 다가가고 있다. 문제는 연구자들 간이다. 서로의 연구에 별 관심을 두지 않고, 말 그대로 마냥 열심히 논문과 책만 쓰고 있다. 이 책 저 책, 이 논문 저 논문을 뒤져 필요한 것만 가려 쓴다. 그것이 어떠한 관점과 방법에 따라 쓰여진 것인지에 대해서는 별 관심을 두지 않는다. 아직까지 한국 연구자들의 연구에 대해서는 외면하는 이들도 많다. 상황이 이렇다 보니 한국의 중국철학계에는 '문제'도 없고, '관점'이나 '방법'도 없다. 무거운 침묵 속에 모두들 '연구실에 박혀' 마치 큰 공장에서 밤낮 쉼 없이 제품을 찍어내 듯 진땀 흘리며 논문과 책을 쓰는 데 골몰하고 있다.

말한 바와 같이 연구자들 간 소통의 부재는 여러 가지 문제들을 낳고 있다. 먼저 소통의 부재는 '문제'의 부재를 낳고 있다. 때로 누군가가 우리 중국철학계의 현재 주요 학술적 논쟁거리가 무엇이고 관심사가 무엇인지를 물어올 때가 있다. 내 스스로 물어볼 때도 있다. 대답을 위해서는 한참이나 생각을 해야 하며, 이리 저리 생각해 보아도 끝내 마땅한 대답을 찾지 못할 때가 많다. 너와 내가 함께 그것을 '문제'라고 여기고서, 그것을 풀어보려는 노력도 없이 마냥 쏟아져 나오기만 하는 논문과 저작들, 그 앞에서 가슴 답답함을 느끼는 것은 오히려 당연할 것이다. 이럴 경우 연구와 저술 행위 자체가 그 목적이 될 수 있다. 흔히 말하듯 연구를 위한 연구가 필경 이것을 가리킬 것이다. 물론 이때 각 연구자들의 개별적인 문제의식이 없지는 않을 것이다. 그러나 그것이 한곳에 모여 여럿의 문제가 되지 않을 때, 그 문제는 큰 의미도 없으려니와 그 깊이도 더해지지 못한다는 데에 실로 문제가 있는 것이다. 본인이 일찍이 『오늘의 동양사상』을 창간한 이유가 바로 여기에 있었으며, 지금 휴간 상태에 있는 것도 이러한 사정과 무관하지 않다.[10]

한편 이러한 문제의 부재는 '현실'에 대한 인식의 결여와 관계되어 있기도 하다. 중국철학 연구는 다른 어떤 분야보다도 산더미와 같은 고전의 숲을 운명처럼 헤매고 다녀야 한다. 그 결과 자칫하면 그 숲을 빠져 나오지 못한 채 그 속에 파묻히고 만다. 문제는 잃어버린 채, 혹은 잊어버린 채 고전학자의 모습으로 일생을 보내는 경우가 허다하다. 결국 그들에게서 문제는 '현실'에 있지 않고 고전 속에 있다. 이러한 탓에 우리는 중국철학 연구자들에게서 현대판 훈고학

---

10) 『오늘의 동양사상』은 1998년에 창간되어 이승환과 홍원식이 공동 편집주간을 맡아 15년 간 총 23호를 낸 뒤 현재 정간 상태에 있다.

자, 바로 신훈고학자의 모습을 어렵지 않게 찾을 수 있다. 그것을 중국철학 연구의 한 과정이나 일면으로 받아들일 수는 있겠으나 어떠한 경우이든 본령으로 받아들일 수는 없는 노릇이다.

한국학자들의 중국철학 연구에 나타나는 신훈고학적 경향은 중국 대륙학자들과 곧잘 대비된다. 그들은 어제 공자를 비판하다 뒤돌아서서 오늘 여상스럽게 공자를 높인다. 마치 공자상孔子像이 때 이르게 천안문天安門 광장에 나섰다가 황급히 쫓겨 되돌아가는 중국 현실의 모습과 흡사하다. '현실'이 압도하는 한 전형이다. 중국철학 연구가 현실의 논리와 이념에 놀아난다는 생각을 지울 길이 없다. 사실 이것은 어제 오늘만의 일이 아니다. 한漢 무제武帝가 유교를 높이 쳐든 이후 지금까지도 그 전통은 이어져오고 있다. 이렇게 현실이 지나치게 앞세워진 연구가 학문적 객관성을 심대하게 손상시키는 것은 두말할 나위가 없겠지만, 그렇다고 현실을 잃어버린 채 고전 속에만 탐닉하는 것 또한 심각한 문제가 아닐 수 없다.

또 하나 한국의 중국철학 연구에 나타나는 특이한 모습 가운데 하나는 그 스스로가 특정 철학과 사상에 깊이 빠져 연구하는 경우이다. 어떻게 보면 깊이 있는 연구를 하는 데에 도움이 되는 측면이 있다고 볼 수도 있겠지만, 자칫하면 호교론자護敎論者의 모습을 드러내 보일 수가 있다. 이럴 경우 그에게서 학문적 객관성을 기대하기란 어려운 일이 되고 말 것이다.

이와 유사한 것으로 중국철학 혹은 동양철학의 부흥을 먼저 앞세우고서 연구하는 경우도 있다. 진지한 연구의 결과 그것이 진정 가치가 있다면 부흥될 필요가 있고, 또한 부흥시키기 위한 노력을 기울일 필요도 있다. 하지만 애초 부흥을 목적으로 두고 중국철학을 연구하는 것은 상황이 다르다. 동양철학 관련 학회들의 발표 제목에

습관처럼 따라 붙는 '현대적 계승'이란 말이 그것을 잘 말해주고 있다. 마치 '현대적 계승'을 위한 발표회처럼 들린다. 이것은 어찌 보면 '문제의식'이 투철한 것처럼 보인다. 그들은 다음과 같이 강변한다. 근대 이후 동양철학은 부당하게 폄하되고 부정되었으므로, 지금에라도 그것을 되살리는 것이 마땅하다고. 그래도 그것은 앞뒤가 바뀐 것이다. 유교 부흥의 정당성을 부여받기 위해 유교가 자본주의 발전에 기여했음을 애써 밝힌다거나, 마치 일거에 환경생태문제를 해결할 듯 여러 경전들을 뒤지고, 유교적 공동체가 현대 개인주의 사회의 폐단을 대체할 수 있는 것처럼 말하는 것 등은 아무래도 너무 지나쳐버린 주장 같다. 충분히 가치가 있는 담론임에도 불구하고, '동아시아 담론'이 이렇게도 쉬이 잦아들어버린 까닭도 바로 여기에 있다고 생각한다. 이것은 일종의 '문제의식' 과잉으로 볼 수도 있겠지만, 앞서 제기한 '문제'의 부재와 본질적으로 다를 바 없다고 생각한다.

소통과 문제의 부재는 다시 '관점'과 '방법'의 부재를 낳는다. '왜'가 '문제'와 관계된다면, '어떻게'는 '관점'이나 '방법'과 관계된다고 볼 수 있다. '문제'가 그렇듯 '관점'과 '방법'도 홀로 마련해 가질 수 있는 것이 아니다. 한국의 중국철학계에 관점과 방법이 없는 것은 아니다. 각자 나름대로는 그것을 가지고 있다. 더욱이 한국에는 세계의 중국철학 연구 관점과 방법이 죄다 들어와 있다고 해도 과언이 아닐 것이다. 오히려 그것의 전시장을 방불케 하고 있다. 이것은 세계 어느 나라에서도 보기 힘든 경우이다. 그럼에도 문제가 되는 것은 관점이나 방법들 간에 제대로 된 토론 한번 이뤄지지 않았다는 것이다. 각자 자기가 필요로 하고 선호하는 관점과 방법을 취하기만 할 따름이다. 그렇다고 자기가 취한 관점과 방법을 심화시켜 나가는 것도 아니다. 소통과 문제가 없는 마당에 그것을 기대하기란 쉬운 일이 아니다. 결론적으로 지금과 같은 상황이라면 앞길은 암울하다. 그래도 연구물들은 계속 쏟아져 나올 것이다.

5 전망과 과제

분명한 것은 앞으로 중국철학 연구자의 수가 급감할 것이란 것과, 그에 따른 연구의 질적 저하가 뒤따를 것이란 전망이다. 이것은 이 분야 연구자가 어떻게 해볼 수 없는 문제이다. 같은 중국학이라도 지역학을 중심으로 한 실용적인 분야로만 몰려 들 것은 불 보듯 뻔한 상황이다. 할 수 있는 것은 중국의 전근대시기 철학에만 매달리지 말고 근현대시기의 철학에도 관심을 가져 연구의 외연을 넓혀본다거나 전근대시기의 철학을 연구하더라도 현대 중국사회를 분석한다는 관점아래 연구에 임함으로써 지역학으로서 역할을 강화하는 것 정도일 것이다. 아무튼 희망적이지 않으며 외적 상황의 호전을 기다릴 뿐이다.

지금으로서 우리 중국철학 연구자들이 스스로 할 수 있는, 그러면서도 앞서 해야 할 일은 앞에서 제시된 문제점들을 해결하는 것이다. 무엇보다 먼저 자기만의 연구실에서 나와 다른 학자들의 연구에 귀 기울이고 적극적인 대화를 시도할 필요가 있다. 함께 풀어야 할 문제가 무엇인지, 그것을 어떻게 풀 것인지 서로 만나 얘기해야 한다. 자기만의 문제에 빠져서는 안 된다. 특히 우리 동양철학계는 자기만족적, 자기신념적 연구 경향이 팽배해 있다. 또한 동양철학을 마치 신앙처럼 대하여 서둘러 그것의 부흥을 위해 힘을 쏟는 이들도 있다. 이 모두 각각 나름의 문제의식은 분명하지만 도리어 심각한 문제를 불러올 수 있으며, 실은 그것이 문제의식이 아닐 수도 있다. 문제는 '지금, 바로 여기에' 있는 것이다. 우리 학계의 또 하나 고질적 병폐는 훈고학적 연구에 매몰된다는 것이다. 중국철학 관련 고전은 너무나 많다. 자칫하면 고전의 감옥, 고전의 무덤 속으로 빠져들수 있다.

우리 한국 연구자들에게 있어서 중국철학은 자주 이중적 모습으로 존재한다. 우리의 철학이 되기도 했다가, 그렇지 않기도 한다. 마치 국학처럼 인식되기도 하고, 전혀 달리 어떻게든 구분해 인식해야 한다는 생각이 들기도 한다. 중국이 공자와 그의 유학을 앞세워 문화패권주의의 모습을 드러내면서 더욱 우리들을 불편하고 긴장하게 만든다. 상황이 이러하니 그들의 연구를 순순히 학문적이고 객관적인 것으로 받아들이기 어렵게 만든다. 중국의 발걸음을 멈추게 할수는 없는 노릇이다. 문제는 우리가 어떻게 인식하고, 대처해야 할것인가이다. 여기에서 '관점'과 '방법'에 대한 논의가 절실해진다. 이미 중국철학 연구 관점과 방법은 갖가지 제시되어 있다. 어느 나라보다도 한 곳에 풍부히 모여 있다. 지금 필요한 것은 단순히 가려소비만 할 것이 아니라 이를 놓고 치열한 논쟁을 거칠 필요가 있다. 그 가운데에는 한자리에 같이 있을 수 없는 것들도 있다. 분명 이에 대한 치열한 논쟁만이 한국의 중국철학계가 질적으로 한 단계 더 나아갈 수 있는 계기를 만들 것이란 확신을 가진다.

참고문헌

김병채, 「유학의 현대적 의의 - 이상은 선생의 견해를 중심으로」, 『해방 50년
　　　의 한국철학』, 철학연구회, 1991.
唐君毅・牟宗三・徐復觀・張君勱, 「爲中國文化敬告世界人士宣言」, 1958
송영배, 『중국사회사상사』, 사회평론, 1996.
예문동양사상연구원, 『오늘의 동양사상』, 예문서원, 1998.
이상은, 『李相殷先生全集』, 예문서원, 1998.
이한우, 『우리의 학맥과 학풍』, 문예출판사, 1995.
최영성, 「한국의 현대 신유가, 경로 이상은」, 『오늘의 동양사상』 제21호, 2010.
한국공자학회, 『이상은 선생과 한국 신유학』, 한울아카데미, 2006.

중국 전통철학의 연구 의미

이철승

1 나의 자리는 어디에 있는가?

오늘날 한국의 철학자들 가운데, 적지 않은 사람들이 중국 전통철학을 연구하고 있다. '한국'의 '전통철학'이 아니라 '중국'의 '전통철학'을 연구하는 것이 우리 민족에게 어떤 의미가 있을까? 민족이나 국가는 아닐지라도, 연구자 개인에게는 무슨 의미가 있을까?

이 분야의 연구자들은 이점에 대해 고민하지 않아도 될까? 고민만 하고 해결책을 찾기 위한 연구는 다른 사람들 혹은 다음으로 미루어도 괜찮을까? 현대의 한국인들에게 중국 전통철학의 의미는 있는 것인가? 없다면 우리는 어떻게 해야 하나? 의미가 없음에도 계속 연구해야 할까? 의미가 있는지 없는지를 연구하는 중이라고 하면서 질문에 대한 답을 회피해야 할까? 중국 전통철학은 본래적으로 현대인들의 삶과 직접적으로 관계하지 않기 때문에 이러한 질문 자체가 중국 전통철학 연구에 대한 무지에서 비롯된 것이라고 하며 질문 자체를 외면할 생각인가? 현대에도 여전히 의미가 있다면 그것은

---

* 이 글은 1999년 1월 9일 중국 북경대학교 철학과 대학원 한국 유학생회가 주최한 학술 특강에서 강연한 원고(「오늘날 '중국 전통철학'을 연구하는 '한국인'의 의미에 대해」)가 게재된 『시대와 철학』 제10권 1호(한국철학사상연구회, 1999)에 수록된 내용을 일부 수정한 것이다.

무엇이고, 어느 정도의 의미가 있는 것일까? 그리고 그 의미를 어떻게 발전시킬 것인가?

이 글은 이러한 문제 제기를 통해, 문제의식이 약화되거나 결여된 중국 전통철학 연구의 문제점을 분석함과 아울러 대안을 모색하고자 한다.

2 중국 전통철학에 대한 연구 동향

1) 중국 학계와 서양 학계의 중국 전통철학 연구

(1) 중국 학계의 중국 전통철학 연구

과학 기술의 힘을 입은 서양의 침입에 속수무책으로 당하던 19세기 중엽부터 중국의 지성계는 반성을 통해, 국가의 위기를 극복하기 위한 사상적 대안을 찾기 위해 많은 노력을 기울였다. 그들은 학파나 학자들에 따라 서로의 사상적 근거를 토대로 하여, 상대의 관점에 대해 비판을 하기도 하고, 논쟁도 일삼으며, 당면한 중국의 위기를 구하려고 했다.

이러한 면은 아편 전쟁에 패배한 후부터 본격적으로 시작되는데, 학자나 학파에 따라 이론의 공통점도 있지만, 차이점도 있다. 중국 전통철학에 대한 다양한 관점이 형성된 20세기 중국철학계의 상황은 대략 다음과 같다.

중국 전통철학을 본질로 하고 서양의 과학기술 문명을 작용으로 여기는 '중체서용론中體西用論', 서양의 공업 문명을 본질로 하고 중국의 문화를 작용으로 여기는 '서체중용론西體中用論', 의미를 상실한 것으로 여겨지는 중국 전통철학보다 서양의 '자유주의' 사상으로 무장할 것을 강조하는 '전반서화파全般西化派', 중국의 전통철학 가운데 유학儒學을 새로운 시대상황에 맞게 재구성할 것을 중시하는 현대신 유학現代新儒學, 마르크스주의의 중국화를 강조하는 중국식 마르크스주의철학, 1980년대 이후 중국의 전통철학 가운데 비판할 것과 계승할 것을 구별하여 취사선택取捨選擇을 잘 해야 할 것으로 생각하는 '비판계승론批判繼承論' 등이 있다.[1]

그런데 이들 학파는 서로 간에 이론적인 면에서 적지 않은 차이가 있음은 물론 격렬하게 사상 투쟁을 전개했음에도, 하나의 공통점이 있다. 그들은 한결같이 당면한 중국의 어려움을 극복하기 위한 현실적 대안으로 각자의 이론을 주장했다.[2]

특히 이들 학파 중에서 전통철학을 적극적으로 옹호하는 '중체서용론'과 '유학부흥론' 및 전통철학 중 상당 부분을 계승하고자 하는 '비판계승론'자들 역시, 자신들의 국가에 당면한 문제들을 해결하기

---

1) 한편 중국마르크스주의의 또 다른 부류는 문화열에 참여한 '비판계승론'자들과 다른 면에서, 1949년 신중국 성립 후 1950년대와 1960년대에 '工農兵學' 운동과 '존재와 사유의 동일성'에 관한 논쟁 및 '一分爲二'와 '合二而一'의 논쟁을 거쳐, 1980년대부터는 '인도주의와 소외' 문제·'주체성'에 관한 문제·'실천유물론' 등의 문제에 관심을 집중시키면서 철학 활동을 해오고 있다.

2) 예를 들어 최근 북경대 철학과 主任인 葉朗 교수는 북경대 철학과의 「새로운 세기로 향하는 철학 교육」이라는 글에서, 철학과의 발전은 創新에 있고, 창신을 위해 기초를 강화시켜야 할 뿐만 아니라, 시대에 근접해야 함을 역설했다. 곧 그는 새로운 세기에도 여전히 생명력을 유지하기 위한 북경대 철학과의 대안으로, 마르크스 철학에 대한 정확한 이해와 함께 시대 문제 해결에 필요한 '응용윤리학' 연구의 중요성을 제기했다. 이것은 철학과 관계하는 사람은 기초 자료에 대한 풍부한 연구와 함께 '현실' 문제에 대해 구체적인 관심을 가져야 함을 말하는 것으로, 철학을 전공하는 대부분 중국학자들의 일반적인 견해를 드러내 주는 부분이다. 校刊, 〈북경대학〉제830기, 1998년 12월 15일, 3쪽 참조.

위한 방편으로 전통철학을 연구하고 활용한다. 예를 들어 전통철학의 '지행난이知行難易' 개념은 비판계승론자들과 사상적 연대가 있는 것으로 평가받는 중국 공산당 지도자들에 의해 '알기가 어렵더라도 나아가야 한다知難而進'는 사상으로 적용되면서 끊임없는 학습과 실천을 주장한다.[3]

현재 전통철학, 특히 유학을 연구하는 사람들 역시 대부분 자신의 연구 결과가 자신의 삶은 말할 것도 없이, 중국의 현실과 미래, 혹은 세계에 긍정적으로 필요한 의미를 찾는 매개의 역할이 되고자 한다. 이들은 끊임없이 전통철학 가운데 현대와 연계할 수 있는 요소를 발굴하여 발전시키기 위해 노력하고 있다.

(2) 서양 학계의 중국 전통철학(유학 중심) 연구 동향

서양인 중 중국 전통철학을 연구하는 사람들은 16세기의 선교사들로부터 현대의 포스트모더니스트들에 이르기까지 대부분 자신의 현실적인 삶 혹은 자신을 둘러 싼 사회의 문제를 해결하기 위한 방편으로 중국 전통철학을 연구했다. 그들은 선교 목적을 위한 도구(선교사), 절대 왕정을 비판하기 위한 공자의 '개명군주開明君主'의 통치 이념 활용(볼테르), 신흥 자본 계급을 억누르기 위한 유교 정치 이념의 미화(영국의 세습 귀족), 종교의 권위에 대항하기 위하여 유

---

3) 특히 중국 공산당의 지도자들은 '당의 제11기 3중 전회'의 20주년이 되는 1998년 12월 18일을 전후해 '知難而進'의 중요성과 '實事求是'의 자세로 끊임없이 학습하고 실천할 것을 강조하였다.(1998년 12월 10일, 18일, 19일자 〈人民日報〉와 1999년 1월 12일 〈解放日報〉 참조). 이것은 비판계승론자들의 이론과 중국 공산당의 이론이 크게 괴리되지 않을 뿐만 아니라, 매우 긴밀하게 관계하고 있는 중국의 특수한 상황을 반영하는 것이기도 하다.

교를 이신론理神論으로 여김(디드로), 삼권 분립의 수립을 위해 공자 사상을 전제적이라고 비난(몽테스키외), 정지 상태이며 정체적인 국가인 중국(랑케), 유가윤리로 인해 자본주의가 발달하지 못한 중국(막스 베버), 비이성과 비논리의 동양사상(에임스와 홀) 등의 성격을 부여하며 중국 전통철학을 연구했다.4)

서양인들의 중국 전통철학 연구는 자신들의 현실적 처지에 따라, 하나의 대상에 대해 각기 다른 반응을 보였다. 곧 중국 전통철학은 연구자들의 연구 목적에 따라 긍정되거나 부정되었으며, 제국주의의 확산을 위해 중국 전통철학을 의도적으로 폄하하기도 했다. 그런데 1980년대부터는 포스트모더니스트들에 의해 서양철학의 이성문제에 대한 대안을 찾는 방편의 하나로, 중국 전통철학을 옹호하는 학자들이 나타났다. 그들은 중국 전통철학의 특징을 비이성 부분에 초점을 맞추면서, 자신들의 문제에 대한 탈출구를 찾는 도구로 여겼다.

한편 이들과는 다른 처지인 중국계 미국학자들(두유명, 성중영 등)에 의해 유교자본주의론이 확대되면서 중국 사상의 우수성을 세계에 드러내려는 시도도 있지만, 이들의 사상에 대해 비판하는 학자들 또한 적지 않다. 특히 1997년 동아시아에 불어 닥친 '아이엠에프(IMF)' 구제 금융 시대로 인해, 이들의 논리에 의문을 제기하는 사람들이 증가하고 있다.

서양 학자들의 중국 전통철학에 대한 정확한 이해 여부에 관해서는 검증해야 할 부분이 많이 있지만 본 글의 중심 주제가 아니기에

---

4) 이승환, 「어떤 포스트 모더니스트의 공자 독해」, 『전통과 현대』 6, 1998년 가을호, 310-311쪽 참조.

여기서는 취급하지 않겠다. 필자가 주목하는 것은 중국 전통철학에 대해, 그들이 무지하거나 의도적 오해이거나, 아니면 창조적 오해이 거나에 관계없이 그들은 대부분 자신들의 현실적인 문제를 해결하 기 위한 대안으로 중국 전통철학에 관심을 기울였다는 점이다. 이것 은 대부분 '오리엔탈리즘'으로 설명되는 부분이기도 하다. 그들은 중 국 전통철학을 그 자체로 순수하게 이해하려 하지 않았다. 그들은 중국 전통철학을 하나의 도구로 여기고, 그러한 도구를 자신들의 연 구 목적에 최대한 활용하기 위해 노력했다.

2) 한국 학계의 중국 전통철학 연구 동향

중국 전통철학 연구에 대한 중국 학자와 서양 학자들 간에는 내용 에서 많은 차이가 있음에도, 하나의 공통점이 있다. 그들은 대부분 서로 다른 방향이기는 하지만, 중국 전통철학 연구를 통해 자신이 발을 딛고 있는 현실의 문제와 자신의 연구를 괴리시키지 않으려고 했다.

그렇다면 우리 한국의 동양철학계는 어떠한가? 한국의 동양철학 계에 몸담고 있는 연구자 중 상당수는 중국 전통철학에 대해 연구하 고 있다. 이제 이들의 연구 동향을 살펴봄으로서, 중국 전통철학을 연구하는 한국인의 현재 모습을 보고자 한다.

19세기 서양과 교류가 빈번해지면서, 우리 사상계는 당시의 문제 를 해결하기 위한 대안으로 여러 사상 조류를 탄생시켰다. 그 중에 서도 개화를 통해 우리나라를 근대 사회로 탈바꿈시키려고 한 '개화 파', '소중화'사상을 토대로 우리의 주체성을 더욱 공고히 다져 외국 의 침략 세력을 무찌르려고 한 '척사위정파', 민중의 어려운 문제를 민중 스스로 극복하기 위한 사상적 대안으로 작용한 '동학사상', 민족적 의미가 강한 신흥 종교사상 등이 있다. 이들 사상 또한 내용에서 차이가 있지만, 현실의 문제를 해결하기 위한 실천적 대안의 성격을 띤 점에서 공통점이 있다.

20세기 초 나라가 일본에 강점되자, 사상계는 더욱 자아 반성의 분위기에 들어갔다. 이승희와 이병헌이 중심이 된 '공교孔敎'운동, 박은식과 정인보의 '양명학' 수용을 통한 실행 강조, 신채호의 '국선國仙' 사상과 한용운의 '불교유신佛敎維新'론 등이 이 무렵에 등장했다.

일제 강점기에 전통철학 부분은 주로 일본인 '고교형高橋亨'에 의해 강의되었는데, 그는 조선철학을 '독창성 결여'와 '분파성'이라는 특성으로 파악했다.[5] 또한 이 무렵에 일본의 전통철학 변질 기도에 의해 '황도유학皇道儒學'이 탄생하기도 했다.[6]

광복이 되자, 그간 여러 사람들에게 부정의 대상이 되었던 전통철학에 대해 현상윤을 중심으로 복원 운동이 일어났으나 1950년 한국

5) 한국철학사상연구회, 『강좌한국철학』, 예문서원, 1995년, 266쪽 참조

6) 한편 서양철학의 체계적인 소개는 1912년 이인재(李寅梓)의 『고대희랍철학고변(古代希臘哲學攷辨)』이 출간되면서부터다. 그런데 이인재는 고대 그리이스의 'philosophy'를 '철학'으로 번역한 일본 사람 '서주西周'의 용어를 그대로 차용하였다. 1924년 조선의 체계적인 통치를 위해 일본에 의해 '경성제국대학'이 설립되고, 1926년 '철학과'가 창설되면서 이른바 '강단' 철학이 시작되었다. 경성제대 철학과 출신들은 1930년대 『신흥』(1929~1937) · 『철학』(1933~1935) 등의 잡지를 통해 민족의식을 고취하려는 노력도 했지만, 많은 한계를 노정시켰다. 이 무렵 우리나라 철학계에 영향력을 비교적 많이 끼친 서양철학의 사조는 '독일관념론'과 '실존주의'이다. 또한 우리나라 사상계는 1920년대에 제국주의의 불의와 맞서고 민중의 권리를 고양시키려는 사상적 대안으로 '마르크스주의'가 수용되기도 했다. 특히 1930년대 신남철 · 박치우 등은 당시에 드러난 문제들에 대해 실제적인 문제의식으로 접근했다.

전쟁을 계기로, 남한의 철학계는 전반적으로 반공 이데올로기의 풍조에 편승되었다.[7]

이어 1960년대부터는 군사 정권의 이데올로기를 제공하는데 기여한 철학자들과 현실의 고통 받는 민중의 문제에 아랑곳하지 않고 관념 철학 중심의 '강단' 철학이 철학계의 주류를 이루는 가운데, 서양 철학의 풍미와 달리 전통철학의 역할은 미미하기만 했다. 그나마 활동했던 전통철학자들은 대부분 훈고학이나 경전 해석학에 몰두하거나, 요·순·우·문·무·주공·공자 등으로 이어지는 전통적인 유학의 '도통道統' 사상에 흠뻑 젖어 드는 분위기가 강했다. 특히 강단의 중국 전통철학 연구자들 중 상당수는 '수기修己'를 중시하는 쪽으로 방향을 설정했다. 그들이 비록 실천을 말하더라도, 그 실천은 자신의 덕성을 실현하는 면에 치우쳤기 때문에 사회의 문제에 대해 괄목할 만한 처방책을 제시하지 못했다. 그들은 끊임없이 복고주의적인 역사관에 입각하여 전통적인 도덕사상의 부활을 꾀했다. 따라서 그들의 연구는 대부분 경전의 자구字句에 대한 해석의 진위 여부를 따지거나, 중국의 전통철학을 특별한 매개 없이 보편화시켜 한국의 현실에 적용하려 했다. 또한 그들 중 상당수는 분석적이거나 논리적인 방법을 경시하고, 종합적이며 직관적인 인식 방법을 선호했다.

그러나 한편으로 1980년 '광주 민중 항쟁'과 1987년 '6월 항쟁'을 경험한 상당수 젊은 연구자들은 한국의 철학 풍토에 근본적인 문제를 제기하기 시작했다. 그들은 철학의 진정한 역할이 무엇인지에 대해 고민하면서, 시대 문제에 철학이 회피해서는 안 된다는 전제 아

---

7) 또한 북한은 독자적인 '주체사상'을 탄생시킨 이후, 오늘날까지 '주체사상' 중심으로 그들의 철학 풍토를 조성해 오고 있다.

래, 현실의 문제에 대해 심도 있게 연구하기 시작했다. 그간 교류가 적었던 서양철학 연구자들과 전통(한국, 중국 포함) 철학 연구자들이 자주 만나면서 토론을 하는 경우가 증가했다. 그들은 철학은 '시대 문제를 해결하기 위한 사유 체계의 확립'이라는 공통된 인식을 가지고, 과학적 세계관으로 현실을 설명하고, 현실을 변혁하는 실천의 중요성을 공유했다.[8]

1980년대 말부터 1990년대 초, 현실 변혁을 외치던 연구자들의 이론적 배경의 하나로서 '사회주의' 이론을 실현하는 것으로 생각했던 구소련을 비롯한 동구의 '현실사회주의' 체제의 붕괴는 한국의 철학계에도 영향을 주었다. 사회 변혁을 외치던 연구자들의 사상적 방황이 증가한 것과 달리, 기존의 가치관으로 철학을 했던 연구자들은 더욱 긍지와 자부심을 가졌다. 그들은 철학 연구자들이 구체적인 현실 문제에 개입하기보다 초월적이며 형이상학적인 '도道'를 깨닫기 위해 정진해야 할 것으로 생각하면서, 현실 변혁을 외치던 젊은 철학자들을 훈계하곤 했다.

그러나 1990년대 후반에 들어서면서, 한국의 철학계는 대부분 너나 할 것 없이 또다시 반성의 분위기에 들어갔다. 그동안 우리는 지나치게 무비판적으로 수입 철학에 의존하거나 경전 해석에만 골몰함으로 인해, 우리의 문제를 소홀하게 취급했다는 자아반성이다. 곧 우리는 우리의 실제적인 문제를 고려하지 않고, 곧바로 외국의 이론을 우리 현실에 무분별하게 대입(동·서양철학은 물론 일부의 인문

---

8) 1989년에 창립한 '한국철학사상연구회'는 이러한 이념을 실현하고자 하는 학회 중 하나다. 이 학회는 '형이상학적 세계관'을 중심으로 하는 기존의 철학회와 차별을 선언하고, '역사적·사회적 삶을 기반으로 우리의 철학을 모색'하면서 활동하고 있다.

학도 해당)함으로 인해, 철학의 생명력을 상실하고 있다는 자아비판이다. 이러한 원인으로 말미암아 지금 우리는, 철학계 뿐만 아니라 인문학의 전반적인 위기를 맞이하고 있다는 진단이다. 비록 외적인 요인이 전혀 없지는 않지만, 기본적으로 우리들 자신의 주체적인 학문 활동의 게으름으로 인해, '철학 회의론'까지 심심찮게 나돌고 있다는 진단이다.

3 문제를 드러냄

1990년대 후반 들어 한국에서 동양철학을 연구하는 연구 층이 이전보다 두터워지고 있다. 발표되는 연구물도 적지 않다. 예를 들어 1997년 3월부터 1998년 2월 사이에 한국인에 의해 발표된 동양철학에 관한 모든 형태의 연구 성과물(연구서 114종, 원전 번역 14종, 박사학위 논문 19편, 학술지 게재 논문 395편)은 약 542종에 달하는데, 그 중에서 중국 전통철학(유학 122, 도가 28, 제자 2 등)에 관한 부분은 약 152종이다. 나머지는 동양철학 일반(50종)과 한국 전통철학(한국 성리학 118종, 한국 양명학·실학·기타 77종, 한국 도교와 도가 12종) 및 인도·불교철학(133종) 등이다[9].

이러한 상황은 이전처럼 소수 '명망가'에 의해 전통철학의 전체대용全體大用을 꿰뚫으려는 풍토나 강박 관념에서 벗어나, 세분화되고 전문화되는 연구 경향을 보여 준다. 또한 각종 학회의 세미나를 통해 공동의 연구 작업이 활성화되며, 폭넓으면서도 깊이 있는 토론이

---

9) 예문 동양사상연구원, 『오늘의 동양사상』 창간호, 1998, 286쪽, 287쪽, 290쪽, 298쪽, 303쪽, 312쪽 참조.

진행되고 있다. 이러한 점은 긍정적인 역할이라고 할 수 있다. 그럼에도 중국 전통철학을 연구하는 적지 않은 한국인에게 여전히 문제가 노출되고 있다.

1) 문제의식의 결여

중국 전통철학을 연구하는 상당수의 한국인에게 드러나는 면은 우선 '자신이 왜 중국 전통철학을 연구하는가'에 대한 '주체적인 자각 의식'의 결여라고 할 수 있다. 이러한 연구자들의 현상은, 중국의 농경 사회를 배경으로 탄생한 전통철학의 내용이 산업 사회를 경험하고, 지식정보화 사회의 한국인에게 어떤 의미가 있는지에 대한 적합한 답변을 미룬 채, 다음과 같은 연구 자세를 견지한다.

첫째, 중국의 전통철학은 우리 역사와 우리 민족에게 지대한 영향을 미쳐 왔고, 지금도 미치고 있는 살아 있는 가치로서, 서양으로부터 무비판적으로 수입된 물질문명의 혼탁함을 제거할 수 있는 청량제와 같은 역할을 하는 '보편 사상'이다. 그러므로 '술이부작述而不作'의 정신으로 '성현'의 말씀을 음미하고 체현하는 것을 중요한 것으로 생각하는 부류다.

이러한 것을 실현하기 위해 우리는 '경전經典'을 잘 연구하는 것은 물론 경건한 마음으로 도를 닦아, 물질 중심 사상으로 인해 드러난 이 시대의 각종 병폐를 제거해야 한다. 따라서 우리는 성현의 지혜가 담겨 있는 중국 전통철학을 회복해야 한다. 이들 중 상당수는 결국 이전 시대의 전통 가치관이 다시 살아나야, 오늘날의 시대 문제를 해결할 수 있을 것으로 생각한다.

두 번째는 중국의 철학사에 나타나는 여러 내용들을 깊이 있게 연구하여, 중국철학의 흐름이 어떻게 이어져 왔는지에 대한 연구만으로도 전통철학 연구자의 역할은 충분하다고 생각하는 부류다. 이들 중 어떤 사람은 중국인도 아닌 한국인이 중국철학의 흐름을 연구하여 정확하게 파악하는 것이 있다면, 이것은 학계에 크게 공헌하는 것이 아니냐고 반문하면서 자신의 연구에 몰두한다. 그리고 이들 중 상당수는 자기의 연구 성과가 현대 한국인에게 구체적으로 적용되어야 할 필요를 갖지 않는다. 결국 이들은 '학설사'를 정리하고 소개하는 것만으로도, 전통철학 연구자의 의무를 다하는 것으로 생각한다.

세 번째는 중국 전통철학에 대한 전문가로서의 역할을 다하고자 하는 사람들이다. 이들은 중국 전통철학의 구체적인 부분에 대해 구체적으로 파악하여, 자신의 연구 분야만큼은 세계 어느 학자에 비해 뒤떨어지지 않을 자세로 연구에 임하고 있다. 따라서 이들은 두 번째의 학설사를 정리하는 사람들과 외형적인 면에서 비슷한 부분이 있으면서도, 내용적으로 차이가 있다. 곧 이들은 중국 전통철학의 흐름이라는 숲보다는 전통철학 중 일부분인 나무를 정확하게 알려고 한다. 이들은 이러한 노력을 통해 결국 중국을 이해하려는 사람들에게 좋은 자료를 제공해 주는 역할을 할 것으로 생각한다. 그들의 견해에 의하면 이러한 생각이 바로 현실적인 의미이다.

필자는 위의 세 부류에 속하는 연구자들의 관점을 모두 잘못된 것으로 생각하지 않는다. 모두 일정 정도의 의미가 있는 것으로 생각한다. 중국 전통철학을 제대로 이해하기 위해 원전에 대한 명확한 이해는 전통철학 연구의 기초임에 틀림없다. 그리고 전통철학의 흐름을 정리하는 문제 역시 철학사의 이해를 통해 사유의 체계를 정립하는 면에서 매우 중요하다. 또한 중국 전통철학의 많은 부분 중 각 부분을 구체적으로 정확하게 파악하는 것 역시 연구자들이 소홀하게 취급할 수 없는 중요한 부분이다.

　그렇다면 이러한 긍정적인 면 때문에, 오늘날 중국 전통철학을 연구하는 한국인의 의무가 충분히 실현된 것으로 보아도 되는가? 이에 대해 필자는 충분하게 실현된 것으로 보지 않는다. 더 보충해야 할 것으로 생각한다. 첫째, 우리가 '중국' '전통' 철학이라고 말할 때, '중국'의 의미는 세계 역사에서 '보편' 개념이 아니라, '특수' 개념이다. 마치 '한국인'이라고 말할 때, '한국인'의 의미가 '세계인'에 대해 특수 개념이듯이 말이다. 또한 '전통'의 의미 역시 '현대'[10] 개념과 구별되면서, '봉건적인 요소'가 완전히 해소된 것은 아니다. 이러한 것은 오늘날 '한국인'의 '현대' 사회와, '농경' 사회를 배경으로 탄생한 '중국'의 '전통' 철학이 아무 매개 없이 대입되는 것을 허락하지 않는다. 첫 번째 부류에 해당하는 일부 연구자들은 이러한 면을 깊게 살펴보지 않았거나, 아니면 의도적으로 회피한다. 그들은 특수와 보편의 문제를 서양과 동양에 대치하면서 서양에 대한 방어적인 관점으로 이 문제에 접근한다. 그러면서 그들은 중국의 전통철학을 중심의 지위에 올려놓고, '서양 문화의 핵심은 물질이며 동양의 핵심은 정신'이라고 말한다. 그들은 오늘날 서양의 물질문명은 한계에 와 있기 때문에, 이제 동양의 정신으로 현 시대 문제를 극복해야 할 것으로 주장하면서, 동양 전통의 사상으로 회귀하는 것이 대안이라고 생각한다. 그러나 이러한 이분법적 구도는 매우 단순할 뿐만 아니라, 정합성도 약하다. 서양사상 중에는 '물질'을 경시하는 사상도

10) '현대' 개념은 영어 'modern'을 번역한 것으로, '근대'라고 번역하기도 한다. '현대' 혹은 '현대성(modernity)'의 의미는 일반적으로, 산업 사회를 배경으로 탄생하여 과학·기술을 중시하고, 개인의 분화로 인한 주체적인 자유 확보와 이성의 중시로 인한 합리적 사유 체계 및 시민의 민주주의를 특징으로 한다.

있고, '정신'을 중시하는 사상이 있을 뿐만 아니라 실제적으로 정신
문명이 매우 발달해 있기도 하다. 그리고 동양의 전통사상, 특히 중
국의 전통사상 중에도 '인욕人欲'을 긍정하고 물질을 중시하는 사상
이 적지 않다. 또한 그들은 한국과 중국 및 전통과 현대의 구체적인
차이에 대해 정치하게 언급하지 않는다. 이러한 논리는 서양 문화에
대해 중국 문화의 차이를 장황하게 주장하는 그들 자신의 논리와도
충돌한다.

두 번째와 세 번째에 해당하는 부류 역시, 결국 표면적으로는 '현
재형'이 있는 것 같지만, 실제적으로는 '과거형'에 머무르는 경우가
많다. 중국인도 아니면서 한국의 연구자들 중 적지 않은 연구자들
에 의해 전통철학의 구체적인 내용과 학설사 정리로 만족하는 것
이, 오늘날 한국의 현실 문제에 어떤 답을 줄 수 있는가? 철학은 대
중들의 삶에 개입하지 않으면 않을수록 대중들의 관심으로부터 멀
어질 뿐만 아니라, 인접 학문하는 연구자들로부터도 멀어지기 마련
이다. 그렇게 되면 결국 철학은 철학자들끼리 '고담준론高談峻論'을
즐기는 의미는 있을지 모르지만, 다른 영역에 속해 있는 사람들의
눈에는 '끼리끼리 노는' 모습으로 비칠 수도 있다는 사실을 망각하
면 안 된다.

또한 그들이 연구 대상으로 삼는 전통철학자들은, 대부분 자신들
이 살고 있는 곳의 시대 문제를 해결하기 위해 사상 체계를 확립했
는데, 그 내용이 바로 연구자들의 연구 주제가 된다는 것을 생각할
필요가 있다. 필자는, 두 번째와 세 번째에 해당하는 연구자들은 그
들의 연구 대상이 되는 철학자들의 연구 자세와 정신을 소홀하게 취
급해서는 안 될 것으로 생각한다. 만일 연구 대상자들의 연구 정신
을 소홀히 하면서 연구 대상자들의 연구 결과물만 중요시 여긴다면,

그것은 알곡을 다 줍지 못하는 모습이 될 수 있다. 따라서 필자는 그들이 그들의 연구 폭을 확장할 때, 그들의 연구 성과가 더욱 빛날 것으로 생각한다. 즉 위의 두, 세 번째에 해당하는 한국 사람들은, 중국 전통철학 연구가 자신의 현실적인 '삶'의 문제를 포함한 한국 현실의 '시대' 문제와 결부될 때, 실제적인 의미 역시 더욱 살아나게 된다는 것을 생각해야 한다.

2) 방법론의 단조로움

중국 전통철학을 연구하는 한국인의 연구 방법은 대략 다음과 같다. 원전 해석의 정합성에 관한 시비 방법, 통시적인 관점에서 전통철학을 현대에 대입하는 방법, 종합적인 방법, 복고주의적 역사관에 입각한 연구방법, 평면적인 나열식의 서술 방법, 인물 또는 학파 중심의 연구 방법, 사상의 계승 관계 규명, 연구 대상에 대한 협소한 폭, 특수성이 배제된 선험적인 보편주의 추구 방법 등이다.

이러한 연구 방법 역시 전혀 의미 없는 것은 아니다. 오히려 위의 연구 방법들 중 어느 것은 연구하는데 필요할 뿐만 아니라 중요하다. 하지만 우리는 더 많은 적합한 방법을 발굴해야 한다. 우선 원전 해석의 정확성 문제는 중국 전통철학 연구 중 기본이 되는 중요한 것이다. 그리고 통시적인 방법도 필요한 것이지만, 이것의 전제 조건은 구체적인 면을 살핀 다음에 적용하는 것이 바람직하다. 분석이 없는 종합적인 연구 방법 역시 적절한 방법이 아니다. 내용을 철저히 분석한 다음 종합하는 것이 타당하다.

그리고 복고주의적인 역사관도 하나의 사관임에는 틀림없지만, 그것의 문제는 인류 문명의 발전 이론과 충돌을 빚으면서 인류사의 발전된 부분에 대한 설명의 불명확성에 있다. 그리고 평면적인 나열식의 서술 방법은 연구 대상에 대한 분별력의 측면에서 도움을 주기도 하지만, 지나친 단조로움으로 인해 연구의 생명력이 감해진다. 이러한 단점을 해결하기 위해 주제를 중심으로 한 입체적인 비교 연구 방법을 도입하는 것도 괜찮다.

또한 인물이나 학파 중심의 연구 방법도 입체적인 구성을 통해 연구한다면 생동감이 있으며, 사상의 계승 부분까지 명확하게 드러날 수 있다. 이러한 방법의 운용은 결국 연구의 장을 생생함으로 안내할 것이다. 또한 선험적인 보편성의 강요가 아니라, 구체적인 면을 추상화하여 보편성으로 발전시킨다면 연구의 폭이 확장될 수 있다.

학제간의 교류 또한 중요하다. 그동안 한국인에 의한 중국 전통철학 연구는 대부분 단독으로 하거나, 혹은 같은 전공자들끼리 공동으로 진행했다. 하지만 앞으로는 동·서양철학자들끼리의 공동 연구는 물론, 인접 학문 분야의 연구자들과 함께 학제간의 벽을 허물면서 연구할 필요가 있다. 왜냐하면 현대는 한편으로 전문화되어 가는 부분도 있지만, 다른 한편으로 융합의 중요성이 확산되고 있기 때문이다. 즉 현대는 인접 학문 간의 교류를 통해 학문의 폭을 확장함과 아울러 자신의 전문적인 연구 분야도 확보해야 하는 시대이다.

4 문제 해결을 위한 대안 모색

그동안 중국 전통철학에 대한 한국인의 일반적인 연구 모습은 자신의 독창적인 문제 제기와 이것을 해결하기 위한 치밀한 지적 탐구 과정이 아니었다. 대부분의 연구자들은 자신의 스승이나 선배들의 권위적인 분위기를 거스르지 않고, 이미 조성된 연구 경향을 계승하는 것으로 철학함의 역할을 수행했다. 이러한 분위기가 누적되면서 한국인에 의한 중국 전통철학 연구는 대부분 스승이나 선배들의 학문적 성과를 뛰어 넘는 생산적이며 괄목할 만한 성과물이 적었다. 그들은 대부분 이른바 '명망가'로 자부하는 그들의 스승이나 선배의 그늘 아래에서 그들의 보살핌을 받거나 받고자 하는 생활을 했기 때문에, 과학적인 연구 자세와 창의적인 문제의식을 갖기가 어려웠다. 이러한 상황은 긍정적인 면보다 개선할 점을 많이 배태시켰다.

그러나 연구의 낙후된 원인이 비록 변혁을 싫어하는 한국의 중국 전통철학계의 연구 풍토도 있겠지만, 기본적으로는 연구자 자신의 '철학함'에 대한 '문제의식'의 '불철저함'과 '성찰의 안일함' 등이 복합적으로 작용한 결과다. 스승이나 선배들의 철학함에 대한 본인의 주체적인 판단이 결여된 상태가 빚어내는 필연적인 결과다.

1) 과학적인 연구 자세

철학을 연구하는 학자는 기본적으로 스승이나 선배의 바람직한 학통을 이어 받는 것이 필요하다. 왜냐하면 철학의 발전은 어느 날 갑자기 하늘에서 내려온 천재들에 의해 조성되기보다 선철들의 문제의식을 계승하면서 진행되기 때문이다. 즉 철학 연구자는 우선 선철들의 긍정적인 학문 자세와 그들의 철학적 결과물을 공부하는 것이 필요하다. 그러나 우리가 주의할 점은, 발전이란 선철들의 철학 결과물을 무비판적으로 답습하는 데서 형성되지 않는다는 점이다. 오히려 선철들의 진지한 철학함과 문제의식을 자신의 현실 문제와 관련시켜 연구할 때, 단순한 계승을 넘어 발전의 단계에 돌입할 수 있다.

이것은 철학하는 사람들이 기본적으로 주체성을 잃지 말아야 함을 의미하는 것이다. 즉 철학을 연구하는 사람들은 철학함에 대한 자신의 '아이덴티티'를 견지해야 한다. 자신의 아이덴티티를 상실한 상태에서 철학을 연구하게 되면, 자신이 연구한 철학 성과물을 합리적으로 사용하지 못한다. 어느 경우에는 오히려 누군가에 의해 부정적인 방향으로 이용당하기도 한다. 이것은 철학 연구자에게 주관주의적인 자세를 견지하라는 것이 아니다. 주관주의적 관점에서 철학을 연구하는 사람은 국부적인 한계에 머무르는 경우가 많다. 이러한 사람들은 관점의 편협함과 독선적인 연구 경향으로 인해, 기존의 철학계에 대해 맹목적인 비판이나 냉소적인 시선을 보내기도 한다. 그들은 그들이 학계로부터 객관적으로 평가받는 것을 꺼려하거나, 의도적으로 무시하기도 한다. 그들은 자신의 관점의 우월성에 대해 주장하기는 하면서도, 논리적으로 증명하려 하지 않는다. 이러한 자세는 과학적인 연구 자세가 아니다. 우리가 연구하는 대상이 특히 '철학학'이라는 '학문學問'에 관한 것이라고 한다면, 우리는 더욱 반드시 합리적이며 체계적인 연구 자세를 견지해야 한다. 어떤 연구자는 자신이 연구하는 대상의 내용이 비합리적인 체계이기 때문에, 자신 역시 비합리적인 자세로 연구해야 자신의 연구 성과가 드러날 것이라고 생각하기도 한다. 그는 자신의 연구 대상과 자신의 삶을 특별한 매개 없이 동일시하려고 한다. 뿐만 아니라, 가능하면 매개 자체를 없애려고 한다. 이러한 태도는 직접 경험의 중시를 넘어서는 '경험주의'적인 태도다. 우리가 연구하는데 경험은 필요하면서도 중요하다. 그러나 경험주의적인 자세를 견지하게 되면 문제가 적지 않게 발생한다.

자기가 연구하는 대상의 내용이 비록 비체계적인 것이라 할지라도, 우리의 연구 자세는 논리적이고 합리적이어야 한다. 따라서 연구 대상이 체계적이든 비체계적이든지에 관계없이 연구자는 이러한 자세로 연구를 진행해야 한다. 객관적인 연구 자세를 견지하면서, 분석 없는 종합이 아닌 철저한 논리적인 분석을 통해, 합리적으로 종합하여 체계를 확립해야 한다. 이렇게 해야 자신이 연구하고자 하는 내용이 명확하게 드러난다. 이러한 자세가 바로 과학적인 연구 자세다. 과학적인 연구 자세를 갖춘 연구자는 대부분 자신의 철학함과 현실의 관계 문제에서 발생하는 고민을 회피하지 않는다. 이러한 점은 중국 전통철학을 연구하는 사람들 역시 예외가 되지 않을 것으로 생각한다.

2) 창의적인 문제의식

우리가 '철학한다'고 말할 때, 이 명제의 의미는 단지 이른바 '철학학'에 대한 연구만을 의미하는 것이 아니다. 이 명제의 의미는 '철학함'의 실천적인 부분까지를 포함한다. 결국 이 명제가 의미하는 것은 철학의 학설을 연구하고 정리하는 것에 멈추지 않고, 실제적인 철학함의 의미를 담고 있다. 뿐만 아니라, 이것은 철학 학설을 연구하고 정리하는 것이 철학함의 의미와 대척점에 있는 것도 아니다. 곧 철학함과 철학의 학설을 연구하는 것은 상호 밀접한 관련을 맺으면서, 서로가 서로를 견인하는 매개 역할을 한다. 따라서 우리가 '철학한다'고 말할 때, 우리는 자신의 철학함에 대한 철저한 문제의식 속에서 선철들의 이론도 학습해야 한다. 만일 이렇게 하지 않고 어느 한 경우만을 고집하게 되면, 비록 부분적인 의미가 전혀 없지는 않을지라도, 균형을 상실하게 되어 또 다른 문제가 발생할 수 있다. 이러한 문제점에 대해서 일찍이 공자는 "배우기만 하고 생각하지 않으면 어둡고, 생각만 하고 배우지 않으면 위태롭다"[11]고 지적했다.

그런데 지금까지 중국 전통철학에 대한 한국인의 주된 경향은 '배움'에 주력하는 분위기였다. 배워야 할 것이 항상 눈앞에 펼쳐짐으로서, '주체적으로 생각'할 여유가 적었다. 이러한 분위기는 '겸손'이라는 이름의 태도로 우리를 계속 압박했다. 이러한 분위기는 결국 '새로운 문제의식'으로 철학하고자 하는 사람들의 입지를 좁게 만들었다. 이러한 환경은 심지어 '내가 왜 이것을 배워야 하는가?'에 대한 근본적인 물음을 던질 기회조차도 주지 않고, 끊임없이 재생산되었다. 따라서 이러한 영향을 짙게 받은 철학 연구자들은 '창의적인 생각'의 중요성을 지적하는 사람에게, 오늘도 여전히 '겸손한 자세'를 견지하며, '아직 배울 것도 다 못 배우고 있는데 무슨 소리냐?'는 식의 표정을 짓곤 한다. 더 나아가 그들 중 일부는 지적하는 사람이 오히려 문제가 있는 것으로 생각하기도 한다.

필자는 이들의 태도에 문제가 있는 것으로 생각한다. 필자는 겸손한 자세로 배움에 임하고자 하는 그들의 태도를 문제 삼는 것이 아니다. 필자가 문제 삼는 것은 연구자 자신의 '주체적인 생각'이 배제된 상태에서 배움을 지속하려는 태도에 문제를 제기하는 것이다. 기원의 측면에서는 '배움'과 '생각' 의 내용 중에서 '선후' 문제를 논할 수 있지만, 이미 연구가 진행되고 있는 상황에서는 이 둘의 관계가 밀접하게 연결되어 있다. 따라서 이 둘은 항상 동반의 관계에 있기 때문에, 오랜 기간 선후로 분리된 상태에서 연구하고자 하는 자세는 바람직하지 않다.

---

11) 『論語』, 「爲政」 : 學而不思則罔, 思而不學則殆.

지난 수십 년 동안 '주체적으로 생각하기'보다 '수동적으로 배우기'에 익숙했던 한국의 중국 전통철학 연구자들에 대한 이웃 사람들의 평가는 긍정적인 면이 전혀 없지는 않지만, 부정적인 평가도 적지 않다. 필자는 다른 사람들의 평가를 절대적 기준으로 상정하여 말하고자 하는 것이 아니다. 철학하는 사람들이 시대 문제에 대해 적극적으로 대처하지 않고 회피하거나 소극적으로 대처할 때, 철학과 철학 연구자들의 입지는 좁아질 수밖에 없을 뿐만 아니라, 철학함의 기본 임무와도 배치될 수 있음을 말하고자 한 것이다.

따라서 철학 연구자들은 '주체적으로 사유하면서 능동적으로 배우기'에 대해, 이런 저런 변명을 하면서 회피할 것이 아니라, 진지하게 수용하여 자기 공부의 자세로 삼아야 한다. 수많은 선철들은 이미 그러한 자세를 견지하며 자신의 연구 활동을 수행했다. 중국 전통철학사에 등장하는 많은 철학자들은 바로 자신의 시대에 대한 문제를 해결하기 위해, 자신의 사유 체계를 정립하였다. 그 내용이 후학들에 의해 긍정적인 평가를 받거나 부정적인 평가를 받는 문제는 그 다음의 문제다. 우리는 우선 선철들의 문제의식을 생동감 있게 수용하는 자세부터 갖추어야 한다.

이러한 현실적 토대 위에 자신의 연구 활동을 접목시킨다면, 자신의 연구 의미는 더욱 생생하게 살아날 수 있다. 이러한 연구는 '전통'에 대한 이해의 중요성 못지않게, '현대'에 대한 폭넓으면서도 깊이 있는 '성찰'을 요구한다.

'현대'의 의미를 분석하면서, 자신의 중국 전통철학 연구 분야와 관련을 시켜야 한다. 이러한 작업은 단순히 '요소'대 '요소'의 평면적인 대비에 머무르기보다, '의미'를 탐구하여 현실적인 실제성을 담보할 수 있도록 해야 한다. 이것은 현상에 머무르는 것이 아니고, 본질적인 부분까지 취급해야 하기 때문에 결코 쉬운 일이 아니다. 그러나 그렇다고 해서 포기할 일도 아니다. 우리는 더 많은 문제의식을 가져야 하고, 더 깊은 사색을 하여야 한다. 이러한 지적 노력의 축적은 우리로 하여금 창의적인 문제의식을 여는데 도움을 줄 수 있다. 그리고 이러한 축적된 철학함의 풍토 조성은 우리로 하여금 우리의 시대 문제에 대한 답을 찾도록 유도할 것이다.

5 시대 문제와 사유 체계 확립

어느 시대를 막론하고 인간은 자신의 욕망이 충족되지 않을 때, 욕망을 충족하기 위해 노력한다. 그 욕망의 방향은 각 시대 각 사람에 따라 항상 동일한 상태로 나타나는 것만은 아니다. 어느 경우에는 전혀 다른 욕망의 방향이 동시대의 사람들에게 나타나기도 한다. 인류의 역사 발전은 욕망 충족을 위해 노력하던 각 시대를 살았던 사람들에 의해 문제를 해결하는 과정에서 시작되었다.

따라서 인간에게 욕망과 충족의 불일치 문제는 욕망의 방향과 해결의 방법에 따라 다양하게 전개될 수 있다. 철학자는 이러한 문제에 대해 근본적인 물음을 던지면서 해결책을 찾기 위해 노력하던 사람들이다. 문제의식은 시대나 지역의 특수성을 극복하면서 정립한 공통적인 것도 있지만, 적지 않은 부분은 각 시대나 지역의 특성을 반영한 특수한 것들이다. 우리는 이러한 면을 구체적으로 살펴보면서 우리 앞에 전개되는 문제를 해결하기 위한 노력을 기울여야 한다.

1) 현실의 정확한 이해와 중국 전통철학의 관계

중국 전통철학을 연구하는 사람들에게도 '현실' 파악에 대한 문제는 중요하다. 현실을 어떻게 파악하는지에 따라, 그들의 연구 대상에도 영향을 미친다. 현실을 '변화하고 있는 대상'과 앞으로도 '변화해야 할 대상'으로 파악할 것인지, 아니면 '불변의 대상'과 앞으로도 '불변해야 할 대상'으로 파악할 것인지, 그것도 아니면 '불변 속의 변화' 혹은 '변화 속의 불변'으로 파악하느냐에 따라 대안이 다르다. 그리고 지금까지는 변화했지만 앞으로 변화해서는 안 되는 대상인지, 아니면 지금까지는 변화하지 않았지만 앞으로 변화해야 할 대상으로 파악할 것인지에 따라 문제에 대한 처방책은 차이를 드러낸다.

또한 '현실'의 진정한 '주체'가 누구냐에 따라 대안 역시 다르게 나타난다. 즉 현실의 주체는 '인간'인지 아니면 '비인간'인지, 인간이라면 어떤 인간이고 인간이 아니라면 어떤 존재인지에 따라 대안 역시 다르다. 이와 같이 현실에 대한 관점의 차이에 따라, 철학자의 역할은 다르게 전개된다.

중국 전통철학의 내용 중 이러한 '현실'의 성격을 규정하는 사상적 배경을 드러내는 주제 중의 하나는 '천인관계天人關係'관이라고 할 수 있다. 즉 '천'을 '종교적'인 대상으로 여기고 인간을 천의 뜻에 따라야 하는 존재로 여기는 사상, '천'을 '도덕적'인 대상으로 여기면서 천과 인간의 '합일'을 주장하는 사상, '천'을 '물리적'인 대상으로 여기면서도 천에 대한 인간의 능동적인 참여를 불허하는 사상, '천'을 '물리적'인 대상으로 여기면서 인간의 '능동적 참여'를 주장하는 사상, '천'을 생명체로 여기면서 인간과 천을 유기적인 관계로 설정하는 사상 등 적지 않은 사조가 존재한다. 그리고 이 '천'을 변화의 대상으로 여기는지, 아니면 '불변'의 대상으로 여기는지에 따라 관점이 달라진다.

이러한 '천인관계'관은 중국 전통철학을 연구하는 현대 한국인에 게도 적지 않은 영향을 미치고 있다. 예외도 있을 수 있겠지만, 대부분의 연구자들은 본인이 원하거나 원하지 않거나에 관계없이, 대체로 위의 관점 중 어느 한 관점에 속한다.

따라서 이러한 연구 환경은 오늘날 중국 전통철학을 연구하는 자신의 관점을 규정하거나, 혹은 자신의 현실적 관점으로 천관에 영향을 주거나, 혹은 상호 간에 영향을 끼치고 받으면서 세계관을 정립한다.

필자는 위의 관점 중 어느 한 관점만 옳고 다른 관점은 그르다는 식의 주장을 하려는 것이 아니다. 관점의 옳고 그름을 분별하는 것도 중요하지만, 그보다 먼저 해결해야 할 것은 서로의 관점에 대해 열린 마음으로 대해야 한다. 우선 어느 관점인가에 관계없이, 자기의 주체적인 관점으로 합리적이고 체계적인 이론을 정립할 필요가 있다. 그 다음 서로의 관점으로 서로 간에 진지한 토론, 혹은 논쟁을 통해 문제를 극복해야 할 것으로 생각한다.

그리고 철학 연구의 영역은 위의 예에만 해당하지 않는다. '지행관知行觀'·'인성관人性觀'·리욕관理欲觀·공사관公私觀·인생관人生觀 등 많은 영역이 있다. 그 중에서도 '지행관知行觀'은 한국 현대사와 무관할 수 없는 손문과 장개석과 모택동을 비롯한 중국 마르크스주의 자들은 물론 등소평 사후의 중국 공산당 정권에도 실제적인 면에서 영향을 미치고 있다. 우리는 어느 영역을 연구하는가에 관계없이, 현실을 토대로 한 자신의 주체적인 관점과 열린 마음으로 연구에 임해야겠다.

이러한 연구 환경의 지속은 철학의 양적인 발전뿐 아니라, 질적인 발전을 가져올 수 있다. 또한 현실의 문제를 놓지 않음으로 인해, 철학이 사문화되거나 소외되지 않고, 생생하게 역사의 현장성을 담보하면서 생명력을 키워갈 수 있다. 중국 전통철학에 대한 한국인의 연구 역시 이러한 관점으로 진행될 때, 전통철학이 '박제화 된 유물'로 전락하는 위기에서 벗어날 수 있다.

2) 구체와 추상 및 특수와 보편의 변증법적 통일

철학은 보편성을 추구하는 성질이 있다. 그러나 보편성의 획득에 대한 견해는 철학자나 학파에 따라 같기도 하고 다르기도 하다. 어느 학파는 선험적으로 주어진 보편성을 주장하기도 하지만, 어느 학파는 특수성과 특수성의 종합을 통한 보편성의 획득을 주장한다.

이것은 구체와 추상의 문제와 연결되어, 철학사에서 중요한 토론 주제가 되었다. 중국 전통철학사 역시 이 부분에 대해 소홀하게 취급하지 않는다. 중국 전통철학을 연구하는 한국인 중에는 선험적인 보편성의 관점을 지지하는 사람이 적지 않다. 그들 중에서 특히 '성현'이 설정한 '도덕사상'의 부활을 주장하는 사람들에게서 이러한 관점이 많다. 그들은 아무리 세상이 변하더라도 인간의 도덕은 변할 수 없는 것으로 생각한다. 그들에 의하면 현대 사회가 옛날에 비해 외적인 면에서 많이 변했을지라도, 인간의 내면에 갖추어진 도덕성은 옛날과 다름이 없다. 그러므로 그들은 오늘날 나타나는 갖가지 문제를 치유하는 처방책으로 도덕성의 회복을 강조한다.

그러나 이러한 주장이 성립되기 위해서는 전제 조건이 해결되어야 한다. 도덕은 절대적인 것인지 아니면 상대적인 것인지, 그것도 아니면 상대적인 것과 절대적인 것의 통일인지에 대한 규명이 필요하다. 즉 '인간은 선험적으로 도덕성을 갖추고 있는 존재'이면서 동시에 '도덕적 내용 역시 불변하는 것'이라고 주장하는 것인지, 아니면 '인간은 선험적으로 도덕성을 갖추고 있는 존재'이지만 '도덕적 내용은 시대나 장소에 따라 변한다'는 것인지, 그것도 아니면 '인간에게 도덕은 역사의 진행 과정에서 나타나는 가치로서 비선험적이다'라는 것인지에 대한 규명이 필요하다.

이러한 문제에 대한 견해에 따라, 그들의 주장에 찬성하는 사람도 있고, 반대하는 사람도 있을 수 있다. 이것은 바로 각 시대 각 지역의 특수한 상황을 인정하느냐 하지 않느냐의 문제와 직결된다. 그리고 어떤 도덕적 내용인가에 따라, 시간과 공간의 제약을 받는 경우도 있고, 일정한 시간과 공간의 제약을 벗어나는 경우도 있다. 또한 어떤 도덕적 내용이 비록 오랫동안 보편성을 획득했을지라도, 어느 시점과 어느 장소에서 그 도덕의 생명력이 상실한 경우도 적지 않다.

인류 역사는 우리에게 선험적인 보편 도덕의 정당성이 확보된 것으로 보는 견해에 의문을 제기한다. 오히려 각 시대 각 지역의 특수한 가치들이 충돌하고 교류하면서 그 시대에 부합하는 새로운 가치로 부각되는 경우가 적지 않았다. 그리고 이러한 가치 역시 어느 상황에 직면하면서 자신의 수명을 다하고, 새로운 가치가 등장하곤 했다. 이러한 관계의 변증법적 발전을 통해 인류의 역사는 진보했다. 비록 각 시대마다 문제가 적지는 않았지만, 그 시대를 살았던 많은 사람들의 노력에 의해 문제가 극복되곤 하였다. 역사의 주체자들은 문제를 극복하면서 보편화된 새로운 가치를 수용하곤 하였다. 이 새로운 가치는 한동안 의미를 띠다가도 또 다른 새로운 시대에 새로운 문제에 직면하여 역할을 잘 수행하는지의 여부에 따라, 자기의 생명력을 더 유지하기도 하고, 유지하지 못하기도 하였다.

따라서 중국 전통철학을 연구하는 일부 사람들에 의해 오늘날에도 여전히 주장되는 복고주의적인 전통철학의 의미는 그들의 주장만큼 설득력 있어 보이지 않는다. 오히려 현대의 문제를 역사의 진행 과정에 나타나는 산물로 여기면서, 구체와 추상 및 특수와 보편의 문제의식을 가지고, 깊이 있는 성찰을 통해 해결하려는 사람들의 주장에 설득력이 있다. 곧 '전통'과 '현대'의 문제를 해결하는 대안은 무비판적인 전통의 부활이나, 무조건적인 전통의 배격을 통해서가 아니라, 구체와 추상 및 특수와 보편의 문제를 변증법적으로 통일하려는 치열한 지적 노력에 의해 찾아질 수 있다.

결국 필자는 오늘도 여전히 중국 전통철학에 의미를 부여하며 연구하는 '한국인'들이 각자 어느 분야를 연구하는지에 관계없이, 자신의 현실적인 '삶'을 토대로 한 인식과 실천의 주체적인 담지자로 자리 매김 될 때, 연구 의미 또한 퇴색되지 않을 것으로 생각한다.

참고문헌

교간, 〈북경대학〉 제830기, 1998년 12월
『論語』
예문 동양사상연구원, 『오늘의 동양사상』창간호, 1998
〈인민일보〉, 1998년 12월 10일, 18일, 19일
『전통과 현대』 6, 1998년 가을호
한국철학사상연구회, 『강좌한국철학』, 예문 서원, 1995
〈해방일보〉, 1999년 1월 12일

북한철학의 패러다임 변화와 사상적 특징

이병수

1 머리말

　주체사상은 북한 사회주의 체제의 유일한 지도이념인 데다, 정치
·경제·문화 등 북한 사회전체의 현실을 강력하게 규정해온 통치이
데올로기이다. 하지만 주체사상은 획일적으로 이해될 수 없다. 주체
사상은 1982년 김정일의 논문「주체사상에 대하여」가 나올 때까지
만 해도 철학적 원리, 사회역사원리, 지도적 원칙 세 부분으로 구성
된 협의의 의미로 이해되었으나, 1985년『주체사상 총서』발간을 계
기로 협의의 의미와 더불어 광의의 의미(협의의 의미를 '진수'로 하
면서 "혁명이론", "영도방법"까지를 포괄하는 사상·이론·방법의
전일적 체계)로도 이해되었다.

　이러한 주체사상의 이중적 의미에 덧붙여, 1990년대의 대내외적
위기상황을 돌파하기 위해 등장한 우리식 사회주의, 붉은기 사상,
선군정치 등의 새로운 실천이데올로기들도 주체사상을 구성하는 또
다른 내용적 요소로 간주될 수 있다. 이처럼 주체사상은 시대상황의
변화에 따라 제기된 여러 실천적 문제들에 대응해오면서 기존이론

---

*　이 글은 2014년 조선대 우리철학연구소와 대동철학회가 공동주최하는 학술대
　회에서 발표하고,『大同哲學』제67집(2014)에 게재한 논문이다.

이 보완되거나 새로운 내용이 첨가되는 등 꾸준히 변화과정을 밟아왔다. 따라서 이 글은 주체사상의 이론적 내용 자체에 주목하기보다, 지성사적 관심 아래 북한사회주의 역사적 전개과정에서 주체사상이 어떠한 굴곡을 겪었으며, 그 과정에서 나타난 사상적 특징이 무엇인지를 고찰하는 데 목적이 있다.

2장에서는 마르크스-레닌주의와의 이론적 비교나 주체사상 자체의 내용분석과 비판이 아니라, 주체사상의 이론적 위상이 변화한 과정과 그 원인을 역사적 맥락에서 고찰할 것이다. 왜냐 하면 주체사상은 대내외적 환경의 변화에 따른 권력의 필요성 때문에 그 이론적 위상과 내용의 강조점이 변화해 왔으며, 사회주의권이 붕괴한 1990년대 이후 지금까지 끊임없이 이론적 변용이 진행 중에 있기 때문이다. 주체사상의 이론적 위상변화를 설명하기 위해 대다수 북한연구자들처럼 프란츠 슈만Franz Shurmann의 '순수이데올로기pure ideology'와 '실천이데올로기practical ideology' 개념을 활용하였다. 3장에서는 주체사상의 역사적 변화과정에서 드러난 사상적 특징을 고찰할 것이다. 주체사상이 마르크스-레닌주의를 대체하고 인류철학사상의 최고봉이라는 절대적 신념체계로 치닫는 동력이 어디에 있으며, 그 실천적 귀결은 어떠한지, 나아가 주체사상의 사상적 특징을 유교나 기독교와의 유사성에서 찾는 논의들의 타당성과 한계를 살펴 볼 것이다.

２ 주체사상의 이론적 위상변화와 그 원인

1) 실천이데올로기에서 순수이데올로기로의 변화

(1) 주체사상의 이론적 위상변화를 설명하는 데는 프란츠 슈만의

'순수이데올로기'와 '실천이데올로기' 개념이 유용하다. 프란츠 슈만은 모택동 사상이 마르크스-레닌주의의 보편적 원리를 중국현실에 창조적으로 적용한 이데올로기라는 점에 주목하면서 마르크스-레닌주의를 "조직 혹은 개인에게 일관되고 의식적인 세계관을 제공하는 사고체계"인 순수이데올로기로, 모택동 사상을 "조직 혹은 개인에게 행동의 합리적 도구를 제공하는 사고체계"인 실천이데올로기로 규정한다.[1] 마르크스-레닌주의는 모든 공산국가의 현실에 적합한 일률적인 혁명의 실천전략을 제공해 줄 수는 없기 때문에 대부분의 공산국가에서는 마르크스-레닌주의를 순수이데올로기로 설정하고 그것의 하위이데올로기로서 이른바 실천이데올로기를 정립시키고 있다. 이때 실천이데올로기는 순수이데올로기에 의해서 그 정당성을 인정받을 수 있다.[2]

최초로 정식화된 주체사상 역시 마르크스-레닌주의를 순수이데올로기로 삼으면서, 일국에 적용된 당정책과 실천 지침의 수준을 벗어나지 않는 실천이데올로기로서의 위상을 지니고 있었다. 북한에서 주체 확립의 문제가 공식적으로 제기된 것은 1955년 김일성의「사상사업에서 교조주의와 형식주의를 퇴치하고 주체를 확립하는 데 대하여」라는 연설에서 였다. 김일성은 맑스 레닌주의의 고전이나 선

---

1) Franz Shurmann, *Ideology and Organization in Communist China*, L.A. California: University of California, 1970, pp.18-24.

2) 최완규,「이데올로기의 위상변화: 맑스레닌주의와 김일성주의」,『북한사회의 구조와 변화』, 경남대 극동문제연구소, 1987, 15쪽. / Choi, Wan Gyu, "The Phase Shift of Ideology : Marx-Leninism and KimIlSungism", in *The Structure and Change of North Korean Society*, The Institute for Far Eastern Studies 1n Kyungnam University, 1987, p.15.

진 사회주의 국가의 경험을 부차적으로 보고 북한의 구체적 현실, 그리고 항일혁명전통을 중심으로 사회주의 개조를 이루어 나가려고 하였다. 사상에서의 주체를 천명함으로써 시작된 주체사상은 이후 정치·경제·국방 영역으로 확대되었다. 김일성은 1965년 4월 인도네시아 알리 아르함 사회과학원에서 연설하면서, 주체 확립의 본질적 내용은 창조적 입장과 자주적 입장이며 구체적으로는 사상에서의 주체, 정치에서의 자주, 경제에서의 자립, 국방에서의 자위로 구현된다고 주장하였다.3) 2개의 기본입장과 4개의 정책노선으로 대표되는 주체사상의 초기적 정식화는 '마르크스 - 레닌주의를 북한의 구체적 조건과 민족적 특성에 맞게 창조적으로 적용한 것'으로 선언되었다.

그러나 1967년 유일사상체계 확립이후 주체사상은 이론적 위상이 급격히 변모된다. 이 시기 이전만 하더라도 주체사상은 마르크스 - 레닌주의를 북한 현실에 창조적으로 적용한 사상으로 규정되었고 따라서 주체사상의 적용범위는 어디까지나 북한 현실에 국한된 것이었다. 그러나 1967년 12월 최고인민회의 제4기 1차대회에서 주체사상은 '가장 정확한 맑스 레닌주의적 지도사상'으로 규정되는 것을 계기로 일국 수준의 지도사상에서 국제 공산주의 운동의 올바른 노선으로 주장되기 시작했다. 주체사상의 적용범위가 북한이라는 일

---

3) 이 시기에 주체사상이 대두하게 된 주된 요인은 낮은 생산력 수준을 인민대중의 혁명의지와 역량을 통해 해결하려는 북 지도부의 발전노선, 그리고 김일성을 중심으로 하는 지도부의 반사대주의적, 반교조주의적 성향과 여기에서 비롯되는 독자 이데올로기 구성에 대한 관심이었다. 최대석·현인애, 「주체사상의 재인식: 형성과 확립, 그리고 쇠퇴」, 『북한연구학회보』 제11권 제2호, 북한연구학회, 2007, 259쪽. / Choi, Dae Seok·Hyun, In Ae, "A New Understanding of Juche Ideology : Formation, Completion, and Decline", in *North Korean Studies Review*, Vol.11 No.2, Research Institute of the North Korea, 2007, p.259

국적 수준을 넘어 세계혁명의 전략 노선으로 확장됨으로써 이론적 지위가 상승한 것이다.4) 이는 주체사상이 단순히 창조적 적용의 수준이 아니라 마르크스-레닌주의의 새로운 단계를 반영하는 사상이 된 것을 의미한다.

그러다가 1974년 주체사상이 김일성주의로 천명되는 것을 계기로 주체사상의 이론적 체계화가 가속화됨으로써 그 이론적 위상에서 한층 더 근본적인 변화가 발생한다. 1967년부터 1973년까지의 주체사상은 '가장 정확한 마르크스-레닌주의'라는 표현에서 보듯, 마르크스-레닌주의의 이론틀을 벗어나지 않았다. 그러나 김일성주의로 정식화되면서 마르크스-레닌주의가 아니라 그를 대체하는 동격의 순수이데올로기로 격상되었다. 김일성주의는 '가장 정확한 마르크스-레닌주의'가 아니라 그와는 다른 독창적 체계와 내용을 갖는 새로운 세계관을 지칭했으며, 따라서 마르크스-레닌주의를 대체하는 의미를 지닌 것이다. 마르크스-레닌주의의 보편적 원리를 북한 현실에 창조적으로 적용한 당의 노선과 정책을 지칭했던 실천이데올로기로서의 초기 주체사상은 '가장 정확한 마르크스-레닌주의'라는 과도기적 규정을 거쳐, 김일성주의화하면서 마르크스-레닌주의의 시대적 제한성을 극복한 새로운 순수이데올로기로 그 이론적 위상이 급상승하였다.

---

4) 이병수, 「주체사상의 보편화 및 체계화 과정에 대한 분석」, 『시대와 철학』 5권 2호, 한국철학사상연구회, 1994, 135쪽. / Lee, Byung Soo, "An Analysis on Universalization and Systemization Process of Juche Ideology", in *EPOCH AND PHILOSOPHY: A Journal of Philosophical Thought in Korea* Vol, 5, No.2, Korean Association for Studies of Philosophical Thought, 1994, p.135.

(2) 그렇다면 주체사상이 독자적 이론체계와 내용을 가진 순수이데올로기로 격상하게 된 원인은 무엇일까? 첫째, 유일사상체계 확립의 요구는 순수이데올로기로서 주체사상의 이론적 체계화를 촉진시킨 핵심 요인으로 작용했다. 왜냐하면 주체사상이 마르크스-레닌주의와 다른 신념체계로 이론적 체계화가 진행되는 과정은 유일사상체계와 권력승계구도가 확립되는 과정과 시기적으로 정확히 일치하고 있기 때문이다. 김정일은 주체사상의 이론적 체계화를 주도하면서 유일사상체계 확립을 그 근본요구로 내세움으로써 주체사상에 대한 해석권을 독점하고, 후계자로서의 자신의 지위를 확고히 하고자 했다. 따라서 유일사상체계 확립 이후 모든 학문적 논의는 수령의 이론이나 교시에 대한 주석과 해설의 형태를 띨 수밖에 없었다.

주체사상이 하나의 세계관으로서 부적격이며, 비합리적이라는 부정적 평가의 요체는 유일지도 체계와 권력세습을 정당화 하는 데, 체계화된 주체사상이 구조적으로 기능한다는 혐의에 귀결된다. 이종석은 유일사상체계 확립이 본격화 되는 1967년 이전에 초기적으로 정식화된 주체사상은 북한 사회주의 발전전략의 의미를 갖는 동시에 발생론적 합리성이 있는 반면, 1967년 이후 수령의 유일영도와 결합하여 이론적으로 체계화된 주체사상은 무모하고, 비합리적으로 굴절된 것이라고 본다.[5] 1967년 이전 초기의 주체사상이 북한 사회주의 건설의 발전전략을 의미한다면, 이후 체계화된 주체사상은 유

---

5) 이종석은 역사적 형성과정에서 나타난 이러한 주체사상의 굴절 때문에 "'역사로서의 주체사상'은 하나가 아니라 둘"이라고 평가한다. 이종석, 『새로 쓴 현대북한의 이해』, 역사비평사, 2000, 128쪽. / Lee, Jong Suk, *A New Wtitten Understanding on the Contemporary North Korea*, Critical Review of History, 2000, p.128.

일사상체계를 정당화하는 통치이념으로 그 성격이 변질됨으로써 북한의 실정에 맞게 자주적으로 사회주의 건설을 해야 한다는 초기 발전전략의 의미를 훼손했다는 것이다.

유일사상체계 확립의 요구는 주체사상 체계화를 이끈 정치권력적 동기일 뿐 아니라 주체사상의 내용구성에도 깊숙이 반영되어 있다. '수령의 유일적 영도'를 혁명과 건설의 근본문제로 파악하는 수령론이 그것이다. 주체사상의 전체적인 내용은 수령의 결정적 지위와 역할을 합리화하는 방향으로 체계화되어 있을 정도로 수령론은 주체사상의 모든 이론적 구성체계에 일관되게 나타나고 있다. 수령론의 핵심은 수령 - 당 - 대중이라는 프롤레타리아 독재체계 속에서 수령이 차지하는 지위와 역할을 규명하는 것이라고 할 수 있다. 수령이 "프로레타리아 독재체계의 총체를 령도하는 최고뇌수"로서 노동계급의 혁명투쟁에서 "결정적 역할"을 하며6) 이러한 지위와 역할 때문에 수령론은 유일사상체계와 후계체제 구축의 이론적 근거로서 기능하였다.

그러나 이것만을 주체사상이 순수이데올로기로 격상된 이유로 여기는 시각은 일면적이다. 왜냐하면 마르크스 - 레닌주의를 공식 이데올로기로 두면서도 주체사상을 적절히 변용하여 이미 제도적으로 확립된 유일사상체계를 재생산하는 것이 가능하기 때문이다. 주체사상의 이론적 체계화에는 유일사상체계의 재생산과 후계체제의 정당화라는 정치권력적 동기가 분명히 작용했지만, 동시에 마르크스

---

6) 사회과학원 철학연구소, 『철학사전』, 평양: 사회과학출판사, 1970, 196-199쪽. / Institute of Philosophy under the Academy of Social Sciences, *Dictionary of Philosophy*, Pyongyang : Social Science Publishing Company, 1970, pp.196-199

- 레닌주의의 한계에 대한 북 지도부의 인식을 촉진시킨 또 다른 요인도 개입되어 있었다.

둘째, 주체사상의 순수이데올로기화는 북한 지도부의 새로운 시대인식을 근거로 촉진되었다. 1960년대 들어 본격화된 국제공산주의 운동의 분열과 쿠바 혁명의 성공, 베트남 확전, 미국의 군사적 개입은 북한 지도부의 국제정세에 대한 인식에 커다란 전기를 가져왔다. 북한 지도부는 1960년대 국제정세를 바탕으로 '우리시대' 곧 주체시대라는 보다 포괄적인 시대규정을 내리게 된다. "오늘 우리시대는 국제적 규모에서 격렬한 계급투쟁이 벌어지며 지구상의 모든 피착취인민들과 피압박 민족들이 해방투쟁에 떨쳐나서고 있는 위대한 투쟁의 시대이며 … 제국주의는 멸망하고 있으며 사회주의와 공산주의는 온 세계적 범위에서 승리하고 있"[7]는 시대이다. 주체시대의 의미는 2차 대전 후 사회주의가 세계적 규모로 확대되고, 식민지·반식민지 상태에 있던 수많은 제3세계의 민중들이 민족해방투쟁을 통해 정치적 독립을 획득한 역사적 사실을 자주적 혁명역량중심으로 해석한 것이라 볼 수 있다. 요컨대 주체시대는 사회주의 진영과 비동맹운동 진영의 자주적 혁명역량의 강화와 확대를 근거로 한 시대규정이라고 할 수 있다.

주체시대에 대한 규정은 김일성주의가 선포된 1974년 이후 주체사상을 순수이데올로기로 격상시키는 핵심 근거가 되었다. 주체사상이 이론적으로 체계화되는 과정에서 주체시대는 "인민 대중이 세계의 주인으로 등장해 자기운명을 자주적으로, 창조적으로 개척해 나가"며, "현 시대와 공산주의 미래의 전역사적 시대"[8]로 새롭게 규

---

7) 같은 책, 64쪽. / Ibid, p.64.

정된다. '주체시대'는 수령론과 더불어 순수이데올로기화한 주체사상의 모든 내용과 이론구성 전반을 관통하는 핵심개념이라고 할 수 있다. 식민주의적 억압과 계급 억압으로부터 해방이 고양되는 주체시대의 요구를 반영하는 보편적 진리는 오직 주체사상뿐이라는 것이다.

셋째, 주체사상이 마르크스 – 레닌주의의 한계를 극복한 순수이데올로기로 부각된 데에는 전후 20여 년간 급속한 경제성장으로 사회주의 혁명과 건설을 성공적으로 이끌어 왔다는 자부심, 그리고 그 성공의 바탕이 되었던 대중의 혁명적 열의를 이끌어내는 사상론과 군중노선의 진리성에 대한 확신이 놓여 있었다. 이 때문에 북한 지도부는 과감하게 소련 및 중국과 국제공산주의 노선의 정통성 경쟁을 벌일 수 있었다. 북한의 경제발전은 특히 제3세계 국가들로부터 많은 공감을 불러 일으켰고 따라서 북한의 국제적 지위도 상승하였다. 이러한 자부심과 국제적 지위 상승은 중소의 사회주의 현실에 대한 부정적 평가와 맞물리면서 북한의 혁명과 건설경험은 세계사적 의의를 지니는 것으로 내세워졌다. "조선혁명은 현 시대가 세계혁명 앞에 제기한 절박한 요구들을 집중적으로 구현하고 있는 혁명"이었고, "조선혁명이 제기하는 리론 실천적 문제들을 전면적으로 정확하게 해명하는 것은 비단 우리나라 혁명발전의 요구를 해결하는 것으로 될 뿐만 아니라 우리시대가 세계혁명 앞에 내세우고 있는 리론 실천적 문제들에 과학적인 해명을 주는 것으로 되었으며 그것은

---

8) 사회과학원 철학연구소, 『철학사전』, 평양: 사회과학출판사, 1985, 673-674쪽. / Institute of Philosophy under the Academy of Social Sciences, *Dictionary of Philosophy*, Pyongyang : Social Science Publishing Company, 1985, pp.673-674.

거대한 국제적 의의를" 가진다는 것이다.9)

　김일성 지도부는 전후 생산력 기반이 거의 상실된 상황에서 인민 대중의 혁명적 열의와 사상의식에 의거한 사회주의 건설 노선이 낙후한 북한을 성공적으로 발전시켰다고 생각했다. 과학기술이나 물질적 조건보다 인민대중의 혁명적 열의와 사상의식을 경제발전의 결정적 요인으로 평가하였던 것이다. 열악한 환경조건에서 인민대중의 힘에 의거하여 사회주의 공업화를 이룬 이러한 북한의 경험은 객관적인 물질적 조건을 중시하는 마르크스-레닌주의 세계관이 아니라, 새로운 주체시대의 실천적 문제들을 과학적으로 해명한 주체사상에 의해서만 제대로 설명될 수 있는 것으로 간주되었다. 인민대중의 혁명적 열의와 사상의식을 중시하는 주체사상의 실천지향성은 철학의 근본문제를 인간해방적 실천이라는 목표로부터 도출하는 주체사상의 목적론적, 연역적 체계구성에서도, 인민대중 누구나가 알 수 있는 일상언어로 철학적 내용을 설명하는 표현방식에도 영향을 미쳤다. 특히 주체사상이 강조하는 품성론은 동양적 문화체계라는 맥락에서 파악될 수 있으며, 생명력이 없는 이론의 정교성보다는 무디지만 사람을 움직일 수 있는 실천의 정서를 중시한다.10)

---

9) 사회과학원 철학연구소, 『철학사전』, 1970, 65-66쪽. / Institute of Philosophy under the Academy of Social Sciences, *Dictionary of Philosophy*, pp.65-66. 조선혁명의 세계사적 의의에서 김일성의 항일무장투쟁 경험은 핵심적 지위를 차지한다. "북한의 사회주의는 마르크스주의의 고전과 선진 사회주의 국가의 경험에 그 사상적 원천을 두는 것이 아니라 조선 자체의 역사 속에, 특히 김일성이라는 특정 개인의 역사 속에 그 기초를 둔다는 것이다." 다니우라 다카오(谷浦孝雄), 「김일성사상에 관한 일 고찰」, 『서구 마르크스주의자들이 본 북한사회』, 중원문화, 1990, 132쪽. / Daniura Dakao, "A Study on Kim IL Sung's Thought", in *North Korea System from Western Marxist's Perspective*, Tr. Jungweonmunhwa, 1990, p.132

2) 체계화된 주체사상의 전문화와 실천이데올로기의 등장

(1) 주체사상의 전문화가 본격적으로 진행된 시기는 『철학 연구』가 복간된 1986년부터이다. 『철학 연구』의 복간과 함께 북한철학은 다시 강단철학적 성격을 회복하게 된다. 철학의 기본원리가 바뀌었으니 종래의 개념체계를 전반적으로 재조정할 필요가 생겼기 때문이었다. 강단철학적 성격은 메타 철학적 논설이 늘어난다든가, 서양철학사를 중시한다든가, 논의가 세분화, 전문화 된다든가 하는 경향에서 찾아볼 수 있다. 새롭게 정립한 패러다임을 분야별로 세밀화하는 '정상과학'의 시기가 도래한 것이다.[11] 이러한 '정상과학'적 작업은 무엇보다도 체계화된 주체사상을 학문분야별로 전문화하는 연구로 나타났다. 주체사상의 이론적 설명력을 더 정교하게 다듬어가는 시도는 주체사상의 이론과 방법을 기초로 인문사회과학의 각 분야로 확대하는 연구로 나타났다. 철학분야 역시 체계화된 주체사상에 의거하여 주제별 분화가 이루어진다. 1970년대에 철학은 '주체철학'과 '철학'(부르주아 반동철학 비판·남조선철학 비판·부르주아 사회학 비판)으로 분류되거나(1977), 주체철학, 부르주아철학, 조선철학으로 분류되었지만(1978), 주체사상의 체계화가 일단락된 1980년대 중반이후, 철학의 학문분류체계가 보다 구체화되어 현재의 철학체계와 같은 모양을 갖추게 된다. 이처럼 철학분야의 학문적 체계가

---

10) 송두율, 『전환기의 세계와 민족지성』, 한길사, 1991, 174쪽. / Song, Du Yyl, *World in Transition Period and National intelligence*, Hangilsa, Seoul 1990, p.174.

11) 이훈, 「북한철학의 흐름」, 『시대와 철학』 5권 2호, 한국철학사상연구회, 1994, 31쪽. / Lee, Hun, "Main Currents in the North Korean Philosophy", in *EPOCH AND PHILOSOPHY: A Journal of Philosophical Thought in Korea* Vol, 5, No.2, Korean Association for Studies of Philosophical Thought, 1994, p.31.

형성되는 시기가 주체사상의 이론체계가 정리되는 시기와 일치한다는 사실은 북한철학의 형성이 주체사상에 의해 구조화될 수밖에 없음을 의미하는 것이기도 하다.[12]

주체사상이 체계화된 이후 북한철학은 '주체철학'과 '철학'(주체의 방법론에 기초한 철학의 각 분야 : 조선철학·세계철학·윤리학·심리학·논리학·종교학)으로 대별된다. 우선, '주체철학'은 주체사상 일반·주체철학 원리·사회주의 건설이론·혁명이론·민족 및 통일이론 등 북한사회의 지도이념과 관련되며, 다른 학문분야의 이론적·방법론적 기초가 되기 때문에, '철학'과 독립된 분과학문으로 설정되어 있다. 이는 김일성과 김정일과 관련된 '혁명력사학'을 '력사학'과 분리시켜 독립적인 분과학문으로 설정하고 있는 이유와 상통한다. 즉, 기존 철학과 역사학에서 분리하여 '주체철학'과 '혁명력사학'이라는 독립된 분과학문을 설정한 것은 지도이념과 이를 창출한 지도자의 행적을 중시하는 수령제 사회의 특성에서 비롯된 것이다. 이처럼 '주체철학'과 '혁명력사학'은 북한체제의 특수성에 기초하여 하나의 분과학문으로 분류되어 있으며, 대학에 관련 학과가 개설되고 연구기관에 연구소가 설치되어 있을 뿐만 아니라 관련문헌도 따로 분류되고 있다.[13]

다음으로 '철학'은 1980년대 중반이후, 주체의 방법론에 입각하여 연구하는 철학의 각 분야들로 구성되어 있는데, 조선철학(고대·중세·근대 조선철학), 세계철학(고전·중세·근대·마르크스주의·자본

---

12) 강성윤 편저, 『북한의 학문세계 상』, 선인, 2009, 164-165쪽. / Kang, Sung Yoon, *The Academy of North Korea*, Seonin, Seoul 2009, pp.164-165.

13) 같은 책, 37쪽. / Ibid, p.37.

주의·동양철학), 윤리학(윤리학 일반·주체의 윤리학), 심리학(심리학 일반·주체의 심리학), 논리학(주체의 논리학·논리학일반), 종교학(세계 3대 종교 및 미신 비판)으로 분류된다.[14] '철학'의 하위 학문 영역에서 특징적인 것은 1970년대와 달리 마르크스-레닌주의가 세계철학의 한 부분으로 편입되었다는 점이다. 적어도 1970년대까지 북한 철학연구에서 마르크스-레닌주의는 그 세계관적 한계와 더불어 비판적 계승도 함께 논의되었다. 그러나 주체사상이 체계화된 이후, 마르크스-레닌주의의 한계가 각 분야 별로 상론되거나 그 세계관적 제한성이 보다 강조되는 등, 주체사상과의 연속성보다 단절성이 부각되었다. '마르크스주의' 연구가 '세계철학' 분야의 한 영역으로 축소된 것도 그 때문이었다. 마르크스-레닌주의 연구의 축소와 더불어 또 하나 특징적인 것은 그 동안 남한 학계에서 유행하는 사조에 국한하여 이데올로기적 비판에 초점을 둔 서양철학 연구경향에서 벗어나, 고대그리스철학, 근대철학, 현대철학사조 등으로 서양철학의 연구범위가 확대되었다는 점이다. 이는 1986년 이후 주체사상의 우월성을 증명하기 위해, 서양 철학사의 가장 발달된 위치, 나아가 인류의 모든 진보적 사상의 최고봉의 자리에 옮겨 놓으려는 시도 때문이라고 할 수 있다.[15]

1986년 이후 '주체철학'과 '철학' 연구는 사상·이론·방법의 전일적 체계라고 주장된 주체사상을 정교하게 해석하거나, 또 이를 학문 분야별로 세분화하는 이론중심의 정태적인 방식만이 아니라, 1990년대 북한 지도부가 제시한 실천이데올로기들을 해석하고 정당화하

---

14) 같은 책, 166쪽. / Ibid, p.166.
15) 이훈, 앞의 논문, 17-18쪽. / Lee, Hun, Op. cit., pp.17-18.

는 방식과 더불어 진행되었다. 1980년대 중반 이후 소련과 동구 사회주의권의 개혁·개방이 이루어지고, 특히 1990년대 들어 사회주의권의 붕괴가 급속히 진행되자, 북한 지도부는 북한체제의 존립을 위협하는 위기상황에 응전하여 체제보존과 정당화를 위한 새로운 실천이데올로기들을 개발하였다. 1990년대는 북한 역사상 전례 없이 많은 새로운 실천이데올로기들, 예컨대 '우리식 사회주의', '붉은기 사상', '선군정치', '강성대국', '과학중시사상' 등이 제시된 시기였다. '우리식 사회주의'는 북한 사회주의 제도가 소련 및 동구권 사회주의와 달리 수령의 유일적 영도체계, 인민대중 중심의 자립경제, 외세의 영향력을 벗어난 진정한 자주적인 독립국가라는 점에서 우월하다는 점을 핵심 내용으로 하고 있다.16) 그러나 1994년 김일성 사후 자연재해와 식량난으로 경제가 파탄난 상황에서 북한 지도부는 우리식 사회주의의 우월성을 선전하는 것만으로는 당면 위기를 돌파하는 데 한계를 느끼게 되었고, 붉은기 정신을 교양함으로써 버팀과 인내의 집단적 의지를 불러일으키려 했다.17) 또한 김정일 시대의 출범과 더불어 북한은 1998년 헌법을 개정하고 국정목표로 강성대

---

16) 정우곤, 「주체사상의 변용담론과 그 원인: '우리식' 사회주의, '붉은기 철학', '강성대국'을 중심으로」, 『북한연구학회보』 제5권 제1호, 북한연구학회, 2001, 16쪽. / Joeng, U Gon, "Various Discources of Juche Ideology and its Cause : focusing on 'Our Own' Socialism, 'Philosophy of red flag', 'Strong and Great Country'", in *North Korean Studies Review*, Vol.5 No.1, Research Institute of the North Korea, 2001, p.16.

17) 김근식, 「1990년대 북한의 체제정당화 담론 - 우리식 사회주의와 붉은기철학을 중심으로」, 『통일정책연구』 8권 2호, 통일연구원, 2000, 50쪽. / Kim, Keun Sik, "North Korea's Legitimation Discourse of the Regime in 1990s- focusing on Our Own Socialism and Philosophy of red flag", in *Study on the Unification Policy* Vol.8 No.2, Korean Institute for National Unification, 2000, p.50.

국 건설을 표방하면서, 선군정치를 강성대국 건설을 위한 기본 정치 방식으로 내세웠다.

'주체철학'과 '철학'의 연구는 1990년대에 제시된 이상과 같은 실천이데올로기를 설명하고 해설하는 연구가 많은 부분을 차지한다. 우선 '우리식 사회주의' '붉은기 사상', '선군정치' 등의 실천이데올로기는 그 성격상 '주체철학'의 분야 가운데, 김일성·김정일 연구에 집중된 '주체사상 일반', 방법론과 세계관을 주로 연구하는 '주체철학 원리', '민족·통일이론'을 제외한 '사회주의건설이론'과 '혁명이론'에 속한다. 1962년부터 2004년까지 북한의 철학전문 학술지『철학연구』에 실린 '주체철학' 분야의 주제별 논문 분포는 '사회주의건설이론'이 47.5%로 가장 높은 게재 빈도를 보이며, 이어 '주체사상일반'(18.8%), '철학원리'(15.7%), '혁명이론'(10.98%), '민족·통일이론'(7.0%)의 순으로 게재되고 있다.18) '조선민족제일주의'에 영향을 받아 1990년대 이후 집중적으로 연구된 '민족·통일이론' 분야까지 포함한다면, 실천이데올로기 관련 '주체철학' 분야의 연구는 약 65%에 해당한다. 요컨대 '주체철학' 분야의 연구는 해당 시기의 실천이데올로기의 내용을 이론적으로 뒷받침하거나 해설하는 철학논문이 주류를 이루고 있음을 알 수 있다.

'철학' 분야 역시 '주체철학' 분야만큼은 아니지만 해당 시기의 실천이데올로기를 뒷받침하는 연구 주제들을 다루고 있다. 조선철학의 경우 '조선민족제일주의'의 영향 아래 1990년대 중반부터 단군조선의 철학사상, 고조선, 부여의 사상에 대한 연구가 이루어지고 있으며, 2000년에 들어와 선군정치를 정당화하기 위해 전통철학 가운

---

18) 강성윤 편저, 앞의 책, 227쪽. / Kang, Sung Yoon, Op. cit., p.227.

데 국방사상에 대한 연구가 이루어지고 있다. 또한 세계철학의 경우, 사회주의 붕괴이후 자본주의적 사상침투에 대응하고자 1990년대초부터 자본주의 철학에 대한 비판적 연구가 급증하고 있으며, 윤리학의 경우, 북한 사회주의체제가 처한 대내외적 위기를 도덕과 의리 등 윤리적 당위성으로 인민들을 설득하기 위해 1990년대 들어 수령에 대한 충실성, 혁명적 의리와 동지애 등을 주제로 다루고 있다.19)

(2) 1990년대 북한체제의 위기 상황에서 체제보존과 정당화의 이데올로기적 기능은 주체사상의 이름으로 진행되지 않았다. 주체사상은 순수 이데올로기로 존재하면서 실천적 당면문제와 체제정당화는 실천이데올로기를 통해 이루어졌다. 1990년대 북한이 맞은 위기상황은 앞서 논한 마르크스-레닌주의에서 주체사상으로의 패러다임 전환을 유발한 요인 가운데 2가지 요인을 근본적으로 흔들어 놓았기 때문이다.

우선, 주체시대라는 시대규정의 문제다. 1980년대 말부터 1990년대초 구소련 해체와 동구 사회주의권 몰락은 주체시대의 핵심 내용인 국제사회주의 역량의 소멸을 의미한다. 또한 1990년대 탈냉전시대의 도래는 주체시대의 혁명역량인 제3세계 비동맹운동의 의미를 퇴색시켰다. 따라서 사회주의 혁명역량과 비동맹운동 혁명역량의 성장과 확대를 근거로 한 주체시대라는 시대규정도 사회주의 진영이 붕괴하고 비동맹운동이 활발하지 않은 탈냉전 이후의 상황에서는 그 근거를 상실하였다고 볼 수 있다. 요컨대 주체시대의 도래를 근거로 독창성을 주장했던 주체사상은 탈냉전이라는 새로운 시대의

---

19) 같은 책, 196쪽. / Ibid, p.196.

전개로 인해 현실 설명력을 상실하고, 통치이데올로기로서의 기능이 약화될 수밖에 없는 상황에 직면했다.

둘째, 생산력보다 생산관계, 정치보다는 경제, 물질적 요인보다 사상적, 도덕적 요인을 강조해왔던 북한 사회주의 혁명과 건설 노선의 문제다. 그 동안 북한 지도부는 생산력 발전을 중시하는 객관주의 논리를 거부하고 인민대중의 혁명적 열의와 사상의식을 강조하고 자력갱생의 자립경제 노선을 중시해왔으나, 사회주의권의 붕괴로 인해 교류가 단절됨으로써 북한경제는 심각한 타격을 받았다. 더욱이 1990년대 중반 이후 연속적인 자연재해가 겹쳐짐으로써 주민들에게 식량을 제대로 공급하지 못해 숱한 아사자가 발생하였고, 굶주림과 생활고를 견디지 못한 많은 북한 주민들이 대거 국경을 넘어 탈북하는 사태가 벌어졌다. 공식적으로 해외에 식량지원을 요청하는 상황에서 물질적 자극보다 사상의식을 강조하고, 모든 문제를 자체 힘으로 해결한다는 자력갱생의 주체사상은 그 명분을 상실할 수밖에 없었다.

그러나 1990년대 사회주의권의 몰락과 구조적인 경제난으로 인한 북한의 정치경제적 체제위기는 주체사상으로의 패러다임 전환을 유발한 핵심요인이었던 수령중심의 권력체제를 오히려 강화시키는 데 일조하였다. 1990년대 이후 등장한 거의 모든 실천이데올로기는 한결같이 수령제를 강화하는 내용을 담고 있다. 수령의 유일적 영도체계를 북한 사회주의의 우월성의 징표로 여기는 우리식 사회주의, 수령에 대한 의리와 일심단결을 강조하는 붉은기 사상, 기존의 사회정치적 생명체론에 군을 추가했지만, 수령의 역할이 한층 더 강화된 선군사상 등이 그러하다.

북한연구자들 사이에는 1990년대 이후 등장한 이러한 실천이데올로기들이 주체사상에 어떠한 변화를 가져오고 있으며, 변화의 수준은 어느 정도인가에 대한 다양한 논의가 있다. 대부분의 북한연구자들은 프란츠 셔먼의 순수이데올로기와 실천이데올로기 개념을 적용하여 주체사상의 변용을 설명하고 있으나, 이러한 변용을 해석하는 방식은 서로 다르다. 첫째, 1990년대 이후 통치이념이 주체사상과 전혀 다른 논리구조를 지닌 새로운 통치이념으로 대체되었다는 입장이다. 서재진은 1950년대 실천이데올로기로 등장한 주체사상이 순수이데올로기였던 마르크스-레닌주의를 대체해 버린 것처럼, 특히 강성대국론이 주체사상으로부터 분리되어 실질적으로 공식 이데올로기의 위치를 차지하고 있다고 주장한다. 그에 따르면 강성대국론은 주체사상과 모순적인 관계에 있는데, 새로운 통치의 수단으로 활용하게 된 선군정치라는 개념이 인민대중이 주인이라는 주체사상의 기본개념과는 상치되는 개념이기 때문이다. 또한 주체사상이 당국의 의도와는 달리 북한주민들에 의하여 일탈행위의 사상적 근거로 활용되고 있으며, 북한 지도부 역시 주체사상에 대한 언급의 빈도수를 급격히 줄이고 대신 강성대국론을 배타적으로 활용하고 있다는 것이다. 결국 북 지도부가 주체사상의 종언을 공식적으로 선언한 것은 아니지만, 주류 통치이념의 자리는 이미 강성대국론에 빼앗기고 있다는 것이다.[20]

둘째, 1990년대의 실천이데올로기들은 기존 주체사상에 토대를 두고 있으며 변화된 현실에 따라 주체사상의 이데올로기적 기능을

---

20) 서재진, 「김정일시대 통치이념의 변화 : 주체사상에서 강성대국으로」, 『북한』 2002년 5월호, 북한연구소, 268쪽. / Seo, Jae Jin, "The Change of Government Ideology during Period of Kim, Jung Il : From Juche Ideology to Strong and Great Country", in *North Korea* May 2002, Institute of North Korea, p.268.

보완하고 있기 때문에, 주체사상의 지위와 영향력은 여전히 지속되고 있다는 입장이다. 정성장은 북한의 선군정치를 이유로 주체사상이 '폐기' 또는 '대체'되었다거나 '퇴조'하고 있다는 주장은 주체사상을 『주체사상 총서』의 구성체계 및 내용과 동일시함으로써 생긴 오해라고 본다. 『주체사상 총서』는 그때까지의 주체사상에 대한 논의를 집대성한 것이고 대내외 환경의 변화에 따라 주체사상의 구성체계나 내용도 수정될 수 있기 때문이다.[21] 특히, 곽승지는 과학철학자 라카토스Imre Lakatos의 '핵심-보호대hard core-protective belt' 논리를 차용하여 순수이데올로기(좁은 의미의 주체사상)의 변화를 제한하면서도, 보호대로 기능하는 실천이데올로기의 변화를 통해 새로운 통치이념을 정당화하고 있다고 본다.[22] 비록 주체사상의 변칙사례가 있다고 하더라도, 주체사상의 견고한 핵심을 유지하면서 시대상황에 따라 보호대만을 자기수정적으로 변용한 것이 1990년대에 등장한 여러 실천이데올로기들이라는 것이다.

셋째, 1990년대에 등장한 새로운 실천이데올로기는 단순한 주체사상의 변용에 머무는 것이 아니라 쇠퇴과정을 보여준다는 입장이다. 주체사상이 실천이데올로기로 변용되고 실천이데올로기가 주체사상보다 강조되고 있는 현상은 비록 대체되지는 않았다 하더라도 주체사상의 현실규정력이 약화되고 있는 증거라는 것이다. 1990년대 후반 이후 심각한 체제위기에 직면하여 위기 관리적 선군정치론의 확립과 경제 회생을 위한 실리적 및 실용적 사고의 확대는 이념

---

21) 세종연구소 북한연구센터 엮음, 『북한의 사상과 역사인식』, 한울아카데미, 2006, 16-17쪽. / North Korea Research Center under the Sejong Institute, *North Korean Thought and historical understanding*, Hanul Academy, 2006, pp.16-17.
22) 같은 책, 84-87쪽. / Ibid, pp.84-87.

적 지배력을 수행하는 주체사상의 위력을 약화시키는 요인이 되고 있기 때문에, 비록 주체사상이 폐기되지 않고 하위 담론들만 변화하고 있지만, 주체사상은 시대를 이끄는 이니셔티브를 상실하고 있다는 것이다.[23)]

주체사상의 변용을 해석하는 '대체론', '지속론', '쇠퇴론'의 논의에서 빈번하게 거론되는 실천이데올로기는 '선군정치론'과 '강성대국론'이다. 왜냐 하면 '붉은기 사상'과 '우리식 사회주의론'의 내용이 기존 주체사상에 원칙적인 수정을 가하지 않고 대체로 계승하고 있는 데 반해, '선군정치론'과 '강성대국론'은 기존 주체사상과는 상충되는 내용을 포함하고 있기 때문이다.

우선, 선군정치가 기존의 주체사상과 상충되는 점은 주체사상의 사회역사적 원리 가운데 '혁명의 주력군' 개념과 관련된다. 주체사상에서 혁명의 주력군을 노동자와 농민 중심의 인민대중으로 보았으나, 선군정치에서는 혁명의 주력군이 인민대중에서 인민군대로 대체되었다. 선군정치 등장 이전에는 군대를 인민대중의 구성요소로 보았으나, 등장 이후 군대를 인민대중으로부터 분리시켰을 뿐만 아니라 대중의 앞에 위치시켰던 것이다. 군대의 위상과 역할과 관련해서 이전의 선로후군先勞後軍의 관점에서 벗어난 것으로 괄목할만한 변화라고 할 수 있다. 그러나 선군정치가 인민대중이 주인이라는 주체사상의 기본개념과는 상치된다고는 볼 수 없다. 선군정치에서 군대는 당과 수령의 영도에 충실할 것을 요구하고 있다는 점에서 주체사관의 기본논리가 근본적으로 수정되었다기보다는 부분적으로 수정된 것으로 이해하는 것이 타당하다. 수령 – 당 – 인민대중의 통일

---

23) 최대석·현인애, 앞의 논문, 273쪽. / Choi, Dae Seok·Hyun, Op. cit., p.273.

체에서 군대가 하나 추가된 것이다.[24]

　다음으로, 강성대국론의 핵심인 경제강국 건설을 위해 제시된 '과학중시사상'과 '실리주의 원칙'은 체제를 공고히 하기 위한 사상중심의 교조적인 성격을 띤 기존 이데올로기들과는 달리 기술지향의 이데올로기라는 점에서 완전히 새로운 것이다. 21세기 국가전략목표인 강성대국 건설을 위해 과학기술의 중요성이 지속적으로 강조되고 있으며, 2002년 7.1경제개선 조치 등 일련의 개혁개방정책에서는 경제건설에 초점을 맞춘 실사구시적 태도[25]가 드러나고 있다. 경제강국 건설의 새로운 국가목표를 위해 과학기술적 전문성과 경제적 효율과 실리를 강조하는 실용주의적 경향은 정치사상적 자극을 우선해온 과거의 경제건설이론에 비추어볼 때 유의미한 변화임에는 틀림이 없으나, 이념적 방향에서 근본적인 변화라고는 볼 수 없다. 왜냐 하면 부분적 체제개방과 과학기술을 수용하면서도 부르주아 사상과 문화를 받아들이지 않으려는 북한의 입장(이른바 모기장이론)은 정치와 사상 중심의 사회주의 건설방식을 여전히 고수하겠다는 의지를 드러내고 있기 때문이다. 그러나 경제건설에서 실용주의적 요소(바람)를 도입하되 그로 인한 집단주의적 노동의식의 이완, 경제주의적 가치관의 확산(모기) 등 일탈을 막으려는 북한 지도부의 시도에도 불구하고, 이러한 실용주의 경향은 인민대중의 혁명적 열

---

24) 세종연구소 북한연구센터 엮음, 앞의 책, 16-17쪽. 군대의 위력이 인민대중의 자주성 실현에 더 유리한 조건을 마련해 주며, 군대의 선도자적 역할이 인민들의 창조적 역할을 강화한다는 선군정치(김진환, 『북한위기론』, 선인, 2010, 512-513쪽. / Kim Jin Hwan, *A Discourse on the Disaster of North Korea System*, Seonin, Seoul 2010, pp.512-513)의 내용은 주체사상의 연장선상에 있다.

25) 같은 책, 110-111쪽. / Ibid, pp.110-111.

북한철학의 패러다임 변화와 사상적 특징 **177**

의와 사상의식을 우선하는 주체사상의 위력을 약화시킬 가능성은 충분하다고 볼 수 있다. 왜냐 하면 정치우선이라는 원칙이 생산력발전의 객관적 법칙을 무시했을 때, 이는 주관적 욕망의 표현이며 이러한 주관주의는 결국 대중을 목적의식적으로 조직 동원할 수도 없기 때문이다.[26]

북한사회주의의 생존과 장기적 발전을 보장받으려면 주체사상은 변화해야 하지만, 최고 지도자와 주체사상이 절대적 이미지로 동일시되고, 그것이 만들어낸 현실이 최고의 체제로 받아들여져야 하는 북한의 경우, 주체사상의 논리와 상반되는 현실전개에 대해서 변화의 폭은 매우 협소할 수밖에 없다.[27] 이 점은 우리식 사회주의에서부터 붉은기 사상, 강성대국, 선군정치에 이르는 실천이데올로기가 주체사상에 뿌리를 둔 것으로 북한에서 주장되고 있으며, 또한 사실상 이러한 이데올로기들이 주체사상에 부분적인 변화를 가져오고 있지만 수령론이나 사상론 등 기존 주체사상의 기본 골격을 그대로 유지하고 있는 데서도 확인된다.

３ 사상적 특징

1) 탈식민의 열망 : 역오리엔탈리즘과 자주성의 제약

홉스봄Eric Hobsbawm이 지적한 것처럼 한반도는 오랫동안 예외적으로 종족적 단위와 정치적 단위가 일치하는 '역사적 국가historical

---

26) 송두율, 『현대와 사상』, 한길사, 1990, 78쪽. / Song, Du Yyl, Present Age and Thought, Hangilsa, Seoul 1990, p.78.
27) 이종석, 앞의 책, 186-187쪽. / Lee, Jong Suk, Op. cit., pp.186-187.

states[28])를 형성하였기 때문에 종족과 언어 면에서 비교적 동질적이 며 단일국가로서의 오랜 역사적 전통을 지닌, 세계에서 극히 찾아보기 힘든 지역 중 하나이다. 20세기 전반기의 망국과 후반기의 분단은 한민족에게 이러한 '역사적 국가'를 배반하는 사태로 다가왔다. '민족=국가'를 건설했던 서구와 달리 한반도는 일제 식민지 지배를 경과하면서 '민족=국가'의 좌절을 경험하였고, 해방 후 명분 없이 미소에 의해 분할 점령된 결과, 민족 내부의 적대적 폭력을 동반하면서 민족국가를 향한 열망이 또 다시 좌절되었다.

북한의 강력한 탈식민 열망은 20세기 역사적 과정에서 경험한 외세에 의한 민족 자주성 손상에 대한 반작용의 산물이며, 주체사상을 형성하는 중요한 사회문화적 기반으로 작용했다. 반제국주의 투쟁을 통해 민족해방을 사회주의 이행의 첫째 과제로 삼은 일제강점기 반제투쟁의 자주노선은 해방후 투쟁 대상이 달라졌지만 여전히 지속되었다. 또한 북한의 자주노선은 1966년 노동신문의「자주성을 옹호하자」라는 사설에서 보듯, 사회주의 노선을 둘러싼 중소분쟁 와중에서 국제 공산주의운동의 원칙으로까지 확대되었다. 북한은 미국이든 소련과 중국이든 외세의 간섭을 거부하고 민족 자주성을 국가의 기본목표로 설정하였던 것이다. 나아가 훼손된 정체성을 회복하려는 탈식민의 열망은 사회주의 혁명과 건설의 보편적인 사상으로까지 드높여졌다. 자주성은 생산력 발전을 대신하는 세계사적 시대구분의 근거가 되었고, 철학적 이론화 과정에서 인간존재의 본질로

---

28) 에릭 홉스봄, 『1780년 이후의 민족과 민족주의』, 강명세 옮김, 창작과 비평사, 2008, 94쪽. / Eric Hobsbawm, *Nations and Nationalism since 1780 : programme, myth, reality*, Tr. Changbi, Seoul 2008, p.94.

부각되었다. 자주성은 시대인식과 인간론뿐만 아니라 사회역사적 원리, 혁명이론과 영도방법, 민족 및 통일론 등 모든 영역을 관통하는 핵심적 가치였다.

주체사상은 마르크스 - 레닌주의를 북한의 구체적 조건과 민족적 특성에 맞게 창조적으로 적용한 실천이데올로기에서 출발하였으나, 마르크스 - 레닌주의의 새로운 단계를 반영하는 사상이라는 과도기적 규정을 거쳐(1967-1973) 1974년 이후 마르크스 - 레닌주의의 한계를 극복한 새로운 보편적 세계관으로 내세워졌다. 1980년대 중반 이후 주체사상은 학문분야별 전문화 과정에서 마르크스 - 레닌주의를 대체한 보편적 세계관이라는 주장을 넘어 세계철학사상의 최고봉으로 주장되었다. "절대", "가장 우월한", "제일" 등의 최상급 수식어는 1990년대 주체사상을 변용한 실천이데올로기들에서도 변함없이 사용된다. 이를테면 소련 및 동구 사회주의권 붕괴시기에 제시된 우리식 사회주의론에서는 북한 사회주의는 붕괴되거나 변질된 다른 사회주의권과 구별되는 "가장 우월한" 사회주의이며, 또 '우리식 사회주의'는 수령의 유일적 영도와 더불어 고대로부터 탁월한 민족적 우수성 덕분에 가능하다고 주장된다. 특히 '조선민족제일주의'는 고대사 연구에 직접적 영향을 미쳤으며, 1993년 단군릉 발굴 보도, 1997년 주체 연호 사용, 나아가 1998년 대동강 유역이 세계 4대문명에 비견되거나 혹은 더 우월한 인류문명의 발상지라는 '대동강문화론'의 대두에 영향을 미쳤다.[29]

---

29) '대동강문화론'은 1993년 '단군릉 발굴 및 개건' 사업 이후의 변화된 단군론과 연결되어 2000년 단군이 민족시조라면 김일성은 민족중흥 시조라는 김일성 민족론으로 귀결되었다. 강성륜 편저, 앞의 책, 310쪽. / Kang, Sung Yoon, Op. cit., p.310.

자신의 정체성을 회복하고 주체를 정립하려는 탈식민의 열망은 북한에만 고유했던 현상이 아니라 식민지 침략을 당한 비서구 제3 세계 국가들에 공통된 것이다. 20세기 강대국 중심의 세계사적 질서 속에서 한민족이 겪은 망국과 분단의 역사적 경험은 민족적 차원에서 집단적 자기방어와 탈식민의 열망을 불러일으켰다. 외세에 의해 부과된 규정성을 해체하고 자신의 정체성을 확립하려는 탈식민의 노력은 따라서 자연스러운 현상이다. 그러나 북한의 탈식민 열망은 주체사상이 순수이데올로기로 이론적 지위가 격상됨으로써 변질되었다. 1967년부터 본격화된 유일사상화 과정은 이전의 주체화 노력이 제3세계라는 특수적 조건에서 상황 해석을 가능하게 해주는 틀이라는 성격을 벗어나, 자립적이고 자족적인 하나의 사상체계로 전환됨을 의미하며, 따라서 주체화는 자신의 정체성을 부여하는 것에서 벗어나 자신을 절대화하는 이념으로 고착된다.[30]

북한 사회주의 혁명과 건설의 경험을 특권화하여 주체시대의 보편적 대안이자 세계철학사상의 정점에 위치시키는 방식은 오리엔탈리즘의 논리를 역방향에서 보여주고 있다. 자기나라의 전통이나 역사적 경험을 특권화하는 것은 2차세계대전 전 일본의 아시아관에 특징적인 자국중심주의의 배타적 성격을 지닌 것이다. 자국중심주의적 성격은 일본문화가 중국을 대신하는 동아시아의 새로운 문명론적 중심이자, 서양 근대를 극복한 문명론적 대안으로 내세우는 전

30) 전효관, 「북한 정치담론의 의사소통 구조와 전략」, 『현대북한연구』 제1권 1호, 경남대 북한대학원, 1998, 229쪽. / Jun, Hyo Kwan. "The Communicative Structure and Linguistic Strategy of North Korean Political Discourse", in *Contemporary North Korea Studies* Vol.1, No.1, University of North Korean Studies in Kyungnam University, 1998, p.229.

전戰前 일본 지식인 특유의 동아시아관에서 전형적으로 나타난다. 항일무장투쟁과 북한사회주의 건설의 역사적 경험을 세계사적 의의를 지닌 것으로 특권화하는 것은 약자로서 겪은 수난과 우여곡절을 민족적 영광과 우월성의 징표로 전도시킨 과잉 보편화 혹은 또 다른 의미의 패권적 보편화일 뿐, 진정한 탈식민의 과제에 미달한다.

또한 북한의 역사적 경험과 이를 바탕으로 한 주체사상이 수령이라는 절대주체로 귀결됨으로써 주체사상의 핵심테제인 인민대중의 자주성을 오히려 훼손하였다. 인민대중이 역사의 주체이지만 개인이 아닌 집단적 주체이며, 수령의 지도를 따라야만 참된 주체가 된다는 주장은 자율적인 개인주체의 합리적 비판이나 저항의 여지를 없애버리는 폭력적 동일화의 논리로 작용하기 때문이다. 이를테면 북한학자들이 쓴 논문은 수령과 후계자의 교시와 치침을 인용하여 주석하거나 정당화할 뿐, 개인적 의견제시나 비판적 논의가 전무하다. 모든 학문적 논의는 수령의 교시에 대한 주석과 해설의 형태를 띨 뿐이며, 주체사상에 대한 올바른 주장은 오직 수령과 그 후계자만의 몫일뿐이다.

뿐만 아니라 자신의 것에만 집착하고 높은 가치를 부여하는 한편, 자신 이외의 것에 대해서는 부정적으로 대하는 북한의 자기중심적이고 폐쇄적인 자주성 담론은 분단체제를 강화하고 국제사회와의 소통을 가로막음으로써 오히려 대외관계에서 자주성을 제약하는 역설적인 결과를 초래했다. 남한의 식민성과 북한의 자주성이라는 이분법을 강조함으로써 북한이 중시하는 자주성의 실현은 분단상황에 제약된 체제대립적 규정성을 탈피하지 못했음은 물론 분단체제를 고착화하는 역방향으로 작용하였다. 또한 외세와 주체라는 이항대립적 구도 속에서만 자주성을 이해함으로써 자주성이 강조될수록 국제적 고립이 강화되면서 결과적으로 자주성이 제약되었다. 흔히 남에 대한 북의 상대적 자주성을 이야기하지만, "개인이건 집단이건 진실로 자신에게 필요하고 자신이 소망하는 바를 남들이 간섭 없이 성취할 수 있는 상태가 자주"라고 한다면, 국제적 고립상태에 처해 있는 북한은 "매우 심각한 자주성의 제약"[31]을 받을 수밖에 없었다.

2) 유교전통의 활용 : '만들어진 전통'

남북은 근대화 과정에서 유교전통을 공통적으로 활용하였지만, 그 활용시기와 활용방식에서 차이가 난다. 유교전통의 활용은 남한의 경우 1960-70년대의 박정희 정권에서 두드러지지만, 북한의 경우 1980년대 중반이후 전면적으로 부상하였다. 북한은 정권수립기부터 오늘에 이르기까지 공식적으로는 유교전통의 봉건성을 일관되게 비판해왔다. 유교전통에서 유래된 의리, 충성, 효성, 충신, 효자, 간신, 불효자 등의 용어들은 1960년대 중반까지 북한에서 봉건사상을 반영한 것이라고 해서 결코 사용되지 않았다.[32] 유일사상체계가 확립되기 시작한 1967년을 기점으로 과거의 민족문화정책 전반이 비판되고, 특히 유교전통은 봉건사회의 잔재로 지목되어 더욱 혹독한 비판을 받았다. 그러나 북한 지도부의 이러한 비판적 수사에도 불구하고 오히려 유일사상체계 확립 운동이 전개된 1967년은 충효와 가족

---

31) 백낙청, 『분단체제 변혁의 공부길』, 창작과비평사, 1994, 19쪽. / Baek, Nak CHeong, *A Path of Study for the Breakdown of Division System*, Changbi, 1994, p.19.

32) 스즈끼 마사유끼(鐸木昌之), 『김정일과 수령제 사회주의』, 유영구 역, 중앙일보사, 1994, 148쪽. / Szuki Masayuki, *Kim, Jongil and North Korean Socialism*, Tr. Jungangilbo, Seoul 1994, p.148.

주의 등 유교 담론이 형성되는 데 결정적인 계기가 되었다. 유교담론은 공식적으로는 부정적인 평가를 받았지만, 주체사상의 '수령관'이나 '유일사상 10대 원칙' 등에서 보듯 유일사상체계 확립을 위해 활용되었던 것이다.

그러나 북한에서 유교전통은 그 해독성이 일면적으로 강조되었지만 암묵적으로 활용되던 1970년대와 달리, 특히 1990년대 들어 체제의 안정성과 지속성을 확보하기 위해 노골적으로 강조되었다. 북한 사회과학원 김일성주의연구소의 김화종은 우리가 유교적 도덕관념으로 생각하는 충효나 인, 의 등은 유교에 고유한 것이 아니라 인간 본연의 보편적인 도덕이며, 다만 유교는 이러한 인간의 보편적인 도덕관념을 이용하여 봉건군주에 대한 복종의식을 주입했을 뿐이라고 강변한다. 오랜 역사를 두고 민족정신에 깊이 뿌리박은 인간본연의 도덕관념은 그 관념론적, 신비주의적 왜곡을 바로 잡을 경우, 외래 퇴폐풍조를 막는 데 큰 역할을 하며, "제국주의 사상문화 침투책동을 파탄시키기 위한 효과적 수단"이 될 수 있다는 것이다.[33]

북한이 활용한 유교전통은 유교전통 그 자체라기보다, 정치적 리더십 확립과 사회주의 공업화 촉진 혹은 위기상황 극복을 위해 강력한 국가주의적 기획 아래 선택적으로 활용된 '만들어진 전통'invention of tradition에 속한다. 서동만은 북한의 공식 이데올로기를 전부 유교적인 것으로 간주하는 유교 환원주의를 비판하면서, 1967년 이후 시

---

33) 김화종, 「주체사상의 견지에서 본 유교사상의 평가 문제」, 『퇴계학과 한국문화』 제35권, 경북대학 퇴계연구소, 2004, 95쪽. / Kim, Hwa Jong, "Valuation issue of Confucian ideas from the viewpoint of subjective thought", in *Toegye Studies and Korean Culture* Vol.35, Research Institute of Toegyehak in Kyungbook University, 2000, p.95.

간적 경과나 정치적 변화에 따라 유교 담론이 바뀌고 있음을 주장한다. 그에 따르면 유교 담론은 1970년대부터 시작하여 80년대, 90년대를 거치면서 강화되는 경향을 보이지만 그것이 항상 같은 내용을 가진 것은 아니었으며, 또한 그것은 철저하게 상황적 필요성을 반영한 인위적인 형성물이었다. 그는 유교가 조선 전래의 전통 문화라는 점에서 북조선체제와 일정한 친숙성이 있음을 부정할 수는 없지만 이를 사회주의 체제와 유교 전통의 자연스러운 혹은 필연적인 결합으로 볼 수는 없다고 본다.[34)]

'만들어진 전통'의 측면에만 주목한다고 해서 개인주의의 부재, 장유유서의 인간관계, 가부장제 및 권위주의 문화, 혈연의 강조 등 북한사회에 작용하는 유교전통의 광범위한 문화적 영향력이 과소평가되는 것은 아니다. '만들어진 전통'은 인간관계의 규범이나 오랜 기간 형성된 무의식적 삶의 관행과 사고방식 등 특정 사회가 물려받은 전통 전체의 폭과 깊이에 비하면 극히 적은 부분에 불과하다. 그러나 '만들어진 전통'이 아니라 은연중에 스며든 유교전통의 문화적 영향력만을 지나치게 강조할 경우, 북한사회주의체제의 특성을 도외시하고 주체사상과 유교전통 사이의 필연적이고 자연스러운 결합을 주장하는 문화주의적 편향이나, 주체사상을 오직 "유교적인 것으로만 간주하는 유교환원주의"에 빠질 수 있다. 유교전통의 문화적 지평이 그대로 북한사회주의 체제와 주체사상의 성립과정에서 규정

---

34) 서동만, 「북조선의 유교 담론에 관하여 - 김정일의 통치 담론을 중심으로 -」, 『통일문제연구』 제18권 1호, 평화문제연구소, 2006, 146쪽. / Suh, Dong Man, "The Confucian Discourse of North Korea-Based on Kim Jongil's Governing Ideology", in *The Korean Journal of Unification Affairs* Vol.18 No.1, Institute for Peace Affairs, 2006, p.146.

적 역할을 한 것은 아니며, 독자적 이데올로기 확립의지, 권력집중과 승계, 혹은 체제위기 극복 등 권력주체와 시대상황의 필요성에 따라 유교전통은 철저히 목적의식적으로 동원되고 재구성되었다.

　유교전통의 활용은 처음부터 의도적으로 추구된 것이 아니라 시대상황에 따라 시기별로 다르게 나타난다. 서동만에 의하면 1970년대 담론 형성의 특징은 '어버이 수령'이란 표현이나 수령을 뇌수, 심장 등 인체 일부로 비유하는 데서 보듯 유교담론과 유기체적 담론의 두 흐름이 서로 혼재하면서 나타난다.35) 1980년대 중반 덩샤오핑의 개혁－개방 노선과 고르바초프의 페레스트로이카 노선을 배경으로 주장된 '사회정치적 생명체론'은 유교적인 것이라기보다 기독교적 삼위일체론과 흡사하며, 기독교적 영생론과 통한다.36) 사회주의권이 붕괴되기 시작한 1991년 초부터 수령에게 충성과 효성을 강조하는 유교적 국가론이 본격적으로 전개되며, 이후 이민위천, 인덕정치, 광폭정치 등 유교적 국가관의 담론에 일정한 변화를 꾀해 간다.37) 특히 1990년대는 체제위기상황에서 체제비판을 봉쇄하고 운명공동체 의식을 심어주기 위한 정치적 기획의 일환으로 다양한 유교담론이 본격적으로 전개된 시기였다.

　주체사상에는 유교전통뿐만 아니라 북한 사회주의의 역사적 전개과정에서 마르크스－레닌주의, 모택동주의, 나아가 기독교 등 매우 다양한 사상적 요소들이 포함되어 있다. 마르크스－레닌주의를 대체한 새로운 세계관으로 내세워졌음에도 불구하고, 주체사상은 혁명이

---

35) 같은 논문, 107쪽. / Ibid, p.107.
36) 같은 논문, 117-120쪽. / Ibid, pp.117-120.
37) 같은 논문, 125-134쪽. / Ibid, pp.125-134.

론과 영도방법에서 중앙집권적 계획관리, 프롤레타리아 독재 등 마르크스-레닌주의의 원칙들을 상당부분 계승하고 있다. 또한 낮은 생산력 수준과 노동계급의 미성숙이라는 (반)식민지 농업국가라는 환경에서 사회주의를 건설하면서 사상과 인민대중의 역할을 중시했으며, 대중적 실천과 유리된 사변이나 관념을 완강히 거부하고 실천을 이론발전의 기초로 삼고 있다는 점에서 모택동 사상과 공통점도 지닌다.[38] 나아가 유일사상체계가 수십 년간 북한사회를 지배하면서 수령에 대한 숭배가 북한주민들 사이에 깊이 스며들어 종교적 신앙으로 내면화된 측면에서 기독교와의 유사성도 보이고 있다.

따라서 주체사상에 대해 성리학적 사유구조와 비교하거나, 마르크스-레닌주의와의 단절성과 연속성을 논하거나, 기독교 사상과의 유사성을 주장할 여지는 있지만, 그렇다고 어느 한 사상과의 구조적 유사성으로 획일화하여 주체사상을 이해하는 데는 무리가 따른다. 다만 모택동 사상과의 비교는 1967년 이전 마르크스-레닌주의의 창조적 적용으로 선언된 주체사상과, 기독교와의 비교는 1980년대 중반 '사회정치적 생명체론' 등장 이후 수령의 절대성이 더욱 고조된 주체사상과 이루어지는 것이 더 적절해 보인다. 반면 유교 전통이나 마르크스-레닌주의와 주체사상의 비교는 시기적으로 그 양상은 다양하게 드러날지라도 북한 사회주의 건설의 역사 전체에 걸쳐 가능하리라 본다. 왜냐하면 기본적으로 주체사상은 자주성을 훼손해온 식민과 분단의 역사를 배경으로, 유교전통을 선택적으로 활용하면서 마르크스-레닌주의를 수용, 변형시켜온 사상이기 때문이다.

---

38) 이종석, 앞의 책, 176-178쪽. / Lee, Jong Suk, Op. cit., p.176-178.

3) 종교성의 강화 : 종교성의 형태와 성격

남한의 북한연구에서는 북한 체제 자체 혹은 주체사상에 대해 종교 혹은 유사종교라는 관점에서 접근하는 연구경향도 존재하고 있다. 물론 "김일성교", "김일성 부자 숭배" 등의 표현으로 북한체제를 비난하는 연구가 주종을 이루지만, 최근에는 북한의 주체사상이 종교화되고 있다는 주장과 함께 북한 사회의 종교성을 거론하는 연구까지 등장하고 있다.39) 주체사상을 이해하는 한 방편으로 .주체사상의 종교화가 거론되고 있는 것이라 할 수 있다.

주체사상은 역사적 발전과정에서 점차 종교성이 강화되어 왔다. 주체사상이 종교적 차원으로 발전하는 첫 번째 계기는 먼저 '수령론'이 대두하면서부터 시작된다. 1974년 김정일이 주체사상을 김일성주의로 정식화한 이후「당의 유일사상체계 확립의 10대 원칙」의 선포과정에서 주체사상은 종교적 색채를 띠기 시작했다. 주체사상의 종교성은 주체사상의 철학적 연구의 진전으로 뒷받침되다가, 종교적 신앙으로 심화된 것은 바로 사회정치적 생명체론이 대두하면서부터이다. 사회정치적 생명체론은 주체사상의 종교적 변신을 가져오는 중요한 계기가 되었다.40) 수령의 절대권력을 제도화한 유일사상체계 확립과 더불어 김일성 숭배가 본격화되었고, 이를 정당화

---

39) 류성민,「주체사상과 종교」,『종교연구』32, 한국종교학회, 2003. 28쪽. / Ryu, Sung Min, "Juche Ideology and the Religions of North Korea", in *Religious Studies* Vol 32, Korean Association for Religious Studie, 2003, p.28.

40) 김병로,『북한 사회의 종교성: 주체사상과 기독교의 종교양식 비교』, 통일연구원, 2000, 27-30쪽. / Kim, Byung Ro, *The Religious Nature of North Korean Society : Comparative Study on Juche Ideology and Christian Religious Modes*, Korean Institute for National Unification, 2000, pp.27-30.

하는 이론적 작업이 진행되다가 1986년 수령·당·대중이 운명을 같이하는 하나의 생명체라는 '사회정치적 생명체론'의 출현으로 주체사상은 통치이데올로기의 정치적 차원을 넘어 종교성을 더욱 진하게 띠게 되었다. 종교학적 관점에서 볼 때 삼위일체의 유기체적인 생명론은 사회정치생명체의 유기체적인 삼위일체 생명론과 매우 흡사한 종교 양식을 구성하고 있다는 점에서 양자의 생명관의 존재론적인 구조는 대단히 비슷하다.[41] 또한 사회정치적 생명체론에서 기독교의 삼위일체론과 유사한 수령·당·인민의 전일체뿐만 아니라, '영생'이나 '낙원' 등 기독교의 개념과 용어가 등장하고 있다.

주체사상은 북한사회에서 지배자들의 단순한 통치이데올로기를 넘어서 북한주민 개개인의 의식 속에 깊이 스며들어 내면화되었으며, 기독교 교리와 의식, 조직체계 등 종교적 형태의 큰 틀에서 주체사상과 기독교는 유사성을 띠고 있다. 자연과 구별되는 인간의 중요성과 존엄성을 강조하는 인간론, 신앙의 대상과 신자들 사이의 관계를 연결시켜주는 매개고리로서의 예수와 수령존재의 필연성, 인간의 삶과 죽음의 문제를 해결해주는 구원과 영생의 개념, 교회공동체와 사회정치적생명체, 종말론적 신앙 등은 교리와 신념체계에서 주체사상과 기독교가 높은 종교적 친화력을 지니고 있음을 드러내며, 일주일 주기로 진행하는 생활총화를 비롯하여 여러 집회와 모임은 북한사회의 종교성을 유지시켜주는 종교의식이라 할 수 있다.[42]

---

41) 재미 신학자 신은희는 사회정치적 생명체 개념이 영성적 차원을 보여주고 있다고 주장한다. 즉 주체사상이 제시하는 사회정치적 생명체론은 인간의 삶의 지표를 제공하며 죽음 후에도 영생하는 삶의 방향을 제시한다.(신은희, 「주체사상과 재미신학」, 『현실과 전망』 2003.8, 109쪽. / Shin, Eun Hee. "Juche Ideology and Korean American's Theology", in *Reality and Prospects*, 2003, p.109)

그러나 북한은 정권 수립초기부터 줄곧 종교의 비과학성과 반동성을 강조해 왔다. 종교의 해독성은 특히 유일사상체계의 확립을 전후하여 더욱 강조되었다. 유일사상체계가 강조되던 시기에 종교는 주체사상과 정면 대립되는 사상으로 부각되어 비과학적이고 대중을 기만하는 반동적인 미신으로 여겨졌다. 불교나 유교 비판이 주로 전통사상 비판의 맥락에서 이루어지고 있다면, 기독교 비판은 미 제국주의의 침략을 분식하는 사상적 도구이자 반공전선의 돌격대라는 남한 기독교의 반동성에 초점을 두고 있었다. 그러나 1990년대 이후 북한의 종교에 대한 입장은 변화한다. 종교와 미신을 동일시하며 모두 비과학적이며 반동적이라는 점만 중시되다가, 1990년대 이후 종교는 비록 환상적이라도 인간의 본질적 속성을 반영하고 있지만 미신은 그렇지 못하다고 하여 종교와 미신을 구별하였다.[43]

1990년대에 들어 북한 지도부는 사회주의권의 개혁개방과 붕괴를 직면하여 종교에 대한 새로운 정책변화를 시도하였다. 1989년 김일성대학에 종교학과가 신설되면서 기독교에 대한 강의가 최초로 이루어졌다. 북한 사회과학원 주체사상연구소 소장 박승덕은 1990년 북미기독자회의 제24차 연례대회에서 기독교의 역사적 발전단계에서 여러 가지 형태가 있음을 인정하고 자본가계급에 복무한 변질된 기독교형태를 제외하고 원시기독교 형태나 현대기독교 형태를 긍정하면서 기존의 교조적 종교비판을 청산했음을 강조하였다. 그리고

---

42) 김병로, 앞의 책, 199-201쪽. / Kim, Byung Ro, Op. cit., pp.199-201.

43) 이병수, 「과도기의 북한철학에 나타난 변화와 이론적 특징」, 『통일인문학』 제50집, 건국대 인문학연구원, 2010, 58-59쪽. / Lee, Byung Soo, "The Changes and Theoretical Features in North Korean Philosophy of Transitional Period", in *The Humanities for Unification* Vol.50, Institute of Humanities in Konkuk University, 2010, pp.58-59.

주체사상과 본래적 기독교신앙의 이념적 지향성에서 공통점과 차이점을 솔직하게 인정했다.[44] 주체사상이 종교와의 접목을 시도하고 있다는 점은 주체사상의 인도주의적 측면을 강조하는 데서도 드러난다. 1990년대 들어 북한은 인권문제에 대한 국제사회의 비난에 대응하여, 주체사상이 "세계관적 견지에서 사람·인민대중의 존엄과 가치를 최상의 경지에 끌어올리고 자주성을 본성으로 하는 사회적 인간에 대한 최상의 인간애를 구현하고 있기 때문"에 "최고의 인도주의"라고 주장하였다.[45] 주체사상이 인간에 대한 사랑을 구현하고 있다는 주장은 인권문제에 대한 대응뿐만 아니라 종교를 부정하는 마르크스-레닌주의와는 달리 종교적 진리를 내부에 포함하고 있음을 보여주려는 의도를 지닌다.

이상에서 보듯 교리와 의식, 조직체계 등의 종교의 형태적 측면에서 주체사상이 기독교와 유사성을 띠고 있지만, 이러한 주체사상의 종교성을 북한체제와 분리시켜 민족종교의 일종으로 볼 수 있을지는 의문이다. 신은희는 주체사상을 천도교, 증산교처럼 정치적 동기에서 출발했지만 점차 종교양식을 갖춘 민족종교와 같은 성격으로 이해하면서, 북한 사람들의 심성에 깊이 자리 잡은 주체사상의 영성적 차원을 강조한다. 그는 북한의 주체문화를 크게 정치적으로 조직화되고 기관화된 주체개념과 문화적으로 영성화되어 나타나는 주체개념(주체영성)으로 구분하고, "주민들의 일상생활과 삶의 가치기준

---

44) 북한 교회사집필 위원회, 『북한 교회사』, 한국기독교 역사연구소, 1999, 467-477쪽. / Committee Writing a History of the North Korean Church, *A History of the North Korean Church*, The History Institute of Korean Christianity, 1999, pp.467-477.

45) 이종석, 앞의 책, 553쪽. / Lee, Jong Suk, Op. cit., p.553.

으로 내면화되어 생활 속에 깊이 자리 잡은 영성으로서의 주체의식"
에 주목한다.[46] 그러나 주체문화의 두 측면은 분리불가능하기 때문
에 그가 말하는 "영성으로서의 주체의식", 곧 주체사상의 영성적 차
원은 체제와 이념에 절대적으로 순종하는 신민의식과 분리되어 이
야기될 수 없으며, 오히려 기독교 근본주의와 상통하고 있다. 수령
은 항상 옳고, 수령이 창시한 주체사상은 이론과 실천에서 오류를
범할 수 없는 절대적 신념체계라는 주장[47]은 성경에 대한 절대적
무오류설을 믿고 다른 종교에 대한 배타적 적대감을 보이는 기독교
근본주의와 다를 바 없다. 또한 김일성의 항일무장투쟁만이 정통이
고 다른 사회주의 항일운동을 종파적 이단으로 단죄하는 정통과 이
단의 역사관 역시 기독교 근본주의와 상통한다.

4 나가는 말

한국의 구체적 현실에 뿌리박지 못하고, 사유와 현실의 한국적 맥
락을 무시함으로써 현실과 철학 사이에 벌어져 왔던 간극 가운데 대

---

46) 신은희, 「북조선의 인권문제와 통일다원주의」, 『민족사상연구』 제12권, 경기
대학 민족문제연구소, 2005, 193쪽. / Shin, Eun Hee. "North Korea's human rights
and Pluralism for the Unification", in *Studies on the National Thoughts* Vol.2,
Institute of the national issues in Kyonggi University, 2005, p.193.

47) 부르스 커밍스는 "주체사상에서 최악의 요소를 찾는다면 그것은 체스게임에
서 항상 이기는 로봇"처럼 "주체사상이 모든 문제에 대한 만능해법을 가지고
있어, 항상 그리고 영원히 위대한 승리를 가져온다고 가정"하는 점이라고 지
적하고 있다. 부르스 커밍스, 『김정일 코드:브루스 커밍스의 북한』, 남성욱 옮
김, 따뜻한 손, 2005, 122쪽. / Bruce Cumings, *North Korea : Another Country*,
Tr. Humandom, Seoul 2005, p.122

표적인 것이 분단현실에 대한 철학적 사유의 빈곤이다. 분단현실에서 통일은 우리의 미래를 가장 강력하게 규정하는 가치임에도 불구하고 그간 분단현실과 통일한반도에 대한 철학적 이론화는 미약했다. 우리의 역사적 현실에 열려있는 철학적 사유의 구체성과 현재성을 획득하는 데 있어, 서구철학의 재현적 수용만으로는 설명될 수 없는 분단현실에 대한 철학적 성찰은 생략할 수 없는 과제다.

분단극복과 통일을 철학적으로 사유할 주제는 매우 많다. 이를테면 인권, 생태, 평화 등 통일한반도의 새로운 공동체의 비전과 관련된 가치론적 차원의 연구, 통일을 한반도에 국한된 시각을 벗어나 보다 거시적이고 세계사적인 맥락에서 해명하는 연구, 분단체제 형성과 체제 대립의 역사적 연원을 20세기 한반도 지성사적 맥락에서 해명하는 연구 등 다양하다. 주체사상 역시 20세기 한반도 지성사에서 등장한 여러 철학사상 가운데 하나로 이해될 수 있다. 통일한반도의 새로운 지평을 찾는 분단극복의 철학적 사유는 분단체제에 제약된 남북의 이분법적 이념구도를 넘어, 위정척사, 개화사상, 동학을 위시하여, 기독교 전통, 민족주의 전통, 사회주의 전통, 자유주의 전통, 주체사상 등 20세기 한반도 근현대사에서 대두한 여러 철학사상들이 지닌 이론적, 실천적 의의와 한계에 대한 반성적 평가 위에서 정립되어야 한다고 본다.

참고문헌

강성윤 편저, 『북한의 학문세계 상』, 선인, 2009. / Kang, Sung Yoon, *The Academy of North Korea*, Seonin, Seoul 2009.
김근식, 「1990년대 북한의 체제정당화 담론 - 우리식 사회주의와 붉은기철학을 중심으로」,『통일정책연구』8권 2호, 통일연구원, 2000. / Kim, Keun Sik, "North Korea's Legitimation Discourse of the Regime in 1990s- focusing on Our Own Socialism and Philosophy of red flag", in *Study on the Unification Policy* Vol.8 No.2, Korean Institute for National Unification, 2000.

김병로,『북한 사회의 종교성: 주체사상과 기독교의 종교양식 비교』, 통일연구원, 2000. / Kim, Byung Ro, *The Religious Nature of North Korean Society : Comparative Study on Juche Ideology and Christian Religious Modes*, Korean Institute for National Unification, 2000.

김진환,『북한위기론』, 선인, 2010. / Kim Jin Hwan, *A Discourse on the Disaster of North Korea System*, Seonin, Seoul 2010.

김화종,「주체사상의 견지에서 본 유교사상의 평가 문제」,『퇴계학과 한국문화』제35권, 경북대학 퇴계연구소, 2000. / Kim, Hwa Jong, "Valuation issue of Confucian ideas from the viewpoint of subjective thought", in *Toegye Studies and Korean Culture* Vol.35, Research Institute of Toegyehak in Kyungbook University, 2000.

다니우라 다카오(谷浦孝雄),「김일성사상에 관한 일 고찰」,『서구 마르크스주의자들이 본 북한사회』, 중원문화, 1990. / Daniura Dakao, "A Study on Kim IL Sung's Thought", in *North Korea System from Western Marxist's perspective*, Tr. Jungweonmunhwa, 1990.

류성민,「주체사상과 종교」,『종교연구』32, 한국종교학회, 2003. / Ryu, Sung Min, "Juche Ideology and the Religions of North Korea", in *Religious Studies* Vol 32, Korean Association for Religious Studie, 2003.

백낙청,『분단체제 변혁의 공부길』, 창작과비평사, 1994. / Baek, Nak CHeong, *A Path of Study for the Breakdown of Division System*, Changbi, 1994.

부르스 커밍스, 남성욱 옮김,『김정일 코드: 브루스 커밍스의 북한』, 따뜻한 손, 2005. / Bruce Cumings, *North Korea : Another Country*, Tr. Humandom, Seoul 2005.

북한 교회사집필 위원회, 『북한 교회사』, 한국기독교 역사연구소, 1999. / Committee Writing a History of the North Korean Church, *A History of the North Korean Church*, The History Institute of Korean Christianity, 1999.

사회과학원 철학연구소, 『철학사전』, 평양: 사회과학출판사, 1970. / Institute of Philosophy under the Academy of Social Sciences, *Dictionary of Philosophy*, Pyongyang : Social Science Publishing Company, 1970.

_____, 『철학사전』, 평양: 사회과학출판사, 1985. / Institute of Philosophy under the Academy of Social Sciences, *Dictionary of Philosophy*, Pyongyang : Social Science Publishing Company, 1985.

서동만, 「북조선의 유교 담론에 관하여 - 김정일의 통치 담론을 중심으로 -」, 『통일문제연구』 제18권 1호, 평화문제연구소, 2006. / Suh Dong Man, "The Confucian Discourse of North Korea-Based on Kim Jongil's Governing Ideology", in *The Korean Journal of Unification Affairs* Vol.18 No.1, Institute for Peace Affairs, 2006.

서재진, 「김정일시대 통치이념의 변화 : 주체사상에서 강성대국으로」, 『북한』 2002년 5월호, 북한연구소. / Seo, Jae Jin, "The Change of Government Ideology during Period of Kim, Jung Il : From Juche Ideology to Strong and Great Country", in *North Korea*, May 2002. Institute of North Korea.

세종연구소 북한연구센터 엮음, 『북한의 사상과 역사인식』, 한울아카데미, 2006. / North Korea Research Center under the Sejong Institute, *North Korean Thought and historical understanding*, Hanul Academy, Seoul 2006.

송두율, 『현대와 사상』, 한길사, 1990. / Song, Du Yyl, *Present Age and Thought*, Hangilsa, Seoul 1990.

_____, 『전환기의 세계와 민족지성』, 한길사, 1991. / Song, Du Yyl, *World in Transition Period and National intelligence*, Hangilsa, Seoul 1990.

스즈끼 마사유끼(鐸木昌之), 유영구 역, 『김정일과 수령제 사회주의』, 중앙일보사, 1994. / Szuki Masayuki, *Kim, Jongil and North Korean Socialism*, Tr. Jungangilbo, Seoul 1994.

신은희, 「주체사상과 재미신학」, 『현실과 전망』 2003. / Shin, Eun Hee. "Juche Ideology and Korean American's Theology", in *Reality and Prospects*, 2003.

_____, 「북조선의 인권문제와 통일다원주의」, 『민족사상연구』 제12권, 경기대학 민족문제연구소, 2005. / Shin, Eun Hee. "North Korea's human rights and Pluralism for the Unification", in *Studies on the National Thoughts* Vol.2, Institute of the national issues in Kyonggi University, 2005

에릭 홉스봄, 강명세 옮김, 『1780년 이후의 민족과 민족주의』, 창작과 비평사, 2008. / Eric Hobsbawm, *Nations and Nationalism since 1780 : programme, myth, reality*, Tr. Changbi, Seoul 2008.

이병수, 「주체사상의 보편화 및 체계화 과정에 대한 분석」, 『시대와 철학』 5권 2호, 한국철학사상연구회, 1994. / Lee, Byung Soo, "An Analysis on Universalization and Systemization Process of Juche Ideology", in *EPOCH AND PHILOSOPHY: A Journal of Philosophical Thought in Korea* Vol, 5, No.2, Korean Association for Studies of Philosophical Thought, 1994.

_____, 「과도기의 북한철학에 나타난 변화와 이론적 특징」, 『통일인문학』 제50집, 건국대 인문학연구원, 2010. / Lee, Byung Soo, "The Changes and Theoretical Features in North Korean Philosophy of Transitional Period", in The *Humanities for Unification* Vol.50, Institute of Humanities in Konkuk University, 2010.

이종석, 『새로 쓴 현대북한의 이해』, 역사비평사, 2000. / Lee, Jong Suk, *A New Wtitten Understanding on the Contemporary North Korea*, Critical Review of History, 2000.

이훈, 「북한철학의 흐름」, 『시대와 철학』 5권 2호, 한국철학사상연구회,

1994. / Lee, Hun, "Main Currents in the North Korean Philosophy", in *EPOCH AND PHILOSOPHY: A Journal of Philosophical Thought in Korea* Vol, 5, No.2, Korean Association for Studies of Philosophical Thought, 1994.

전효관, 「북한 정치담론의 의사소통 구조와 전략」, 『현대북한연구』 제1권 1호, 경남대 북한대학원, 1998. / Jun, Hyo Kwan. "The Communicative Structure and Linguistic Strategy of North Korean Political Discourse", in *Contemporary North Korea Studies* Vol.1, No.1, University of North Korean Studies in Kyungnam University, 1998.

정우곤, 「주체사상의 변용담론과 그 원인: '우리식' 사회주의, '붉은기 철학', '강성대국'을 중심으로」, 『북한연구학회보』 제5권 제1호, 북한연구학회, 2001. / Joeng, U Gon, "Various Discources of Juche Ideology and its Cause : focusing on 'Our Own' Socialism, 'Philosophy of red flag', 'Strong and Great Country'", in *North Korean Studies Review* Vol.5 No.1, Research Institute of the North Korea, 2001.

최대석·현인애, 「주체사상의 재인식: 형성과 확립, 그리고 쇠퇴」, 『북한연구학회보』 제11권 제2호, 북한연구학회, 2007. / Choi, Dae Seok·Hyun, In Ae, "A New Understanding of Juche Ideology : Formation, Completion, and Decline", in *North Korean Studies Review* Vol.11 No.2, Research Institute of the North Korea, 2007.

최완규, 「이데올로기의 위상변화: 맑스레닌주의와 김일성주의」, 『북한사회의 구조와 변화』, 경남대 극동문제연구소, 1987. / Choi, Wan Gyu, "The Phase Shift of Ideology : Marx-Leninism and KimIlSungism", in *The Structure and Change of North Korean Society*, The Institute for Far Eastern Studies 1n Kyungnam University, 1987.

Franz Shurmann, *Ideology and Organization in Communist China*, L.A. California: University of California, 1970.

서양고대철학의 수용과 한국화의 전망 / 장영란

1 철학의 시공간적 변주와 방향성 모색

한국에서 철학하면서 연구자라면 고민하게 되는 문제는 과연 '한국 철학이란 무엇인가'이다. 이 문제를 학문적으로 정립해보려는 시도들은 비록 간헐적이지만 지속적으로 있어 왔다. 그것은 사실 '한국 철학의 정체성'을 찾으려는 노력의 일환이라 할 수 있으며, 한국 철학의 고유한 특징을 찾으려는 시도라 할 수 있다. '한국 철학'은 한국 사람이 한국어로 한국이라는 장소에서 만들어내는 사상적 논의라 할 수 있다. '한국'이란 말 자체가 일차적으로 장소성과 연관되어 있다. 이 외에도 한국인이라는 민족적 특성과 한국어라는 언어적 특징 등도 포함한다. '한국'에서 살아가는 한국인이나 한국어 및 한국문화 등은 특수성을 보여준다. 그렇지만 모든 인간은 유사한 인식 조건을 가지기 때문에 보편적인 사유의 특징을 보인다. 인간이 가진 인식의 기능이나 구조의 형식적 측면이 유사해서 내용적 측면도 유사하기 때문이다.

---

* 이 글은 2018년 5월 조선대학교 우리철학 연구소가 주최하는 학술대회에서 발표하고, 인문학연구원의 『인문학연구』제56집(2018)에 게재한 논문을 일부 수정한 것이다.

인간은 외부의 영향에 의해 다양한 경험을 가지게 된다. 특히 역사적, 지리적, 정치적, 언어적 차이에 따라 현격한 차이를 보이기도 한다. 삶의 경험이 인간의 의식을 지배하여 서로 다른 세계관과 인간관 및 가치관을 형성한다. 그렇기 때문에 각 지역에 따라 서로 다른 문화적 특징과 철학적 특징이 나타난다. 그렇다면 한국철학이라 할 만한 특별한 별도의 영역이 있느냐고 질문을 한다면 누구도 명확히 짚어내기 어렵다. 도대체 한국의 고유한 사상이나 한국 철학의 정체성은 어디에 있을까? 한국이라는 장소, 한국인이나 한국어가 한국철학의 기준이 될 것인가? 만일 한국철학이 장소성과 밀접하게 연관된다면 현대 사회와 같이 첨단기술에 의해 정보화 사회로 변하면서 도래한 글로벌 시대에 한국철학은 어떤 의미가 있는지를 다시 고찰해볼 필요가 있다.

그런데 과연 한국에만 고유한 철학이라는 것이 있는가? 사실 우리가 한국철학이라고 하는 철학의 대부분도 실제로는 중국 철학의 영향 하에서 이루어진 것이라고 할 수 있다. 한국철학에서 고전으로 삼고 있는 상당수의 문헌들은 유가나 도가 및 불교 등과 관련 있다. 근대 이전의 한국에서 연구되던 고전 작품들은 대다수가 『논어』, 『대학』, 『중용』, 『맹자』, 『노자』, 『장자』 등 중국 고전문헌이었다. 따라서 근대 이전에 한국철학은 전적으로 중국철학의 영향 하에 있었다고 볼 수 있다. 사실 일제강점기에는 대부분의 지식인들이 일본에서 공부를 하면서 서양철학을 접하게 되어 일본어로 번역된 서양철학의 주요문헌들을 연구하게 되었다. 이후 일제강점기가 끝나고 나서도 상당히 오랜 세월동안 일본의 영향력에서 벗어나지 못했다. 왜냐하면 6.25전쟁이 끝나고는 대학교육이 정상화를 되찾기 시작했을 때 한국 철학계를 주도하던 학자들은 일본 유학 출신이었기 때문이다. 1960년대 전후 한국에 미국식 대학교육이 도입되고 유럽이나 영미 쪽으로 유학을 가서 서양철학의 세례를 받고 돌아오면서 본격적으로 서양철학에 대한 연구가 이루어진다. 그러나 대부분 서양철학의 주요텍스트에 대한 기본적인 분석이나 해석에 머물렀던 것으로 보인다. 대부분의 서양철학 연구자들은 초반에는 서양철학을 소개하기 위해 번역하거나 해석하는 데 주력했다.

사실 서양철학을 구분할 때 '시간'과 '공간' 등이 매우 중요한 기준으로 활용된다. 우선 시간적 기준에 의해 서양 고대철학, 중세철학, 근대철학, 현대철학 등으로 구분된다. 다음으로 공간적 기준에 의해 독일철학, 프랑스철학, 영미철학, 그리스철학, 로마철학, 인도철학, 아프리카철학 등으로 구분되며, 때로는 지역권을 중심으로 유럽철학European Philosophy, 동아시아철학Eastern Asian Philosophy, 중동철학Middle Eastern Philosophy 등으로 구분되기도 하고, 때로는 크게 서양철학Western Philosophy과 동양철학Eastern Philosophy으로 구분되기도 한다. 마지막으로 연구 영역을 기준으로 형이상학, 자연학, 인식론, 존재론, 심리철학, 윤리학, 정치학, 언어철학, 논리학, 과학철학, 예술철학, 종교철학 등으로 구분될 수 있다. 서양고대철학은 사실상 시간적 기준에 의해 구분된 명칭이고, 한국철학은 공간적 기준에 의해 구분된 명칭이라 할 수 있다. 엄밀히 말하자면 비교 대상의 기준이 좀 다르다고 할 수 있다. 서양고대철학과 한국철학의 정체성을 말하는 것은 적절한 비교 대상이라 할 수는 없다. 오히려 비교대상을 그리스철학과 한국철학으로 두는 것이 더 적절하다고 할 수 있다. 그렇지만 '서양고대철학의 한국화'라는 주제는 서양고대철학이 한국이라는 장소에서 어떻게 변주될 수 있는가에 대한 연구라는 것을 알 수 있다.

따라서 이 글은 서양고대철학의 한국화를 다음과 같이 세 부분으로 나누어 설명해보고자 한다. 첫째, 서양고대철학의 수용에 대한 역사적 고찰을 통해 현주소를 확인하고, 서양고대철학에 입문하기 위한 주요 문헌들의 번역 동향을 점검한다. 나아가 기존에 서양고대철학 수용과 관련된 분석들 중에는 자료 분석은 잘되어 있지만 국내 학술지 전체가 아니라 특정 학술지에 제한된다는 한계가 있었다. 따라서 서양고대철학 수용과 현황에 대한 분석 결과를 조정할 필요가 있다. 둘째, 한국에서 서양고대철학에 대한 연구에 나타난 특징들을 검토한다. 우선 서양고대철학에 대한 연구는 상당수가 텍스트 연구와 연관된다. 텍스트의 해석에 얼마나 자율성이 있는지와 관련하여 주체적 해석에 대해 살펴본다. 다음으로 서양고대철학의 주요 주제들을 점검하고 현재라는 시점에서 한국화의 대상이 될 만한 주요 개념들과 이론들을 검토한다. 셋째, 서양고대철학의 한국화의 과제로서 현재 필요한 연구 주제들을 점검해보고 전망을 해보고자 한다.

2 서양고대철학의 수용과 주요텍스트 번역 동향

1) 서양고대철학의 수용 과정

국내에서 '철학'philosophia이라는 용어를 최초로 기록한 것은 1888년 『한성주보』의 「외보」(1888.2.6)이지만, 1895년 유길준이 『서유견문』西遊見聞에서 철학에 대한 설명을 시도하였다. 유길준은 철학을 성리학性理學과 유사한 것으로 생각하여 궁리학窮理學이나 이학理學이라 불렀다.[1] 일반적으로 한국에서의 서양철학의 수용과정은 학자들에 따라 약간씩 다르게 분류된다.[2] 한국의 근대 전환기라 볼 수 있는 일제 강점기로부터 6.25전쟁 전후로 서양철학이 들어와서 대학교육에 정착되었다고 본다.

그러나 이때는 한국사회가 일본에 의해 강제로 점령당하면서 일본을 통해 서양철학을 수용했던 시기이다. 일제 강점기(1910-1945)에는 철학과 관련된 전문적인 논문이나 저서가 발간되기 어려웠기 때문에, 서구철학에 관련된 소개는 주로 신문과 잡지를 통해서 확인해 볼 수 있다.3) 일제강점기의 철학에는 주로 현실 변혁과 관련하여 마르크스와 사회주의에 관한 관심이 높은 편이었고, 상대적으로 서구고대철학의 경우에는 매우 적은 편이라 할 수 있다.4) 서구고대철학의 경우에는 대부분 소크라테스와 플라톤에 집중되어 있는 것으로 보인다. 더욱이 일본으로부터 해방된 이후에는 이데올로기 문제로 6.25전쟁이 일어나고 남북 분단국가로 남게 되면서 극단적으로 편향

---

1) 홍윤기는 서양철학의 수용과정을 여섯 단계로 구분하여 상세히 설명한다. 전반부는 일종의 동도서기의 목적으로 출발하였으나 점차 서양철학을 실시간으로 수입하여 핵심 주제들을 연구하는 양상을 보인다. 이후 철학수요가 급격히 늘어났지만 학문적 사대주의에서 벗어나지 못했으며, 자율적인 철학적 능력이 부실하였다고 평가한다. 홍윤기, 「서양 철학 수입 후 철학수요의 폭증과 철학교육의 폭락」, 『대동철학』 67집, 2014, 108쪽 이하.

2) 박영식은 세 단계로 나누어 1) 초창기(1900-1925), 2) 정체기(1925-1945), 3) 정돈기(1945-1965) 등으로 구분하여 설명한다. 박영식, 「인문과학으로서 철학의 수용 및 그 전개과정」, 『인문과학』 6집, 연세대학교 인문과학연구소, 1972 참조: 신귀현, 진교훈은 한국에 서양철학이 수용되어 보급되기 시작한 이유를 현대식 학교 설립에 두고 있다. 그는 1) 초창기(1900-1925), 2) 정체기(1925-1945), 3) 재건기(1945-1965), 4) 정착기(1965-현재) 등으로 구분한다. 신귀현, 진교훈, 「독일근세철학의 수용과 그 문제점」, 『철학』 39집, 1993.

3) 이태우, "일제강점기 잡지를 통해 본 유럽철학의 수용현황", 『동북아문화연구』 제16권, 2008, 153쪽.

4) 이태우, 같은 논문, 163쪽.

된 철학적 경향을 보인다. 사실 이러한 혼란의 시기에는 철학이 일반 대중에게 확산될 여지는 많지 않다고 볼 수 있다. 당시 일부 지식인들만이 서양철학을 접하게 되고 교육받을 수 있었을 뿐이다.

근대 한국에 소개된 서양철학은 주체적이라기보다는 타율적으로 수용되어 확산되었다. 여기서 상당수의 학자들이 동의하는 것은 1900년에 처음 수용되어 1960년 전후를 '정착기'라는 것이다. 그러나 사실 이 시기에 서양철학이 한국 사회에 정착되었다고 말하기는 매우 어렵다. 근대 일제강점과 6.25전쟁 등으로 교육이 정상적으로 이루어지지 않다가, 해방 후 미국식 교육과정이 정착되면서 철학이 전문적으로 교육되었기 때문이다. 나아가 1960년 이후에도 한동안 한국에서 철학을 소개하거나 가르치는 학자들은 주요 텍스트를 일어에서 중역해서 읽는 경우가 많았고 주요 개념들의 번역어도 무비판적으로 일어에서 차용한 것이 많았다. 더욱이 해방 이후에 한국 대학의 강단에서 강의를 했던 학자들은 상당수가 일본 유학을 통해 철학을 배웠기 때문에 한국의 서양 철학 연구는 일본의 학문 이론과 체계에 의존적인 측면이 있었다.[5]

일반적으로 한국이 서양철학을 수용한 시기를 1900년 전후로 보고 있지만, 실제로 서양철학이 처음 들어온 시기는 예상보다 훨씬 더 올라갈 수 있다. 임진왜란 후에 1631년 정두원이 가져온 『천학초함』天學初函이 발단이 되었다.[6] 『천학초함』은 10종 52권의 문헌을 포

---

5) 이철승은 이 시기의 한국 철학에 대해 다음과 같이 말한다. "현대 한국의 철학 1세대나 그들의 제자들로부터 수업을 들은 많은 학문 후속 세대들이 여러 대학의 교수가 된 후에도, 여전히 일제강점기 때의 교육내용과 시스템에 대해 크게 성찰하지 않은 상태에서 답습하고 있기 때문이다." 이철승, 「우리철학의 현황과 과제 1」, 『인문학연구』 52권, 조선대 인문학연구원, 2016, 43쪽.

함하고 있는데, 여기에 『교우론』交友論, 『이십오언』二十五言, 『천주실의』天主實義(1601), 『칠극』七克, 『영언려작』靈言蠡勺(1624), 『직방외기』職方外記 등이 수록되어 있었다.[7] 그리스도교는 서양 철학 중에 특히 고대와 중세 철학의 주요 개념과 원리에 기반하여 신학체계를 수립하였다. 중세에 토마스 아퀴나스가 아리스토텔레스의 『영혼론』을 토대로 『신학대전』 I, Q.75-89항을 작성했고, 마테오 리치가 그리스도교의 영혼론을 설명하기 위해 『천주실의』를 간략하게 도입하고 있다. 『영언려작』은 총 4장으로 구성되어 있으며 '영혼'anima에 대해 보다 상세한 논의들이 포함되어 있다. 특히 제1장과 제2장은 아니마의 능력과 본성을 설명하고 있는데 아리스토텔레스의 영혼론에 기반한 중세 스콜라철학의 입장을 반영하고 있다.

조선 시대에 처음으로 만난 서양의 철학은 그리스도교의 세계관과 인간관 및 가치관으로 체계화된 중세 철학이었다. 서양고대철학은 '간접적인' 방식으로 17세기에 '서학'이라는 이름으로 조선에 들어가 한국화되는 과정을 혹독하게 치렀다고 할 수 있다. 사실 서양고대철학의 주요 개념과 체계는 서양 중세신학의 기반이 되었다. 이

---

6) 이기상, 『서양철학의 수용과 한국철학의 모색』, 지식산업사, 2002, 26쪽 참조.
7) 『직방외기』는 중국에 조공을 바치며 긴밀한 관계를 유지하였던 '직방사(職方司)가 관리하던 나라 외의 세계에 대한 정보를 기록한 책'이라는 뜻을 가진다. 당대 예수회 선교사들이 직방외기의 자료를 정리해두었던 것을 중국 명나라 말에 예수회 선교사 알레니가 완성한 책이다. 『천주실의』(天主實義)는 '천주에 대한 참된 논의'라는 뜻을 가지며 마테오 리치가 유교를 옹호하는 반면 불교와 도교를 논박하면서 중국고대문헌들에 기반하여 그리스도교의 교리를 설파한 책이다. 『영언려작』은 프란치스코 삼비아스의 작품으로 '바다같이 드넓은 영혼의 세계를 작은 잔으로 측량하듯 영혼을 말한다'는 뜻을 가지고 있으며, 그리스도교의 영혼론을 설명하고 있다.

미 중세에 고대 그리스철학을 수용하면서 선별하여 취합하고 융화
시켰기 때문에 분리하여 논의하기는 어렵다. 여기서 그리스도교의
도입으로 서양 중세신학이 동아시아에 유입된 것이 서양고대철학의
본격적인 수용 시기라고 주장하는 것이 아니다. 그러나 서양철학의
수용사와 관련하여 중국에서 천주교 전교를 통해 만들어진 서학의
일부는 서양고대철학의 '전사'로서 의미가 있다고 생각한다.[8]

그러나 현대에서 서양고대철학의 수용사와 관련된 직접적인 연구
는 대부분 근대로부터 시작하고 있다. 그것은 대부분 역사적으로 수
용 과정과 결과를 중심으로 분석한 것들로 세 가지 정도에 불과하
다. 먼저 한국에서 서양고대철학에 대한 연구를 개화기(1900)로부터
6.25전쟁이 끝나고 휴전(1953)까지를 역사적으로 정리한 것이다. 김주
일에 따르면, 이 시기에 그리스 철학과 관련하여 확인된 자료들은
총 78편인데, 이 중에 그리스철학 일반론을 다룬 글들은 총 26편이
고, 철학자별로 소크라테스 관련 글 10편, 플라톤 관련 글 8편, 이외
에 소크라테스 이전 철학자들에 대한 글 4편 등이 있다.[9] 이 당시
서양고대철학에 대한 최초의 연구는 이인재가 저술한 『희랍고대철
학교변』(1912)으로 서양고대철학을 성리학과 비교한 연구서이다.[10]

---

8) 사실 필자가 서양고대철학의 수용과 관련하여 관심을 갖는 부분은 1900년 이
   전의 서학수용과 관련하여 서양고대철학이 차지하는 비중이다. 그렇지만 실제
   로 이것은 중세철학에 수용되어 융화되어 있어 관점에 따라 고대철학의 수용
   으로 인정하지 않는 부분일 수 있다. 따라서 필자는 이와 관련하여 서양고대철
   학 수용의 일종의 전사로서 해당내용과 관련된 논의를 따로 세밀하게 다룰
   필요가 있다고 생각한다.
9) 김주일, 「개화기부터 1953년 이전까지 한국의 서양고대철학에 대한 연구와 번
   역 현황 연구」, 『시대와 철학』 14권2호, 2003, 8쪽.
10) 김주일, 같은 논문, 9쪽.

그 외에 주로 소크라테스와 플라톤에 대한 소개가 많고 소크라테스 이전 철학에 대한 소개글도 있다. 서양고대철학에 대한 연구에 기반한 전문적인 글은 아니지만 당시 일제강점기라는 상황으로 볼 때 소개 글도 상당히 의미가 있다고 할 수 있다. 또한 그리스 철학 텍스트를 번역한 책들도 있었지만 대부분 중역重譯으로 보인다. 따라서 이 시기에 특별히 고대 그리스 철학에 대한 소개를 하는데 중점이 있었고, 실질적인 연구로 주목할 만한 발전이 있다고 평가하기는 어렵다.

다음으로 1960년에서 1980년까지 한국의 서양고대철학에 대한 본격적인 연구와 번역현황 등에 대한 연구이다. 국내에서 서양고대철학의 최초의 석사학위는 금보겸의 플라톤 관련논문(1949)이고, 최초의 박사학위는 조요한이 "아리스토텔레스 철학에 대한 해석상의 문제"(1974)로 취득하였다.[11] 양문흠은 한국에서 본격적으로 서양고대철학을 연구하고 확산하는 데 중요한 역할을 한 인물들로 박홍규, 조요한, 박종현을 선택하여 이들을 중심으로 서양고대철학의 수용사를 기술하고 있다. 사실 서양고대철학을 한국 철학계에 알리는 데 견인차 역할을 했던 학자들로 적절한 선택이라 할 수 있다. 그는 주로 세 명의 학자들이 고대 그리스 철학을 어떤 방식으로 이해하고 해석하는지를 중심으로 설명을 하고 있지만, 주로 박홍규 철학에 중점을 두고 있다. 필자도 서양고대철학의 제1세대 주역으로 박홍규와 조요한 및 박종현 등을 선별한 데에는 동의하지만, 양문흠의 평가와

---

11) 국외 학자들과 마찬가지로 국내 학자들의 존칭을 모두 생략하였다. 사실 시대적으로 근접해 있는 선대 국내학자들은 모두 스승이거나 선배가 되는 경우가 많기 때문에 한국적 정서로는 모두 존칭을 붙여야 하지만 이전 철학자들과의 형평성에 따라 모두 생략하기로 한다. 양문흠, 「고대철학의 수용과 한국철학에 미친 영향」, 『철학사상』 6권, 1996.

는 약간 다른 각도에서 재평가하고자 한다.

먼저 박홍규는 서울대에서 후학들을 양성하는 데 주력했던 학자로서 주로 그리스 철학의 고전텍스트와 프랑스 철학 및 독일 철학 등을 중심으로 서양철학의 주요 개념과 논제들을 강의했던 것으로 보인다.12) 현재 박홍규의 이름으로 출판되어 있는 책들은 총 5권이다. 이것은 모두 박홍규가 직접 집필한 책은 아니며, 제자들이 강의 내용을 녹취하여 만든 것이다.13) 더욱이 그것은 플라톤이 소크라테스를 주인공으로 하여 대화형식으로 작품을 쓴 것과는 전혀 다르다. 따라서 박홍규에 대한 평가는 주로 서울대 제자들을 중심으로 기념 사업을 하면서 만들어졌다고 할 수 있다. 이외에도 박홍규에 대한 연구서들 3권정도 출판되었는데 주로 서울대 제자들을 중심으로 기획해서 제작되었다. 그러나 제 3세대 후속 학자들에게는 직접적인 영향을 주지는 않는 것으로 보인다. 다만 제 2세대 박홍규의 제자들을 통해 간접적으로 영향을 주었다는 주장은 가능할 수 있겠다.

사실 박홍규의 가장 중요한 업적은 후학 양성이다. 박홍규가 주로 가르치는 데에만 주력을 했던 만큼 직접 저술과 논문은 별로 없다. 현재까지 한국의 주요 대학에서 서양고대철학을 담당했었거나 담당하고 있는 상당수의 교수들이 박홍규의 문하에 있던 제자그룹에 속한다. 가장 많은 후학들을 양성할 수 있었던 기회를 가졌던 박홍규와 그 후학들은 이후 국내에 비교적 많은 그리스철학 연구자들을 양성하였고, 이들은 대부분 국내 대학에 자리를 잡아 활동을 하였다.

---

12) 박홍규, 『희랍철학논고』, 민음사, 1995.

13) 사실 박홍규 자신이 엄밀히 학문적으로 검증하고 완결시킨 것이 아니라 학문적 형식에 얽매이지 않고 자유롭게 논의한 것으로 달리 평가될 필요가 있다.

다음으로 조요한은 국내에서 최초로 아리스토텔레스의 논리학과 관련된 주제로 국내에서 박사학위를 취득했다는 점에서 중요하다. 사실 박홍규처럼 많은 후학들을 양성할 수 있는 기회는 적었지만 한 학자로 소크라테스 이전 철학에 대한 논문들과 예술철학에 대한 논문들을 주로 썼다. 양문흠은 박홍규와 조요한이 그리스철학에 대해 접근하는 방식이나 해석하는 방법이 다르다는 점에 주목하여 분석하였다. 조요한이 서양고대철학과 관련해서 다른 학자들과 차별화되는 점은 고대예술철학에 주목하여 집중적으로 연구했다는 점이라 할 수 있다.

마지막으로 박종현은 국내에서는 처음으로 그리스 원전 번역에 주력했던 학자로 『국가』(1997), 『티마이오스』(공역, 2000), 『에우티프론, 소크라테스의 변론, 크리톤, 파이돈』(2003), 『필레보스』(2004), 『법률』(2009), 『프로타고라스, 라케스, 메논』(2010), 『향연, 파이드로스, 리시스』(2016) 등을 서광사에서 선보였다.14) 특히 박종현의 『국가』편 번역은 국내에서 철학 외에도 정치학, 교육학, 문학, 예술 등 다양한 분야에 지대한 영향을 미쳤다고 할 수 있다. 박종현은 플라톤 번역으로 국내에 그리스 철학 전공자들 외에 다른 철학자들도 한글로 접할 수 있게 하여, 국내에서 플라톤 철학을 이해하는 데 상당히 기여를 했다고 평가할 수 있다. 실제로 박종현이 『국가』를 원전 번역한 이후로 상당수의 전공자들이 번역에 관심을 갖고 시작하여 현재까지 상당수의 고대 그리스 원전이 번역되어 나오고 있다. 더욱이 기

---

14) 박종현은 성균관대학교를 퇴직한 후에도 꾸준히 플라톤의 대화편을 번역해온 것을 알 수 있다. 박종현 역시 상당수의 후학들을 양성할 수 있었던 기회를 가졌던 것으로 보인다.

존에는 학부에서도 그리스어나 영어로 강의할 수밖에 없어 학생들이 선택하는 데 제한이 있었는데 현재는 번역본을 대조해가며 훨씬 수월하게 철학적 논의에 접근할 수 있다.

2) 서양고대철학의 주요텍스트 번역

서양고대철학의 주요텍스트의 번역은 일제 강점기에도 이루어졌지만 대부분 중역이었다. 최초의 번역은 1931년 류형기가 『신생』이라는 잡지에 실었던 『쏘크라테스의 변명』, 『옥중의 쏘크라테스』(『크리톤』), 『쏘크라테스의 최후』(『파이돈』)이다. 이후 신남철이 헤라클레이토스 단편들을 원전번역을 시도하였던 것으로 보인다. 그는 1948년 호메로스부터 소크라테스에 이르는 사상을 소개하는 『역사철학』에 헤라클레이토스 단편 번역을 부록으로 실었다. 그러나 서양고대철학의 주요 텍스트에 대한 원전 번역은 박종현에 의해 본격적으로 이루어졌다고 할 수 있다. 현재는 정암학당에서 여러 학자들에 의해 이루어지고 있다.[15] 정암학당에서 가장 먼저 나온 번역은 2005년 『소크라테스 이전 철학자들의 단편선집』(이정호외, 2005)으로 상당히 오랜 시간 동안 강독을 통해 출간되었다. 이후 플라톤전집을 번

---

15) 사실 정암학당이 정식으로 출범하기 전에 아리스토텔레스의 『형이상학』을 필자를 포함하여 몇 명의 학자들이 모여 읽다가, 나중에 『소크라테스 이전 철학단편』을 시작하였다. 당시 필자도 이 그룹에서 함께 텍스트를 번역하면서 읽었는데 철학적 논쟁을 많이 하게 되면서 실질적으로 번역 자체는 속도를 내지 못했다. 초기에 정암학당의 번역이 매우 지지부진하게 이루어졌던 이유는 학자들 간의 번역어 선택과 관련하여 논쟁이 길어졌기 때문이다. 그러나 현재에는 오랜 논의와 숙고 덕택에 상대적으로 속도가 빨라졌고 최근 들어 플라톤 작품의 상당수가 완역이 되었다.

역한 결과물들이 2007년부터 이제이북스에서 출간되었는데, 『뤼시스』(강철웅, 2007), 『크리티아스』(이정호, 2007), 『알키비아데스 1,2』(김주일·정주영, 2007)를 필두로 2018년 5월 현재까지 총 20권이 발간되었다.16) 아직까지도 계속하여 번역이 진행 중이다. 정암학당의 번역작업은 국내에서 그리스 철학에 대한 이해를 높이는 데 중대한 공헌을 하리라는 것은 분명하다.

그 외 다른 고대 그리스철학의 문헌들을 개별적으로 번역되고 있다. 아리스토텔레스의 작품은 개별적으로 번역, 출판되었다. 현재 아리스토텔레스의 작품은 『시학』(천병희, 2002), 『니코마코스윤리학』(강상진외, 2006), 『정치학』(김재홍, 2017), 『형이상학』(조대호, 2004/2017; 김진성, 2017) 등이 원전 번역되었다.17) 또한 헬레니즘 시대의 철학텍스트인 에픽테토스의 『엥케이리디온』(김재홍, 2013), 마르쿠스 아우렐리우스의 『명상록』(천병희, 2005), 키케로의 『최고선악론』(김창성, 1999), 『노년에 관하여, 우정에 관하여』(천병희, 2005), 『의무론』(허승일, 2006), 『법률론』(성염, 2007), 『국가론』(김창성, 2007), 『신들의 본성에 관하여』(강대

---

16) 4.『크라튈로스』(김인곤/이기백, 2007), 5.『메넥세노스』(이정호, 2008), 6.『에우튀데모스』(김주일, 2008), 7.『메논』(이상인, 2009), 8.『편지들』(김주일/강철웅/이정호, 2009), 9.『크리톤』(이기백, 2009), 10.『향연』(강철웅, 2010), 11.『고르기아스』(김인곤, 2011) 1, 2.『프로타고라스』(강성훈, 201, 2), 13.『소피스트』(이창우, 201, 2), 14.『파이드로스』(김주일, 201, 2), 15.『파이돈』(전헌상, 2013), 16.『테아이테토스』(정준영, 2013), 17.『라케스』(한경자, 2014), 18.『소크라테스변명』(강철웅, 2014), 19.『필레보스』(이기백, 2015), 20.『에우튀프론』(강성훈, 2018).

17) 이외에도 『변증론』(김재홍1998), 『소피스트적 논박』(김재홍1999), 『영혼에 관하여』(유원기, 2001), 『정치학』(천병희, 2009), 『에우데모스 윤리학』(송유레, 201, 2), 『자연학소론집』(김진성, 2015), 『수사학』/『시학』(천병희, 2017) 등이 있다.

진, 2012), 『투스쿨룸 대화』(김남우, 2014), 세네카의 『인생은 왜 짧은가』(천병희, 2005), 『세네카의 대화』(김남우외, 2016), 플루타르코스의 『모랄리아』(허승일, 2012), 『수다에 관하여』(천병희, 2010) 등의 작품들의 번역도 출간되어 상당히 진전되고 있다고 할 수 있다. 현재 플라톤 전집이외 다른 고대철학자의 작품들은 대부분 개별적으로 학자들의 관심에 따라 번역이 진행되고 있다.

한국에서 고대 그리스철학의 주요 작품들의 번역은 서양에 비하면 상당히 늦은 편이라 할 수 있다.[18] 그렇지만 서양철학의 수용 자체가 늦은 편인데 비해 최근 번역작업이 빨라지고 있는 것은 분명하다. 서양고대철학의 주요 문헌들은 1900년부터 1990년까지도 일어나 영어에서 중역重譯되어 상당부분 오역을 피하지 못했던 것이 사실이다.[19] 그러나 서양고대철학을 이해하기 위해서 무엇보다도 필요한 것은 원전 번역이다. 서양고대철학은 현대에서 사용하지 않은 언어들을 사용하여 접근성이 매우 낮은 편이다. 만약 원전이 번역이 되지 않는다면 비전공자들은 원천적으로 접근 불가능하거나 중역으로 접근할 수밖에 없다. 만약 그렇게 된다면 고대 그리스철학에 대한 이해는 전반적으로 매우 낮아질 수밖에 없다. 더욱이 현재도 고대 그리스 철학 전공자는 다른 서양 철학 전공자에 비해 매우 적은 편이다. 고대 그리스철학이 언어뿐만 아니라 철학 개념이나 이론체계

---

18) 국내 서양고대철학의 번역 현황은 김주일이 다음 논문에서 매우 자세히 분석하여 설명하고 있다. 김주일, 「개화기부터 1953년 이전까지 한국의 서양고대철학에 대한 연구와 번역 현황 연구」, 『시대와 철학』 14권 2호, 2003.

19) 김주일은 초기의 최민홍, 최현, 최명관, 조우현 등이 기존에 번역한 그리스 철학의 중역본의 실태를 세밀히 분석하여 오역으로 인한 문제점들을 지적하였다. 김주일, 같은 논문, 213-226쪽 참조.

를 총체적으로 파악하는 데 상당 기간이 걸리며 상대적으로 학위취득기간이 긴 편에 속하기 때문이다. 나아가 현재 국내 대학에는 서양고대철학을 전공하는 전임교수가 극히 적은 편이다. 대학에 전공교수가 있느냐 없느냐에 따라 학문후속세대가 양성되는데 결정적인 역할을 한다는 점을 고려할 때 위기상황에 봉착했다고 볼 수 있다. 따라서 서양고대철학 전공자도 기존에는 국내 여러 대학에서 양성되다가 특정대학에 독점되는 경향이 있다. 더욱이 현재 대학의 구조조정에 의해 철학과가 폐지되거나 전과가 되면서 서양고대철학에 대한 수요가 현격히 줄어들게 되자, 학문후속세대도 급격히 줄어드는 심각한 상황에 처해있다.

3) 서양고대철학의 연구현황

마지막으로 현재 한국에서 서양고대철학에 대한 연구 현황이 어떻게 되는지를 검토해보도록 하자. 최근 서양고대철학 연구의 현황을 세 가지 시기로 나누어 연구한 논문들이 3편이 있다.[20] 아쉽게도 단 하나의 특정 학술지, 즉 『서양고전학연구』(1-29집, 1987-2007)만을 다루어서 일반적인 결과를 도출했다고 보기는 어렵다. 물론 서양고전학과 관련된 제반 논문들이 많이 실려 있기는 하지만 그밖에 다른 학술지에도 상당히 많은 논문들이 게재되었기 때문이다. 따라서 처

---

20) 정준영, 「서양고전학연구의 서양고대철학 연구성과와 경향: 철학의 기원에서 플라톤까지」, 『서양고전학연구』 31권, 2008 ; 강상진, 「『서양고전학연구』에 게재된 아리스토텔레스와 이후 서양고중세철학분야 논문의 연구 내용과 방법론」, 『서양고전학연구』 31권, 2008 ; 안재원, 「『서양고전학연구』에 게재된 '서양고전기타분야'에 대한 보고」, 『서양고전학』 31권, 2008.

음에 게재논문을 조사할 때 다른 학술지에까지 확대해서 연구했다면 매우 귀중한 자료가 되었을 것으로 보인다. 그럼에도 세 편의 논문에서 일반적으로 현재 한국에서 서양고대철학에 대한 동향과 과제에 대한 내용 중에 주목할 만한 성과를 지적하고 있어 필자가 추가 자료를 통해 재평가하려 한다.

첫째, 철학의 기원으로부터 플라톤 철학 관련 논문들을 분석한 것이다. 정준영은 『서양고전학연구』라는 특정한 학술지에만 제한했지만 총88편이나 되는 글들을 비교적 상세히 검토하여 철학의 기원, 초기 자연철학자들, 소크라테스, 플라톤에 대한 연구 동향을 분석하였다. 그가 분석한 결과를 평가하면서 지적한 사항들 중 다음 두 가지는 단지 서양고대철학에만 해당되지 않으면 한국적 상황으로 보인다. 그는 국내 서양고대철학 연구에서 원전 번역서 참고 표시나 선행연구 소개가 언급되지 않은 것을 문제로 다루고 있다. 이것은 매우 중요한 지적이라 하지 않을 수 없다. 최소한 국내에서 원전번역본이 나온 경우에는 직접 읽었을지라도 번역을 확인하고 적절한 언급을 해줄 필요가 있다. 또한 국내 서양고대철학 연구논문들을 보면 선행연구를 철저히 하지 않거나 무시하는 경우가 있어 동일주제로 분명히 연구성과가 있는데도 언급조차하지 않는 경향이 있다. 앞으로 동일 주제와 관련된 전공자의 선행연구가 있다면 논의의 방향이 다를지라도 어떻게 다르고 차별화되는지에 대한 언급이 필요하다. 마지막으로 서양고대철학의 연구 성과들 중 일부는 서양의 수준을 넘어서고 국제적으로도 경쟁력이 있다고 평가하고 있다. 비록 한국에 서양고대철학연구자가 많은 편은 아니지만 상당한 역량을 가지고 있다고 평가한다. 하지만 연구 성과를 발표하여 국제적으로 검증할 필요가 있다.

둘째, 아리스토텔레스와 이후 헬레니즘 철학 및 중세철학의 논문들을 분석한 것이다. 강상진도 『서양고전학연구』에만 제한했기 때문에 아리스토텔레스 26편, 헬레니즘 12편, 중세 12편 등 총 50편을 대상으로 삼았다. 강상진은 아리스토텔레스철학 연구 영역을 논리학, 자연학, 윤리학 등 세 부분으로 나누어 윤리학(정치학 포함)이 강세를 보이고 있다고 평가한다. 그러나 국내 학술지 전체에 비하면 너무 적은 논문만을 다루고 있다고 할 수 있다. 필자는 세 영역 중 아리스토텔레스의 철학 관련 논문들을 사례로 검토해보았다. 『서양고전학연구』에서 아리스토텔레스 철학에 대한 논문은 총 26편이다. 그렇지만 필자가 동일 시기의 국내 철학전문 학술지에 발표된 아리스토텔레스 관련 논문들을 합산해보면 순수하게 약 114편이나 된다.21) 실제로 서양고대철학 관련 비전공자의 논문을 제외하고 기준에 따른 약간의 오차를 허용한다고 하더라도, 『서양고전학연구』에 실린 26편에 비하면 압도적으로 많은 편이라 할 수 있다. 그러므로 서양고대철학의 연구동향을 알기 위해 『서양고전학연구』에만 발표된 논문들을 분석하여 평가를 내린 것은 너무 제한적이어서 의미 있는 결론을 내리기 힘들다. 특히 아리스토텔레스 논문이나 중세철학 논문은 『서양고전학연구』 외에 다른 학술지에서 훨씬 많이 찾을 수 있어 전체 연구 성과를 평가하기 어려울 정도이다.

일단 1987년에서 2007년을 10년 간격으로 나누어 분석하면 특이한 결과가 나온다. 전반기에 해당하는 1987년에서 1997년까지 발표

---

21) 해당시기에 발표된 아리스토텔레스에 관한 논문들 중에서 철학과에서 서양고대철학 전공으로 해당논문을 발표한 연구자들 중심으로 정리한 결과로 비전공자 논문을 제외했다. 그 외 교육학과나 교육대학원 등 타전공에서 나온 논문들은 제외하였다.

된 논문들은 약 29편 정도로 114편에 비해 약 1/4정도에 불과하다. 후반기 1998년에서 2007년에 발표된 논문에 비하면 상대적으로 매우 적은 편이다. 사실 이 시기는 서양고대철학자들 2-3세대가 양성되던 시기이고 활동을 막 재개하던 시기라서 논문 편수가 확연히 적다. 실제로 국내에서 최초로 아리스토텔레스 철학으로 박사학위가 수여된 시기가 1974년이지만, 그 이후 두 번째 박사학위가 수여된 것은 거의 20년이 지난 1993년이었다. 1974년 이후 2000년까지 아리스토텔레스로 박사학위를 수여받은 학자들은 총 9명만이 있을 뿐이다.[22] 해당분야 연구논문은 당연히 연구자의 관심사에 따라 발표되는데, 아리스토텔레스의 전반에 거쳐 다양한 주제로 연구된 편이라 할 수 있다. 전체적으로 보면 당연히 아리스토텔레스 관련 논문에서 가장 많이 다루고 있는 분야는 윤리학과 정치학이라 할 수 있다. 그렇지만 1997년까지는 국내 아리스토텔레스철학연구는 의외로 아리스토텔레스의 인식론과 심신철학 및 언어철학과 논리학 쪽 논문이 강세였다.[23] 아리스토텔레스 윤리학 논문들은 오히려 2010년 전후로 늘어나기 시작했다. 아리스토텔레스 윤리학 논문은 정치학을 분리하고 철학 이외의 비전공자들을 배제한다면 오히려 많지 않은 편이었다. 물론 아리스토텔레스 철학에서 윤리학과 정치학을 분리하

---

22) 조요한(1974, 일반론), 한석환(1993, 존재론), 전재원(1993, 윤리학), 김재홍(1994, 논리학), 노희천(1994, 논리학), 문계석(1996, 형이상학), 이상봉(1996, 윤리학), 장영란(1997, 인식론), 편상범(1998, 윤리학) 등이다.

23) 사실 1997년까지는 논문 수가 많지 않은 편으로 약 29편 정도이다. 그 중 8편이 아리스토텔레스의 인식론과 심신철학에 관한 논문들이다. 아리스토텔레스의 인식론과 심신철학은 『영혼론』과 『심리학소론집』을 중심으로 함께 논의되기 때문에 여기서 동일 부류로 분류했다. 1997년까지 아리스토텔레스 인식론과 심신 철학의 연구 논문은 총 8편이 발표되었다.

기는 어렵지만, 현대의 학문 분류에서는 윤리학과 정치학이 분리되어 있다. 현대 정치사상을 연구하는 사람들이 아리스토텔레스 관련 논문들을 많이 쓰면서 비전공자의 논문들도 많이 늘어났다고 할 수 있다.

셋째, 서양고대철학의 핵심 주제는 아니지만 연관되는 신화와 종교 및 수사학 등의 기타분야를 분석한 것이다. 『서양고전학연구』에 해당시기에 쓰인 기타분야의 논문 수는 50편으로 가장 많은 비중을 차지하는 것이 수사학 19편이고, 신화와 종교분야가 12편이며, 라틴어 6편이고, 나머지는 분야별로 1-3편 정도밖에 되지 않는다. 안재원은 수사학 관련 논문들이 많은 이유를 수사학 전공자들이 학위를 하고 국내에 들어와 활동을 하기 시작해서라고 분석하였다.[24] 특히 수사학의 경우에는 상당히 연구결과가 많지만, 필자가 보기에는 플라톤이나 아리스토텔레스 연구와 중첩되는 논문들이 많다. 해외학자들이 쓴 4편과 비교철학 관점에서 쓴 3편을 제외하더라도 8편이 플라톤과 아리스토텔레스와 관련 수사학 연구에서 나왔다. 특히 안재원은 신화와 종교 분야를 특화하여 연구자들이 절대적으로 부족하다고 평가하고 있다.[25] 서양 고대 신화와 종교 연구는 고대 그리스 철학과 사학 및 예술 등에서 다각적으로 다뤄지고 있다. 안재원의 조사는 『서양고전학연구』에만 국한되어 있고 해당 논문집이 서양 고대, 헬레니즘 및 중세 시대에 해당하는 논문들도 포함하고 있고, 또한 철학과 역사 및 예술 등도 포괄적으로 포함하고 있기 때문에 재분류를 해야 할 필요가 있다.

---

24) 안재원, 같은 논문, 224쪽.
25) 안재원, 같은 논문, 227쪽.

필자가 조사한 국내 학술지에 발표된 서양 고대 신화와 종교와 관련하여 서양 고대 철학 쪽에서만 접근한 논문들만 1987-2007년까지는 13편이며, 그 이후에도 현재까지 지속적으로 논문들이 발표되고 있다. 국내에서 최초로 서양 고대 신화와 종교에 대해 쓴 논문은 철학 쪽에서 접근한 논문이다.[26] 이것은 그리스 철학의 주요 개념의 기원과 철학적 사유의 원천을 탐구하는 가운데 시도된 것으로 보인다. 고대 그리스의 서사시, 서정시, 비극 등은 그리스 철학의 주요 원천으로 그리스 철학과 연속선상에서 그리스 철학의 주요 개념과 사유 방식을 이해하는 데 필요하다. 안재원도 『서양고전학연구』에서 고대 신화와 종교에 관한 연구 분야에서 특정 학자들 외에 연구가 없는 것을 지적하며 학회차원에서 대응하여 공동연구 등을 기획할 필요가 있다고 한다.[27]

사실 서양고대철학이 현재 당면한 문제는 원래 연구자가 많지 않은 분야인데 최근 들어 철학의 다른 분야와 마찬가지로 점차 연구자 수가 줄어들고 있다는 점을 좀 더 고민해야 할 문제라 할 수 있다. 전반적으로 서양고대철학 연구를 특정학술지에 제한해 간단히 살펴보아도 초기 자연철학과 플라톤 철학 논문들이 그 외 서양고대철학 연구보다 압도적으로 많다고 할 수 있다. 아리스토텔레스철학 논문은 상대적으로 적은 편이지만 현재 연구자들과 연구 성과가 지속적

---

26) 그리스 철학 쪽에서 서양고대신화와 관련하여 처음으로 1998년 "원시 신화 속에 나타난 철학적 사유의 기원과 모델"(장영란)과 1999년 "종교란 무엇인가? : 고대 신화와 의식에 대한 분석을 중심으로"(박희영)으로 시작하여 현재까지 지속적으로 고대 신화와 종교에 관해 논문들이 발표되고 있다. 이후 2007년부터는 다른 고대그리스철학 전공자들도 유사한 연구 작업을 발표하였다.

27) 안재원, 같은 논문, 227-8쪽.

으로 늘고 있는 상황이다. 그렇지만 아직 헬레니즘철학 관련 논문들은 소수에 불과하다. 서양고대철학에서 특히 헬레니즘철학에 대한 연구자들이 많이 양성될 필요가 있다. 이 분야는 동아시아 철학과 연계될 수 있는 주제들이 많이 분포되어 있기 때문에, 좀 더 활발히 연구되기를 기대하고 있다.

3 한국에서의 서양고대철학 연구의 특징과 과제

한국에서 서양고대철학이 어떻게 수용되었는지를 연구하는 이유는 무엇인가? 그것은 단지 서양고대철학이 수용되는 역사적 자료들을 정확히 조사하여 보고하기 위해서만은 아닐 것이다. 사실 어떤 특정 분야의 수용의 역사는 그것이 수용의 주체를 어떻게 변화시켰는지를 검토하고, 어떻게 변화하는 것이 바람직한지를 제시하는 데 주목적이 있다고 할 수 있다. 한국에 서양고대철학이 수용되는 과정을 역사적으로 고찰하는 연구는 전체 논의와 관련하여 제한적으로 활용될 것이다. 서양고대철학의 수용을 연구하는 목적은 서양고대철학이 한국이라는 땅에 들어와 어떻게 한국 철학에 영향을 미쳤으며, 어떻게 한국 철학을 변주시켰는가를 탐구하고, 나아가 한국, 한국인이 나아갈 방향성을 모색하는 데 있다고 할 수 있다. 그렇다면 서양 철학, 특히 서양고대철학의 수용사에서 특히 한국철학에의 영향에 더 초점을 맞추고 살펴볼 때 서양고대철학의 한국화의 방향성이 훨씬 더 잘 드러날 수 있을 것이다. 여기서는 한국에서 서양고대철학의 연구 주제와 방향이 어떻게 이루어졌고, 한국적 상황과 관련해서 연구되어야 할 주제들을 다루어보려 한다. 사실 '서양고대철학의 한국화'라는 화두 자체는 처음부터 명확하게 개념화되지 않는다. 그리하여 서양고대철학에서 무엇을 어떻게 한국화해야 할 것인가에 대하여 검토하였다.

1) 서양고대철학의 텍스트 연구와 주체화의 문제

서양고대철학을 한국에 어떻게 토착화할 것인가를 문제로 해석할 수 있다. 이것은 우리가 서양고대철학을 주체적으로 수용하는 것과 관련된다. 그렇다면 여기서 '주체성'이 관건이 될 것이다. 사실 현재까지 고대 그리스철학의 연구는 초기 단계에 있기 때문에 대부분 그리스 철학의 주요 텍스트들을 어떻게 이해할 것인가에 초점을 두고 있었다. 그런데 여기에 어떻게 '주체성'이 개입될 수 있을까? 사실 서양고대철학의 텍스트의 '번역'의 경우에는 반드시 텍스트의 의미를 정확하게 이해할 수 있도록 하는 것이 관건이다. 서양고대철학에 대한 준비라 할 수 있는 번역작업이 제대로 마련되지 않는다면, 사실 연구가 원활하게 이루어지기 어렵다. 더욱이 서양고대철학을 전공하는 사람보다는 서양철학의 타 분야를 전공하는 사람에게 많이 불리하다. 따라서 서양고대철학에 대한 정확한 분석이나 해석뿐만 아니라 심층적인 분석이나 논의도 이루어지기 어렵다.

그러나 서양고대철학 텍스트의 '연구'의 경우는 다르다고 할 수 있다. 현재 서양고대철학 연구자들은 텍스트 연구에 천착하고 있는 편이다. 서양고대철학 연구가 초중기 단계에 있다고 평가할 수 있는 이유는 일단 연구자나 전공자 자체가 많지 않기 때문이다. 그래서 전반적으로 연구범위도 좁은 편이고 연구 결과가 상당히 제한적으로 나타나고 있다. 그렇다면 서양고대철학의 주요 텍스트들을 연구하는 것으로도 한국화하는데 기여하는지를 검토해볼 수 있다. 사실 텍스트 연구는 저자가 의도했던 것을 정확히 이해하는 것은 중요하다. 하지만 텍스트는 그 자체로 의미론적 자율성을 갖고 있다. 리쾨르는 "텍스트는 텍스트와 수용자 간의 상호작용을 통해서만 작품이 된다"고 한다.[28] 텍스트는 우리에게 읽혀야 의미가 살아난다. 그러므로 우리는 읽기를 통해 텍스트와 상호작용을 할 수 있다.

특히 리쾨르는 텍스트 읽기에는 "거리두기distanciation"와 "전유화appropriation"의 변증법적 과정이 필요하다고 말한다. 먼저 '거리두기'는 글로 쓰인 텍스트가 원래 저자의 의도에서 벗어나게 되는 것과 관련된다. 그것은 그 자체로 독립적인 자율성을 가지게 된다. 그러나 전유화는 자신의 것으로 만든 것과 관련된다. 모든 것을 낯설게 만드는 타자성과 모든 것을 이해하려는 자기성이 서로 투쟁하는 가운데 만들어진다.[29] 리쾨르는 텍스트를 저자의 의도로부터도 독자의 해석으로부터도 자유롭게 두지 않는다. 텍스트가 저자부터도, 또 독자로부터도 자율적이라는 점이 텍스트 읽기의 주체성을 가능하게 해준다. 텍스트 읽기는 일종의 '놀이'로서 설명된다. 놀이는 일정한 규칙을 가지고 있다. 주체는 놀이에 참여하지만 놀이에서 전적으로 자유롭지 않다. 독자는 텍스트라는 놀이에 주체적으로 참여할 수 있고 다양하게 해석할 수 있는 가능성이 있지만 텍스트에서 전적으로 자유롭지는 않다.

리쾨르의 텍스트 이론으로부터 우리는 한국에서 서양고대철학의 텍스트 연구를 통해서도 얼마든지 주체적으로 철학을 할 수 있는 가

---

28) 리쾨르, 『시간과 이야기1. 줄거리와 역사 이야기』, 김한식·이경래 옮김, 문학과 지성사, 2004, 179쪽.
29) 리쾨르, 『해석이론』, 김윤성·조현범 옮김, 서광사, 1994, 83쪽.

능성이 있다는 점을 확인할 수 있다. 물론 이것은 단지 서양고대철학에만 해당되는 것은 아니며 외래 철학 전반과도 연관된다. 특히 한국에서 서양철학이나 동아시아철학을 연구하는 것은 일차적으로는 텍스트 연구를 통해 이루어지기 때문이다. 비록 철학 텍스트의 저자가 한국 사람이 아니며 한국에서 쓰지 않았고 한국어로 쓰이지 않았지만, 한국 사람이 한국적 상황에서 문제의식을 가지고 텍스트를 읽어내고 특정한 주제를 선별하여 분석하고 해석한다면 한국 철학이 아니라고 하기는 힘들다. 이기상은 서양철학의 한국화 문제를 다루면서 철학을 다음과 같이 정의하고 있다. 철학은 주어진 상황 속에서 문제해결을 위해 공동체적으로 행위하는 주체들의 비판적이고 논증적인 상호이해의 과정이라고 한다.30) 그렇기 때문에 철학하는 사람은 자신의 상황이나 삶 자체와 분리불가능하다. 철학은 보편성과 특수성을 모두 가지고 있다. 철학의 특수성은 바로 철학하는 사람의 삶과 떼려야 뗄 수 없다. 서양고대철학을 연구하면서 현재 주어진 자신의 삶의 근본적인 문제의식을 갖고 분석하고 해석하면서 해결의 방안을 제시할 수 있다면 '한국화'를 하고 있다고 말할 수 있다고 생각한다.

2) 서양고대철학의 주요 주제와 한국화의 과제

서양고대철학이 한국화하기 위해서는 무엇을 한국적 상황에 맞는 주제로 선별하여 연구할 것인가를 확인하는 것이다. 그런데 이러한 논의는 필연적으로 시간적인 제한을 가질 수밖에 없다. 현재 2018년

---

30) 이기상, 『서양철학의 수용과 한국철학의 모색』, 지식산업사, 2002, 281쪽.

이라는 전후 시대적 상황과 밀접하게 연관되었기 때문이다. 나는 지금 여기서 고대그리스철학을 하면서 어떤 주제들이 한국적 상황에서 적절하게 맞물려 들어갈 수 있는지를 제안할 수밖에 없다. 이를 위해 먼저 고대그리스철학의 주요 문제와 이론들을 검토해볼 필요가 있다.[31] 사실 고대 그리스철학은 오늘날 학문의 분야 전체를 다루고 있기 때문에 특정 부분으로 범위를 좁히기가 쉽지 않다.[32] 여기서는 서양고대철학의 주요 주제와 핵심개념들 중에서 한국 철학의 문제들과 연관하여 현실적으로 함께 고민할 수 있는 세 가지를 중심으로 분석하였다. 이것은 한국의 시대적 상황이나 한국철학자의 문제의식에 따라 다양하게 제안될 수 있다고 생각된다.

첫째, '철학적 사유의 기원'과 관련된 문제이다. 서양철학에서 신화적 사유와 철학적 사유의 연속성과 차별성을 통해 철학적 사유의 기원과 방식을 연구하는 것은 고대철학에 특히 고유한 연구영역이다. 서양고대철학의 주요 개념이 그리스 서사시, 서정시, 비극 등에서 형성되어 발전되었기 때문에 철학적 사유의 기원과 원형을 연구하여 연관성을 검토할 필요가 있다. 이것은 서양에서 어떻게 철학적 개념과 이론 체계 및 방법론이 발전했는지를 보여주는 과정을 보여주기 때문에, 한국 철학의 기원과 원형을 연구하는 데 유용하리라

---

31) 박희영은 그리스철학에서 언어와 철학적 사유의 기원과 훌륭하게 행동함과 제도 확립 및 탁월성의 탐구와 에포프테이아(Epopteia)를 주요한 사상적 특징으로 잡았다. 박희영, 「고대 그리스 철학의 수용과 한국철학의 정립」, 『현대철학의 정체성과 한국철학의 정립』, 철학연구회 편, 철학과 현실사, 2002.
32) 사실 서양고대철학은 학문의 전 영역을 다루고 있기 때문에, 서양고대철학의 주요 문제들이나 핵심 개념들을 몇 가지로 선별할 때 연구자의 시대적 상황이나 장소의 한계가 반영될 수밖에 없다.

생각된다. 서양고대철학자들 중 콘포드, 커크, 로이드, 스넬, 베르낭 등과 같은 학자들은 고대그리스 사상의 기원과 원리를 연구하면서 고대 그리스 사상의 특수성과 보편성을 설명하려는 다양한 시도를 보여주고 있다. 이러한 연구는 특히 특정 지역의 사상적 특수성과 보편성의 단초와 계기를 연구함으로써 특정한 정체성을 확보하는 데 기여한다. 사실 한국의 고대와 관련된 자료들이 대다수 소실되어 한국의 철학적 사유의 기원과 방식에 대한 연구가 원천적으로 한계가 있다. 한국 신화와 관련하여 기록되어 현존하는 자료들은 많지 않으며, 대부분 현대에 구전설화들을 채록하였기 때문에 순전한 형태로 남아 있지 않다. 아무리 지역적 차이가 있다할지라도 철학적 주제 자체가 보편적 특징을 띠고 있기 때문에 철학적 논의는 그렇지만 현존하는 자료에 국한한다고 할지라도 의미 있는 작업들을 해낼 수는 있다.

둘째, '탁월성'과 관련된 문제이다. 탁월성에 관한 문제에는 특히 '영혼'의 개념이 매우 중요하다. 여기에 '감정' '지성', '성품', '훈련', '운명', '섭리', '좋은 삶'이나 '행복', '진리' 인식, 축제 등의 문제도 이와 관련된다. 나아가 탁월성의 문제는 고대 그리스 철학 뿐만 아니라 신화, 종교, 문화, 예술 등 전반에 관련되어 있기 때문에 고대 그리스 정신을 이해하는 데 핵심적 개념이라 아니할 수 없다. 특히 서양고대철학의 탁월성 개념은 한국철학의 중심 주제인 '수양론'과 매우 밀접한 관계가 있다. 이것은 인간의 본성과 관련된 '심성론'의 문제와 깊이 관련되어 있다. 사실 서양고대철학은 특히 한국철학과 주제 면에서 공유할 수 있는 부분이 많다. 인간과 세계에 대한 보편적 원형에서 길러내진 주제들이기 때문에 문화적 차이에 의해 구별되는 부분이 적다. 나아가 헬레니즘 철학은 삶의 기술과 영혼의 훈련과 치유에 대한 본격적인 논의가 많기 때문에, 사실 한국 철학의 주요 논의들과 연관하여 심도 있게 논의될 수 있다. 이미 한국의 경우에 조선시대에 서학 수용과 관련하여 한국화의 경험을 가지고 있다. 당시 서학이 조선성리학에 구체적으로 어떤 방식으로 얼마나 영향을 미쳤는가에 검토하는 과정에서 우리 철학으로 수용하고 전유하는 방식을 체득할 수 있으리라 생각한다.

셋째, '앎과 행위'와 관련된 문제이다. 이것은 고대 그리스의 정치적 삶과 관련된다. 정치적 삶은 달리 '활동적 삶'이나 '실천적 삶'이라 불리기도 한다. 고대그리스문화에서 공동체의 일은 아고라에서 정치적 합의를 통해 결정된다. 여기에 '정의justice', '수사학rhetoric', '시민교육civil education', '우정friendship', '법law', '공적 합리성public rationality', '정치적 기술political techne' 등의 주요 논의들이 나타난다. 고대 그리스의 민주제는 정치문화의 꽃이었다. 고전기 아테네 제국주의 시대에 민주제의 문제가 나타났고, 비록 소크라테스가 정치적 희생양이 되었지만, 이를 계기로 플라톤은 아테네의 민주제에 대해 반성적 통찰을 하게 되고 이상적 국가에 대해 고민하기 시작함으로써 서구 정치사상에서 논란의 중심에 서게 되었다. 특히 플라톤은 또 다른 대안으로 법률nomos에 의한 통치에 대해 구체적으로 사유하게 됨으로써 공동체에 최적의 사회제도와 정치체제를 확립하려 노력하였다.

나아가 아리스토텔레스도 다양한 국가의 체제를 검토하고 정치적 혼란 속에서 현실적인 정치 체계를 확고히 하기 위해 공동체의 삶이 궁극적으로 지향해야 하는 목표를 제시한다. 이와 관련하여 현실 가능한 이상적인 국가의 실현을 위해 필요한 시민교육과 공동체의 연대를 위해 필요한 요소들을 검토한다. 서양고대철학에서 정치철학의 문제는 특수한 지리적 상황과 관련된 장소성의 문제와 민족적 특수성과도 연관되지만 궁극적으로 국가 공동체가 가장 좋은 삶을 살 수 있도록 하려는 정치적 목적과 관련된다. 기본적으로 서양고대철학, 특히 그리스의 정치 철학의 핵심개념은 동아시아 정치철학과 같이 '수신제가치국평천하修身齊家治國平天下'이다. 개인의 탁월성은 항상 국가공동체의 탁월성과 유비적으로 연관되어 있다. 플라톤이 타자를 지배하기 위해서는 먼저 자신을 지배해야 한다는 주장은 이러한 입장을 뒷받침한다.

4 한국 철학의 범주와 한국화의 전망

국내에서 서양철학의 수용과 한국철학의 정체성을 학술대회 주제로 삼거나 연구과제로 삼아 본격적으로 한국에서 철학하는 자세를 성찰하고 미래에 대한 전망을 제시하고자 하는 시도가 여러 차례 있었다. 백종현은 서양철학의 수용과정에서 나타난 사대주의적 태도를 날카롭게 비판하면서 현대에 와서도 이러한 태도는 개선되지 않고 있다고 한다.[33] 사실 현대 한국의 철학자들이 여전히 동서양 철학을 막론하고 학문적 의존성이 지나치게 높다는 점에 대해 이론의 여지가 없다. 실제로 한국에서 발간되는 철학논문집들을 살펴보면, 여전히 고전텍스트들에 대한 주석이나 해석을 하는 문헌학적 연구가 주종을 이루고 있거나, 최근 국외에서 핫이슈가 되고 있는 이론을 소개하는 연구를 하고 있다는 사실을 분명히 알 수 있다. 이러한

---

33) 백종현, 「서양철학수용에 대한 반성과 한국철학의 모색」, 『독일철학과 20세기 한국의 철학』, 철학과 현실사, 1998, 237쪽.

학문적 성향은 당연히 국내 박사보다는 국외 박사를 선호하는 특징으로 이어진다. 말 그대로 퇴계나 율곡 및 다산 등을 연구하는 한국 철학 연구자 외에는 전공철학의 지역으로 유학 가는 것이 당연시되고 있다.

물론 국외에서 학문적 훈련을 받는 것 자체에 대해 비판하는 것은 아니다. 철학의 지역적 특성을 충분히 이해하기 위해 특정 지역으로 유학 가는 것은 다른 측면에서도 상당히 유익할 수 있다. 그러나 철학이라는 학문의 보편적 특징을 볼 때 반드시 필요한 것이라 강제할 수 있는 것도 아니다. 실제로 '어떻게 철학을 할 것인가'가 가장 중요하다. 국외로 유학을 가서 특정 지역의 철학을 좀 더 정확하게 연구하는 데에는 의미가 있다. 그렇지만 그것에 완전히 압도되거나 사로잡혀 주체적으로 수용하지 못한다면 오히려 철학은 '약'이 아니라 '독'이 될 수 있다. 특정 지역의 철학을 단순히 지식으로서 연구하고 해석하는 데에만 머무른다면 지식인일지는 모르지만 철학자라 하기는 어렵다. 그것이 독일철학이든 프랑스 철학이든 그리스철학이든 철학적 주제 의식은 공유하지만 '현재'라는 시간과 '한국'이라는 공간이 '나'의 보편적 삶의 경험과 문화적 양식과 맞물려 들어가 '철학'이라는 천을 타자와 함께 짜낼 수만 있다면 우리의 철학을 만들어낼 수 있는 것이다.

전통적인 의미에서 '장소'성과 관련된 한국철학, 즉 이미 과거로부터 서로 차별화된 사유와 언어를 통해 다른 문화를 형성해왔던 한국의 철학은 무엇인가를 검토할 필요가 있다. 일차적으로 한국 철학을 '장소'성과 연관하여 검토할 때 이 '장소'성은 한국인이며 한국어로 생각하고 말한다는 사실을 포함하고자 한다. 물론 그것만으로는 한국 철학이 무엇인지를 설명하거나 정의하기는 없다. 그렇지만 그것은 한국의 고유한 삶의 경험과 문화적 양상을 보여줄 수 있다. 역사적으로 한국이라는 땅에서 한국인이 했던 철학적 논의가 '한국철학'이라고 한다면, 근대를 통해서 단절된 한국 철학의 고유한 개념과 이론 체계들을 재검토할 필요가 있다. 그것이 중국철학의 영향을 받아서 생겨났든지, 또는 유럽 철학이나 영미철학의 영향을 받아서 생겨났든지 간에 한국의 역사 속에서 한국인에게 영향을 미쳐 형성된 사유라고 한다면 그것을 한국철학의 범주에 넣는 것을 두려워할 필요는 없을 것이다.

사실 단지 한국만이 아니라 세계의 다른 국가들도 완전히 자신들에게만 고유한 철학적 영역이나 주제를 갖기 어렵다. 역사적으로 서양 정신의 기원이 되는 그리스 철학은 서양 철학의 주요 용어나 개념들은 시간적 한계를 넘어 영향을 미쳤다. 고대 그리스로부터 제기되었던 철학적 주제들은 각 시대와 각 나라에 따라 변주되어 다양한 방식으로 연구되어왔다. 나아가 그것들은 각 나라의 다양한 정치사회적 사건들이나 문제들과 관련된 시대적 상황 속에서 새롭게 문제 제기가 되고 새로운 방식으로 문제 해결을 해나가는 과정에서 그것에 고유하며 특정한 형태의 철학적 개념과 이론을 창출하였다. 서양 철학의 대표적인 철학들을 통칭하면서 프랑스 철학이나 독일철학 및 영미철학을 말하지만, 서양철학의 보편적 원형이 되는 그리스 철학에서 길러낸 것들이 많다. 단지 한국 철학만이 중국이나 영미 또는 유럽의 학문적 영향을 받아 형성된 것은 아니다. 나아가 미래의 글로벌 사회에서 장소성의 역할은 희박하게 될 가능성이 높고 첨단 번역기술의 발달로 소통이 훨씬 자유로울 수 있다. 이러한 특징은 우리가 사는 세계의 일반화와 더불어 우리의 사유의 보편화를 가속화할 것이다. 여기서 중요한 것은 '나'라는 존재가 '우리'라는 존재가

인류의 역사를 통해 공유했던 문제를 '지금 여기서' 독자적인 방식
으로 이해하고 설명하며 해결하려는 노력이다. 이것은 지금 우리의
철학을 산출하고 형성해낼 것이다.

참고문헌

강상진, 「『서양고전학연구』에 게재된 아리스토텔레스와 이후 서양고중세
　　　철학분야 논문의 연구 내용과 방법론」, 『서양고전학연구』 31권,
　　　2008.
김선희, 「천, 상제, 리: 조선유학과 『천주실의』」, 『한국실학연구』 20권, 2010.
김주일, 「개화기부터 1953년 이전까지 한국의 서양고대철학에 대한 연구와
　　　번역 현황 연구」, 『시대와 철학』 14권 2호, 2003.
남경희, 「서구철학의 수용과 한국철학의 정체성」, 『동아연구』 41권, 2001.
리쾨르, 『시간과 이야기1. 줄거리와 역사 이야기』, 김한식·이경래 옮김,
　　　문학과 지성사, 2004.
박영식, 「인문과학으로서 철학의 수용 및 그 전개과정」, 『인문과학』 6집,
　　　연세대학교 인문과학연구소, 1972.
박희영, 「고대 그리스철학의 수용과 한국철학의 정립」, 『현대철학의 정체
　　　성과 한국철학의 정립』, 철학연구회 편, 철학과 현실사, 2002.
백종현, 「서양철학 수용과 한국의 철학」, 『철학사상』 5권, 1995.
신귀현·진교훈, 「독일근세철학의 수용과 그 문제점」, 『철학』 39집, 1993.
안재원, 「『서양고전학연구』에 게재된 '서양고전기타분야'에 대한 보고」,
　　　『서양고전학』 31권, 2008.
양문흠, 「고대철학의 수용과 한국철학에 미친 영향」, 『철학사상』 6권, 1996.
이기상, 『서양철학의 수용과 한국철학의 모색』, 지식산업사, 2002.
이광래, 후지타 마사카쓰 편, 『서양철학의 수용과 변용』, 경인문화사, 2012.
이태우, "일제강점기 신문을 통해 본 유럽철학의 수용현황", 『동북아문화연

구』 제13집, 2007.

_____, "일제강점기 잡지를 통해 본 유럽철학의 수용현황", 『동북아문화연구』 제16권, 2008

이철승, 「우리철학의 현황과 과제 1」, 『인문학연구』, 조선대 인문학연구원, 52권, 2016.

_____, 「우리철학의 현황과 과제 2」, 『인문학연구』, 조선대 인문학연구원, 53권, 2017.

정준영, 「서양고전학연구의 서양고대철학 연구성과와 경향: 철학의 기원에서 플라톤까지」, 『서양고전학연구』 31권, 2008.

허남진 외, 「제1부 서양철학수용에 따른 전통철학의 대응 및 전개」, 『철학사상』 8권, 1998.

_____, 「제3부 서양철학 수용: 한국의 현실과 철학의 과제」, 『철학사상』 8권, 1998.

홍윤기, 「서양 철학 수입 후 철학수요의 폭증과 철학교육의 폭락」, 『대동철학』 67집, 2014.

독일철학의 한국적 수용을 위한 시도
— 헤겔과 함께 헤겔을 넘어서

나종석

1 들어가는 말 : 새로운 탈식민적 사유의 필요성

서양철학의 토착화 문제는 우리 철학계에서 새로운 문제는 아니
다. 모든 문화 및 사상의 교류가 그러하듯이 서로 다른 문화 및 사상
의 만남은 진공 상태에서 이루어지는 법은 없다. 교류는 역사적 상
황이 다른 사회 사이에서 형성되는 것이기에, 서양철학을 접한 이래
그것을 어떻게 우리사회의 실정에 어울리게 재해석하여 받아들일
것인가는 학자들에게 늘 중요한 화두였다. 그럼에도 2018년 5월에
조선대학교 우리철학연구소가 "서양철학의 한국화 및 우리철학의
성찰과 전망"이라는 총괄 주제를 내걸고 학술대회를 주최하는 데에
서 보듯이 서양철학의 한국화라는 작업은 여전히 중요한 학문적 과
제로 남아 있다.

그런데 서양철학의 한국화 작업은 우리 근현대 역사 경험의 성격,

이 글은 2018년 5월 조선대학교 우리철학연구소가 주최하는 학술대회에서 발
표하고, 인문학연구원의 『인문학연구』 제56집(2018)에 「헤겔과 함께 헤겔을
넘어서 - 서구중심주의 비판, 화해의 정신 그리고 대동민주 유학을 중심으로」
라는 제목으로 게재한 논문이다.

한국 철학계의 연구동향

예를 들면 서구 근대세계의 동아시아로의 팽창 과정에서 한반도가 제국주의 열강들의 각축장으로 전락하고 급기야는 조선의 망국과 일본 제국주의에 의한 식민지배의 역사를 경험했다는 사건을 어떻게 이해해야 할 것인가라는 문제를 고찰하지 않으면 안 된다. 달리 말하자면 일본의 식민지배에서 독립한 이후 오늘날에 이르기까지 서세동점의 역사적 도전에 직면하여 서구적 근대화에 재빨리 성공하고 제국주의로 나간 일본과 달리 왜 조선은 일본의 식민지로 전락하게 되었던 것일까라는 물음은 여전히 커다란 사상의 과제로 남아 있다.

주지하듯이 해방 이후 북한학계는 물론이고 남한학계에서도 탈식민 담론은 매우 강력했다. 이 때 일본 제국주의가 조선의 식민 지배를 정당화하기 위해 내세운 조선사회의 정체론 혹은 타율성론을 극복하는 것이 핵심적 과제이었다. 달리 말하자면 서세동점의 시기에 서구적 근대화의 길에 들어선 일본과 달리 왜 조선은 망국과 식민지로 전락하게 되었는가하는 물음이 해방 이후 우리학계가 해명해야 하는 중심적 과제였다. 그리고 조선사회는 정체된 사회였고 스스로의 힘으로 근대화를 이룩할 수 없었기에 타율적인 방식으로 근대화의 길을 걸을 수밖에 없었다는 식민담론의 극복을 위해 우리 역사학계가 제안한 이론 중 하나가 바로 자본주의적 맹아론이었다.[1] 이에 따르면 조선후기에 등장한 자본주의적 맹아가 일본 제국주의에 의해 억압되어 자주적 근대화로의 길이 차단되었던 것이지 본래 조선사회가 정체된 사회였기에 조선이 식민지로 전락하게 되었던 것은

---

1) 북한학계에서의 내재적 발전론에 대해서는 『역사비평』 편집위원회 엮음, 「내재적 발전론과 한국사인식」, 『논쟁으로 읽는 한국사: 전근대 1』, 역사비평사, 2009, 311-313쪽 참조 바람.

아니다. 물론 자본주의 맹아론은 주로 조선후기의 사회경제적 조건의 변화에 관련된 연구이었다. 타율성론과 정체론을 핵심으로 하는 일본의 식민주의 역사학을 극복하려는 시도는 사상사에서도 진행되었는데, 그 대표적인 것이 실학연구이었다.

그러나 자본주의적 맹아론이나 내재적 발전론으로 일제 식민주의 역사학의 한계를 극복하려는 탈식민적 시도는 오늘날 위기에 처해 있는 것처럼 보인다. 그것은 조선사회를 봉건사회로, 성리학을 봉건적 사유양식으로, 조선후기를 봉건사회 해체기로 규정하는 역사 인식을 채택하고 있다. 그리고 그런 역사인식은 서구 근대를 근대의 모델로 설정하고 있을 뿐만 아니라 유럽의 역사발전 도식을 인류사회의 보편적 역사발전의 모델로 간주하고 있다. 예컨대 일본에서 활동했던 한국역사학자 강재언에 의하면 "근대화란 극단적으로 말하면 서양의 사상을 받아들인 정치개혁에 의해 국민국가를 실현하고 그 과학과 기술을 받아들여 근대적 공업을 발전시키며 그것을 기초로 자위自衛를 위한 군사력을 준비하는 것"으로 이해된다.[2] 더 나아가 유럽모델을 한국역사에 적용하는 것은 조선사회의 성격은 물론이고 조선사회의 근대로의 이행 과정의 특징을 파악하는 데 한계를 지니지 않을 수 없다.[3] 조선사회의 성격과 관련된 문제를 여기에서 상술할 순 없지만 조선이 운영한 과거제도에 국한해 보아도 조선사회를 중세 봉건제 사회로 규정하고 조선후기에 그런 봉건체제의 해체가 진행되고 자본주의적 근대로의 이행의 동력들이 발현되고 있

2) 강재언, 『서양과 조선 : 그 이문화 격투의 역사』, 이규수 옮김, 학고재, 1998, 242쪽.
3) 미야지마 히로시(宮嶋博史), 『나의 한국사 공부 : 한국사의 새로운 이해를 찾아서』, 너머북스, 2013, 41-43쪽 참조.

는 것으로 보는 시각은 상당한 무리가 따른다.[4]

조선이 과거제도를 통해 구현된 유동적이고 개방적인 능력주의 사회의 면모를 보여준다는 점 외에도, 조선이 중앙집권적인 관료체제를 운영하고 있었다는 점, 지배계층인 양반이 관직을 세습할 수 없었다는 점 그리고 조선에서 노비제도가 운영되고 있었다는 점 등을 고려할 때, 중세 봉건제 사회에서 자본주의 근대사회로의 역사 이행을 역사 발전의 기본 모델로 설정하고 조선후기에서 봉건체제가 해체되고 자본주의적 근대로의 이행의 가능성을 탐색함에 의해 일본 제국주의의 식민사학을 극복하려는 시도는 한계에 이르지 않을 수 없다.

그럼에도 탈식민적 사유는 지속되어야 한다. 사유란 역사적 현장성과 장소성을 완전히 떨쳐버릴 수 없는 노릇이기에 탈식민적 사유는 중요한 사상의 과제로 남아 있다. 그렇기에 식민지근대화론을 주장하는 사람들이 강조하는 것처럼 그 동안 수행되어 온 탈식민적 사유의 한계를 서구 자본주의 근대를 인류문명의 정점으로 바라보는 태도로 극복할 수 있다고 보는 것은 단견일 것이다.[5] 또한 우리사회

---

4) 중국 송나라 시대에 본격적으로 실시된 과거제도는 유교적 교양에 의거한 능력주의(meritocracy) 원칙을 전제로 한 것이었다. 시마다 겐지(島田虔次), 김석근·이근우 옮김, 『주자학과 양명학』, 까치, 2001, 20-21쪽 ; 나종석, 『대동민주 유학과 21세기 실학 : 한국 민주주의론의 재정립』, 도서출판b, 2017, 제5장 참조 바람. 중국의 과거제도와 조선의 과거제도가 지니는 유사성과 차이점에 대해서는 기시모토 미오(岸本美緒)·미야지마 히로시(宮嶋博史), 김현영·문순실 옮김, 『조선과 중국 근세 오백년을 가다』, 역사비평사, 2008, 97-99쪽.

5) 식민지근대화론의 전개 과정과 그 이론이 지니는 의의 및 문제점에 대해서는 정연태, 『한국근대와 식민지근대화 논쟁 : 장기근대사론을 제기하며』, 푸른역사, 2011, 제1부의 제1장, 2장 그리고 4장을 참조 바람.

에서 맹위를 떨치는 미국 주도의 신자유주의 담론과 연동해서 움직이는 자본주의 세계체제의 영향력도 서구중심주의의 문화적 주도력과 무관하지 않을 터이다. 인류의 보편적 이념이나 인간성 자체를 특권적으로 독점하고 있다는 식의 주제 넘는 주장을 거리낌 없이 내세우는 유럽중심주의로부터 벗어나지 않는 한, 유럽 근대성의 어두운 면에 대한 비판적 성찰은 불가능할 것이다. 따라서 문제는 탈식민적 시도의 방법에 관한 것이다. 자본주의적 맹아설이나 내재적 발전론이 지니는 한계를 극복하고 탈식민적 인식과 사유를 한 걸음 더 진전시키기 위해서는 새로운 탈식민적 사유가 시도되어야 한다.

탈식민적 사유를 새롭게 전개하기 위해 우선 서구중심주의를 상대화하는 작업이 요구된다. 그래서 우선 서구중심주의를 철학적으로 가장 체계적인 방식으로 정당화한 이론인 헤겔의 서구중심주의의 기본 성격을 살펴보면서 그것이 기본적으로 서구 근대와 비서구 사회 전통의 이분법, 즉 서구 근대를 문명으로 그리고 동아시아 전통을 미성숙한 전근대적 발전단계에 멈춰버린 것으로 바라보는 관점임을 설명한다. 이와 더불어 한말 이후 오늘날에 이르기까지 우리 사회에 강력한 영향력을 발휘해 온 서구중심주의의 흐름을 근대와 전통의 이분법을 중심으로 간략하게 서술한다. 이어서 필자는 근대와 전통의 이분법, 달리 말하자면 비서구 사회의 전통을 문명의 타자로 규정하는 태도이자 인식 틀로 규정될 수 있는 서구중심주의를 극복하기 위해 한국사회의 근현대사를 새롭게 해석할 수 있는 틀을 제안한다. 이와 관련해 필자는 대동민주주의의 실현 과정으로서 한국 근현대의 역사를 새롭게 서술할 수 있다는 주장을 논한다. 대동민주주의 이론은 헤겔이 자명한 것으로 전제하는 인류의 보편적 자유의 실현에 대한 유럽중심주의적인 서술에 의해 기각된 동아시아 및 한국의 역사가 지니는 고유한 의미를 되살리고자 한다. 마지막으로 다루어지는 문제는 한국 근현대 역사에 대한 대안적 이론으로 제시된 대동민주주의론이 헤겔철학의 화해의 정신과 맺고 있는 연관성이다. 달리 말하자면 대동민주주의론은 헤겔의 유럽중심주의에 대한 비판이자 동시에 유럽중심주의와 긴장 관계에 있는 헤겔의 정치 및 사회철학의 기본 이념 중 하나인 화해의 정신을 재해석한 결과임이 서술된다. 결국 헤겔과 더불어 헤겔을 넘어서려는 시도인 대동민주주의 이론이 어떤 점에서 동아시아 및 한국의 역사적 맥락과 상황에 어울리는 비판적 사회이론의 가능성을 안고 있는지가 검토된다.

2 헤겔과 반복되는 서구중심주의

서구중심주의를 철학적으로 가장 정교하게 체계화시킨 인물이 바로 헤겔이다. 헤겔의 유럽중심주의를 구성하는 핵심적 주장은 다음 네 가지이다. ① 유럽 근대는 다른 문명과의 접촉에서가 아니라 스스로 이룩한 성과다. ② 근대의 규범적 원리인 보편적 자유의 원리가 전개되는 과정에서 기독교가 결정적 기여를 했다. ③ 서구 근대사회는 인류역사 발전 과정에서 정점에 있으며 다른 사회는 그에 미치지 못하는 전근대적 사회이다. ④ 유럽의 근대가 전 세계적으로 확산되는 것은 식민주의를 동반하는데, 비유럽사회의 식민지화는 불가피하고 필연적일 뿐만 아니라, 정당하다.6)

---

6) 그 동안 필자는 헤겔의 서구중심주의를 비판해왔다. 나종석, 「헤겔과 동아시

헤겔은 서구 근대성의 형성 과정을 서술할 때 다른 문화와의 상호 접촉으로부터 받은 영향을 배제한다. 그러니까 서구 근대는 다른 문명으로부터의 영향을 받지 않고 자신의 문명의 틀 내에서 스스로 이룩한 역사적 성취로 이해된다. 그런데 이런 서구 근대의 자생성에 대한 헤겔의 서술은 기독교가 인류역사에서 가장 결정적 전환을 제공해주었다는 주장과 궤를 같이한다. 달리 말하자면 프로테스탄티즘의 세계인 게르만 세계는 세계사적 사명을 띠고 있는 데, 그 사명의 내용은 기독교에 의해 천명된 보편적 자유의 원칙을 이 세상에 실현하는 것이다. 헤겔에 의하면 추상적인 수준에서나마 기독교를 통해 인류역사의 궁극 목적이라고 규정되는 자유의 보편성에 대한 자각은 이루어졌다. "이념은 기독교에서 그 어떤 불만족스러운 것을 더 이상 발견할 수 없다." 그러므로 게르만 세계가 이룩한 "근대 세계의 시대와 관련하여 대외 관계는 더 이상 규정적인 것이 아니"라고 헤겔은 말한다.7) 그리고 게르만 세계는 기독교의 원리를 이 세상에 실현하는 과제를 자신의 세계사적 사명으로 삼는다. "게르만 정신은 새로운 세계의 정신인데, 그 목적은 자유의 무한한 자기규정으

아 - 유럽 근대성의 정체성 형성과 동아시아의 타자화의 문제를 중심으로」, 『헤겔연구』 40, 2016 ; "Ambivalente Moderne : Wie Hegels Parteinahme für den Westen seine Fehleinschätzung Ostasiens erklärt", in : *Allgemeine Zeitschrift für Philosophie*, 2015(40. 1) ;『헤겔 정치철학의 통찰과 맹목: 서구 근대성과 복수의 근대성 사이』, 에코리브르, 2012, 제3장 〈헤겔의 오리엔탈리즘과 서구중심주의〉;「헤겔과 아시아 - 동아시아 근대와 서구 근대성에 대한 비판적 성찰」, 『헤겔연구』 32, 2012, 등 참조 바람.

7) Hegel, G. W. F., *Vorlesungen über die Philosophie der Geschichte, in : Hegel Werke in zwanzig Bänden*, hg. v. E. Moldenhauer und K. M. Michel, Frankfurt 1969-1971, Band 12, p.414.

로서의 절대적 진리의 실현이다. 그리고 이 자유는 자유의 절대적 형식 자체를 내용으로 삼는 자유이다. 게르만 민족의 사명은 기독교 원리의 담당자의 역할을 맡는 것이다."[8]

그리고 서구 근대의 자생성에 대한 서술은 동양의 역사를 근대 문명의 타자로 설정하는 것으로 나간다. 간단하게 말해 인도는 물론이고 중국을 비롯한 동아시아는 인류역사의 출발점이라는 의미를 부여받는다. 그런데 이마저도 헤겔은 부정한다. 인도와 중국의 역사가 유럽과 관련이 없었기 때문이다. 그래서 그는 유럽과 관련을 맺었던 페르시아가 "세계사의 진정한 시작"이라고 강조한다.[9] 이처럼 비서구 사회의 역사의 의미는 오로지 유럽과의 관계에 의해서만 부여될 수 있다는 것이 헤겔 역사철학의 근본 주장 중 하나다. 인류사의 진정한 담지자인 게르만 세계, 즉 서유럽과 관련이 없는 중국과 인도 문명의 역사적 의미는 이제 인류사의 정점에 이른 유럽과 관련해서만 비로소 그 의미를 부여받을 수 있게 된다. "중국과 인도는 [……] 우리[유럽인들-나종석]로 인하여 역사의 맥락 속에 들어올 수 있다."[10]

인도와 중국과 같은 비서구 사회가 유럽과 관련해서만 비로소 "역사의 맥락 속"에 편입될 수 있다는 헤겔의 주장은 비서구사회의 성숙은 근대 유럽과의 접촉, 궁극적으로는 유럽에 의한 식민화의 경험을 통하지 않고서는 이룩될 수 없다는 단언으로 이어진다. 우선 헤겔은 중국과 인도 문명의 성격을 철저하게 정체된 것, 달리 말해

---

8) 같은 책, p.413.

9) 같은 책, p.216.

10) Hegel, G. W. F., *Vorlesungen über die Philosophie der Weltgeschichte : Zweite Hälfte*, Hamburg 1988, p.415.

자신의 역사 속에서 그 어떤 역사적 진보 내지 발전을 이룩해내지 못한 채 야만의 상태에 영원히 머물러 있는 문명으로 규정한다. 중국 및 인도는 "정체된 상태로 머물러 있고 자연적이고 식물적인 현존재 상태를 현재에 이르기까지 유지해오고 있다."[11] 중국과 인도가 근대 유럽과 관련해 인류역사에 편입될 수 있다는 것은 근대 유럽과의 접촉을 통해서야 비로소 타율적인 방식으로 인도 및 중국사회는 성숙한 사회로 비약할 수 있는 가능성을 갖게 된다는 것을 의미한다. 이런 맥락에서 헤겔은 서구 근대의 역사발전 단계를 대변하는 영국에게 부여된 세계사적 사명을 언급한다. "영국인들은 전 세계에서 문명Zivilisation의 전도사라는 위대한 사명을 떠맡았다."[12]

영국이 성취해야 할 세계사적 사명은 서구 근대의 전 지구적 전파다. 그런데 헤겔은 영국에게 부여된 "문명의 전도사라는 위대한 사명"이 관철되는 과정에서 발생하는 폭력과 재앙적 결과도 부득이한 것으로 본다. 헤겔에 의하면 비서구 사회가 유럽의 식민지로 되는 것은 "필연적 운명"인데, 중국도 이런 운명으로부터 벗어날 수 없다.[13] 그리고 인류역사 발전 과정에서 발생하는 끔찍한 폭력으로 인한 엄청난 희생도 불가피하고, 심지어 보편적 자유의 원리라는 인류사의 궁극적 목적의 실현을 위해 지불되어야 할 필연적인 것이다.

---

11) Hegel, G. W. F., *Vorlesungen über die Philosophie der Geschichte*, 앞의 책, p.215.
12) 같은 책, p.538.
13) 같은 책, p.179. 물론 헤겔의 역사철학은 인류사에 등장하는 엄청난 폭력과 희생을 신적인 이념, 즉 이성의 보편적 원리의 관철이라는 낙관적인 믿음에 의해 정당화할 수 있을지 모른다. 실제로 헤겔은 역사철학을 "변신론"(Theodizee)으로 이해한다, 같은 책, p.540. 헤겔의 변신론이 지니는 문제에 대해서는 프레더릭 바이저, 『헤겔 : 그의 철학적 주제들』, 이신철 옮김, 도서출판b, 2012, 346-350쪽 참조 바람.

헤겔에 의하면 "세계정신의 발전 단계"에서 당대의 사명을 부여 받은 민족의 권리는 무한한 것이어서 그 앞에 다른 민족은 아무런 "권리도 없다"(rechtlos).[14]

헤겔의 서구중심주의는 보편적 자유의 긍정과 식민주의 옹호 사이의 긴장을 내포한다. 그리고 그런 긴장은 서구 근대 문명을 문명의 정점으로 보고 비서구 사회를 전근대적인 미성숙한 문명으로 설정하는 오리엔탈리즘과 동전의 양면을 이룬다. 헤겔에 의해 가장 체계적 방식으로 정당화된 서구중심주의는 한말 이후 오늘날에 이르기까지 우리사회에서 매우 중요한 역할을 담당했다. 예를 들어 서구중심주의적 문명화 담론을 내면화한 결과 자신이 속한 조선 문명을 타자화하는 태도는 조선의 대표적 개화파 인물인 윤치호尹致昊 (1865-1945)에게서 잘 드러난다. 그는 1894년의 어느 날 일기에 조선이 "민족으로서 어떤 미래도 지니지 않고 있다."고 적고 있다. 그가 보기에 조선인은 인종적으로 보아도 아무런 긍정적 요소를 지니지 않는 야만인에 불과할 뿐만 아니라, 조선사회는 인간을 철저하게 노예로 전락시키는 야만 사회다. 그는 조선인을 최악의 미개인으로 전락시켜 조선을 개선의 가능성이 조금도 없이 타락하고 부패한 암흑사회로 만들어 버린 주범을 조선의 유교문화라고 지적한다. "유교와 전제주의가 위와 아래에 있는 돌이고 그런 두 돌 사이에서 인간을 야만인보다 더 고상하게 하는 모든 특징은 가루로 분쇄되었다."[15]

조선이 일본에 의해 식민지로 전락한 후에 윤치호는 친일파로 변신한다. 그는 "힘이 정의"라는 입장을 부동의 진리로 섬기면서 힘없

---

14) Hegel, G. W. F., *Grundlinien der Philosophie des Rechts*, Frankfurt 1996, p.506.
15) 윤치호, 국사편찬위원회 편, 『윤치호 일기 3』, 1974, 398-399쪽.

는 자는 "약자로 사는 법을 배워야 한다"[16]고 강변한다. 이런 약육
강식의 세계관을 내면화한 윤치호는 1919년 3·1독립운동을 비웃고
폄하한다. 조선의 독립운동을 반대하는 윤치호의 태도에 서구중심
주의적 문명관이 깔려 있음은 말할 필요조차 없다. 그는 "문명의 발
전단계상 우월한 단계와 저급한 단계가 존재하는 한, 차별도 존재할
것"이라고 단언하면서, 일제의 식민지배와 일본인에 의한 조선인의
차별은 정당한 것이라고 말한다. 이른바 선진 문명에 속하는 나라들
이 후진적인 나라들을 지배하고 이들을 차별하는 것이 정당하다는
주장은 후진 문명에 속하는 사람들 역시 그런 지배를 받아 마땅하기
에 일본 제국주의의 식민지배에 대한 조선인들의 저항과 독립운동
은 쓸데없는 짓이라는 판단과 동전의 양면을 이룬다. 달리 말해 유
교 문명에 의해 철저하게 노예로 되어 버린 조선인들은 독립할 수
있는 역량을 갖추고 있지 않을 뿐만 아니라, 설령 독립이 된다고 해
도 "독립을 유지해나갈 만한 능력이 없다"고 윤치호는 단언한다.[17]

　윤치호가 보여주듯이 피식민지 사회의 지식인들조차 자신의 전통
과 역사에 대한 부정적인 인식과 서구 근대 문명을 문명의 대표로
설정하는 서구중심주의를 철저하게 내면화할 수 있다. 그리고 조선
의 자주적인 독립역량에 대한 과소평가와 외세의 식민지배에 대한
순응과 협력은 서구중심주의적인 식민주의 담론의 내면화에 기인한
다. 조선의 유교 전통에 대한 혹평 및 일본 제국주의의 불가피성에
대한 윤치호의 수긍은 헤겔의 동양관의 영향사와 무관하지 않다. 일
본이 조선과 중국에 비해 빠르게 서구 근대의 문물을 받아들여 조선

---

16) 윤치호, 김상태 편역, 『윤치호 일기 : 1916-1943』, 역사비평사, 2001, 95쪽 및 70쪽.
17) 같은 책, 133쪽 및 188쪽.

으로 제국주의적 침략을 노골화할 때 일본은 서구중심주의를 활용하여 일본 나름의 오리엔탈리즘을 고안해내었다. 그래서 고야스 노부쿠니子安宣邦는 다음과 같이 말한다. "헤겔의 역사철학이 구성한 전제와 정체의 왕국으로서의 동양상은 일본으로 하여금 중국 중심의 문명론적 동아시아 정치지도를 교체하게 했다. 일본은 '동양적 전제', '동양적 정체'라는 이름을 중국에 뒤집어씌우면서 중국을 문명의 중심적 위치에서 끌어내리고자 한 것이다. 유럽문명의 적장자임을 자인한 일본이야말로 동아시아의 새로운 문명론적 지도의 중심에 서지 않으면 안 되었던 것이다."[18]

한국인들은 자신의 나라를 스스로 통치할 능력도 자주적 근대 국가를 유지할 역량도 지니지 못하는 후진적 인종이라는 관점은 해방 이후 우리사회는 민주주의를 할 수 있는 준비와 여건이 되어 있지 않다는 이유로 독재 권력을 정당화하는 입장과 질적인 차이가 없다. 그리고 조선의 유교 문화와 민주주의 및 근대적 자주 독립정신 사이의 양립 불가능성에 대한 단언은 오늘날 식민지근대화론[19]이라 불리는 학문의 이름으로 우리학계에 다시 등장하고 있다. 이영훈에 의하면 조선이 일본의 식민지로 전락한 원인은 성리학을 지배이념으로 한 조선사회가 산업화의 내적 동력을 실현할 수 있는 조건들을 창출하지 못했다는 데 있다. "조선왕조의 성리학적 정치이념에서 경제는 독자적인 영역이 아니었습니다. 지배층을 이루는 군자가 도덕

---

18) 고야스 노부쿠니(子安宣邦), 이승연 옮김, 『동아·대동아·동아시아 – 근대 일본의 오리엔탈리즘』, 역사비평사, 2006, 140쪽.
19) 식민지근대화론이 식민 지배를 미화하는 경향을 띠는 방향으로 전개되는 양상에 대해서는 정연태, 『한국근대와 식민지근대화 논쟁 : 장기근대사론을 제기하며』, 앞의 책, 432-433쪽 참조 바람.

을 올바로 수양하여 정치를 바로하면 경제는 저절로 통한다는 도덕주의적 정치관과 경제관이 조선왕조가 산업을 일으키고 국제수지를 방어하기 위한 정책을 시행하지 못하도록 막았다고 생각합니다. 그것이 궁극적으로 조선왕조를 식민지로 떨어지게 한 최종적 원인이겠지요."[20]

자본주의적 경제성장을 서구 근대의 핵심적 지표로 삼는 이영훈은 자본주의적 근대로의 이행의 동력을 조선사회에서 구할 수 없다고 단정한다. 그는 조선사회의 19세기는 엄청난 위기에 직면해 있었다고 말한다. 그 "위기는 1905년 조선왕조의 멸망이 어떤 강력한 외세의 작용에 의해서라기보다 그 모든 체력이 소진된 나머지 스스로 해체되었다고 해도 좋을 정도로 심각한 것이었다."[21] 더 나아가 식민지시기에 조선에서 일본에 의해 근대적인 사적 소유 제도가 도입되고 시장경제가 발달하여 근대적 시장경제체제가 형성되었다고 이영훈은 말한다. 간단하게 말해 조선에서는 자본주의적 맹아와 같은 것은 존재하지 않았고 근대 문명은 일본의 제국주의에 의해 이식된 결과라는 것이다. 그리고 사유재산제도를 비롯하여 근대적인 시장제도와 시장기구 등과 같은 일제시기에 이룩된 성과는 해방 이후 대한민국의 건국으로 이어질 뿐만 아니라, 1960, 70년대 자본주의적인 고도 경제성장의 기반으로도 작용했을 정도로 "하나의 분수령으로서의 의미"를 지닌다고 식민지 근대화론자들은 주장한다. 이처럼 안병직과 이영훈은 제국주의에 의한 식민지배가 문명화를 가져왔다고

20) 안병직·이영훈 대담, 『대한민국 역사의 기로에 서다』, 기파랑, 2007, 103-104쪽.
21) 이영훈, 「총설 : 조선 후기 경제사 연구의 새로운 동향과 과제」, 이영훈 편, 『수량경제사로 다시 본 조선 후기』, 서울대학교출판부, 2004, 382쪽.

강조한다.[22]

위에서 간략하게 살펴보았듯이 개화파의 문명론에서 오늘날 식민지 근대화론에 이르는 서구중심주의 담론은 조선사회의 전통과 역사를 기본적으로 근대 문명과 어울리지 않는 것으로 규정하고 있다. 그리고 이런 사유 방식은 일제의 식민 지배를 거쳐 해방 후 대한민국의 성립 및 1960년대 이후 한국의 고도 경제성장으로 이어지는 과정을 서구적인 근대 문명의 이식 및 수용과 그 확장이라는 맥락에서 서로 연결되어 있는 역사로 본다. 그러니까 조선의 전통사회와 오늘날의 근대화된 한국사회와는 연속성보다는 질적인 단절이 깊게 패어 있는데 반해, 일제 식민지 – 대한민국 성립 – 자본주의 경제성장의 역사는 기본적으로 서구 근대 문명의 따라잡기라는 관점에서 연속성을 지니고 있다는 것이다. 자본주의 중심의 근대 문명을 문명 그 자체로 이해하려는 이영훈 및 안병직은 한반도의 분단도 자본주의적 근대 세계체제의 해양문명 대 동양적 전제주의와 결합된 사회주의 체제라는 대륙문명 사이의 대결에서 생긴 불가피한 것으로 보고, 개인의 이기적 본성을 살리는 사유재산 제도 중심의 자유주의 시장사회를 인간의 자유를 보장할 수 있는 유일한 제도로 바라본다.[23] 이영훈과 안병직은 서구 근대의 시장지향의 개인주의 사회를 인류사회가 따라가야 할 문명의 표준으로 보고, 그런 개인의 사적 소유의 가치를 부정하는 동양의 전통사회의 억압성을 반복해서 강조한다. 그들은 사회주의를 전제주의와 동일시하면서 그런 야만적

---

22) 안병직·이영훈 대담, 『대한민국 역사의 기로에 서다』, 앞의 책, 126-130쪽, 139쪽, 172쪽, 192쪽, 193쪽.
23) 같은 책, 263-264쪽.

인 사회주의가 본래 조선을 비롯한 전통적인 유교사회와 매우 강한 친화성을 지니는 것으로 이해한다. 그러니까 동양의 전통은 이제 마르크스주의 및 사회주의와 결합되어 서구 근대의 개인주의적 자유사회의 타자로 규정되고 있다.[24]

안병직과 이영훈은 선진국에서 이식된 근대 문명으로의 전환의 역사는 신자유주의적 세계화 시대에서는 세계화 및 선진화의 방향으로 계속 전개되어야만 한다고 역설한다. 즉, "세계화를 통한 선진화"만이 우리사회가 걸어가야 할 길이다.[25] 이처럼 안병직과 이영훈 등의 식민지 근대화론은 우리사회 전반에 커다란 영향을 발휘하는 세계화 담론 및 선진화 담론과 깊게 결합되어 있다. 김종태가 강조하듯이 선진국 담론은 "19세기 말의 서구 문명을 기준으로 문명과 야만을 구분함으로써 세계를 위계화했던 서구 중심적 문명·개화 담론과 맥을 같이한다."[26] 한말 개화파의 서구중심주의적 문명 담론의 계보를 잇는 선진국 담론은 21세기 형 서구중심주의의 한국적 발현형태다. 그리고 선진국 담론은 일부 보수 지식인이나 정치세력에 한정되어 있지 않고 우리사회 전반에 걸쳐 있는 지배적인 담론이다.

3 대동민주주의와 한국 근현대사의 정신

앞에서 본 것처럼 서구중심주의는 서구 근대와 비서구 사회의 전

---

24) 같은 책, 263-264쪽.

25) 같은 책, 295쪽.

26) 김종태, 『선진국의 탄생 : 한국의 서구중심 담론과 발전의 계보학』, 돌베개, 2018, 234쪽, 302쪽, 309쪽.

통 사이의 이분법을 그 핵심적 주장으로 삼고 있다. 그러나 전통과 근대의 이분법을 자명한 진리로 전제하는 한 우리는 우리사회의 역사에 대한 제대로 된 인식에 이를 수 없다. 전통과 근대의 이분법이라는 신화를 해체함으로써 서구중심주의에 의해 과도하게 사로잡혀 있는 우리 인문학계, 좁게는 우리 철학계의 학문의 식민성을 탈피하지 않으면 안 된다. 그래서 전통 및 역사에 대한 식민화로 규정될 수 있는 전통에 대한 전면적인 부정적 태도를 넘어서 한국의 전통, 특히 조선의 유교 전통이 오늘날의 한국사회의 근대성에 어떤 방식으로 영향을 주고 있는가에 대한 성찰은 매주 중요하다.『대동민주 유학과 21세기 실학 : 한국민주주의론의 재검토』(이하『대동민주 유학』)에서 제안된 필자의 대동민주 유학은 우리의 역사를 형성하는 데 커다란 영향을 준 유교적 전통의 의미를 반추하는 것이 우리시대에 필요한 사상의 주요 과제 중 하나라는 확신에서 출발한다.

　뒤에서 좀 더 다루겠지만 전통과 현대 사이의 상호작용의 맥락에서 우리의 근현대 역사를 새롭게 조망하려는 시도는 헤겔철학의 용어를 빌어 전통과의 화해의 시도라고도 할 수 있을 것이다. 달리 말하자면 유교적 전통과 우리사회의 민주주의 사이의 내적 결합에 대한 인식을 통해 전통과 근대의 서구중심적 이분법을 비판하는 작업은 화해를 자신의 철학적 프로그램의 핵심으로 설정한 헤겔의 정치철학의 기본 정신과 상통한다.

　『대동민주 유학』에서 필자는 오늘날 한국사회의 민주주의를 가족, 시민사회, 국민국가 그리고 유교적 전통과 관련하여 다각도에서 검토하여 그 역사성을 새로운 관점에서 바라보려 했다. 특히 우리사회가 이룩한 민주주의의 역사적 경로의 독특성을 조선사회로부터 축적되어온 유교적 정치문화의 영향사Wirkungsgeschichte27)와 그 질적 전환의 시각에서 해명함으로써 적어도 조선 후기 18세기 이래로부터 식민지를 거쳐 오늘날에 이르는 역사를 바라보는 서구 중심주의적 사유 방식을 비판적으로 극복하고자 했다. 그리하여 필자는 우리의 민주주의를 서구로부터 이식된 것으로 본다거나 유교적 전통과 민주주의 사이에는 만날 수 없는 심연이 존재한다는 전통과 민주주의 사이의 이분법적 접근 방식의 한계를 넘어서기 위해 대동민주주의라는 새로운 인식 틀을 제안했다.

　대동민주주의는 한국 근현대사를 새롭게 사유하려는 기본 인식 틀이자 개념이다. 그것은 18세기 이래 오늘날에 이르는 한국사를 관통하는 정신은 대동정신이며, 그 정신은 서구와의 접촉을 통해 대동민주 정신으로 변형되면서 지속되고 있는 현상을 개념적으로 포착해 본 것이다. 이런 점에서 대동민주주의라는 개념은 대동적 세계를 이상적 사회로 상상해온 동아시아 고유의 유교적 정치문화와 서구적 근대의 해방적 계기인 민주주의가 결합되어 한국사회에서 독특하게 형성되어온 민주주의 역사의 고유성 및 그것을 추동한 정신을 표현한 것이다. 따라서 대동민주주의는 한국의 근현대 역사 속에서 실현되어온 민주주의 이념의 고유한 성격을 이해할 수 있는 결정적 개념이다. 간단히 말해 대동민주주의는 우리 사회 근현대 '역사 속의 이성'과도 같은 것이다.

　한국의 근현대사 속에서 구현되어 온 대동민주주의는 두 가지 측면에서 부연 설명될 수 있다. 그것은 한편으로 서구적 민주주의 및

---

27) 한스 게오르크 가다머(H. G. Gadamer), 임홍배 옮김, 『진리와 방법 : 철학적 해석학의 기본 특징들 2』, 문학동네, 2012, 참조. 전통의 영향사에 대한 좀 더 상세한 필자의 입장에 대해서는 나종석, 「사회인문학의 이중적 성찰 : 대동민주 유학의 관점에서」, 『사회와철학』 35, 2018, 105-107쪽 참조 바람.

국민(인민)주권주의에 의해 유교적 대동세계관이 어떻게 변형되어 가는지를 파악하려는 개념이다. 즉, 그것은 유교적 유토피아 이념인 민본적 대동사상이 서구의 민주공화와 만나 민주공화적 대동주의로 전개되어 가는 측면을 해명하려는 개념이다. 다른 한편으로 그것은 서구에서 구현된 민주공화주의의 독자적인 수용과 그 주체적 변용을 가능하게 한 조선사회의 유교적 대동세계 이상이 영향사적으로 지속되고 있음을 보여주는 것이다. 즉, 대동민주주의는 서구 민주공화주의를 대동 이념을 통해 주체적으로 재구성하여 대동사상을 발전적으로 계승하는 측면을 강조하려는 것이다. 달리 말하자면 18세기 이래 오늘에 이르는 역사를 '대동적 유교 이념의 현대화를 통한 서구 민주주의의 유교적 전환' 내지 '유교 전통의 민주적 변형과 민주주의의 유교적 전환의 이중 과정'이라는 틀로 이해할 수 있다는 것이다. 이처럼 대동민주주의는 한국사회가 근대 서구 문물의 충격과 영향을 주체적인 방식으로 대응하게 한 전통적인 유교적 민본주의와 서구 근대 민주주의 사이의 이종 교배 과정을 거치면서 형성된 역사적 구성물로 이해된다. 이런 점에서 필자가 제안한 대동민주론은 유가적 텍스트 속에서 대동민주주의를 이념사적으로 연구하고 그 의미를 강조하는 접근 방식과 차이가 있다.

대동민주 유학은 대동민주주의와 함께 『대동민주 유학』을 관통하는 핵심 개념 중의 하나인데, 잠정적 가설의 형태로나마 19세기 중반 이후 동서양 문명의 만남에서 형성된 한국 근현대사의 기본적 모습을 이해하고, 이를 바탕으로 해 유학을 새롭게 이론화하려는 방법론이다. 달리 표현한다면, 대동민주 유학은 동아시아의 유교 전통 속에서 축적해온 유가적 대동세계의 이상이 서구 근대와의 충격적 만남 속에서 전통의 비판적 지속과 아울러 서구 근대의 해방성과 폭력성의 양가성에 능동적으로 대응해나가는 과정을 주도한 정신이었음에 주목하고 그 역사 형성적 힘을 학문적으로 성찰해보려는 사유 방식이라고 명명될 수 있을 것이다. 따라서 대동민주주의의 핵심을 이루는 개념들[28]의 체계적 인식을 대동민주 유학이라고 부를 수 있을 것이다.

그런데 대동민주 유학의 핵심을 구성하는 개념들은 타자에 대한 무한한 책임과 자율성의 균형을 추구하는 대동적 인(仁), 충서적 개인주의, 백성의 볼모로서의 성왕(왕권의 궁극적 정당성의 근원은 왕이나 왕조가 사사롭게 권력을 행사하지 않고 공적으로 발현되는 데 기원한다는 관념의 한 발현 양상), 천하질서의 궁극적 담지자로서의 백성관(천하는 천하 사람들의 천하라는 관념 및 소수 전제자에 의해 권력이 독점되는 사유화에 대한 배제), 화이부동의 조화 및 대동적 평등(균평 및 균분), 평천하적 세계시민주의 그리고 생명 존중 지향의 천지만물 일체의 어짊[仁] 이념 등과 같은 것들이다. 이런 기본 개념들로 구성된 대동민주주의는 생태친화적, 평화지향 및 평등지향의 민주적 공화주의 이론의 한 유형으로 분류될 수 있을 것이다.

이하에서 조선사회에서 축적된 천하위공, 균평 및 유교적 성왕이론 등을 중심으로 조선의 유교전통이 한국사회의 민주공화정과 접맥되는 역사를 간단하게 설명해보자. 조선은 건국 초부터 주자학을 통치 이념으로 받아들여 사회를 유교적 원리에 의해 변형하고자 했다. 정치의 정당성을 유교적 민본주의에서 구했던 조선에서 유교적 정치문화는 국가적인 노력에 의해 뿌리를 내리게 되었다. 그 결과

---

28) 매우 잠정적으로 제안된 것임이 강조되어야 할 것이다.

조선 후기에 이르러 유교적 윤리와 생활방식은 일반 백성의 세계에도 확산되기에 이르렀다. 다산 정약용丁若鏞은 조선 후기 사회에서 목도되는 평등화 경향을 "온 나라가 양반되기"라고 압축적으로 표현했다.29) 정약용이 '온 백성의 양반화' 경향이 궁극적으로 실현되어 양반이 없어지는 평등 세상을 꿈꾸었는지에 대해서는 논외로 치자. "온 나라가 양반되기"라는 표현은 18세기 이후 조선에서 본격적으로 백성이 양반의 생활문화를 따라하면서 신분상승의 욕망을 분출하던 모습을 잘 보여주기에 부족함이 없다. 그리고 유교적 생활양식의 보편화는 족보편찬이나 유교적 가문구성과 같은 양반층의 가족문화의 수용 측면에 한정되지 않고, 선비 의식의 광범위한 보편화 경향을 초래했다.30) 그래서 평민들이 유교적 통치이념을 내면화하여 유교적 이념을 기준으로 삼아 선비답지 못하게 행동하는 양반 사족들을 비판하는 양상도 조선후기에 등장하였다. 이런 현상은 "선비 혹은 군자라는 유교적 선비/군자 관념의 보편화" 과정에 다름 아니다. 그리고 유교사회가 가장 고귀하다고 칭송하며 존중하는 인간상을 일반 백성도 내면화한 결과가 "백성의 군자화 = 군자의 백성화"인데, 이것이야말로 조선사회의 "유교적 평등주의의 궁극적 실현" 중에서 가장 중요한 부분이다.31) 군자의 보편화, 즉 백성이 선비로서의 자각을 하게 된 현상은 유교국가인 조선사회가 길러낸 독특한 인간 유형의 습속화의 산물이라 불러도 좋을 것이다.32)

---

29) 정약용, 「고정림(顧亭林)의 생원론(生員論)에 발함」(跋顧亭林生員論), 장재한 옮김, 한국고전번역원, 1984.

30) 나종석, 『대동민주 유학과 21세기 실학 : 한국 민주주의론의 재정립』, 앞의 책, 243-245쪽 참조.

31) 같은 책, 548쪽.

유교적 선비 혹은 군자의식의 보편화 현상은 조선후기에 이르러 본격화된 대동 이념의 사회적 확산과 맞물려 있다. 대동사상은 조선에서 지속적인 관심의 대상이었으며, 특히 17세기 대동법大同法이 실시되면서 대동이라는 용어는 널리 사용되기에 이른다.33) 그런데 대동세계의 이상은 경제적 평등의 관점에 한정된 것이 아니라, 정치권력의 공공성에 대한 관심도 포함하고 있었다. 조선의 유교적 정치문화 중에서 우리 사회의 민주주의와 연결되는 지점 중의 하나는 왕의 자의적 권력 행사를 최소화하려고 노력한 역사이다. 이는 공천하公天下 사상과 긴밀하게 되어 있다. 공천하 사상은 18세기 탕평정치를 통해 조선을 개혁하고자한 왕들이 강조한 이념이기도 했다. 숙종, 영조 그리고 정조 등이 통치한 17세기 말 및 18세기는 탕평정치의 시대로 규정된다. 탕평군주의 한 사람인 영조는 요순 정치를 탕평정치의 구체적 실천 모델로 이해하면서 "한 사람[一人 : 군주]으로서 천하를 다스리는 것이지, 천하가 한 사람을 받드는 것은 아니다"라는 공천하 이념을 강조했다.34)

한말 이후 황제나 관료가 권력을 사사로이 남용하여 백성에게 해를 주는 존재로서 전락된다면 백성(혹은 인민/국민)이 나서서 그들을 자리에서 물러나게 하고 더 훌륭한 왕이나 지배 엘리트들에게 통치를 담당하도록 하는 것이 마땅한 도리이자 이치라는 천하위공의 대동적 관념은 19세기에 이르러서도 지속적인 영향력을 발휘한다. 그 상징적 표현이 동학농민전쟁이다. 동학농민전쟁은 조선의 백성

---

32) 이 단락은 나종석, 「사회인문학의 이중적 성찰 : 대동민주 유학의 관점에서」, 앞의 글, 108-109쪽에 의거하여 재구성함.

33) 안병욱, 「조선 후기 대동론의 수용과 형성」, 『역사와현실』 47, 2003, 188쪽 참조.

34) 『승정원일기』 62책 (탈초본 1115책) 영조 31년 1월 6일.

이 유교적 민본주의 이념을 백성 스스로 내면화하여 나라의 운명조차도 백성 스스로 책임을 져야하는 사안으로 여기는 인식을 표현한 사건으로 이해되어야 한다. 그러므로 동학농민혁명은 국가의 실질적인 주인은 백성이라는 국민의식을 함축하고 있는 것으로 볼 수 있을 것이다. 이렇게 볼 때 동학농민전쟁을 반제반봉건 투쟁(조선사회는 봉건사회가 아니었다)으로 볼 필요도 없거니와 유교적 근왕 이념을 탈피하지 못했다는 이유를 들어 그것을 봉건적 사회구조에 매몰되어 있는 전근대적 반란의 반복으로 볼 필요도 없다. 달리 말하자면 갑오농민전쟁의 '보국안민'이라는 기치는 반제·반봉건이란 서구적 틀로 바라보면 이해가 안 된다. 이는 '위기에 처한 나라를 구하고 백성의 삶을 편안하게 한다'는 유교적 사상을 농민전쟁의 가장 결정적인 정당성의 근거로 삼고 있기 때문이다. 그렇다고 해서 그것을 봉건적 질서에 여전히 갇혀 있는 것으로 보는 것도 문제다. 대중화된 유교적 정치문화를 배경으로 하여 일반 백성이 만민 평등의 대동 사회를 지향하는 유교적 민본주의를 실현할 궁극적인 정치적 주체임을 자임하고 나선 획기적 사건이기에 그렇다.35)

갑오농민전쟁 이외에도 조선의 유교 전통은 서구 근대의 민주주의 및 공화주의를 수용하는 지평으로 작용했다. 예를 들어 서구 근대 문물을 접한 유학자들 중 일부는 서구 공화주의 및 민주주의에서 유가적 사상에서 가장 이상적인 세계로 간주되어온 요순적 대동 세상을 구현할 수 있는 제도적 장치로 이해했다. 자신의 전통을 매개로 해 서구 근대의 이념을 해석하고 이해하는 활동이 발생했던 것이

---

35) 이에 대한 좀 더 상세한 서술로는 나종석, 「사회인문학의 이중적 성찰: 대동민주 유학의 관점에서」, 앞의 글, 109-111쪽 참조 바람.

다. 그런데 이런 번역행위는 유교적 전통에 대한 기존의 이해를 교정하고 새롭게 확충할 수 있는 가능성을 수반했다. 달리 말하자면 전통에 의해 제약된 특정한 이해, 예를 들어 요순 성왕의 치세가 가장 이상적인 정치적 상황이었다는 인식을 공유하는 유학자들이 미국의 대통령제를 알게 되었을 때 그 현상을 제대로 이해하기 위해 자신들의 유학적 텍스트의 이념과 주장을 재해석하여 그것에 새로운 내용을 부여하지 않을 수 없도록 했다. 그리하여 그런 재해석은 기존의 해석을 기계적으로 반복하는 데 그치지 않고, 기존의 이해방식과 다른 혹은 그것에 비해 더 좋고 풍부한 이해의 가능성을 열어주는 데 기여했다. 사실 이런 현상은 해석학적 경험의 보편성에 해당되는 것이라 해도 좋을 것이다. 인간은 자신이 속해 있는 사회와 문화의 역사 속에서 세계에 대한 특정한 이해를 전승받으면서 새로운 상황에 직면하여 기존의 이해를 비판적으로 검토하면서 기존의 이해를 더 나은 방향으로 수정해나가기 때문이다. 이런 맥락에서 볼 때 전통 속에서 살아가는 삶의 모습을 전통에 의해 전적으로 제약받는 것으로 보는 것은 해석학적 이해의 의미를 제대로 보지 못하는 것이다. 전통 속에서 살아간다는 것은 새로운 상황 속에서 전승되어 오는 세계 이해를 반성하고 그것을 변화된 상황에 어울리게 재구성하거나 변화시키는 행동을 수반한다. 가다머가 말하듯이 "텍스트의 의미를 재발견하는 과정에서 해석자 자신의 생각이 함께 작용해야 한다."[36] 인민주권 사상이 대동사상과 매개되어 번역되는 과정은 유교적 사상 전통의 재해석과 전통을 매개로 한 서구 민주주의 이념의

---

36) 한스 게오르크 가다머, 『진리와 방법 : 철학적 해석학의 기본 특징들 2』, 앞의 책, 308쪽. 같은 책, 425쪽도 참조 바람.

번역 행위 사이의 상호 작용의 과정을 잘 보여준다. 신채호가 쓴 1908년의 글「독사신론讀史新論」은 그 대표적 사례다. 이 글에서 그는 '천하는 한 사람의 천하가 아니라, 천하 사람들의 천하'라는 천하위공 및 공천하 사상을 인민(국민)주권사상으로 재해석한다. 그에 의하면 "국가라는 것이 일개인의 소유물이 아니요 모든 인민의 공유재산이다."[37]

조소앙趙素昂의 삼균주의三均主義의 영향으로 인류 평화 및 평등 이념을 강조하는 대한민국의 제헌헌법도 서구 근대와 유교 전통 사이의 해석학적 대화의 산물로 이해된다. 제헌헌법이 삼균주의에 의해 얼마나 강하게 영향을 받았는가는 다음의 일화에서 잘 드러난다. 1948년 제헌헌법을 만들 당시 헌법기초위원회 위원장이었던 서상일은 "이 헌법 전문을 보시면 하필 그것(정치, 경제, 교육을 의미 – 인용자)만의 삼균주의가 아니라, 모든 영역에 있어서 만민균등주의를 확인했다"고 강조했다.[38] 조소앙의 삼균주의는 원래 한국 독립운동의 지도적 이념을 명료하게 하려는 노력에서 등장했다.[39] 삼균주의 이념이 어떤 것인가에 대해서는 상술할 순 없지만. 그 이념의 핵심적 주장을 잘 담아내고 있는 글은 조소앙이 1931년에 쓴「한국독립당의 근황」이다. 이 글에서 그는 삼균주의를 다음과 같이 설명한다.

---

37) 신채호,「독사신론」, 단재신채호선생기념사업회/단재신채호전집간행위원회 편,『신채호전집』제1권, 형설출판사, 1982, 482쪽.

38) 박찬승,『대한민국은 민주공화국이다』, 돌베개, 2013, 333쪽에서 재인용함.

39) 엄격하게 말하자면 삼균주의는 우파적인 민족주의 독립 세력의 이념이어지만, 이념적 지향에서 볼 때 좌파적 민족주의 독립운동의 이념과 큰 차이는 없다. 그리고 조소앙이 삼균주의를 정립하면서 손문(孫文)의 삼민주의, 강유위(康有爲)의 대동사상, 무정부주의 및 사회주의 등으로부터 영향을 받았다.

"그러면 독립당이 내거는 주의는 과연 무엇인가? '사람과 사람, 민족과 민족, 국가와 국가의 균등한 생활을 주의로 삼는다.' 어떻게 하여야 사람과 사람이 균등할 수 있는가? 정치 균등화, 경제 균등화, 교육 균등화가 이것이다. 보통선거제를 실시하여 정권을 안정시키고 국유제를 실행하여 경제를 안정시키고 국비 의무교육제를 실행하여 교육을 안정시킨다. 이것으로 국내의 균등생활을 실행한다. 민족과 민족의 균등은 어떻게 하여야 이룰 수 있는가? '민족자결'이다. 각개의 민족이 적절하게 조화를 이루고 소수민족과 약소민족으로 하여금 피압박·피통치의 지위에 떨어지지 않게 한다면 민족 간의 균등은 이룰 수 있는 일이다. 어떻게 하여야 국가와 국가의 균등을 도모할 수 있겠는가? 식민정책과 자본제국주의를 파괴하고, 약한 것을 겸병하고 매昧한 것을 공략하며 어지러운 것을 취하고 망한 것을 모멸하는 전쟁행위를 금지시켜서 일체의 국가가 서로 범하지 않고 서로 침탈하지 않으며 국제생활에서 평등한 지위를 온전케 하여 사해가 일가이며 세계가 일원인 구경의 목적을 도모해 간다면 국가 간의 균등은 이룰 수 있다. 천하에 국가를 다스리고자 하는 자는 먼저 그 민족을 다스리고, 민족을 다스리고자 하는 자는 먼저 그 국내의 사람을 다스린다. 국내인을 다스리고자 하는 자는 먼저 바깥 도적을 몰아내고 자국을 건립하는 것이 제1보이다. 그러므로 독립당이 자국을 건립하고자 하는 것은 국가로써 목적으로 하는 것이 아니라 일종의 방략이다."[40]

위 인용문에서 보듯이 삼균주의는 '사람과 사람, 민족과 민족, 국가와 국가의 균등한 생활'을 지향한다. 특히 삼균주의는 서구 근대

---

40) 조소앙, 「한국독립당의 근황」, 강만길 편, 『조소앙』, 한길사, 1982, 16-17쪽.

의 국민국가체제가 보여주는 대외적인 팽창과 반복되는 전쟁 상황을 극복하고자 한다. 뿐만 아니라 삼균주의는 조선의 독립운동의 궁극적 목적을 자주적인 국민국가의 달성에서 구하지 않는다. 삼균주의에 의하면 조선의 자주독립의 성취는 천하의 평화, 즉 평천하에 이르는 방법을 의미한다. 이처럼 삼균주의는 조선의 독립운동을 유럽의 근대 국민국가체제가 해결하지 못한 항구적인 인류평화에 이르는 방법과 관련해 고민한다. 국가들 사이의 침략 전쟁을 방지하고 이들 사이의 평등한 국제 관계를 구성하여 사해일가를 향하는 것을 궁극 목적으로 삼고 있는 조선의 독립운동에 대한 삼균주의적 관점은 유교 전통과 근대의 상호 만남의 가능성을 부인하는 기존의 통념과 배치된다. 지금까지 간략하게 살펴본 바에 의하면 유교적인 이해 방식은 우리사회를 서구 근대의 도전에 적응하지 못하도록 한 장애물이 아니라, 오히려 그것이야말로 서구 근대의 양가성을 독자적인 방식으로 재해석하여 그 긍정적 측면을 창조적으로 변형시켜 나갈 수 있도록 해준 문화적 힘이었던 것으로 드러난다.[41]

4 대동민주주의, 화해의 정신 그리고 새로운 비판이론을 찾아서

헤겔의 역사철학은 지난 두 세기 동안 "가장 자기만족적인 형태의 유럽중심주의를 정당화했다"는 평가를 받는다.[42] 최고의 세련된

---

41) 위 세 단락은 나종석, 「사회인문학의 이중적 성찰 : 대동민주 유학의 관점에서」, 앞의 글, 112-119쪽에 의거하여 압축적으로 재구성된 것이다.

42) 수전 벅모스(Susan Buck-Morss), 『헤겔, 아이티, 보편사』, 김성호 옮김, 문학동네, 2012, 110쪽.

형태를 통해 자유의 보편적 이념과 식민지배 사이의 긴장을 은폐하는 헤겔의 유럽중심주의적 역사서술에도 불구하고 그의 철학은 어떤 점에서 우리에게 중요한 것일까? 유럽중심주의에 의해 변질된 그의 보편사적 이념을 새롭게 해석할 수 있는 길이 존재한다면, 우리는 보편적 자유의 기획을 되살릴 수 있을 것이다. 그래서 대동민주 유학은 보편적 자유의 기획을 전적으로 폐기하고자 하지 않는다. 그것은 새로운 관점에서 재구성될 필요가 있다. 대동민주 유학은 인류의 보편사에 대한 대안적 사유를 모색하면서 서구 근대 문명에 의해 문명의 타자화로 낙인찍힌 동아시아 전통과의 새로운 대화에 주목한다.

대동민주 유학은 보편사적 이념을 새롭게 재구성하려는 문제의식에서만 헤겔철학을 비판적으로 계승하는 것은 아니다. 대동민주 유학은 헤겔철학의 근본정신으로 평가되는 화해Versöhnung의 이론을 재전유하는 방식으로도 그것을 이어받고 있다. 전통과 서구 근대의 복합적이고 중층적인 상호작용의 결과라는 관점에서 전통과 우리 현대사회와의 연속성에 주목하는 대동민주 유학은 전통과 근대와의 화해의 시도라고 할 수 있을 것이기 때문이다. 더 나아가 필자는 우리사회를 비판적으로 바라보되 가능한 한 그에 대한 따스한 관심과 애정을 상실하지 않으려는 태도도 헤겔의 화해의 정신과 맞닿아 있다고 본다. 그래서 필자는 다음과 같이 주장한 바 있다. "신자유주의적 시장사회가 초래한 극단적인 불평등의 심화, 사회적 연대의 해체 그리고 민주주의의 후퇴로 인해 현실에 대한 급진적인 사유의 필요성이 다시 많은 사람의 마음을 사로잡고 있다. 그러나 사유의 급진성이 '적대', '신적 폭력' 그리고 '새로운 공산주의' 등등과 같은 몇 마디 현란한 어휘들의 제시에 있다고 생각하지 않는다. 사유의 급진성 속에서도 그것이 초래할 정치적 결과에 대한 신중함을 견지하는 동시에 신중함이 현실에 대한 맹목적 순응으로 빠지지 않도록 견제하는 강인한 독립적인 사유의 정신이 우리에게 요구되는 참다운 사유의 태도요 얼이라고 생각한다. 사유의 급진성이 도달할 수 있는 진정한 극단은 세계에 대한 따스한 시선이고 타자의 불행과 고통에 공감하는 마음가짐에 있다고 본다."[43]

앞에서 강조한 것처럼 대동민주 유학은 유교 전통의 탈식민화를 통한 서구 중심주의의 상대화라는 과제를 수행한다는 점에서 헤겔의 화해의 철학을 이어받고 있다.[44] 우리사회의 전통과 서구 근대의 이분법을 강요하는 서구중심주의는 전통과 과거를 식민화하는 작업에 다름 아니기에 그것의 상대화는 문명의 타자로 강등된 우리의 전통과 과거의 탈식민화를 통한 전통과의 화해 없이는 불가능하다. 이런 맥락에서 대동민주 유학은 헤겔이 전개한 '화해로서의 정치철학'을 한국적 상황에 맞게 재구성하고자 한다. 그러니까 대동민주 유학은 유럽중심주의 사상가로서의 헤겔과 비판적으로 대결하면서도 그가 추구한 화해의 정신을 비판적으로 이어받고자 하는 것이다. 헤겔철학에 등장하는 화해의 의미를 상세하게 논하기에는 적절한 장소가 아니다. 그러나 헤겔철학에서 화해의 정신을 가장 잘 드러내주는 것은 『법철학』 서문Vorrede에 등장하는 '현실적인 것과 이성적인 것의 동일성' 주장, 즉 "이성적인 것은 현실적인 것이고, 현실적인 것

---

43) 나종석, 『대동민주 유학과 21세기 실학 : 한국 민주주의론의 재정립』, 앞의 책, 10-11쪽.

44) 헤겔의 사회철학을 화해의 기획으로 독해하는 대표적 연구로는 다음 저서가 거론된다. Hardimon, Michael O., *Hegel's Social Philosophy : The Project of Reconciliation*, Cambridge University Press, 1994.

은 이성적인 것이다"라는 문장일 것이다.45) 이 명제는 기존 현실을 무조건적으로 수용하는 순응적 태도를 정당화하는 것으로만 해석될 수 없다.46) 그런 해석은 사태를 지나치게 단순하게 만들고 있기 때문이다. 현실적인 것은 이성적인 것이고 이성적인 것은 현실적인 것이라는 헤겔의 이중명제는 이성과 현실(국가의 제도들) 사이에 화해 불가능한 단절과 괴리를 바라보는 시각을 넘어 현재의 제도 속에 기본적으로 이성적인 원리가 실현되고 있음을 이해하는 작업의 중요성을 강조하고 있다. 그러므로 이성과 현실의 동일성 명제는 역사 속에서 이성적인 원칙이 더욱 더 풍부하게 현실화되어야 한다는 의미도 함축하고 있다.

여하튼 세계로부터 급진적으로 거리를 취하여 세계를 변혁하려는 프랑스 혁명의 실패의 경험에서 헤겔은 자유의 실현을 위해서는 특수한 역사적 세계와의 화해가 필수적임을 성찰하게 된다. 프랑스 혁명의 실패의 경험에 대한 숙고의 결과 그는 철학의 참다운 과제를 역사 초월적인 규범에서 구하지 않고, 역사 속의 이성에 대한 이해에서 구한다.47) 역사적 현실로부터 개인이 소외되지 않고 자신이 속한 역사 세계 속에서 자신을 재발견하는 의식에서 소외의 극복을 추구하는 것은 넓게 보면 헤겔 정신철학 전반, 그리고 좁게 보면 헤겔의 정치 및 사회철학의 기본적 관심사다.48) 이런 화해의 이념은 그

---

45) Hegel, G. W. F., *Grundlinien des Philosophie des Rechts*, 앞의 책, p.24.
46) 이에 대해서는 나종석, 『차이와 연대 : 현대 세계와 헤겔의 사회·정치철학』, 길, 2007, 20-21쪽 및 각주 2 참조 바람.
47) Hegel, G. W. F., *Grundlinien des Philosophie des Rechts*, 앞의 책, p.26.
48) Hardimon, Michael O., *Hegel's Social Philosophy : The Project of Reconciliation*, 앞의 책, 2-7쪽 참조. 세계와 이성의 화해를 헤겔 정치 및 사회철학의 목적으로

의 독특한 자유의 인식과 함께한다. 그에 의하면 진정한 자유는 자신이 속한 세계로부터의 도피에서가 아니라 공동체 구성원들과의 더불어 살아가는 데에서 실현될 수 있다.[49] 이처럼 헤겔의 정신철학 및 자유의 이론은 자아와 세계 사이의 극단적인 소외를 극복하는 것을 목표로 삼는다. 그런데 서구중심주의가 참이라면 우리사회의 전통과 현대사회와의 매개는 불가능한 것으로 판명되고, 우리는 전통과 역사적 맥락에서 전적으로 벗어난 상황, 즉 진공 상태에 처하게 된다. 달리 말하자면 우리는 몰역사적이고 사회로부터 전적으로 일탈된 고립무원의 유령과 같은 존재로 내몰리게 되는 셈인데, 이런 상황에서 인간의 구체적 자유의 실현은 불가능하다는 것이 헤겔의 화해의 이론이 내리는 결론이다. 인간은 무로부터 아무런 것도 행할 수 없기에 그렇다. 이처럼 헤겔은 한편으로는 유럽중심주의를 내세워 비서구사회의 몰역사적이고 사회로부터 배제된 구성원으로 만들어 그들에게서 자유로운 삶의 가능성 자체를 박탈한다. 다른 한편으로는 그는 역사적 세계 속에서만 자유의 구체적 실현이 가능하다는 주장을 한다.

대동민주 유학이 어떤 점에서 헤겔의 화해의 이론을 이어받고 있는지를 좀 더 살펴보자. 대동민주 유학은 유교적 전통이 전통이라는

인정하면서도 그런 기획을 오늘날 되살리는 것은 비생산적일 것이라고 보는 입장도 존재한다. Wood, Allen W., *Hegel's Ethical Thought*, Cambridge University Press, 1990, p.8 참조 바람. 사회적 자유(social freedom)라는 개념을 통해 헤겔의 자유 이론을 재해석하여 큰 반향을 불러일으킨 프레데릭 뉴아우저(F. Neuhouser)는 자신의 사회적 자유 이론과 하디몬의 화해의 기획으로서의 헤겔 철학의 독해가 상호 보완적인 것이라고 말한다. Neuhouser, F., *Foundations of Hegel's Social Theory : Actualizing Freedom*, Harvard University Press, 2000, p.7.

49) 프레데릭 바이저, 『헤겔 : 그의 철학적 주제들』, 앞의 책, 165쪽.

점에서 그와 화해할 것을 주장하지 않는다. 앞에서 본 것처럼 대동민주 유학은 유교적 전통의 역사성과 그 속에서 전개되어 오는 대동적 이념의 규범적 영향력에 주목한다. 달리 말하자면 역사 속의 대동적 이념에 대한 서술 속에서 역사와 현실의 화해의 가능성을 인식하려는 것이다. 그리고 이런 화해의 정신은 정치철학과 비판적 사회이론을 모색할 때 매우 중요하다는 것이 대동민주 유학의 입장이다. 이를 보다 명료화하기 위해 필자는 화해의 정치철학에 대한 롤즈의 인식을 거론하고자 한다. 헤겔의 화해의 정치철학을 이어받아 존 롤즈는 정치철학의 네 가지 역할 중의 하나로 화해의 역할을 강조한다. 화해의 정치철학은 특정한 사회가 채택한 기본 제도들을 적절하게 철학적으로 이해함으로써 그것이 왜 "합리적인지"를 보여준다. 게다가 화해의 역할을 지향하는 정치철학은 특정 정치사회의 제도들이 어떤 경로를 통해 형성되고 전개되어 왔는지를 보여줌으로써 "사회와 역사에 대한 우리의 좌절과 분노를 진정시킬 수 있다." 모든 인간은 자신이 살아가는 나라를 선택하고 태어나지 않는다. 그리고 스스로 선택하지 않았지만 자신이 태어난 나라로부터 떠난 삶을 상상하는 것은 그리 쉬운 일이 아니다. 그러므로 자신이 자발적으로 선택하지 않았지만 평생 동안 살아야 하는 정치사회가 그저 운명적으로 받아들여야 하는 질서가 아니라, 나름의 좋은 근거를 갖고 그 질서를 수용할 수 있는지를 보여주는 작업은 매우 중요하다.

그러므로 화해의 정치철학으로서 대동민주 유학은 특정한 역사적 맥락과 전통 속에서 형성되어 온 사회에서 살아가는 "우리가 사회 세계를 그저 감수하는 것이 아니라 적극적으로 수용하고 승인해야" 하는 이유와 근거를 보여주고자 한다.50) 물론 화해로서의 정치철학은 부당한 현실을 옹호하는 이데올로기로 악용될 수 있다. 그런데 악용의 가능성으로부터 전적으로 면역되고 그에 대한 완벽한 저항력을 갖춘 이론이 존재할까? 뿐만 아니라 바로 뒤에서 보듯이 화해의 정치철학은 보다 힘이 있는 유토피아주의와 결합될 수 있다. 앞에서 강조했듯이 대동민주 유학은 한국사회를 따스한 시선으로 보고자 한다. 그렇다고 우리사회가 안고 있는 심각한 문제들을 부인하자는 것이 아니다. 그런 심각한 문제들에도 불구하고 산업화와 민주화라는 두 영역에서 일구어 낸 우리사회의 역사적 성취가 어떻게 가능했는지 그리고 그런 역사적 성취를 이룩하는 과정 속에서 우리사회는 어떤 이상과 원칙에 대한 열망을 실현하고자 했는지를 새롭게 이해해보려는 탐색 역시 매우 중요하다.

5 비판이론으로서의 대동민주 유학

앞에서의 분석으로부터 전통과 근대의 이원론은 우리사회에 대한 이론적 인식과만 관계된 것이 아니라, 실천과 관련된 주제임이 분명해졌다. 서구의 눈으로 우리사회 및 동아시아를 보는 관행에서 벗어나야 한다. 서구중심주의의 오리엔탈리즘의 과도한 내면화는 우리 현실을 직시하고 고민하는 사유 역량의 형성을 가로막고 있기에 그렇다. 그러므로 현실과의 화해의 정신을 추구하는 대동민주 유학은 우리사회의 실정에 어울리는 비판이론을 모색하는 일과 무관하지 않다. 그 어떤 유토피아적 이상과 비판 이념도 그것이 활동하고 있는 역사적 삶의 맥락이나 전통과 굳건하게 결합되지 않는다면 실천

---

50) 존 롤즈, 에린 켈리 엮음, 『공정으로서의 정의 : 재서술』, 김주휘 옮김, 이학사, 2016, 24-26쪽.

적이고 정치적 영향을 지닐 수 없기 때문이다. 거듭 말하지만 비판적 정치철학과 화해의 정치철학은 따로 떨어져 있는 것이 아니다. 우리가 속해 있는 사회 및 역사와 화해하지 않고서 우리사회를 바람직한 방향으로 변화시킬 수 있으리라는 희망과 믿음을 갖기란 힘들기 때문이다.51) 사실 대동민주주의 및 대동민주 유학에 대한 탐구를 이끈 중요한 동기 중의 하나는 우리사회에 적합한 비판적 사회이론의 길을 모색해보려는 실천적 관심사였다. 유교 전통에 의해 크게 규정되어 온 우리사회의 역사적 현실 속에서 작동하는 내실 있는 비판의 가능성, 즉 현실에서 힘 있게 작동하는 비판적 규범 원칙을 재구성해내는 작업은 대동민주 유학이 추구하는 과제의 하나다.

대동민주 유학이 지향하는 사회비판은 사회비판의 규범적 척도를 초역사적인 규범적 이상에서 구하지 않는다. 그것은 우리사회가 나름대로 역사적으로 추구해온 과제의 더 나은 실현을 추구한다. 대동민주주의 이념은 오늘날 우리사회의 민주주의와 연결되어 있으면서도 조선사회의 유교적 전통을 바탕으로 장기간 한국사회가 추구해온 바람직한 정치세계가 무엇인지를 이해하고 평가할 수 있도록 하는 규범을 제공할 수 있다. 달리 말하자면 대동민주주의적 이상과 가치들은 우리사회의 현실을 좀 더 바람직하게 혹은 정의롭게 하는 데 긍정적으로 사용될 수 있다. 대동민주 유학은 서구적인 맥락에서 발전해온 인권과 민주주의의 역사적 경험으로부터 배우려는 겸손한 해석학적 대화의 정신을 포기하지 않으면서 우리의 근현대사의 경험에 뿌리를 둔 이상적 규범을 추구한다는 점에서 비판적 이론이기도 한 것이다. 달리 말해 '21세기 실학'인 대동민주 유학은 우리의

---

51) 같은 책, 26쪽.

전통 속에 닻을 내리고 있는 비판사회 이론의 역할도 담당하려는 것이다. 그러므로 대동민주 유학은 우리사회의 비인간성 및 부정의에 대한 강력한 비판의식을 공유한다.

또한 대동민주 유학은 한국의 근현대사 속에서 잔인한 파괴와 폭력으로 인해 수많은 희생이 지속되어 온 장이었음을 인정한다. 다만 반복되는 끔찍스러운 재앙적인 폭력의 격랑 속에서도 더 나은 인간다운 세상을 형성하려는 노력이 결코 헛된 것만은 아니었다는 점에 대해서도 대동민주 유학은 눈을 감지 않는다. 그런데 민주주의나 자유 역시 그것이 오로지 도덕적으로 타당하다는 단언만으로 한 사회 속에서 힘차게 살아 숨 쉴 수 없다. 민주주의의 규범성을 우리사회의 구성원들이 익숙한 사유 방식 및 생활양식과 결합하여 그들의 마음과 관심을 더욱 더 광범위하게 얻어낼 수 있을 때 민주주의의 규범성은 민주적 생활양식으로 변형되어 그 지속성과 안정성을 확보하게 될 것이다.

본래 비판적 사회이론은 "현실분석과 해방 기획의 결합"을 추구하지 않을 수 없다.52) 사회에 대한 비판적 규범이 비판되는 현실과 결합될 내적 연결성을 확보하지 않는다면 그것은 아무런 실천적 효과를 지닐 수 없다. 달리 말하자면 현실 비판이 진정한 힘을 발휘하려면 그것은 현실사회의 구성원들에 의해 공유된 생활양식에 내재하는 규범적 기준에 호소할 수 있어야 한다. 현실을 비판하는 규범적 척도가 전적으로 외부의 관점에서 빌려온 것이라 할지라도, 그것 역시 해석의 과정을 통해 전달될 경우에만 비로소 참다운 영향력을

---

52) 장은주, 『유교적 근대성의 미래 : 한국 근대성의 정당성 위기와 인간적 이상으로서의 민주주의』, 한국학술정보, 2014, 75쪽.

발휘할 수 있을 것이다. 그렇지 않다면 그 어떤 고상한 규범이나 원칙이나 이상도 현실과 소통할 능력을 상실하지 않을 수 없다는 점에서 공허하다. 더 나아가 현실과 전적으로 유리된 규범적 이상을 척도로 삼는 비판적 접근법은 냉소적 패배주의를 양산시킬 수 있다. 현실과 도저히 연결될 수 없는 고상한 이상의 이름으로 현실을 비판하는 작업은 그렇게 높이 설정된 이념에 비추어 볼 때 현실은 너무나 왜소하고 도덕과 거리가 먼 불합리와 부정의로 가득 찬 현실로 이해될 것이다. 그런 진단 속에서 자신이 설정한 규범적 이상에 지속적으로 헌신할 수 있는 사람은 많지 않다. 대부분의 사람은 현실과 유리된 도덕에 대해 냉소적 태도를 취하면서 현실과 타협하는 길에 나갈 것이다.

그런데 현실과 과도하게 괴리된 공허한 규범에 대한 확신은 냉소적 패배주의와만 결합되지 않는다. 도덕의 무기력을 반복해서 경험할 때 많은 사람들은 도덕을 외면하고 현실에 순응적 태도를 취하지만, 그런 길에 빠지지 않는 소수의 사람들이 존재한다. 그들은 니체적인 초인이 지니는 영웅주의적인 전적인 자기긍정의 힘을 갖추고 있는 사람들이라고 할 수 있다. 그들은 정의와 아무런 관계가 없을 정도로 타락한 현실에 직면하여 강한 분노를 느끼며 현실의 변혁이라는 대의에 무조건적으로 헌신할 수 있을 정도로 강인하고 도덕적으로 매우 고귀한 사람들이다. 찰스 테일러가 도스토예프스키의 소설을 분석하면서 예리하게 보여주듯이 "역설적이게도 사람이 더 고상하고 예민할수록, 또 도덕적인 통찰력이 많으면 많을수록" 도저히 받아들일 수 없는 고통과 불의로 가득 차 있는 것으로 보이는 현실에 대한 "혐오감"을 보이는 경향이 있다.[53] 이런 사람들은 부당한 현실에서 유일하게 긍정할 수 있는 가치를 완전히 타락한 현실을 구제할 수 있는 자신들의 헌신적 정열 속에서 느끼는 사람들이다.

그런데 세상의 불의에 너무나 강한 분노를 느낀 나머지 세상을 거부하는 사람들, 그러니까 자신들은 악으로 가득 차 있는 이 세상과 구별되어 존재한다고 믿는 사람들은 그들의 비판의식을 동료 구성원들에게 전달할 수 없다. 그들은 사회가 너무나 타락한 나머지 자신들과 동료 구성원들을 묶어주는 연대가 전적으로 파괴되었다고 생각하기 때문이다. 그래서 그들은 대의의 실현을 위해 동료 구성원들을 정치적 선동을 통해 조작하거나 독재적인 계몽가의 강압적인 태도를 취하거나 사회 전체를 파괴하려는 폭력을 정당화하기 쉽다. 물론 자신이 추구하는 정의와는 너무나 동떨어진 현실에 대해 사람들은 냉혹한 초연함을 보여줄 수 있다. 그러나 그런 사람들은 아무런 긍정적 가치를 지니지 않는 현실을 근본적으로 변혁하기 위해 수단과 방법을 가리지 않아도 좋다는 결론을 내리기 쉽다. 그러므로 그런 사람들은 사회 구성원을 더불어 같이 투쟁할 동료로서가 아니라 아무런 거리낌도 없이 적나라한 조작과 강요의 대상으로 삼을 수 있다. 그런데 사회비판, 적어도 대동민주 유학이 추구하는 사회비판은 자신이 속한 사회에 대한 정당한 분노를 환영하지만 비판의식이 사회에 대한 과도한 적개심으로 흐르지 않도록 해야 한다고 믿는다. 따라서 우리에게 필요한 것은 사회비판과 사회를 지나치게 분리시키지 않으면서 동시에 우리사회의 병리적 현상에 대해서도 눈을 감지 않는 건강한 비판 정신이다. 그리고 그런 비판정신은 자신 역시 비판받는 세계 속의 일부라는 점을 긍정하면서 자신이 속한 세계를

---

53) 찰스 테일러(Charles Taylor), 『자아의 원천들: 현대적 정체성의 형성』, 권기돈 · 하주영 옮김, 새물결, 2015, 911쪽.

애정 어린 눈으로 바라볼 수 있는 화해의 정신을 요청한다. 그럴 경우에만 악한 세상, 즉 '헬조선'으로 낙인찍힌 세상과 그런 세상을 비판하는 정신 사이의 단절과 분열이 극복될 수 있다.

대동민주 유학이 서구중심주의에 의해 묻혀 있는 한국사회 고유의 문화적 전통에서 형성·전개되어 온 민주주의의 정신을 재명시화하여 민주주의에 대한 나름의 이론을 제공하려고 하는 것도 이론과 현실의 화해 불가능한 분열을 치유할 경우에만 진정하게 힘이 있는 비판정신이 회복될 수 있다고 보는 통찰과 연결되어 있다. 그리고 사회와 역사 밖에 선 관점에서 비판을 수행하는 것이 아니라, 비판적 사유 행위 자체를 비판받는 사회의 일부로 긍정하는 화해의 정치철학으로서의 대동민주 유학은 민주주의가 우리사회에 더 강력하게 자리 잡을 수 있도록 도움을 줄 것이다. 이런 점에서 대동민주 유학은 우리 사회의 역사적 경험 및 전통에 닻을 내리고 있는 화해의 정치철학이자 비판적 정치철학으로도 이해될 수 있을 것이다. 우리는 조선사회에서 본격적으로 축적되어 온 유교적 문화가 그 모든 어두운 측면에도 불구하고 존경받을만하고 자랑스러워할만한 우리사회 전통의 핵심요소의 일부임을 인정할 용기를 내어야 할 것이다. 그리하여 이제 우리는 유교 전통에 대한 한국사회 및 지식인사회의 거대한 편견과 오해를 떨어버리고 전통과의 대화를 통해 인문정신의 비판성과 사회적 소통 역량의 강화를 위해 애써야 할 때다.

참고문헌

강재언, 이규수 옮김, 『서양과 조선 : 그 이문화 격투의 역사』, 학고재, 1998.

고야스 노부쿠니(子安宣邦), 이승연 옮김, 『동아·대동아·동아시아 – 근대 일본의 오리엔탈리즘』, 역사비평사, 2006.

기시모토 미오(岸本美緖)·미야지마 히로시(宮嶋博史), 김현영·문순실 옮김, 『조선과 중국 근세 오백년을 가다』, 역사비평사, 2008.

김종태, 『선진국의 탄생 : 한국의 서구중심 담론과 발전의 계보학』, 돌베개, 2018.

김흥규, 『근대의 특권화를 넘어서 : 식민지 근대성론과 내재적 발전론에 대한 이중 비판』, 창비, 2013.

나종석, 「사회인문학의 이중적 성찰 : 대동민주 유학의 관점에서」, 『사회와 철학』 35, 2018.

_____, 『대동민주 유학과 21세기 실학 : 한국 민주주의론의 재정립』, 도서출판b, 2017.

_____, 「유교문화와 일본 근대성에 대한 고찰」, 『헤겔연구』 42, 2017.

_____, 「헤겔과 동아시아 – 유럽 근대성의 정체성 형성과 동아시아의 타자화의 문제를 중심으로」, 『헤겔연구』 40, 2016.

_____, "Ambivalente Moderne : Wie Hegels Parteinahme für den Westen seine Fehleinschätzung Ostasiens erklärt", in : *Allgemeine Zeitschrift für Philosophie*, 2015(40.1)

_____, 『헤겔 정치철학의 통찰과 맹목 : 서구 근대성과 복수의 근대성 사이』, 에코리브르, 2012.

_____, 「헤겔과 아시아 – 동아시아 근대와 서구 근대성에 대한 비판적 성찰」, 『헤겔연구』 32, 2012.

_____, 『차이와 연대 : 현대 세계와 헤겔의 사회·정치철학』, 길, 2007.

미야지마 히로시(宮嶋博史), 『나의 한국사 공부 : 한국사의 새로운 이해를 찾아서』, 너머북스, 2013.

박찬승, 『대한민국은 민주공화국이다』, 돌베개, 2013.

『승정원일기』 62책 (탈초본 1115책) 영조 31년 1월 6일.

시마다 겐지(島田虔次), 김석근·이근우 옮김, 『주자학과 양명학』, 까치, 2001.

신채호, 단재신채호선생기념사업회/단재신채호전집간행위원회 편, 「독사
　　신론」, 『신채호전집』 제1권, 형설출판사, 1982.
안병욱, 「조선 후기 대동론의 수용과 형성」, 『역사와현실』 47, 2003.
안병직·이영훈 대담, 『대한민국 역 사의 기로에 서다』, 기파랑, 2007.
『역사비평』 편집위원회 엮음, 「내재적 발전론과 한국사인식」, 『논쟁으로
　　읽는 한국사 : 전근대 1』, 역사비평사, 2009.
윤치호, 김상태 편역, 『윤치호 일기 : 1916-1943』, 역사비평사, 2001.
＿＿＿＿, 국사편찬위원회 편, 『윤치호 일기 3』, 1974.
이영훈, 「총설 : 조선 후기 경제사 연구의 새로운 동향과 과제」, 이영훈 편,
　　『수량경제사로 다시 본 조선 후기』, 서울대학교출판부, 2004.
장은주, 『유교적 근대성의 미래 : 한국 근대성의 정당성 위기와 인간적 이
　　상으로서의 민주주의』, 한국학술정보, 2014.
정약용, 장재한 옮김, 「고정림(顧亭林)의 생원론(生員論)에 발함」(跋顧亭
　　林生員論), 한국고전번역원, 1984.
정연태, 『한국근대와 식민지근대화 논쟁 : 장기근대사론을 제기하며』, 푸
　　른역사, 2011.
조소앙, 강만길 편, 「한국독립당의 근황」, 『조소앙』, 한길사, 1982.
수전 벅모스(Susan Buck-Morss), 김성호 옮김, 『헤겔, 아이티, 보편사』, 문학
　　동네, 2012.
알렉산더 우드사이드, 민병희 옮김, 『잃어버린 근대성들』, 너머북스, 2012.
존 롤즈, 에린 켈리 엮음, 김주휘 옮김, 『공정으로서의 정의 : 재서술』, 이학
　　사, 2016.
찰스 테일러, 권기돈·하주영 옮김, 『자아의 원천들 : 현대적 정성의 형성』,
　　새물결, 2015.
프레더릭 바이저, 이신철 옮김, 『헤겔 : 그의 철학적 주제들』, 도서출판b, 2012.
한스 게오르크 가다머, 임홍배 옮김, 『진리와 방법 : 철학적 해석학의 기본
　　특징들 2』, 문학동네, 2012.
Hardimon, Michael O., *Hegel's Social Philosophy: The Project of Reconciliation*,
　　Cambridge University Press, 1994.

Hegel, G. W. F., *Grundlinien der Philosophie des Rechts*, Frankfurt 1996.

_____, *Vorlesungen über die Philosophie der Weltgeschichte : Zweite Hälfte*, Hamburg 1988.

_____, *Vorlesungen über die Philosophie der Geschichte*, in : *Hegel Werke in zwanzig Bänden*, hg. v. E. Moldenhauer und K. M. Michel, Frankfurt 1969-1971, Band 12.

Neuhouser, F., *Foundations of Hegel's Social Theory: Actualizing Freedom*, Harvard University Press, 2000.

Wood, Allen W., *Hegel's Ethical Thought*, Cambridge University Press, 1990.

서양철학의 수용과 프랑스철학의 위상

류종렬

1 서양 철학의 수용: 지정학적 위상이 있을까?

– 철학은 포괄적이지만, 프랑스 철학은 철학의 (탈)영토화 작업 중.

우리나라 서양 철학 유입에서 프랑스철학의 위상이라는 과제를 두고 글을 쓴다는 것이 얼마나 큰 제목인지 처음에는 잘 몰랐습니다. 서양철학 전반을 이야기하지 않고서 프랑스 철학을 말할 수 없고, 또 하나는 프랑스철학이라는 것이 어떤 것인지를 규명하지 않고서 우리나라에서 프랑스철학의 위상을 말하기 어렵다는 점입니다. 따라서 서양에서 말하는 철학이란 무엇인지, 그 중에서 어떤 것이 우리나라에 철학이란 이름으로 수입되었는지, 그리고 프랑스철학이 무엇인지, 그러고 나서 우리나라에서 프랑스 철학의 수입은 어떤 위상을 이루어졌는지를 보아야 할 것 같습니다. 즉 고백하자면 자신이 없다는 이야기입니다.

철학 공부를 시작한지 마흔여섯째 해입니다. 서양 철학이 유입된 것을 해방 이후로 한정하기에는 한말에도 일제시대의 경성제대에도 있었다는 것은 알고 있는 사실입니다. 그런 수입이 주로 일본을 통

---

* 이 글은 2018년 5월 조선대학교 우리철학 연구소에서 주최하는 학술대회에서 발표한 내용을 수정 보완한 것이다.

한국 철학계의 연구동향

해서 부분적으로 중국을 통해서입니다. 그리고 해방과 전쟁을 겪으면서 우리나라 대학들이 서양의 제도를 본떠서 철학과를 만들고 서양철학을 시작했습니다. 전쟁으로 인한 황폐화는 학문을 할 수 있는 여건이 조성되지 못했기에 일제시대의 철학의 연장이었다가, 미국을 통한 서양철학 수입으로 영미 철학이, 즉 일제의 잔재와 더불어 앵글로색슨 철학이 주류를 이루었다는 것도 부정할 수 없는 사실입니다. 프랑스철학이 소개 된 것은 주로 철학 이외의 불문학, 사회학, 교육학, 정치경제학에서 관심으로 이루어졌다가, 철학 쪽에서 제기된 것은 소련과 동구의 몰락 이후에 이정우가 '푸꼬'에 관한 논문을 발표한 이후였으며(1994), 그 다음으로 21세기가 들어서서 푸꼬 다음으로 구조주의와 라깡의 정신분석학, 데리다와 들뢰즈가 소개되면서 관심을 증가시켰다고 할 수 있습니다.

철학을 한다는 것이 무슨 의미가 있는가는 철학도로서 항상 문제거리였습니다. 먼저 서양철학자들의 관심을 봅시다. 탈레스가 자연의 생성에서 원질을 문제 삼았다고 합니다. 소크라테스는 이 뭣꼬?ti esti 라고 물으면서 다양한 실증적 탐구를 하였는데, 저술이 없습니다. 플라톤은 철학한다는 것은 죽는다는 것을 배우는 것이라 하였습니다. 바빌론의 현자는 황제에게 이 세상의 모든 문헌을 세 마디로 줄이면 '태어나서 살다가 죽는다'고 하였다고 합니다. 플로티노스는 근원이자 유출인 일자와 합일을 강조하였습니다. 스피노자는 자연 즉 신이 권능을 가지고 펼쳐서 만드는 이중성(naturante와 naturée)을 다루었습니다. 루소는 자연과 동화가 삶이라 여겼으며, 프랑스 혁명가들과 그 후예들은 스토아학자들의 자연(숙명)에 따라 살라고 했습니다. 칸트는 인간이란 무엇인가를, 피히테는 인간의 사명을 주제로 삼았습니다. 벩송은 그의 마지막 저서에서 우주는 신들을 만드는 기계라고 합니다. 들뢰즈는 자연의 준안정성이 새로운 생성(되기)을 만들며 철학자는 개념을 생산한다고 합니다. 어느 것이 철학을 진솔한 모습인지 아직 저도 모릅니다.

여기서 지나가는 이야기로 한 가지. 프랑스 철학에 관심이 많은 윤구병은 이런 말을 자주하곤 했습니다. 윤구병은 『철학을 다시 쓴다: 있음과 없음에서 함과 됨까지(2013)』(21쪽)에서 primum vivere, deinde philosophari(프리뭄 비베레, 데인데 필로소파리) 즉 "생이 먼저이고 철학은 나중이다"라고 합니다[1]. 벩송에게서 산다는 것이 철학의 중요성이라는 점은 분명합니다. 그런데 플라톤이 철학한다는 것은 죽는다는 것을 배우는 것이라고 한 것과 비교하면, 두 철학자 사이에 대조가 분명한 것 같습니다. 이 둘 사이의 철학적 사고와 삶의 사유에 대한 대비를 강의하신 분은 박홍규 선생입니다. 박홍규는 형이상학의 근본문제를 정지와 운동, 이데아와 플라노메네 아이티아로 두고 평생을 탐구하셨습니다. 우리는 그만큼 둘(플과 벩) 사이의 철학적 위상에서 차히가 있다고고 할 것입니다. "차히"는 비교나 대조로서 따져볼 수 있는 차원의 차이가 아니라는 점에서 차히라고 한 것입니다. 물론 프랑스 사전에는 1820년대에 차이différentiation와 차히

---

1) 『노동시간 줄이고 농촌을 살려라: 변산 농부 윤구병과의 대화』, 윤구병과 손석춘, 알마, 2012, 90쪽. 여기에서 〈윤구병: 제가 읽었던 베르그송의 말 가운데 이런 구절이 있습니다. 베르그송이 책 표지에 라틴어로 써 놓은 것이 있어요. "사는 게 먼저고 철학하는 것은 그 다음이다"라는 말입니다. 살길도 찾지 못하는 사람이 무슨 철학이에요? 저는 현대철학 가운데 아무 데도 살길이 없가도 봐요. 눈 씻고 봐도 현대철학자 가운데서는 없어요. … 윤: 마찬가지, 제가 보기에는 마찬가지입니다. 전부 강단에서 자기도 모르는 이야기를 팔아먹으면서 존경받고 사는 겁니다.〉/ 이 라틴어로 된 표현이 아니라, 프랑스어로 된 "사는 것이 먼저"라는 표현은 "창조적 진화" 제1장에 나옵니다.

différenciation가 다른 경우에 쓰인다고 『로베르 소사전』에서도 분명히 하였습니다. 들뢰즈가 『차이와 반복』을 쓰고 영어판의 서문을 써주면서 자기 글에서 차이는 수학과 물리학에서, 차히는 생물학과 심리학에서 쓰여진다고 설명하고 있습니다. 여기서 한 가지 더, 서양철학에서 차히가 있다는 것을 강조한 박홍규는 플라톤을 평생 연구하면서도, 벩송이 당대의 실증과학으로 고대철학과는 다른 새로운 철학을 시도했다는 점을 알려주었습니다.

　우리로서는 형이상학의 두 종류 형상형이상학 대 질료형이상학의 두 극極에서 각각이 통일성을 갖는 개념으로 정신과 물질을 상정할 수 있고, 두 극의 중간참이라고 할 수 있는 위상에서 영혼과 신체가 마주 접근한다고 볼 수 있습니다. 논리상 거리가 멀다고 여기는 정신과 물질은 정지와 흐름이라는 차원으로, 그리고 현실에서 가깝다고 여기는 영혼과 물질은 사유와 연장이라는 개념으로 다루었던 것으로 보입니다. 현실의 표면에서 이 양자의 범위들이 겹치는 공간(환경, 위치)에서, 크게 보아 우주적 측면에서 정신과 물질로 다루어 온 과정으로 여기는 것이 축소하여 인간에게 있어서 사유와 연장이 서로 뒤엉켜서 여러 공간들과 시간들이라는 개념들을 연출하고 있는 것으로 보입니다. 이 뒤엉킴에서 문제거리들이 발생하는데, 거기에서 문제에 해답을 찾는 경우와 문제거리를 해소해가면서 살아가는 경우가 있을 것입니다. 또한 우리는 이런 관점의 형이상학만이 이중성으로 되어 있는 것이 아니라, 다양성의 이중성, 자연의 이중성, 단순성의 이중성, 단위l'unite의 다중성도 이야기 할 수 있습니다. 두 극의 중간참에서 즉 표면에서 하나의 단위인 인간은 개인으로서 단일성(개체)이라 하지만, 개인의 내포성은 이중성을 넘어서 다중성일 것입니다. 들뢰즈가 프로이트를 비판하면서 한 마리의 늑대가 아니라 예닐곱 또는 무리의 늑대라고 하는 이유도 여기에 있습니다. 표면에서 개인이라는 단위는 양극의 단위와 달리 거의 무한정의 질들을 포함하는 다양한 이질적 단위입니다. 그 사람이 살아온 과정을 생각해보면 알 수 있습니다. 성인이 되기 전에 배운 다양한 학문들과 다양한 사람들의 만남에서 이루어진 인격성은 가족 내에서 이루어진 인격성에 덧붙여 졌다하더라도 가족형성체 속의 단위를 넘어서 다양성(다양체)으로 이루어졌다는 것은 분명해 보입니다.

철학이든 개별학문이든, 사유이든 개별 삶이든, 인간은 부딪힌 문제거리를 해결하고자 노력하면서 살아가고 있습니다. 우리가 보기에, 삶에서 유용, 실용, 편리 등을 통한 편안을 추구하는 인문주의자humaniste의 관점이 있는가 하면, 삶에서 가난, 질병, 고통, 고뇌를 해소하고자하는 평정의 길을 가는 인도주의자humanitaire의 관점도 있습니다. 그리고 인간과 대상, 주체와 객체 사이에서 인간의 지배와 질서를 요구하는 (상품)자유주의자liberaliste가 있는가 하면, 인간으로서 자연과 사회에서 스스로 자율을 행사하며 자신을 만들어가는 과정에서 자유를 누린다고 여기는 (인성)자유주의자libertaire가 있습니다. 이런 분류가 불편하게 여겨지지만, 인간은 살아가면서 불편과 곤란하고 위협과 위험에 처한 상황을 벗어나는 노력을 하며 살아간다는 것입니다. 즉 누구나 문제거리가 생기면 해결하면서 살아가고자 하는 것입니다.

문제거리의 해결 또는 해소와는 다른 방향으로 눈을 돌려 봅시다. 수학자 오일러Euler(1707-1783)는 많은 수학 문제를 여러 갈래로 풀어본 것으로 유명합니다. 그는 수학에서 한 문제를 50가지로 풀 수 있다고도 하였습니다. 철학사에서도 파스칼이 어린나이에 푼 어떤 수학 문제나 베르그송이 대학시절 푼 어떤 수학 문제가 수학사 연보에 실린 것은 이제까지 풀지 못했던 문제를 푼 것이 아니라 지금까지 풀어놓았던 방식과 달리 풀었다는 것, 즉 달리 생각하는 방식으로 풀 수 있다는 것을 알려줍니다. 어찌 수학만이겠습니까? 다른 이야기지만, 저는 어느 날 요리책 시리즈를 보다가 깜짝 놀랐습니다. 계란으로 요리를 할 수 있는 것이 50가지가 넘었습니다. 들여다보니, 달걀을 껍질을 깨지 않고 삶고 굽고 등으로 여러 방식이지만, 깨어서 하는 것도 우리말로 수란(반쯤 익히는 것), 완전히 익히는 것, 흰자와 노른자를 섞어서 익히는 것들, 따로 익히는 것들 여러 방식들이 있습니다.

언어에서도 해소라는 것은 마찬가지일 것입니다. 같은 시대를 사는 7천6백만 동포가 동일한 한 단위라고 할 수 있지만, 동일하지 않은 말투parole들을 따라 갈라놓으면 표준말들 이외에는 방언들이 되듯이 여러 말 씀씀이가 있습니다. 물론 하나의 표준어는 필요하지만, 꼭 하나의 방식으로 가르치려는 것은 전체를 하나로 엮는 통일성을 사고하는 자들의 편리를 위한 것이 아니겠습니까. 권력 또는 상층은 자기 말씀으로 행하라고 은연중에 강요하고 명령합니다. 다양성이 인정된다고 불편하다고 여기십니까? 사투리를 쓰는 가정에서 표준말을 쓴다는 것이 우스꽝스럽게 여겨지지 않습니까? 상층의 언어로 하는 철학도 있고, 다른 말씀으로 하는 철학이 있다고 해서 무슨 탈이 날 것이 있겠습니까? 언어가 달라도, 중국어, 유럽어 사어가 된 희랍어 라틴어 산스크리트어라도 그 속에서 배우고 익히며, 그 속에서 그 시대를 깊이 있게 다루는 것도 학문의 중요한 사명입니다. 들뢰즈 표현으로 하나가 n방식으로 소통되는 것이 독재적이고, n-1로 소통되는 것이 민주적이라 하였습니다. 논리학도 수학도 물리학도 하나로 통일을 이룬 것이 없음에도 통일과학을 말할 수 있습니다.

그것은 없는 것에 대한 희구이거나 또는 가설로서 상정할 수 있습니다. 그렇다고 있는 것은 아닙니다. 그런데 그것이 먼저 있었다거나, 인간의 사고에서 선천적, 초월적 이라는 표현으로 하나의 통일성을 이루고자 하는 사고에는 문제가 있지 않을까요? 들뢰즈/가타리가 상층의 하나를 인정하는 사고를 폴리스 사고라고 하고, 심층으로 퍼져 가는 사유를 노마드 사유라고 하면서, 둘이 거쳐 하는 공간이 다르다고 합니다. 전자는 홈패인 공간을 가고 있고, 후자는 매끈한 공간을 퍼져 나간다고 합니다. 심층에서 새로운 길은 매끈한 공간처럼 거의 무한히, 무한정하게, 비결정적으로 열려있다는 것입니다. 한편으로 한정된 사고의 길을 점점 더 세밀하게 미시적으로 연결하여 복잡하면 할수록 그 길의 질서를 지켜야 한다고들 합니다. 다른 한편 아직 알려지지 않고 이리저리 가고 있는 사유의 길은 알려진 길보다 훨씬 더 많다는 것을 사람들은 부정하지 않습니다. 달리 생각하기는 단순히 철학사만의 것이 아니라는 것입니다.

이런 측면에서 철학함에 있어서, 철학자들은 크게 보아 세 부류가 있다고 할 수 있습니다. 하나는 물음을 던지기 전에 자명한 진리 또는 원리가 먼저 있다고 인정하고 그 범위와 범주에 맞는 사실들을 모아서 입증하여 논리를 전개하는 것입니다. 다른 하나는 여러 실증적 사실들을 모아서 일반적 법칙을 세우고 그 법칙에 맞는 추상적 논리를 세우려는 방식이 있습니다. 이들 둘과는 달리 원리도 법칙도 먼저 앞세우지 않지만, 자연과 사물들에서 여러 경향들이 일정한 양식으로 반복하는 생성이 있다는 것을 발견하고 생성의 부분들이 갖는 구체적 실증의 자료들을 한 양태들 속에 모와서 하나의 단위를 형성하는 경우들도 있습니다. 이런 형성을 개별학문으로 보고, 이 학문들이 성립하는 근본적 토대로서 질료의 성질 또는 자연의 성질을 재규명하는 길입니다. 첫째의 것을 관념론 또는 합리론이라 부르고 둘째를 실재론 또는 경험론이라고 불렀습니다. 셋째를 생성론이라 할 수 있는데 이를 주목한 것은 그리 오래되지 않습니다. 앞의 두 학설들은 탐구와 전개 방식에서 먼저 있다는 것에 대한 규정으로 정지 또는 완전이라는 의미를 담고 있으며, 그리고 있다는 것 전체에 대해 하나의 통일성(또는 단위, 동일성)을 인정하는 경우이며, 이로서 이들의 설명과 해석에는 머리말과 같은 방법서설이 제기되는 것이 일반적입니다. 이에 비해 생성론, 즉 자연의 자기 발전론에서는 시작이 어떻게 될지, 전개의 방향이 어떻게 될지 아무도 예측할 수 없으며, 기다려보아서 이루어지는 과정에 따라 구성과 도식 또는 표현과 지도를 달리 구별해야 할 것이기에 방법후설이 필요할 것입니다. 아마도 철학이 잡다한 것의 종합이라는 말을 생각해본다면 잡다의 본성에 대한 자료와 탐구가 있고, 그리고 이들의 종합에 대한 새로운 방식은 나중에서야 구현하게 될 것 같습니다. 물론 서설이 하나를 전제로 해서 귀결로 답을 찾는 방식이었다면, 후설에는 전제도 질적 다양성이고 또여러 길들에 대해 나중에 이론이 나온다고 해야 할 것입니다.

다양성을 내포한 다양체는 새로운 길이기도 합니다. 개념론에서도 철학의 시작은 놀람에서 시작한다고 합니다. 예전에 제가 그 놀람이 무엇이냐고 물었더니, 이 무질서한 것들에서 질서라는 것이 있다는 것이라고 했습니다. 저로서는 그런 질서가 있기는 있는가? 예외 없는 것이 없다는데 … 심지어는 그런 사회적 질서 자체가 비질서이며 억압과 폭력으로 만들어진 적폐질서는 아닐까? 그런데 그런 질서를 말하는 자들이 얼마나 자기들의 이기심과 과오를 감추기 위한 도구정도로 사용하고 있지 않냐고, 그러니 다른 질서가 있지 않을까요? 그 다른 질서도 질서라고 하면서 방향이 다른 질서도 또한 질서라고 했습니다. 두 개의 질서가 뒤바뀌고 있는 세상이라는 느낌인데, 들여다보면 종교심과 같은 하나의 질서가 데우스엑스마키나가 개입하듯이 만들어졌다는 것입니다. 사실상 반대자들은 우연적 질서를 주장합니다. 그 우연적 질서 중에서 잘 만들어진 질서가 바로 한 질서라고 할 때는 전자의 주장자처럼 하나의 질서가 있다는 주장과 마찬가지입니다. 그리고 어려운 점은 우연의 질서가 하나의 질서로 진행하는 과정을 설명하지 못하고 마찬가지로 데우스엑스마키나를 영접할 수밖에 없다는 것입니다. 달리 생각해보면 임시적으로 하나의 질서를 가정할 수 있고 그 질서에 맞지 않는 다양한 질적 차히들도 있습니다. 이런 주장에는 자연이 스스로 자기에 의해 자신을 만들어간다고 할 수 밖에 없는 것 같습니다. 즉 하나의 질서의 주제자 또는 절대자 또는 신이라는 것을 상정하는 듯한 하나의 질서론자에 대해 다른 이야기를 한다는 것은 매우 어렵습니다. 그럼에도 한 질서론이 표면의 깊이로 탐구해 들어가면 갈수록, 한 질서란 차히를 차이들로 규정하거나 자기에 맞게 환원하려 할 뿐이라는 것입니다. n개가 각각에 관여하고, n개는 하나로 환원된다는 것이 착각이라는 것입니다[2]. 근세 철학의 시대에도 만물은 하나의 통일체 또

---

2) "한 사회에서 임의의 두 사람이 꼭 한 명[만]의 공통된 친구를 갖고 있다면, 다른 모든 사람의 친구인 한 사람이 존재한다"는 저 유명한 우정의 정리(定理, théorème de l'amitié)가 생긴다. 이점과 관련해 저자들은 이를 독재의 정리(théorèmes de doctature)라고 부른다. 이것이야말로 뿌리 – 나무의 원리이며, 또는 수염뿌리 형태의 해답, 결과이며, 〈권력〉의 구조라는 것이다.(들/가, "천개의 고원", 26 38-39) / 따라서 n은 언제나 n-1이다. 중심과 중심 없음의 대립은 중심 있는 사물과 중심 없는 사물의 대립이 아니라 각각의 사물에 적용되는 계산 양식 간의 대립이라고 로장스틸과 프티토는 강조한다. 나무는 리좀에 상응할 수 있으며, 또는 역으로 갑자기 리좀으로 발아할 수 있다. 하나의 동일한 사물이

는 제일성을 유지하고 있다는 생각이 지배적인데, 그것은 관념들 중의 관념인 선의 이데아가 하나라는 것과 같습니다. 사람들은 그 하나가 선이라고 생각하게 만든 것이 문제입니다. 그 하나는 어느 때도 선인 적이 없습니다. 그 하나가 종교적으로 얼마나 많은 순교자를 만들어 냈는지를 역사 속에서 잘 알지 않습니까? 그러나 진정한 순교자는 무한이 열려있다는 주장 때문에 로마 교황청에 잡혀 와서, 교리성에서 설득하다 하다가 안 되어 교황청 광장에서 산채로 태워서 죽인 사람이 하나 있습니다. 그 순교자인 부르노가 열린 무한을 이야기 할 때는 n-1의 세상을 확신했다는 생각이 듭니다.

달리 살고 생각하기는 홈패인 공간을 지나가는 것과 매끈한 공간을 지나가는 것 이상으로, 하나에서 차이의 구별과, 다질 속에서 차히의 생산은 전혀 다른 길입니다. 질서는 어느 쪽이 더 질서인지를 묻는 것은 하나의 답이 있다는 수학적 논리에 빠진 것이고, 오랫동안 넷 중의 하나를 뽑는 사지택일 시험에 시달린 강박관념에 불과할 것입니다. 천안함의 폭발물에 대해 이의를 제기하고 달리 사유하는 자들에 대해, 자신들이 증거와 설명이 맞다고 열심히 이야기하는 자들의 강박관념과도 닮았습니다. 이는 달리 말하는 자들을 제거하지 못하여 생긴 히스테리의 극한으로 파라노이아에 빠진 것과 다르지 않습니다. 들뢰즈/가타리 그런 류의 인간들은 항상 아버지밖에 모른다고 비판하면서 정신분석학 아니라 분열분석학을 해야 한다고 하였습니다. 그런데 누군가는, 프로이트를 비판하면서 아버지 또는 유일신앙을 비판하고, 자유주의를 주장하는 사람들을 비판한다 해서,

---

두 개의 계산 양식이나 두 개의 조절 유형을 인정한다는 것은 일반적으로 참이지만,.(27, 40) [중심 없음(사발통문처럼)의 결사체들이 전쟁기계이며 흐름이다.]

들뢰즈/가타리가 아무 권력이나 제국도 인정하지 않는다고 파쇼라고 하기도 합니다. 게다가 모든 것을 부정하는 듯한 이 저자들에게 무엇을 목표로 삼고 있으며, 무엇을 반대할 것인가가 문제라고 합니다. 하나의 지배 또는 그 속에 있으면 안전하다고 여기며, 그 하나에 속하는 자유란 상품자유주의자le liberal의 것이며, 두 철학자가 말하는 자유는 인성자유주의자le libertaire의 것입니다. 상층론자는 겸손한 척하면서 좀 알아듣게 자신들의 언어로 번역해 달라고 합니다. 번역이 불가능한 것을 번역해 줄 수 없지 않습니까? 차이와 차히처럼, 달리 읽어보고 달리 생각도 좀 해보면 좋겠습니다.

2 철학사 도입

달리 읽기, 달리 생각하기, 달리 살아보기 등은 말로 하는 것만이 아닙니다. 우리나라의 철학 수용과 프랑스철학을 대하는 태도에서도 마찬가지입니다. 한 때(1980년대) 우리나라에서 철학이 대학에서 교양필수이던 시절에 대학들은 철학개론을 교재로 편찬하였습니다. 그 교재들이 앵글로색슨의 영향 하에 있었던 것은 우리나라 철학사의 소개서들을 보면 알 수 있습니다.

우선 영미 쪽에서입니다. 럿셀Russell(1872-1970)은 영국 분석철학의 입장에서 철학사를 소개하면서, 그래도 그가 중국에서 철학 강연을 한 덕분에 제목을 『서양 철학사A History of Western Philosophy and Its Connection with Political and Social Circumstances from the Earliest Times to the Present Day, 1945』(최민홍, 집문당, 1980?)로 이름 붙였습니다. 19세기 영국 낭만주의에다가 시인 바이런을 한 장으로 할애 할 정도로 자기 조

국에 대한 사랑이 넘쳐납니다. 램프레히트Lamprecht(1890-1973)의 『서양 철학사Our philosophical traditions: A Brief History Of Philosophy In Western Civilization, 1955』(김태길 외2, 을유문화사, 1963)는 영국의 공리론과 로크의 사유재산의 인정을 강조한 미국철학의 대표입니다. 프랑스 철학을 전공했던 이광래는 미국 철학자 스텀프Samuel Stumpf(1918-1998)의 『소크라테스에서 사르트르까지Socrates to Sartre: a history of philosophy(1966)』(종로서적, 1983)를 번역하였는데, 프랑스 계몽주의를 완전히 빼버리고, 데카르트, 콩트, 베르그송, 장 폴 사르트르, 모리스 메를로 퐁티 등을 소개합니다. 그래도 미국 시각을 통한 소개입니다. 영국 제수이트 신부이며 철학사가인 코플스톤Frederick Charles Copleston, 1907-1994의 『철학사A History of Philosophy, 1946-1975』(11권)에는 소련철학을 따로 제10권에 쓴 것이 주목할 만합니다.

다음으로 독일 쪽에서입니다. 독일 카톨릭 신학자인 힐쉬베르거 Johannes Hirschberger(1900-1990)의 『철학사(2권)Geschichte der Philosophie (1949- 1952)』(강성위 역, 이문출판사, 1983/1987)인데, 독일이 루터파가 중심인데 네오토미즘 영향의 책을 번역할 수 있었던 것이 색다릅니다. 슈퇴리히Hans Joachim Störig(1915-2012)의 『세계 철학사Kleine Weltgeschichte der Philosophie(1950)』(1963개정판/개정1999년 17판, 박민수, 자음과모음, 2008) 이 있는데, 칸트와 독일 관념론, 네오칸트주의의 연속으로 독일철학의 강조입니다. 노르웨이 철학자들로서 군나르 시르베크Gunnar Skirbekk (1937-)와 닐스 길리에Nils Gilje(1947-)의 『서양 철학사 1·2 History of Western Thought: From Ancient Greece to the Twentieth Century(2001)』(윤형식, 이학사, 2016)가 있는데, 다윈과 프로이트, 아인슈타인을 강조하는 전형적인 앵글로색슨 철학사이면서, 북유럽의 입장입니다. 칸트 헤겔 맑스 등은 장章으로 소개되고 프랑스 학자들은 장의 소절小節로, 즉 푸꼬와 데리다를 한 소절로 다루면서 들뢰즈를 빠뜨렸습니다.『그림으로 읽는 철학사Atlas Philosophie(1991)』(페터 쿤츠만 외 2인, 홍기수 외, 예경, 1999). 독일에서 출간된 이 책은 한쪽은 도표로 다른 한쪽은 설명으로 되어 있는 특이한 철학사이면서 일반 철학사보다 깊이도 있는데, 프랑스를 소개 정도로 하는 앵글로색슨 위주인데, 프랑스어판에서는 현대 프랑스철학자들을 첨가하였습니다. 소설 같은 철학사로서 노르웨이 작가가 쓴 요슈타인 가아더Jostein Gaarder(1952-) 의『소피의 세계Sofies Verden(1991)』(장영은, 현암사, 1994)도 앵글로색슨 입장입니다. 여기에 다른 입장으로 쓰여진 철학사 하나를 더 소개해야 할 철학사가 있습니다. 군사독재의 고문의 후유증을 딛고 일어선 이을호가 오랜 기간을 노력하여 완역하였던 러시아과학아카데미연구소 발행으로『세계철학사 12권』(부록1권 포함 13권)(이을호, 중원문화, 2010)가 있는데, 유물론의 시각에서 고대 바빌론에서 현대 제3세계의 각 나라 철학까지도 포함하고 있습니다.

이상에서 보듯이 우리나라에서 일반적으로 통용되고 있는 서양철학사 소개는 주로 앵글로 색슨의 철학사입니다. 그처럼 프랑스에서 나온 철학통사의 소개는 없습니다. 물론 프랑스뿐만 아니라 영미 또는 독일 현대철학을 소개한 여러 책들은 있습니다만, 프랑스 철학를 알려주는 간추린 소사로서 로비네André Robinet(1922-2016)의『프랑스 철학사La Philosophie française(1987)』(류종렬, 서광사, 1987)와 그 다음 일반인이 접할 수 있는『프랑스 철학사(1992)』[3]가 강원대 이광래 교수

---

3) 이광래,『프랑스 철학사(1992)』, 문예출판사, 1992, 508쪽. 데카르트부터 사르트르와 현상학까지 소개이다. 목차상으로 구조주의와 후기구조주의가 없고, 또한 중세 프랑스 카톨릭에 대한 내용도 없습니다. (51PKD)

로부터 나오게 되었습니다.

프랑스 철학이 제대로 소개되지 못한 것은 어쩌면 철학을 구분하는 방식에도 있습니다. 오랜 관습으로 유럽철학을 소개할 때 대륙합리론과 영국 경험론으로 구별하는 일제의 방식이 지배적이었는데, 이제는 앵글로색슨 철학과 라틴계 철학으로 구별해 볼 필요가 있습니다. 게다가 일제와 미국의 영향 하에 120년을 지내다 보니 프랑스철학을 연구하는 학자들의 수가 적은 것도 이유 중의 하나 일 것입니다. 대학의 교수 수에서도 프랑스철학의 전공자가 매우 적습니다.

3 프랑스 철학의 연구자들

프랑스철학의 수입이란 측면에서 소수의 연구자들을 보면 생각해 볼 점이 있습니다. 가톨릭 신자라 카톨릭 철학 또는 네오토미즘을 소개한 경북대학교의 이효상(1906-1989), 베르그송의 강독을 오래하여 창조적 진화 해설이 작품으로 남아있는 서울대의 박홍규(1919-1994), 데카르트 소개와 말년에 들뢰즈/가타리의 "안티외디푸스"를 번역한 숭실대의 최명관(1926-2007), 사르트르를 소개한 포항공대의 박이문(1930-2017), 까뮈와 가브리엘 마르셀을 소개한 경북대의 이문호(1932-2001), 프랑스에서 철학, 신학, 문학으로 학위를 하고 교원대 국민윤리 교수를 한 변규룡(1934-), 미국에서 공부했지만 사르트르의 연구서로 〈자유와 비극〉(문학과 지성사, 1979) 남긴 경북대의 신오현(1938-), [철학과 소속은 아니지만 고려대 김화영(1942-), 상명대 박정자(1943-)도 사르트르 연구서가 있다.] 프랑스 구조주의와 현상학을 소개한 정신문화연구원의 김형효(1940-2018), 루방대학에서 유학하고 프랑스교철학을 소개한 남기영(1942-), 베르그송 사상을 인민 속에 실행하는 충북대 교수를 지내고 변산공동체를 이끄는 윤구병(1943-), 프랑스철학을 소개하고 고등학교 철학교육을 강조한 강원대 이광래(1946-), 그리고 "베르그송 연구"(문학과 지성사, 1985)의 유고집을 남긴 성균관대 김진성(1947-1984) 등이 프랑스 철학 수용의 첫 세대라 할 만합니다. 특히 김진성이 일찍 타개 하지 않았다면 2세대의 선두로서 중요한 역할을 할 수 있었을 것입니다. 여기에 루뱅 대학에서 연구하고 온 충남대의 송영진(1950-)을 더해야 할 것입니다.

이쯤에서 세대 구분을 하는 것은 소련과 동구권이 무너진 다음에 프랑스 좌파 철학의 관심이 높아지기도 하고, 그리고 경제학과 윤소영의 알뛰세 논문(서울대, 1982) 이후로 범위를 확장하여 맑스와 알뛰세에 대한 철학적 읽기가 이어졌으나, 실재로 프랑스 철학적 관심의 물결은 이정우가 1994년 '푸꼬'로 서울대에서 박사학위를 하고 난 뒤입니다. 1995년부터 일간지와 학술지 등에 프랑스철학의 논의가 일기 시작하였고, 2000년부터 들뢰즈가 영미문학자와 사회과학자들에 의해 도입되면서 프랑스철학이 널리 회자되었습니다. 그리고 덧붙여서 2000년에 철학아카데미가 문을 열면서, 제도권에서 하지 못했던 프랑스 사상에 대한 강의들을 개설하면서 프랑스철학이 실질적으로 관심과 논쟁거리가 되었습니다.

프랑스 철학은 그래도 명맥을 유지했다고 해야 할 것입니다. 베르그송을 전공한 최우원(1955-)이 부산대학교에서, 조광제(1955-)는 독일 현상학에서 프랑스 현상학으로 확장하여 메를로퐁티를 철학아카데미에서 강의하였습니다. 그리고 김진성의 제자로 프랑스 유학을 다녀온 박종원(1956-)이 베르그손의 불씨를 살리고, 경희대 교수인 최정식(1958- , 최화)은 박홍규를 이어서 플라톤과 베르크손을 강의하고, 서강대학교 교수로 재직하다가 나온 이정우(1959-)는 철학아카데미에서 푸꼬를 넘어서 들뢰즈 그리고 현대철학의 제반문제를 다루고 있으며, 서울 시립대교수로서 차건희(1959-)는 프랑스 유심론과 레비나스를 다루며, 연세대 출신이면서 서울대에 자리 잡은 김상환(1960-)은 데카르트에서부터 현상학적 관심을, 게다가 혼자서 프랑스 현대철학 전반을 다루고 있었는데, '혼자서'란 서울대 서양철학과 16명교수 중의 단 한명이기 때문입니다. 알뛰세르로 서울대서 학위한 문성원(1960-)은 부산대에서 사회철학적 관심을 넘어서 레비나스 들뢰즈 등 다양한 영역으로 확장 중이며, 삐아제를 전공한 문장수(1960)는 경북대에서 이문호를 이어서 프랑스 인식론을 소개하고 있었습니다. 베르그송으로 프랑스에서 학위를 한 류지석(1960-)이 1960년까지일 것입니다. 그런데, 철학과는 소속은 아니지만 가타리를 전문으로 연구하는 전남대 사회학과 교수인 윤수종(1960-)을, 사구체 논쟁, 학문공동체 수유너머의 주축중의 한사람이며 들뢰즈 소개로도 알려진 서울과학기술대학교 교수 이진경(박태호, 1963-)을, 출판계에서 활동하며 들뢰즈와 네그리 등을 다루는 정치철학자 조정환(1956-)을 보태야 할 것입니다. 나이 상으로 배열상 늦었지만, 들뢰즈 연구와 프랑스 현대철학 소개에서 빼놓을 수 없는 서강대 교수인 서동욱(1969-)도 있습니다.

2005년부터 프랑스 철학회가 발족하면서, 프랑스 철학에 관심도 점점 높아갔으며 젊은 연구자들이 생겨나서 프랑스 철학이란 영역이 이루어졌다고 보아야 할 것입니다. 그 만큼 프랑스 사상을 다루는 폭도 넓어졌습니다. 프랑스 유학자들이 주축이 되고 국내에서 연구자도 많아졌습니다. 베르그손의 황수영(1962-), 외국어대 박치완

(1962-), 고려대 출신 홍경실(1962-), 푸코의 심세광(1963-), 들뢰즈의 박정태(1963-) 충북대교수이며 스피노자의 박기순(1965), 건국대 교수이며 라깡의 김석(1965-), 푸꼬의 허경(1965-), 숭실대 교수이며 랑시에르의 박준상(1966-), 파리1대학 박사이며 과학 철학 관심자인 이지훈(1966-), 베르그손과 시몽동연구의 김재희(1967-), 메를로-퐁티의 정지은(1967-), 바디우의 서용순(1968-), 미국 유학자이며 구조주의 연구자로 최원(1968-), 천개의 고원 번역자로 잘 알려진 김재인(1969-), 들뢰즈 학위자로 경상대교수인 신지영(1971-) 등등 여기서 미처 나열하지 못한 교수, 연구자들도 많이 있습니다. 학제간연구가 활발하여 이제는 철학과가 아니더라도 정치, 사회, 의학 문학, 언론, 영상, 회화, 건축 등 다양한 분야에서 프랑스철학과 연계가 있습니다. 학제간 관심을 가져야 할 분야 중에서 의학에서 히포크라테스를 전공한 연세대 교수 여인석(1965-)은 캉길렘의 번역자이기도 합니다.

일반인들이나 앵글로색슨 사고에 젖은 사람들이 프랑스 철학에 대한 이해의 미숙함과 오해로 인해 떠도는 이야기로 프랑스 철학을 잡화상이라느니 페스트푸트 정도로 여기는데, 그것은 프랑스의 교육제도에 대한 이해의 부족에서 옵니다. 한편으로 프랑스에서는 고등학교 졸업 전(고등4학년)에 대학을 입학하기 위해서는 필히 철학시험(바칼로레아)을 거쳐야 합니다. 말하자면 프랑스 고등학생들은 철학이 필수과목이고, 그것도 일 년 동안 논술을 위한 공부를 합니다. 다른 한편으로 프랑스 철학교수는 교수자격시험을 통과한 공무원입니다. 이런 제도에 대한 이해가 없이, 프랑스 국민이 전체가 관심을 갖는 프랑스 철학에 대한 이해는 어렵습니다. 특히 우리나라에서는 80년대 후반부터 철학이 대학에서 필수과목에서 제외되고, 대학생들이 선택과목으로 해도 되고 안 해도 되는 것과는 질적으로 다릅니다. 프랑스에서는 교육부가 철학 교과서를 만드는 것도 아니지만, 전문연구자들이 저술한 다양한 개론서, 철학소사전, 철학사, 철학자들의 중요저술에 대한 요약집들을 많이 출판합니다. 게다가 인식론을 위한 각 개별과학에서 각 분야의 전공자들이 소개하는 간편한 책들도 매우 많습니다. 이에 대한 소개로는 우리나라에 알마출판사에서 나온 시리즈가 있습니다. 제도상으로 보아도 우리나라가 프랑스철학을 수용하기가 힘들다는 것이 현실일 것입니다.

[참조 1] 프랑스 교육부 시행안(1970)의 내용4)

철학의 개념

- 인간과 세계 : 의식, 무의식, 욕망, 정념, 환상, 타자, 공간, 지각, 기억, 시간, 죽음, 현존, 자연과 문화, 역사 (14)
- 의식과 이성 : 언어, 상상, 판단, 관념, 과학적 개념의 형성, 이론과 경험, 논리와 수학, 생명의 인식, 인간의식의 구성, 비합리적인 것, 의미, 진리 (12)
- 실천과 목적 : 노동, 교환, 기술, 예술, 종교, 사회, 국가, 권력, 폭력, 권리, 정의, 의무, 의지, 인격, 행복, 자유 (16)

인간학, 형이상학, 철학. 으로 되어 있다. 중요 개념상으로 42개 인 셈이다.

---

4) 이 당시 프랑스 고등학교 4학년 중에서 문과(철학, 문학, 역사)를 지원하는 학생은 1년간 일주일에 10-12시간 수업을 한다. 우리나라로 치면, 교양과정부에서 철학을 22-24학점을 수행하는 셈이다. 게다가 학력검정시험(바칼로레아)으로 철학시험은 4시간 논술시험을 치고 일주일 후에 구술시험까지 친다. 지금도 시험을 치는데 진학과학 분류만 달라졌다. (51PLA)

[참조 2] 1970년 기준으로 철학사를 위해 공통으로 다루어야 할 철학자들을 제시한다[5].

플라톤*‑아리스토텔레스*‑에피쿠로스‑류크레티우스*‑에픽테투스*‑아우렐리우스‑아우구스티누스‑토마스 아퀴나스‑마키아벨리‑몽테뉴‑홉스‑데카르트*‑파스칼‑스피노자*‑말브랑쉬‑라이프니쯔‑몽테스키외‑흄‑룻소*‑칸트*(20명 *8명) 헤겔*‑꽁트*‑꾸르노‑키에르케골‑맑스‑니이체‑프로이트 ‑ 훗설*‑베르그송*‑알랑‑바슐라르 ‑ 메를로퐁티‑[83년 시안에서 사르트르‑하이덱거 첨가] 이 시기에는 류크레티우스에 별표가 있다. (14명, *4명); 합하여 (34명, *12명)] 1990년에 푸꼬가 첨가되었다[6]. 아마도 철학도 다른 학문처럼 소수화(미분화)되어 감에 따라, 많은 영역들이 탈영토화를 가속화 시켰다. 수학, 물리학, 화학 등이 개별학문으로 성립했듯이, 사회학, 심리학, 인류학, 언어학, (정치)경제학, 법(률)학, 행태학, 환경학 등이 새로운 영역들을 확보하고 있다.

이 책에서(1980년 판으로부터) 줄인 5개 항목의 내용: 1권에서 2장 '인간학'과 8장 '인간의 운명'을 통합하였고, 2권에서 5장의 '쾌락과 고통'과 6장 '놀람(감동)'을 삭제했으며, 3권에서 4장 '논리학'과 5장

---

5) Vergez et Huisman, Nouveau Cours de philo, tome 1, 2, 3, 4, Paris, Nathan, 1980. 192(1권), 224(2권), 256(3권), 192(4권) / 이 저자들은 1960년대에는 André Vergez et Denis Huisman, L'Action et la Connaissance tome 1, 2, Paris, Nathan, 1964으로 두 권을 내놓았다. 『프랑스고교철학』(4권), 남기영, 1999, 삽협출판사.

6) 베르제즈와 위스망의 (고교) 프랑스 철학 재판(2권)에서 푸꼬가 등장한다. 이때까지 들뢰즈는 살아있었다. Vergez et Huisman, Cours de philosophie terminale, tome 1, 2, Paris, Nathan, 1990

'수학'을 통합하였고, 4권에서 10장의 '행위, 존재, 가치'를 삭제하였다. 그리고 몇 항목에는 극히 일부분의 첨가한 내용이 들어 있다. 그리고 철학소사전들을 내는 쪽에서는 "문명"의 항목을 제외하고 "문화"의 항목으로 대체하고 있다[7].

4 프랑스 철학의 다양체: 철학들(복수)

철학이 무엇인지, 왜 관점의 차이가 있는지를 얼핏 보면서, 우리나라에서 서양 철학에 대한 소개와 이해가 편향되었다는 것을 설명하였습니다. 이것은 프랑스와 달리 우리제도가 일제를 이어 미국식으로 가고 있기 때문일 것입니다. 그리고 철학사를 중심으로 유입된

---

7) 참조: Simone Daval, Bernard Guillmain, Philosophie 1, 2, Paris, PUF, 1968, 599(1권), (?)(2권)
70년 문교부 시안 이전의 것을 참조할 수 있는 책이다. 이 책에서 개념의 구분 자체도 흥미롭다. - 철학을 인식과 행동으로 구분하고, 전자에는 3가지로 분류한다. 인식의 철학: 심리학에서는 지성, 주의, 지각, 상상, 발명, 기억, 개념, 직관, 판단, 언어와 사유의 관련, 이성과 추론(11). 인식의 철학: 논리학에서는 과학의 기원, 수학, 경험과학, 생명 과학, 인간과학: 심리학, 인간과학: 역사, 인간과학: 사회학, 과학의 가치(8). 인식의 철학: 형이상학에서는 진리, 공간, 시간과 지속, 물질, 생명, 정신(6)이 있다.
후자에는 2가지로 분류한다. 행동의 철학: 심리학에서는 인간본성의 경향성, 감화적 삶: 근본적 감화, 감화적 삶: 복합적 감화, 본능, 습관, 의지와 자유, 인간의 인식(7), 행동의 철학: 도덕론에서는 도덕의 방법, 도덕의식, 최고 선, 도덕과 사회, 덕목, 책임, 권리의 토대, 의무, 인격적 도덕: 자기의무 즉 금욕주의, 가정 도덕: 가족의 가치, 정치도덕: 자유 평등 박애, 경제도덕: 노동과 재산(소유), 지적 도덕: 문명(13). 그리고 따로 한 가지 첨가한다. 형이상학에서는 신의 문제 하나뿐이다.

방식을 보았는데, 겉으로만 보아도 앵글로색슨 철학 대 라틴계 철학의 차이를 충분히 이해할 수 있을 것이라 믿습니다. 철학사와 철학 개념들을 다루는 방식을 들여다보면, 그 구분은 차이가 아니라 차이가 있음을 보게 될 것입니다.

철학을 다루는 방식으로 하나는 개념들을 중심으로 철학사를 탐구해 들어갈 것인지, 각 개념들의 위상과 그 연결 또는 확장을 들여다 볼 것인지 하는 개념론 중심의 이해가 있을 수 있고, 다른 하나으로 인류사에서 철학을 다룬 인물들을 중심으로 편년체로 다루면서 각 시대의 주요인물을 다룰 수 있습니다. 요즘은 지식의 고고학적 탐구 방식이라고 합니다만 이름만 거창할 뿐입니다. 언어학의 용어를 빌어서 보면 통시태와 공시태로 나누어 볼 수 있습니다. 우리는 철학사적 관심을 위주로 전개할 것입니다.

어느 서양 철학사를 보든지 구술의 신화의 시대에서 이성의 시대로, 즉 단편이나마 남아 있는 문헌을 근거로 철학이 시작되었다고 합니다. 이런 이야기는 그들 말대로 서구 중심주의와 백인중심주의 사고라 합니다. 이런 주의를 벗어나기 위해 요즘 언어학에서는 220만 년 전에 경추가 바로 선 유인원에서 소리와 목소리를 구분했다고 하기도 하고, 고고학에서 빙하기 이전에 간빙하기에 이미 유목과 목축의 동반기로서 개의 가축화를 말하기도 하고, 권력의 힘을 제국이라 표현하며 그 영향권을 도구의 사용으로 본다면 후기 구석기에 제국이 성립하며(제국답지 않지만), 적어도 동기銅器의 공동화의 현상이 수천킬로까지 연결되는 아나톨리아 구리 장신구 시대에 권력이 실재하였다고 하는 이야기는 젖혀두더라도, 계몽기 시대 이후에 철학은 목축과 농업, 보관과 분류를 하는 토기 또는 그릇 등이 인간 불평등을 가져왔다고 추론하기도 하였습니다. 이런 이야기는 서구

중심주의를 넘어서기 위해서라기보다 자연을 황폐화하고 미래의 인간의 모습에 대한 불안만큼이나 과거의 인간의 족적을 통해 새로운 길을 찾고자하는 노력일 것입니다. 들뢰즈 표현으로 탈영토화의 길, 또는 탈주선을 찾고 있는 것입니다. 다른 하나의 탈주선은 지구를 떠나 새로운 행성(달이든 화성이든)에서 인공지능의 기계를 통해 그 자연을 개척하여 먹거리와 잠거리를 마련하고 그 속에서 살아가는 사이보그 같은 인간을 상정할 수도 있을 것입니다.

서양이 철학사를 이성을 통해 본다고 하는 것을 우리는 간략하지만 다양하게 훑어보는 것으로 해야겠습니다. 탈레스 이래로 자연철학(또는 유물론) 대 존재론(또는 관념론)으로 대비 되는 시대를 지나, 자연과 인간을 종합적으로 사유한 사람은 아마도 소크라테스일 것입니다. 소크라테스가 중요한 것은 외국과의 전쟁과 그리스 내 펠로포네소스 전쟁을 거치면서 아테네 제국의 성립과 몰락 시기를 살았고, 내부적으로 인민이 자각하는 시기에 청년에게 기대를 걸었던 인물이기 때문일 것입니다. 그는 작품을 남기지 않았기에 몇 가지 사실에 주목해야 할 것입니다. 상층에부터 심층에 이르기까지 다양한 인간들(제자들)을 만났습니다. 알키비아데스, 플라톤, 크세노폰, 파이돈, 메가라학자들, 퀴레네학자들, 그리고 중요한 퀴니코스 학자들입니다. 우리는 퀴니코스학자들 중에 안티스테네스를 이야기할 필요가 있다고 봅니다. 그런데 일본과 미국의 영향아래서 퀴니코스와 스토아학자들에 관심이 적었고, 연구자도 거의 없었는데, 이제 정암학당에서 관심을 갖기 시작했다고 해야 할 것입니다.

상층의 관념론으로는 알려져 있다시피 고대의 플라톤에서 시작하여 아리스토텔레스, 세기를 이어서 중세의 교부철학자와 신학자와 토마스주의자가 이어갑니다. 이들은 하늘 또는 저세상과 같은 위상에 완전함과 영원함이 실제로 있다고 합니다. 이데아든 에이도스든 천국이든 실재하고, 현실은 가상 또는 허상인 것으로 여겼습니다. 심지어는 이 실재하는 세계를 이끄는 하나의 무엇이 있다고 하여, 플라톤주의자는 선의 이데아를, 아리스토텔레스주의자는 부동의 원동자, 유일신앙자들은 창조적 신을 이야기합니다. 이런 세월을 소크라테스 죽음 이후 갈릴레이 재판까지 거의 2천년 계속했다고 해도 과언이 아닙니다. 서구의 상층주의자들은 심층을 도외시, 무시, 배제, 억압, 지배, 식민화 등으로 대하는 것을 비판하는 자들에게 음모론에 빠졌다들 합니다. 그 음모론이란 말도 심층이 상층에 대해 저항, 항거, 항쟁을 실행하려는 욕망을 억압하려는 의도일 것입니다.

학문적으로 플라톤은 박홍규의 말을 빌면 정지와 운동 두 가지를 동시에 놓고 사유한 첫 철학자라고 합니다. 그런데 앵글로 철학사에서 플라톤이 정지의 철학자 이데아의 철학자로 알려져 있습니다. 플라톤이 상층의 정지가 영원하고 동질적이고 실재하는 것이고 철학의 대상으로 에피스테메이며, 현실에서 운동하고 변화하는 것이 철학의 대상이 아니고 물체와 그림자와 같은 것을 다루는 것을 독사 doxa라고 하여 배제하였다고 합니다. 그래도 플라톤은 선분의 비유를 보면, 독사에서는 물체가 여러 그림자들을 갖는데 그림자들을 보고 물체를 알 수 있듯이, 에피스테메에서는, 수학적 도형의 추론을 통하여 소위 말하는 도형(원圖)의 이데아를 알 수 있다고 합니다. 그렇다고 그의 사유에서, 그림자 같이 변하면서 이데아를 수용하지 못하는 아페이론(플라노메네 아이티아)을 버린 것은 아니라고 합니다. 그래도 그의 관심은 상층이며, 괜히 아카데미아 현판에 기하학을 모르는 자는 들어오지 말라고 했겠습니까. 그리고 원의 도형과 같은 이데아들이 각자 자족적으로 공존하는 이데아 세계가 있다고 합니다. 그 이데아의 총괄적 하나를 상정한 것이 선의 이데아인 것이 원과 같은 미학적 아름다움 때문이라고들 해석하기도 합니다.

그의 제자인 아리스토텔레스가 말하는 형상과 질료를 상층과 심층으로 놓을 수 있고, 그는 상층의 형상들 위에 부동의 원동자가 있습니다. 원동자는 영원하고 완전하기에 움직이지 않지만 타 존재들을 움직이게 하는 능력을 가지고 있다는 것입니다. 그리고 질료hyle는 플라톤의 아페이론을 닮았으나, 질료에는 처음부터 형상이 들어 있으나 드러나지 않았고, 변화와 목적을 위한 활동에서 형상이 드러난다고 합니다. 아리스토텔레스는 플라톤에 비해 현실적이라고들 합니다. 그런데 잘 들여다보면 플라톤을 따르면서 단지 플라톤이 선분의 비유에서 끊어 놓고 유비적 관계에 두었던 것을, 정도의 차이에 의해 아래에서 위로 단계적으로 만들어 놓은 것에 지나지 않는다고 합니다. 이 둘은 고대철학 시대에서 형상론 또는 상층론의 중심 철학자 입니다. 어째든 두 철학자는 플라노메네와 질료 등이 문제거리이라는 것을 알고 있었지만, 소위 플라톤주의자들은 무시했거나 배제한 것으로 보이며, 둘 다 상층(제국)의 철학에 기여한 것이라 합니다.

그러나 시대적으로 아테네 제국은 일찍 무너졌으며, 아리스토텔레스가 바랐던 마케도니아 제국도 무너지고, 알렉산드리아의 프톨레마이오스 장군에 의해 지중해 제국이 성립했습니다. 이들이 3백년을 이끌어온 과정에 대해, 그리고 학문적으로 5백년을 이어온 것에 대해 우리에게 잘 알려지지 않았습니다. 단지 로마시대와 겹치는 시대에 알렉산드리아 살았던 플로티노스를 생각해 볼 필요가 있습니다. 플로티노스는 이 완전자 또는 부동자를 퍼져나가는 유출자로 운동자로 바꾸어 놓았습니다. 그리고 이 유출자(샘 또는 빛에 비유하는)는 하나이며 통일체이지만 무한한 권능을 가진 이질자들의 총체와 닮았습니다. 그 빛 또는 물줄기 멀리가면 갈수록 희박화 된다고 보았습니다. 스피노자와 벩송은 이 유출자를 생명이라 보았던 것 같습니다. 일반적으로 플로티노스를 플라톤의 아류로서 신플라톤주의자라고 하는데, 벩송은 그가 전혀 다른 철학적 사유를 한 것으로 봅니다. 플라톤에서는 상층에서 심층을 가는 길의 방법을 "티마이오스"편에서 그럴듯한 이야기mythe(신화)라고 하고, 유비적으로 상층으로 올라가는 방법의 길을 "폴리테이아" 편에서 변증법dialectique라고 합니다.

그런데 벩송에 따르면, 플로티노스는 이것을 거꾸로 보았는데, 그럴듯한 이야기로서 일자가 물질로 향하는 변형의 길이 변증법적이고, 일자로 향하여 합일하는 것이 이야기(신화적)이라고 하는데 의식은 일자와 합일할 수 있다는 것이며, 힘들고 어렵지만 가능하다는 것입니다. 내용을 지닌 일자가 실재적이고 구체적이며, 소위 형상이라는 것은 내용을 다 버리고 껍데기만 남은 물체라는 것이 그 설명입니다. 완전자는 운동하고 유출하면서 생성하고, 변화의 끝에서 물질로 화한 것은 자기의 운동과 힘을 소진하는 경우에 속한다는 것입니다. 즉 이데아는 소진된 껍데기에 속하는 것으로, 요즘 표현으로 상징 또는 기표 정도로 해석할 수 있습니다.

플라톤과 아리스토텔레스 대 플로티노스의 재해석적 입장 사이에는 커다란 차이가 있습니다. 플라톤과 아리스토텔레스의 이상계에는 완전자가 있다고 하는데 비해, 플로티노스입장에 따르면 그것은 실재가 아니라 껍데기라는 것입니다. 물론 상층철학자, 토마스주의자, 주지주의자들은 플로티노스의 의미 방향을 플라톤과 같은 방향으로 두어 완전자와 일자가 같은 것으로 해석하였고, 이것은 앵글로

색슨 철학도 그러합니다. 그런데 이들과 달리 본 철학자는 스피노자와 벩송이며, 플로티노스의 일자는 심층이라는 것입니다. 이 심층을 생명, 욕망으로 보면 달리 사유하는 철학자들의 관점이 보입니다.

통시적 철학사 흐름에서 플라톤주의과 아리스토텔레스주의의 양면이 서로 앞서거니 뒤서거니 하면서 서양고중세의 2천년을 거쳐 왔습니다. 일반적으로 르네상스와 과학의 발달이 구세기의 관점을 바꾸어 놓았다고 합니다. 우리는 단지 하나 만을 이야기 합니다. 천문학과 망원경의 발달은 저세상에 대한 관점을 완전히 바꾸어 놓습니다. 구시대의 잔재는 브루노를 교황청에 불러서 설득시키려했지만, 브루노는 우주는 열려있고 무한하다(이 말은 신이 세계를 창조했다는 전설은 허구다)고 주장하다가, 교황청 광장에서 산채로 화형을 당했습니다. 순교자 아니 순학자. 시대는 변곡점을 넘어서 하늘에서 지상으로 내려오고 있습니다. 갈릴레이는 하늘의 등속도 운동이 지상에서 등속도 운동이라는 운동의 상대성을 주장하였습니다. 벩송이 철학사에서 첫 전환이 하늘의 운동이 빗금을 타고 지상에 내려왔다고 합니다(도표 하 참조). 이를 받아서 철학자로서 데카르트는 영혼과 신체, 정신과 물질의 이원론을 이야기discours 합니다.

근세 철학은 이원론의 시대인 것으로 알려진 것은 오해일 것입니다. 신학 또는 관학철학 대 비강단의 철학의 시대일 것입니다. 13세기에 유럽 각 나라에서 대학이 세워졌지만 계몽기에 이르기까지 칸트를 제외하고 대학에서 유명한 철학자가 있는지 생각해볼 필요가 있습니다. 근세 철학 200여 년 동안에 표면의 양면성이 갈라진 것을 어떻게든지 봉합하여 위계를 정하고 싶었다고 보여 집니다. 역시나 영혼 또는 정신의 우월성을 버릴 수 없었다고 합니다. 그럼에도 물체 또는 신체에 대한 의미를 달리 보는 쪽을 일반적으로 유물론자로 봅니다. 흥미로운 철학자가 둘 있습니다. 하나는 스피노자이며 다른 하나는 루소입니다. 스피노자는 이원론이 아니라 양속성론(변용론)을 내세우며, 변용론을 생성하게 하는 것으로 자연 즉 신이라고 합니다. 이런 발언은 서양 철학사에서 중요하게 여겨진 것은 1960년대 프랑스이지만, 그보다 더 중요한 것은 그가 신체의 수동성 또는 수용성에서 능동성 또는 되기(변용태)를 주장하는 것입니다. 물론 이런 주장의 근원에는 플로티노스에 닿아있다고 하기도 하고, 또한 생명사상으로 여깁니다. 그리고 루소는 신에 매인 사고에서 벗어나, 숲에는 악마도 마녀도 없는 평온한 상태로 여기고 식물채집을 즐겼습니다. 이보다 지금까지 수난으로 여긴 수동성을 능동적인 정열로, 인간들 사이의 상보관계에서 동정이라는 의미를 연민으로, 자기 사랑을 이기심에서 이타심으로 달리 생각했습니다. 그러나 루소와 동시대 흄은 관념 연합의 현상론에서 상층으로 통합에 회의를 품었고, 이에 깜짝 놀란 칸트는 이를 다시 상층의 하나로 통합하려고 했으나 스스로가 형이상학이 불가능하다고 하면서 대학과 제국에 협력하였으며, 들뢰즈 표현에 따르면 폴리스철학(정주적 철학)으로 하늘의 별과 같은 순수한 도덕심을 강조하기에 이르렀다는 것입니다. 우리 도표에 의하면 프랑스혁명과 칸트 이후에 넓게 두 갈래로 갈라집니다.

요즘 근대라는 것이 무엇인가라고 할 때는 근대철학을 말하는 것이 아니라, 시대의 변곡점을 만든 근대의 다양성이 무엇인가를 묻는 것일 겁니다. 푸꼬는 정신병과 의학, 지배와 감옥, 통제와 병원 등을 통해 다양하게 근대의 변곡점들을 논하기도 하였습니다. 그런데 19세에는 부챗살처럼 펼친 개별학문들이 아리스토텔레스주의를 벗어나는 시기, 즉 상층에서 표면이 아니라 표면에서 내부로 들어가는 시기입니다. 개별학문으로 수학에서 비유클리드 기하학, 군론이, 원자론에서 전자와 양성자, 입자설과 파동설이, 게다라 열역학과 전자기학이, 화학에서 물질의 자기변화와 결합 등에서 압축과 폭발이 있다는 점이, 그리고 생물학에서 계몽주의의 분류학을 거쳐서 변형론과 진화론이, 피의 순환이래로 의학에서 생리현상의 여러 회로들이, 그리고 사회학, 정치경제학, 인류학, 문법학에서 벗어난 언어학, 동물행동학, 여러 갈래의 심리학 등 여러 학문들이 제각기 자기 영역의 테두리를 만들면서 등장합니다. 이런 학문을 자연과학과 인문과학으로 나누는 것은 단순한 이원론일 뿐입니다.

철학은 여러 과학들이 태동하는 시기에 형이상학의 불가능을 넘어서고자 합니다. 한편으로 상층론을 새롭게 치장하여 복원하고자 하는 욕망이 있습니다. 즉 다시 논리와 통일성의 길로 올라가는 길로 모색하는 방향이 있습니다. 여전히 철학은 학문의 왕이라는 또는 만학의 토대라는 자부심이 남아 있습니다. 사실은 19세기가 제반 학문들의 독립시기입니다. 고대에 귀족이 이데아론으로 중세의 신학자들이 종교로 갖는 지위를 이제 국가에 옮겨놓고 대학교수들이 차지하려는 형국이라 할 수 있습니다. 여전히 상층의 권력은 현존 또는 실재하며, 그것을 옹호하는 정주적(구태) 세력이 학문하는 자들로 등장한다. 통일과학을 염두에 둔 대학인들로서 주지주의자들입니다. 이들은 아직도 인류가 위험과 위협에서 안전을 도모하며 편안을 위해 유용(공리), 실용, 편리를 추구한다고 주장하고 있습니다 (humaniste). 그러나 인류에 대한 위협은 가난과 질병(콜레라, 페스트, 결핵)도 있으며 이를 해소하는 것이 인간다운 것이라 합니다 (humanitaire). 이런 문제에 대한 고민은 상층론에 밀려 심층에서 아직도 잘 알려지지 않은 생명과 심리의 내면으로 파고 들어가고 있습니다. 20세기 말에는 심리측면에서 파라노이아 연구를 중심으로 하는 정신분석과 분열자 탐구를 중심으로 하는 분열분석은 이런 대비들 중의 하나일 뿐입니다.

상층론이 헤겔의 방대한 철학적 사유에 힘입어 그리고 신칸트학파의 인지적 지식이론을 자료로 삼아 그리고 표면의 현상을 포함하여 내면에서 올라오는 현상까지를 포괄하려는 폴리스의 학문이 사회학, 인류학, 정치경제학, 행동학, 심리학을 포획해 나가고 있는 것이 현실입니다. 그럼에도 다른 길이 있다는 것, 즉 달리 말하기에 이어서, 달리 살기를 주장하는 푸꼬의 말년의 탐색은 학문계에서는 이미 오래 전부터 실행되었다는 점입니다.

다른 한편 심층론 또는 질료형이상학은 정지로부터가 아니라 운동으로부터, 형상으로부터가 아니라 생성으로부터 전개하고자 하는 것입니다. 이 학문들이 늦게서야 움튼 것은 과학의 발달이 그리고 인간의 이성의 발달이 그 만큼 늦었기 때문입니다. 19세기 전반기에 들어와서야 원자 안으로 들어가 전자와 핵, 그리고 양성자와 중성자, 더 나아가 20세기에 미립자로 들어가지 않았습니까. 생물학에서 세포의 내부를 생명체의 순환의 여러 방식들을 들여다본 것도 같은 시기이다. 그리고 분자로 그리고 DNA로 더욱이 자연산 단백질의 합성에대한 연구는 20세기 후반이 아니었습니까.

철학에서 심층론, 즉 깊이로 들어가는 학문에 대해 수학과 물리학 뿐만이 아니라 생물학과 의학과 심리학에 관심을 갖는 철학자로써 벩송을 꼽는 것은 그의 생애시기에 내부로 들어가는 각 학문들(수학, 물리학, 생물학, 심리학)이 성과를 이루었던 시기였기 때문입니다. 그에게 행운입니다. 벩송도 자신의 저서에서 하늘에서 빗금을 타고 내려온 것은 갈릴레이였고, 그리고 이원론의 시대를 거쳐서 표면에서 내부로(dedans) 들어간 사람은 자신이라고 하면서, 철학사 큰 흐름에서 자신의 위치를 강조하였습니다. 앵글로색슨 사고에 젖은 이들은 그래도 어떤 이는 철학사의 실증적 연관에서 중요한 사람은 뉴턴, 다윈, 아인슈타인이라고 하기도 하고, 프로이트는 자신이야 말로 뉴턴과 다윈 다음으로 획기적인 전환의 인물이라고 자서전에 썼습니다. 프로이트의 관심에서 내부로 라는 측면에서 무의식이 실재한다고 하는 것은 중요한 발견인데, 이런 문제거리를 먼저 제기한 이는 사실상 벩송입니다. 벩송은 무의식의 덩어리 즉 기억은 실재할 뿐만 아니라 현재에 그리고 현실에 닿아있다고 합니다. 벩송이 자신의 새로운 철학을 말할 때 이제까지는 외부에서 철학을 대하는 태도 ─ 주관과 객관 ─ 인데 비하여 그의 철학은 내부에서 시작한다고 합니다. 이는 플로티노스와 스피노자의 전통을 이어받고 있습니다. 이런 심층에서 출발을 들뢰즈/가타리가 생성 또는 되기로 간주하여, 철학사뿐만 아니라 인류 역사를 다시 점검하고 있었습니다.

표면에서 심층으로 즉 안으로(dedans) 철학에 대한 반성은 벩송에서부터 이지만, 형상론 또는 주지주의에 대한 비판을 중심으로 서술했기에 읽는 이에 따라서는 그가 주지주의의 우선성을 인정한 것으로 착각하는 사람들이 있어왔습니다. 벩송의 글을 읽으면 형상론 또는 상층의 논리를 따라가면 선결문제 미해결의 오류에 빠지고, 그래도 맞다고 여기는 것은 착각이며 오류라는 것입니다. 그런데 벩송이 고대철학에도 해박했는데도 그의 출판된 저술에서는 그 내용이 조금만 나오기에 사람들이 잘 모르고 있습니다. 그는 일찍이 스토아의 글도 읽었을 뿐만 아니라, 게다가 흥미로운 것은 고르기아스의 3불가론을 심리학적으로 읽었다는 점입니다. 심리학적 관점에서 소크라테스의 이뭣꼬(ti esti)도 주요관심사라는 것이다. 이런 점을 알려주는 것은 그의 플로티노스 강의록인데 1999년에 나왔습니다. 그런데 그 전에 들뢰즈는 이런 관점을 알았기나 한 것처럼 국가박사 학위 주논문과 부논문을 쓰는 시기에 그리고 그것들의 발표와 동시에 『의미의 논리Logique du sens(1969)』를 발표하였습니다. 『의미 논리』는 그의 관점에서 본 철학사이며, 첫 장부터 플라톤이 아니라 플라톤주의 즉 앵글로 색슨의 주지주의에 대한 비판으로 스토아의 논리를 제시하고 있습니다. 그는 괜히 철학사 전반을 조망한 것이 아닙니다. 우리는 여기서 한 가지 덧붙이고자 합니다. 의미le sens는 기본적으로 "방향"을 의미하기도 합니다. 두 개의 다른 방향의 철학이 있다는 것을 은연중에 암시한다면 들뢰즈는 벩송주의자임에 틀림이 없으며, 시대를 뛰어넘어 스피노자와 플로티노스, 게다라 스토아와 퀴니코스, 더 거슬러 올라가서 소크라테스와 소크라테스 이전의 자연철학자에게 맥을 잇고 있습니다. 그가 심리 질병에 관한 논의에서 가타리를 만나 상층에서 심층으로 가는 정신분석학이 아니라 심층에서 표면으로 그리고 새로운 생성으로 가는 분열분석학을 하게 되는 것은 의기투합만이 아닙니다. 이쯤에서 우리가 한 가지 말하자면, 원자나 입자의 우연적 결합(회오리, 빗금운동)에서 자유를 찾는 소박한 유물론자들에 비하여, 진솔한 유물론은 진동과 흐르는 물질(유동)에서부터 시뮬라크르를 생성하고 창발하며, 사유를 통해서 창안하는데서 자유를 실현하는 인성자유주의자libertaire의 방향을 잡았다고 해야 할 것입니다. 바슐라르는 자신의 철학을 물의 철학이라 부르고 벩송의 철학이 불의 철학이라 했습니다. 이런 측면에서 철학은 내부의 붉은 마그마에서 표면의 물과 토지, 그리고 그 위로 공기의 철학이 있다고도 합니다.

　상층의 철학이 앵글로 색슨을 중심으로 이루어지고 있다면, 심층의 철학은 라틴계에서 면면이 이어받고 있습니다. 이런 철학적 사유에 대해 생각할 수 있는 기회를 우리가 잘 갖지 못한 것은 서양 고대철학을 제대로 할 수 없었던 점에 있기도 합니다. 플라톤 전집을 제대로 읽을 수 있게 해준 세대가 박홍규의 다음 세대가 아니겠습니까? 그리고 프랑스철학을 누구도 형이상학적으로 깊이 있게 다루지 않았습니다. 박홍규 선생님이 베르그송을 강독하면서 플라톤과 대척점에 베르그송을 두고, 정지와 운동, 결정론과 비결정론, 목적론과 생성론으로 대립적 구조에서 강의를 했던 시절이 있었기에 그나마도 이런 담론들의 위상들을 구별하면서 논의를 할 수 있는 시점에 와 있습니다. 앞에서도 말했지만 서양철학사 수용이 짧아서 편향적이고 일방적일 수밖에 없었다는 것을 인정하더라도, 이제는 일방통행과 편식에서 벗어나 다양한 맛을 볼 시기가 되었다는 것입니다. 이 점에서 한 번 더 말한다면 서울대 서양철학과 16명 중에서 고중세 3명을 제외하고라도 그 많은 학자들이 앵글로 색슨에 경도되어 있으며 프랑스 철학 교수가 1명이라는 것은 우울한 현실입니다. 이것은 학문의 유입과정상 일본제국주의와 미국제국주의의 그늘에서 묶여 있다는 증거이기도 할 것입니다. 라틴계 철학연구자를 3명 정도를 뽑아서, 이제는 남북이 소통하는 과정에서고 폭넓고 깊이 있는 사유를 할 수 있는 장場이 열리고, 게다가 세계와 더불어 새로운 창안과 창발의 길을 열어가는 시대가 만들도록 노력할 때인 것 같습니다.

표 가

서양 철학사의 변용태들(신이 자연을 창조하느냐, 자연이 신들을 생성케 하느냐)

생명(욕망, 권능, 영혼)은 자기에 의한 자기 실현

소 ——— 제국 ——— 유일신앙 ——— 국가 ——— 자본 ——— 자본제국(Soi)
이데아(플)   천구(au-dela)   관념 일자(유동일자)   절대자
에이도스(아리)

교부철학자
신학자

(변증론)   느리분석
통일과학

뉴턴
라이프   진화론   조월수
                                                            무한
                                                            (환경론)
                                                            상대성
                                                            정신물리학
                                                            파라노이아

갈릴레이(1633)

신체   비판주의
이원론   표상
영혼 주체   인상   (근본)
                        역사학
                        ... 사회학 ... 인류학   행동학   (soi)
                        (비유클리드) 인류학

                                                            스키조
                                                            심리병리학
                                                            (생태론)

메가라
크라 (두 사물라크르)

에피쿠
(하포크라)
퀴베베   (변형학)
                                                            미생물학

스토아
캐니코스   내혁명
일자(다질성)   스피노 (본성)   생명계(콜레라)
베스 -아페이론 질료- 자연(Natura)-   자연(신, 생명): 권능(이질자), 생성(변형),

                                            지속 (순안정) (Moi)
                                            실재(우주) 들라노메네

                                                            (moi)

표. 하 (상층 – 표면(이중성) – 심층) – 심층) 상층(논리와 수학) 대 심층(생명과 영혼)

서양 철학사를 보는 관점들(철학사 또는 이성의 전개는 상층에서 표면 그리고 심층으로)

지식 ----→ AI
논리분석
과학철학
통일과학론
(신칸트주의자)
현상학
괴델   칸토르
아인슈타인
(한정론)
정신물리학
프로이트
⋯ 후꼬
사르뜨
심리병리학
(생태론)
가타리
뿅또   들뢰즈
베르나르   조화상실 ----→ 탈영토
파스퇴르
파브르
벧송
(의식, 양심)

헤겔
나인
리만
(니체)
맑스
(감루아, 아벨) ⋯ ⋯⋯⋯

피히테
라이프
라마르크

칸트
뉴턴
신체
베카르트
영혼
라이프
갈릴레이(1633)
메가라

루소
스피노
자연
실재

플라톤
아리스토
교부철학자
신학자

크라
에피쿠로
(히포크라)
키레네
(프란체스코)
무한
브루노
스토아
키니코스
플로티
탈레스 -----

영미철학의 수용방식과 우리철학의 가능성

이유선

1 서론 : 연구의 목적 및 선행연구

철학이라는 학문 자체가 근원적인 물음에서 출발하므로 철학하는 사람으로서는 철학이란 무엇인가라는 질문을 놓아 버릴 수가 없다. 영미철학을 연구해 온 철학자들 역시 철학이란 무엇이며 특히 한국에서 영미철학을 연구한다는 것은 어떤 의미를 갖는가 하는 물음을 간직하고 있었을 터이나 유감스럽게도 그런 고민이 명시적으로 글로 서술된 바는 많지 않다.[1] 영미철학의 연구성과를 양적으로 조사한 연구는 있으나 그 내용을 분석하여 한국에서 철학 전공자들이 어떠한 태도로 영미철학 연구에 임하고 있는지를 논구한 연구도 아직 이루어지지 않았다. 그것은 매우 방대한 작업이 될 것이기 때문에 본고의 연구범위를 벗어나며 향후 장기적인 프로젝트로서 추진되어

---

* 이 글은 2018년 5월 조선대 우리철학연구소가 주최하는 학술대회에서 발표하고, 인문학연구원의 『인문학연구』제 56집(2018)에 게재한 논문이다.

1) 정종의 「한국철학계에 있어서의 미국철학의 수용과 영향」(『아세아연구』 10, 고려학교 아세아문제연구소)이 1967년에 발표된 바 있고, 이좌용의 「한국에서의 영미철학 수용의 특징과 과제」(『한국철학의 쟁점』, 철학과 현실사)가 2000년에 발표되었다.

야 할 것으로 본다. 논자는 영미철학 연구현황에 대한 선행연구들을 간단히 검토할 것이다. 다만 연구현황과 관련해서는 조사가 이루어지지 않은 최근의 상황을 보충하는 선에서 그칠 것이다. 본고는 한국에서 영미철학 연구의 양적인 측면에 대해서 조사하여 밝히기보다는 연구의 의의와 수용방식에 대해 중점을 두고 나름의 생각을 서술해 보고자 한다.

　최근 인구절벽으로 인해 많은 대학들이 구조조정의 위기에 몰리고 있는 상황에서 전문적인 철학 연구자의 양적 성장을 기대하기는 힘들지도 모른다. 그러나 지금까지 영미철학 분야의 연구는 어느 정도 그 성과를 축적해 왔다고 볼 수 있다. 문제는 그 학문적인 축적이 우리에게 어떤 의미를 갖는가 하는 것이다. 영미철학 뿐 아니라 철학의 모든 분야에서 연구자들은 그동안 외국학문의 수입상이라는 오명을 달고 살았다. 다른 학문보다도 유독 철학자들에게 그와 같은 명칭이 부여되고 있는 것은 아마도 철학자들에 대한 세간의 기대가 크기 때문인지도 모른다. 철학자들은 일반인들이 알지 못하는, 시대와 세상에 대한 통찰을 보여줄 것을, 그리고 미래에 대한 근본적인 대안을 제시해 줄 것을 요구받는다. 영미철학을 전공하건 대륙철학을 전공하건 아니면 동양철학을 전공하건, 철학 전공자는 철학자로서 그와 같은 요구를 감당해야 한다. 그런 요구를 감당하려면 외국 철학자의 사상을 이해하고 소개하는 것을 넘어설 필요가 있고 결국 그 자신의 철학적 관점이 요청된다.

　'우리철학'에 대한 지속적인 요청은 아마도 철학자들의 역할에 대한 세간의 기대에 부응하고자 하는 철학자들의 관심이 반영된 것으로 볼 수 있을 것이다. 그런데 '우리철학'이란 여전히 그 개념이 명확하다고 말하기 힘들다. 철학 전공자가 단순한 수입상의 역할을 벗어나

'우리철학자'가 된다는 것은 무엇을 뜻하는 것일까? 여기서 '우리'란 누구를 말하는 것이며, '철학'이란 학문이 지역화되어야 마땅한 근거는 무엇일까? 본고는 이 물음을 중심으로 영미철학 연구자들 혹은 철학 연구자들이 철학연구에 대해 가져야 할 태도를 고찰해 보고자 한다. 그런 고찰에 앞서 영미철학의 연구현황을 간단히 살펴볼 것이다.

영미철학의 연구현황을 보여주는 연구자료로서는 이훈(「서구 철학사상의 유입과 그 평가 (1) : 연구를 위한 자료의 통계적 분석」, (『철학사상』 Vol. 04, 서울대학교 철학사상연구소, 1994))[2]이 있고, 김효명 (「서구 철학사상의 유입과 그 평가 – 영미철학의 수용과 그 평가」 (『철학사상』 Vol. 06, 서울대학교 철학사상연구소, 1996)), 김영정(「영미 철학의 수용(1980-1995)」(『철학사상』 Vol. 07, 서울대학교 철학사상연구소, 1997)) 이 있다. 또한 이재영(「한국의 영국경험론 수용과 그 평가」(『근대철학』 7, 서양근대철학회, 2012)) 및 이유선(「한국에서의 미국철학 연구」 (『서양철학의 수용과 변용』, 경인문화사, 2012)) 등이 있다.

이훈(1994)의 자료는 1915년부터 1992년까지 국내의 거의 모든 학위논문, 저서 및 학술지를 조사한 자료로서 철학연구 출판물을 사조별, 시기별, 철학자별, 주제별 등으로 분류하여 책, 학위논문, 일반논문 총 6042편을 조사했다. 양이 방대하다보니 분류에 있어서 내용보다는 제목의 키워드를 기준삼아 분류한 자료이다. 이 자료를 통해

---

2) 이 자료는 양적 연구로서 "『대한민국 박사 및 석사학위논문 총목록』, 『정기간 행물 기사색인』을 기본으로 하고, 국립중앙도서관에서 매년 발간하는 『대한민 국 출판물 총목록』및 학술원 발간의 『學術總覽』11집(철학 I)(1976), 『學術總 覽』37집(철학 II)(1987)을 참고하여 자료를 입력한 뒤, 출판사들의 자체 도서 목록 및 각종 학술지를 직접 조사하여 입력 자료를 수정, 보완하였다."고 소개 하고 있다. 이훈, 「서구 철학사상의 유입과 그 평가 (1) : 연구를 위한 자료의 통계적 분석」, 『철학사상』 Vol. 04, 서울대학교 철학사상연구소, 1994, 93쪽.

영미철학의 양적 연구현황을 알 수 있다. 김효명(1996)은 1960년대부터 1979년까지의 영미철학 수용 연구를, 김영정(1997)은 1980년부터 1995년까지의 영미철학 수용 연구를 조사한 것이다. 이재영(2012)은 영미철학의 수용과정에서 특히 영국 경험론이 어떻게 연구되었는지를, 그리고 이유선(2012)은 미국철학의 연구현황이 어떠한지를 조사했다. 우선 이들 선행연구의 내용을 개관함으로써 그간의 연구현황을 살펴보고 앞으로의 연구가 '우리철학'으로 전개되기 위해서는 어떤 점을 고민해야 하는지 논구해 보고자 한다.

2 영미철학의 국내 연구현황

먼저 이훈(1994)의 자료는 양적인 조사 자료로서 영미철학 연구의 양적인 비중을 살펴볼 수 있다. 이 자료에 의하면 1915년부터 1992년까지의 영미철학 연구는 책, 학위논문, 일반논문의 수에 있어서 현대유럽(1184건), 독일관념론(963건)에 이어 924건으로 세 번째로 많은 연구가 이루어졌다.[3] 다음의 도표는 철학자별로 이루어진 연

---

3) 이훈의 연구는 통계적인 자료를 만드는데 중점을 두고 있기 때문에 일제 강점기의 영미철학 연구에 대해서 별도로 다루고 있지 않다. 일제 강점기의 영미철학 연구에 대한 연구로는 정영준의 「일제강점기 잡지에 소개된 영미철학의 주요 동향」(『동북아 문화연구』 제16집, 동북아시아 문화학회, 2008)이 있다. 여기서 정영준은 13건의 연구 자료만 있을 정도로 영미철학 연구가 희소했으며 오언의 공동체 사상, 러셀의 사회개혁론, 듀이의 사상론 등 당시 유행하던 사조가 소개되었다고 지적한다. 그밖에 해방이후부터 1953년까지 영미철학의 수용에 대해 연구한 황필홍, 이병수의 「50년대까지 영미철학의 수용과 용어의 번역」(『시대와철학』 14권 2호, 한국철학사상연구회, 2003)은 50년대 한치진, 김준섭, 박종홍 등에 의해 소개된 실용주의 및 분석철학의 현황에 대해 소개하

구 결과로서 듀이, 러셀, 비트겐슈타인 등에 관한 연구가 상대적으로 많고, 분석철학 일반으로 분류된 연구논문이 많다는 것을 알 수 있다. 이 자료는 국내에서 어느 분야의 연구가 주로 이루어져 왔는지를 통계적으로 일목요연하게 보여준다는 점에서 의의가 있다.[4]

철학자분류(영미철학)

분류	책	학위	논문	전체
실용주의	0	4	18	22
퍼스	1	2	5	8
제임스	4	2	10	16
듀이	8	35	39	82
화이트헤드	5	12	23	40
미국철학	8	13	20	41
소계	26	68	115	209
프레게	0	5	9	14
러셀	24	17	20	61
무어	1	3	15	19
비트겐슈타인	10	28	58	96
논리실증주의	5	5	18	28
카르납	1	1	4	6
모리스	0	1	3	4
헴펠	0	1	2	3
일상언어학파	0	4	5	9
라일	0	2	1	3
소계	41	67	135	243

고 있다. 그리고 정종의 「한국철학계에 있어서의 미국철학의 수용과 영향」(『아세아연구』 10, 고려대학교 아세아문제연구소, 1967)은 60년대에 활동한 전현직 철학과 교수 60명을 상대로 설문조사한 결과를 정리한 것으로서 당시 교수들이 미국철학의 중요성을 어떻게 평가하는지 각자 미국철학에 대한 관심분야는 무엇인지 등을 탐문한 자료이다.

4) 이훈, 「서구 철학사상의 유입과 그 평가 (1) : 연구를 위한 자료의 통계적 분석」, 『철학사상』 Vol. 04, 서울대학교 철학사상연구소, 1994, 109-110쪽.

분류	책	학위	논문	전체
콰인	1	4	9	14
크립키	1	5	4	10
퍼트남	1	0	8	9
데이빗슨	1	4	8	13
로티	0	1	6	7
괴델	0	1	5	6
타르스키	0	0	2	2
포퍼	4	16	21	41
라카토스	0	1	1	2
쿤	0	2	5	7
파이어아벤트	0	1	1	2
소계	8	35	70	113
메타윤리학	3	9	21	33
헤어	1	8	6	15
사회윤리학	2	2	7	11
롤즈	3	10	23	36
노직	0	4	2	6
분석철학일반	37	69	152	258
소계	46	102	211	359
총계	121	272	531	924

김효명(1996)은 1960년부터 1979년까지의 영미철학 연구현황을 분석하고 있다. 시기구분을 그렇게 한 것에 대해 김효명은 영미철학이 '일제하에서 하던 철학'의 범주에 들지 않으며 1959년까지 "로크, 버클리, 흄 등 영국의 고전 철학자는 물론 러셀, 무어, 비트겐슈타인 등의 현대철학자에 대한 논문조차도 전무한 것으로 조사되어" 있고, 1980년대부터는 소위 '제2세대'들의 학문적 활동이 본격적으로 시작되기 때문이라고 밝히고 있다.5) 영미철학의 본격적인 연구시기를 1980년대 이후로 보고 있음을 알 수 있다. 그에 의하면 60년대와 70년

---

5) 김효명, 「서구 철학사상의 유입과 그 평가 - 영미철학의 수용과 그 평가」, 『철학사상』 Vol. 06, 서울대학교 철학사상연구소, 1996, 80-81쪽.

대의 영미철학은 국내에서 소수의 연구자들이 몇 편의 연구논문을 냈을 정도로 불모지였다고 할 수 있다. 독일철학 관련 논문이 60년대에 130편, 70년대에 320편 발표된 데 비해, 영미철학 분야에서는 각각 12편, 40편 정도의 논문만이 발표되었다.[6] 아울러 김효명은 60년대와 70년대를 통틀어 영국 경험론자에 대한 논문이 단 한 편도 눈에 보이지 않는 점이 특기할 만 하다고 지적하고 있다.[7] 이러한 통계 결과에 대한 김효명의 결론은 분명하다. 그는 "60-70년대 우리의 영미철학에 대한 연구의 … 〈중략〉 … 특징이란 다름이 아니라 바로 영미철학의 기본이나 기초에 해당된다고 볼 수 있는 부분에 대한 연구가 대단히 빈약하다는 점"[8]을 지적한다. 프레게와 러셀에 대한 연구 및 퍼스 등에 대한 연구가 없는 것을 들어 당시 영미철학 연구는 제대로 시작도 못했다는 것이다. 이러한 그의 진단은 "외래사상을 수용한다고 할 때 그 사상의 뿌리도 같이 받아 들여야"하는데 우리의 연구태도가 "뿌리나 근본에 대한 반성이 대단히 미흡"[9]하다는 판단에서 비롯된 것이다. 그는 이런 몰역사적인 태도와 학문을 하는 데 있어서 유행만 따르려는 태도가 지금까지 지속되는 우리 철학계의 한계요 단점이라고 지적한다.[10] 서양사상의 수용에 있어서 그 뿌리에 대한 반성이 필요하다는 생각에 대해서는 우리철학에 대한 논의를 하면서 다시 다루도록 하자.

김영정(1997)은 김효명의 연구에 이어 1980년부터 1995년까지의 영미철학 연구현황을 조사했다. 이 시기는 이전 시기에 비해 연구논문

---

6) 같은 책, 83쪽.
7) 같은 책, 84쪽.
8) 같은 책, 101쪽.
9) 같은 책, 102쪽.
10) 같은 책, 102쪽.

의 양이 획기적으로 증가한 시기로서 일단 80년부터 92년까지 발표된 영미철학 전체 발표 연구결과는 총 660편에 달한다. 이 660편 중 단행본은 84권, 학위 논문은 213편, 일반 학술 논문은 363편으로 구성되어 있다고 김영정은 밝히고 있다.[11] 연구결과의 양이 많은 만큼 김영정은 연구결과를 철학자별, 주제별, 분야별, 사조별로 세세하게 분석하고, 각각의 철학자 혹은 분야에서 국내의 어느 학자가 가장 많은 연구 성과를 냈는지도 밝히고 있다. 다음은 그가 분류한 영미철학의 분야별 연구현황을 나타내는 도표이다.[12]

	총계(80~95년)	80~84년	85~89년	90~95년
철학일반/개인 철학관	5/25	0/6	3/11	2/8
분석철학 일반	25	6	10	9
언어철학 언어분석철학	137	35	56	46
논리철학(존재론)	114(34)	25	44	45
과학철학	151	33	50	68
심리철학 인지과학	105(31)	17	22(3)	66(28)
수리철학 수리논리학	24	5	9	10
논리학 메타논리학	38	15	13	10
형이상학(존재론)	36(16)	11	8	17
인식론	120	20	33	67
가치론 윤리학	10	5	3	2
실용주의/신실용주의	31/5	16/0	9/0	6/5
사회철학	3	2	0	1
역사철학	11	5	0	6
문화철학	3	0	0	3
종교철학	4	2	0	2
기타	4	2	0	2
합계	882	212	281	389

---

11) 김영정, 「영미 철학의 수용(1980-1995)」, 『철학사상』 Vol. 07, 서울대학교 철학사상연구소, 1997, 96쪽.
12) 같은 책, 119쪽.

영미철학의 수용방식과 우리철학의 가능성 311

통계자료를 분석한 김영정의 평가에 의하면 60-70년대에 이어 80-90년대에도 비트겐슈타인, 듀이, 화이트헤드, 러셀 등에 대해서는 계속해서 연구가 활발히 이루어졌다. 특히 비트겐슈타인에 대한 연구가 대폭 증가한 반면, 듀이와 제임스를 중심으로 한 실용주의 연구는 퇴조하는 모습을 보였다. 또한 60-70년대 연구 발표가 없었던 영국경험론은 영국 경험론자 3명이 상위에 올라갈 정도로 연구가 대폭 증가하였다.[13] 위의 표에 의하면 1980년부터 1995년에 이르는 시기의 영미철학 연구는 주로 언어철학, 논리철학, 과학철학, 심리철학, 인식론 등의 분야에 집중되어 있었고, 문화철학이나 종교철학에 대해서는 거의 연구가 없었다고 해도 과언이 아니다. 김영정은 자신이 참조한 이훈의 자료가 완벽하지 못해서 오류가 있을 수 있다는 점, 그리고 제목만이 아니라 내용을 통해 정확한 분류가 이루어지기 위해서는 미국의 Philosopher's Index와 같이 논문 요약이 실린 자료가 만들어질 필요가 있다는 점을 언급하고 있다.[14]

이재영(2012)의 논문은 영국경험론의 연구에 있어서 앞에 언급한 연구 자료들의 통계가 부정확함을 지적하고 좀 더 정확한 통계 자료를 제시하고 있다는 점에서 의의가 있다. 김효명(2016)의 연구에서는 1959년까지 영국경험론에 관한 석박사 학위 논문은 전혀 없고 흄에 관한 논문이 1편 있고, 1960년대에 흄에 관한 논문이 3편이 있다고 언급되는데 반해, 이재영은 60-70년대에도 로크에 관한 논문들이 발견되며, 해방이전에도 흄에 관한 논문이 있고, 1937년에 미시간 대학에서 박희성이 흄의 회의주의를 비판하는 논문으로 박사학위를 받

---

13) 같은 책, 185쪽.
14) 같은 책, 191쪽.

은 사실이 있다고 지적한다.[15] 이재영의 조사결과는 다음과 같다.[16] 괄호는 철학자 이름이 두 명이상 언급된 논문이다.

	총계	1970까지	1971-80	1981-90	1991-2000	2001-10
베이컨	13(1)		1	3	1	8(1)
홉스	80(20)	1(1)	3(1)	20(1)	19(6)	37(11)
로크	140(31)	7(1)	15(5)	31(8)	43(9)	44(8)
버클리	17(7)			4	5(4)	8(3)
흄	177(23)	3(2)	9(2)	37(2)	66(8)	62(9)
멘드빌	5				4	1
리드	2				1	1
영국경험론 일반	26	1		6	7	12
합계	460(82)	12(4)	28(8)	101(11)	146(27)	173(32)

이재영은 80년대 이후 영국경험론에 관한 연구가 양적으로 대폭 증가한 이유는 1970년대에 현대영미철학 전공자들이 대학에 자리 잡기 시작하면서 관련 강좌가 늘어났고, 그 근원으로서 고전적인 영국 경험론 자체에 대한 관심이 커졌기 때문이라고 진단하고 있다.[17]

이유선(2012)의 연구는 영미철학 중에서도 특히 미국철학의 연구에 관한 것이다. 이 연구는 국내 철학계에서의 실용주의에 관한 연구가 이훈의 자료가 보여주는 정도의 비중을 차지하지 못했음을 나름의 조사를 통해 밝히고 특히 듀이에 관한 많은 연구들은 교육학계

---

15) 이재영, 「한국의 영국경험론 수용과 그 평가」, 『근대철학』 7, 서양근대철학회, 2012, 7쪽. 박희성의 논문은 궁극적으로 인식론의 형이상학적 기초를 세우는 작업을 했다고 할 수 있다. 박희성의 박사학위 논문에 대한 해제 논문이 최근 출판된 바 있다. 여영서, 「박희성의 『주관주의와 직관』」, 『철학연구』, 고려대학교철학연구소, 2017.

16) 같은 책, 12쪽.

17) 같은 책, 22쪽.

에서 주로 이루어진 것임을 추정하여 주장한 것이다. 논자는 1955년부터 2009년까지 한국철학회의 『철학』지에 나타난 논문 수의 분포를 조사하여 다음과 같이 분류했다.[18]

『철학』지에 나타난 프래그머티즘 및 분석철학 논문의 연도별 분포

	1955–59	1960–69	1970–79	1980–89	1990–99	2000–09	계
프래그머티즘	0	0	2	0	3	2	7
비트겐슈타인 외	0	0	0	4	11	9	24
분석철학	0	0	1	22	32	37	92
기타미국철학	0	0	1	9	5	6	21
계	0	0	4	35	51	54	144

이훈(1994)의 자료에 의하면 듀이에 관한 연구논문이 32편이 발표된 것으로 되어 있지만 『철학』지의 실용주의 연구는 총 7편에 불과하고, 논자가 조사한 『철학연구』 2종(철학연구회 및 대한철학회)의 경우에도 1960년부터 2009년까지 발표된 실용주의 연구논문의 총 수는 15편에 불과한 실정이다.[19] 그래서 논자는 이훈의 자료가 한국교육철학회 학회지인 『교육철학』에 실린 듀이 논문의 수를 포함한 것으로 추정하였다. 다음은 1980년 이후 『교육철학』에 실린 듀이 및 로티 관련 논문 수이다.[20]

---

18) 이유선, 「한국에서의 미국철학 연구」, 『서양철학의 수용과 변용』, 경인문화사, 2012, 89쪽.
19) 같은 책, 92쪽.
20) 같은 책, 91쪽.

『교육철학』에 실린 프래그머티즘 관련 논문의 수

	1980–1989	1990–1999	2000–2010	계
듀이 연구 논문	15	11	29	55
로티 연구 논문	0	1	6	7
계	15	12	35	62

　논자는 미국의 실용주의 연구가 철학계보다는 교육학계에서 주로 이루어지고 있다는 점이 특기할 만한 한국적 변용의 사례라고 지적했다. 그렇지만 논자가 이 논문에서 지적하고 있는 것은 그와 같은 변용의 사례는 예외적인 것이며, 미국철학계의 변화가 한국학계에서 시간적인 차이를 두고 일어나고 있다는 점이다. 분석철학이 여전히 주류를 형성하고 있는 미국학계의 연구동향은 국내 영미철학 연구동향과 동조하고 있다.

　국내의 영미철학 연구는 분과학회의 전문 학술지가 발간됨에 따라 그러한 학술지를 중심으로 양적으로 큰 성장을 보이고 있다. 특히 한국분석철학회가 발간하고 있는 『철학적 분석』은 2000년부터 2017년까지 38권의 논문집으로 출간되었고, 296편의 분석철학 관련 연구논문을 실었다. 온라인 학술논문 검색 서비스 사이트인 DBpia의 통계를 보면 2010년 이후부터 현재까지 『철학적 분석』의 총 이용건수는 38,494건에 달한다.[21] 여기서 이용이란 논문을 다운로드하거나 온라인으로 열람한 것을 뜻한다. 그리고 1996년부터 2015년까지 피인용수는 총 76건으로 인용된 논문은 총 43편이다. 다음은 많이 인용된 43편의 제목과 인용현황표이다.[22]

---

21) DBpia Insight, http://insight.dbpia.co.kr/journal/metrics.do?plctId=PLCT00001725, 2018. 04.

22) DBpia Insight, http://insight.dbpia.co.kr/journal/citation.do?plctId=PLCT00001725,

No	논문명	발행연도	연도별 피인용수						합계
			2014	2014	2015	2016	2017	2018	
1	도덕오류론에 대한 블랙번의 반론과 진리정합론	2010	9	0	0	0	0	0	9
2	직설법적 조건문에 대한 추론주의적 설명	2008	4	1	0	0	0	0	5
3	그림이론?	2009	4	0	0	0	0	0	4
4	비트겐슈타인의 철학관	2004	3	0	0	0	0	0	3
5	추론주의는 포도와 르포오의 비판들을 피할 수 있는가?	2005	3	0	0	0	0	0	3
6	실천적 확실성 : 축 - 명제들의 지위와 역할	2006	3	0	0	0	0	0	3
7	도덕가치의 투사와 객관성 : 존 맥키와 사이먼 블랙번의 경우	2008	3	0	0	0	0	0	3
8	비트겐슈타인의 『확실성에 관하여』 다시 보기	2009	3	0	0	0	0	0	3
9	청년 비트겐슈타인의 1인칭 윤리	2002	2	0	0	0	0	0	2
10	호리취의 의미사용이론과 의미의 규범성	2007	2	0	0	0	0	0	2
11	직설법적 조건문의 의미론 : 성향적 분석과 추론주의적 설명에 대하여	2008	2	0	0	0	0	0	2
12	비개념적 내용으로서의 지표적 내용	2009	2	0	0	0	0	0	2
13	비트겐슈타인과 의식의 귀속	2009	2	0	0	0	0	0	2
14	직설법적 조건문에 대한 추론주의 설명과 송하석 교수의 반론	2009	2	0	0	0	0	0	2
15	직설법 조건문과 연관 함의	2011	1	1	0	0	0	0	2
16	확장된 마음과 동등성 원리	2011	2	0	0	0	0	0	2
17	김재권의 새로운 심신 동일론	2000	1	0	0	0	0	0	1
18	언어의 규정력	2000	1	0	0	0	0	0	1
19	외로운 영혼들 : 인과성과 실체이원론	2000	1	0	0	0	0	0	1

2018. 04최근 몇 년의 인용 건수가 표시되지 않은 이유는 이 사이트가 2015년까지의 데이터만 제공하기 때문으로 보이지만 실제로 인용 건수가 없는 것일 가능성도 있다.

20	양상 이론의 딜레마	2001	1	0	0	0	0	0	1
21	매체와 지각 : 마샬 맥루언의 매체론에 대한 철학적 논평	2002	1	0	0	0	0	0	1
22	응보주의 형벌론 검토	2002	1	0	0	0	0	0	1
23	자연주의, 하이데거, 비트겐슈타인	2003	1	0	0	0	0	0	1
24	인간의 자연사 고찰로서의 비트겐슈타인의 치료 철학	2004	1	0	0	0	0	0	1
25	상상가능성 논변들과 형이상학적 가능성	2005	1	0	0	0	0	0	1
26	비관계적인 임재적 실재론에 대하여	2006	1	0	0	0	0	0	1
27	사건 인과와 사실 인과	2006	1	0	0	0	0	0	1
28	논리적 추론에 관한 덤밋의 증명론적 정당화	2007	0	0	1	0	0	0	0
29	분석철학과 비트겐슈타인	2007	1	0	0	0	0	0	1
30	안셀무스의 존재론적 논증	2007	1	0	0	0	0	0	1
31	암스트롱의 보편자 실재론은 존재론적 자연주의와 양립하는가?	2007	1	0	0	0	0	0	1
32	직설법 조건문은 진리 조건을 가지지 않는가?	2008	1	0	0	0	0	0	1
33	"우리 마누라"의 문법	2009	1	0	0	0	0	0	1
34	파핏의 사적인 원리와 비사적인 원리	2009	0	1	0	0	0	0	1
35	인식적 분석성에 의한 선험적 정당화	2010	1	0	0	0	0	0	1
36	애덤즈의 신명론에 대한 비판적 고찰	2011	1	0	0	0	0	0	1
37	정합론의 진리 개연성 문제와 정당화의 사회실천이론	2011	1	0	0	0	0	0	1
38	증거주의, 부합관계, 내재론적 직관	2011	1	0	0	0	0	0	1
39	언어의 한계와 유아론	2012	0	1	0	0	0	0	1
40	잠자는 미녀 문제, 다시 보기	2012	1	0	0	0	0	0	1
41	논란 없는 원리와 귀납논증	2013	1	0	0	0	0	0	1
42	비사례적 규칙성 설명과 귀납에 대한 설명주의적 접근	2013	1	0	0	0	0	0	1
43	의견 불일치에 대한 전체증거 이론 비판	2014	0	1	0	0	0	0	1

DBpia와 같은 종류의 서비스를 제공하는 Kiss의 통계에 의하면 국내의 많은 영미철학 연구자가 활동하고 있는 한국과학철학회의 학술지 『과학철학』은 1998년부터 2017년까지 총 42권으로 발간되었고, 288편의 논문을 실었다. 아쉽게도 Kiss에서는 이용건수나 인용횟수에 대한 정보는 아직 제공하지 않고 있어서 어느 정도로 논문이 읽히고 있는지 알 수 없었다. 두 전문 학술지의 사례만 가지고서도 최근 영미철학 연구는 양적으로 많은 성장이 있었음을 추정할 수 있다.

③ 철학적 관점과 영미철학의 수용

앞서 개관한 영미철학 연구현황을 토대로 '우리철학'의 가능성에 대해 생각해 보자. '우리철학'이란 용어는 철학이 지역적인 문제의식을 포함해야 한다는 것을 함축하고 있다고 볼 수 있다. 논자가 보기에 이런 관점은 매우 강한 인식론적, 존재론적 전제를 포함하고 있는 것으로 여겨진다.

실재론이나 본질주의에 편들건 아니면 반실재론이나 반본질주의의 입장에 서건 철학자들은 진리의 물음에서 자유로울 수 없다. 아마도 대부분의 철학자들은 세계와 사회, 인간 등에 관한 자신들의 고민이 자신만의 헛된 공상이 아니라 실제로 존재하는 세계, 사회, 인간에 관한 서술이기를 희망할 것이다. 철학자의 작업이 실재Reality와 관련되어 있고, 더구나 그 실재가 우리의 인식과 애초에 무관하게 존재하는 객관적인 실재라고 여길 때 철학자들의 연구는 그 실재에 접근하거나 주관적인 선입견의 오염에서 벗어나 있는 그대로의 사태를 어떻게 하면 설명할 수 있느냐 하는 데로 향할 것이다. 철학적 탐구의 목표는 역사적이거나 문화적인 특수성 때문에 잘 드러나지 않는 사태의 본질에 접근해 들어가는 것이 되며, 맥락의 상대성에 휘둘리지 않는 보편적인 '참'에 도달하는 것이 된다. 철학에 관해 이러한 태도를 취하는 철학자를 편의상 '본질주의자'라고 부르도록 하자. 본질주의자의 태도를 취하게 되면 철학적 탐구에 있어서 지역적이거나 역사적인 특성을 고려하는 것은 중요한 문제로 여겨지지 않거나 오로지 보편성에 도달하기 위해 극복되어야 할 어떤 것으로 여겨질 뿐이다. 철학자는 그의 국적이나 역사적 맥락을 떠나서 공통적인 진리에 관한 탐구자로 간주된다. 철학의 문제는 역사적으로 생성된다기보다는 세계와 더불어 이미 부여되어 있는 것으로 여겨진다.

한편 '반본질주의자'의 관점에서 철학은 아마도 다음과 같은 듀이의 관점에 동의할 것이다.

> 철학의 문제는 사회적인 관행에 어려운 문제점들이 널리 퍼져 있어 많은 사람들이 그것을 느끼기 때문에 발생하는데, 사람들이 그 사실을 이해하지 못하는 것은 철학자들이 전문가 집단을 이루어, 직접적인 어려움들을 얘기하는 용어와는 다른 전문 용어를 사용하기 때문이다.23)

듀이에 의하면 철학의 문제는 사회적인 문제들을 해결하고자 하는 탐구 과정에서 발생한다. 따라서 철학적인 문제는 지역적인 것이고, 맥락의존적인 것일 수밖에 없다. 아무리 추상적인 것으로 보이는 철학의 문제라 하더라도 그 문제의 뿌리는 사회적인 삶의 환경에서 발생하는 곤란함과 연관되어 있다. 듀이는 이런 사실을 철학자들

---

23) 존 듀이, 『민주주의와 교육/철학의 개조』, 김성숙, 이귀학 역, 동서문화사, 2008, 348-349쪽.

의 전문 용어가 가리고 있다고 지적하고 있다. 이런 관점에서 보면 철학자의 언어는 덜 전문적일수록, 그리고 지역적인 특수성을 충분히 담아낼수록 바람직하다.

만약 '우리철학'에 대한 요청이 '반본질주의자'의 관점에서 지역적 특수성을 반영한 철학적인 문제 및 그에 대한 탐구에 대한 요청이라면 영미철학의 탐구 주제와 방법론 자체가 그와 같은 요청에 부응하기 어려운 상황이라고 할 수 있다. 주지하다시피 오늘날 영미철학의 주류는 분석철학이며 무어, 러셀, 화이트헤드, 프레게 등에 의해 시작된 일련의 철학적 탐구 전통이 그 내용을 이루고 있다고 할 때, 거기에는 여전히 강한 본질주의적인 기조가 있다고 볼 수 있기 때문이다. 특히 논리실증주의자들이 미국으로 망명하여 강단철학의 주류를 형성한 이후 영미철학은 '과학의 안전한 길' 위에 철학을 정초했다고 볼 수 있다. 분석철학은 인식론적으로 유의미한 명제들에 대한 논리적인 분석을 업무로 삼았다. 언어분석의 도구로서 채택된 논리학은 역사성에 좌우되지 않는 초역사적이며 중립적인 분석틀이다. 주장의 논리적인 정당화를 철학의 업무로 삼을 때 철학적인 글쓰기는 논증적인 글쓰기가 되며, 논증을 통해 정당화된 주장들이 체계를 이루게 되면 실재에 접근할 수 있으리라고 여겨진다. 논리학이 철학적 탐구의 보편적인 도구의 역할을 하게 되면 철학적 탐구에서 언어적, 문화적, 역사적 차이 등은 핵심적인 것이 아니게 된다. 자연과학을 탐구하기 위해 수학을 익혀야 하듯 철학적 문제를 탐구하기 위해서는 논리학을 익혀야 하는 것이 영미철학의 상황이다.

우리는 앞에서 김효명이 60-70년대 영미철학의 수용을 평가하면서 러셀, 화이트헤드, 퍼스 등에 관한 연구가 미흡한 점을 들어 국내 철학자들이 유행을 따를 뿐 서양사상의 뿌리에 대한 연구가 없다고 비판한 점을 언급했다. 국내 철학자들이 최근까지 지식의 수입상이라는 평을 받는 이유도 아마 그와 같이 유행에 편승해서 연구를 수행하기 때문일 것이다. 그런 점에서 김효명의 지적은 옳다. 그러나한편으로 뿌리에 대한 연구가 지식의 수입상의 처지를 면하게 해줄 것 같지는 않다는 점에서 그런 지적은 다시 생각해 볼 여지가 있다. 최신의 영미철학의 논제들을 연구하면서 동시에 그 뿌리가 되는 사상가들에 대한 연구업적을 쌓는다고 할 때 그것은 '우리철학'으로 연결되는가? 아마도 좀 더 깊이 있는 지식 수입상을 만들어낼 수는 있을지언정 우리철학과는 무관한 일이 될 가능성이 높다. 김효명이 언급한 '몰역사성'[24]에 대한 비난에서 벗어나려면 사상가만 연구해서 되는 것이 아니라 그 사상가가 탄생하게 된 경제적, 정치적, 문화적 상황에 대한 역사적 탐구가 동시에 이루어져야 할 것이다. 철학사의 지적인 전통에 대한 탐구가 우리의 철학적 연구를 깊이 있게 할 것이라고 여기는 것은 철학자들이 철학사를 통해 공통의 철학적 문제를 다루고 있으며, 보편적인 진리를 대상으로 한다는 본질주의적인 태도가 전제될 때에만 그럴듯하게 여겨진다.

오늘날 영미철학의 근저에 놓여 있는 일종의 본질주의적인 태도까지 그대로 받아들일 때 국내 영미철학 연구자들이 '우리철학'에 관심을 보일 가능성은 적어지고, 영미철학은 사람들의 실제의 삶의 문제와 유리된 전문가들의 영역이 될 가능성이 커진다. 영미철학이 다른 철학영역에 비해 담론의 영역을 확장시키지 못하고 있다는 결정적인 근거는 되지 못하겠지만, 예컨대 사회와 철학연구회의『사회

---

24) 김효명, 「서구 철학사상의 유입과 그 평가 - 영미철학의 수용과 그 평가」,『철학사상』Vol. 06, 서울대학교 철학사상연구소, 1996, 102쪽.

와철학』이 2001년부터 2017년까지 34개 권호, 380개의 논문을 출간했고, DBpia의 2010년 이후부터 2015년까지 이용수가 168,882건에 달하는 데 비해[25], 『철학적 분석』이 2000년부터 2017년까지 38개 권호, 296개의 논문을 출간하고 2010년 이후부터 2015년까지 이용건수가 39,494건에 불과하다는 사실[26]은 상대적으로 영미철학 연구가 전문가들의 연구가 되고 있음을 보여준다고 하겠다.

4 '우리'는 누구인가

철학의 문제가 사회적인 문제들로부터 비롯된다는 듀이의 관점은 철학적 탐구가 지역적인 문제에서 출발하지 않을 수 없음을 지적하는 것이다. 철학적 사유가 보편적인 영역에 가서 닿더라도 그것은 초역사적이거나 초월론적인 어떤 것은 아닐 것이다. 철학은 역사적인 맥락을 초월하는 보편학이라기보다는 지역적인 담론들이 소통하여 탄생한 문화적 혼종의 결과로 보아야 할 것이다.[27] '우리

---

25) DBpia Insight, http://insight.dbpia.co.kr/journal/metrics.do?plctId=PLCT00000816 2018. 04.

26) DBpia Insight, http://insight.dbpia.co.kr/journal/metrics.do?plctId=PLCT00001725 2018.04.

27) 논자는 앞의 논문에서 김우창 교수와 로티의 대담에서 다루어진 문명충돌을 해결할 철학적 대안에 대한 논의를 소개한 바 있다. 거기서 로티는 갈등이 실질적으로 해결되기 이전에 모든 사람이 동의할 공통의 원칙에 대한 언명을 제시하는 일은 불가능하며 철학이 할 일은 보편적인 원리를 제시하는 일이라기보다는 "관습의 외피를 깨고 사회 정치적 실험을 할 수 있도록 길을 열어"주는 것이라고 말한다. 이유선(2012, 79쪽에서 재인용). 한편 로티는 철학 자체를 일종의 문화정치(cultural politics)로 간주한다. 그는 "문화정치가 존재론을 대

철학'이 가능하려면 그와 같은 문화적 혼종이 만들어질 문화적 토양이 필요하다. 누가 무엇을 어떻게 해야만 '우리철학'이 만들어지는 것일까?

먼저 '우리'란 누구를 뜻하는 것일까? 우리를 대한민국의 국민이라고 한다면 그 범위는 지나치게 좁혀질 것이다. 외국에서 한국으로 이주하여 한국의 역사와 철학을 연구하는 연구자들을 배제하게 된다. 영미분석철학의 뿌리가 유럽에서 이주한 논리실증주의들이었다는 점을 생각하면 국적으로 '우리'를 한정하는 것은 적절한 방법으로 여겨지지 않는다. 한국의 문제가 동아시아의 정치, 경제적 상황과 무관하지 않으므로 지역을 한국으로 한정하는 것도 문제가 있다. 지역적인 문제의 경계는 가변적이다. 그리고 그 문제의 해결을 꾀하는 사람들 역시 고정되어 있지 않다. '우리'란 아마도 지역적인 공통의 문제를 해결하는 데 관심을 가진 유동하는 탐구자 공동체를 일컬을 것이다. 그런 탐구자 공동체는 그렇다면 현재 존재한다고 할 수 있을까? 적어도 영미철학의 영역에서는 아직 그와 같은 '우리'는 형성되지 않았다고 보아야 할 것이다. 국내의 영미철학 연구자들은 양적으로나 질적으로 성장해 왔다고 볼 수 있다. 그러나 영미철학의 주제들과 관련하여 지역적인 특수성을 다루고자 하는 시도는 많지 않다. 외국의 학술지에 논문을 게재하는 한국의 영미철학자들도 늘

체해야 한다는 것, 그리고 문화정치가 존재론을 대체해야 하느냐 마느냐 하는 것 자체가 문화정치의 문제라는 것을 논증"하고자 한다.(Richard Rorty, *Philosophy as Cultural Politics*, Cambridge University Press, 2007, p.5) 이런 관점을 '우리철학'과 연관시킨다면, 우리는 '우리철학'이 가능한가 하는 논의 자체가 일종의 문화정치적 담론을 구성하는 것으로 보아야 할 것이고, 그것 자체가 일종의 철학함의 행위라고 인정해야 할 것이다.

어나는 추세이지만, 그 논문들이 '우리철학'이라고 하기에는 무리가 있다. 그것은 미국의 저명한 철학자인 김재권 교수와 같은 학자가 우리철학자라고 하기 어려운 것과 마찬가지이다. 만약 영미권의 유명 학술지에 논문을 게재하는 것이 국내 영미철학자들의 목표가 된다면 우리 학술지는 그런 학술지에 논문을 싣지 못한 사람들이 논문을 게재하는 변방의 이류학술지로 머물 것이다. 이것은 국내 학자들의 역량을 무시하고자 하는 것이 아니다. 실제로『철학적 분석』등에 실리는 학술논문은 영미권의 최신 주제를 다루고 있고, 논의의 깊이도 빠지지 않는다. 다만 그것이 우리철학을 위한 어떤 것이 되기에는 부족한 점이 있다는 것을 말하고자 하는 것이다.

우리철학이 성립하기 위해서 무엇이 필요한 지에 대해 이철승은 다음과 같이 쓰고 있다.

외국이론을 무비판적으로 소개하고 전파하거나, 이전에 형성된 철학을 맹목적으로 지지하고 복원하는 것으로 우리의 철학적 임무를 다하는 것은 아니다. 우리의 문제를 주체적으로 탐구하고 해결할 수 있는 우리철학을 정립해야 한다. 그 철학은 협애한 민족주의나 편협한 국수주의적인 성향을 띠지 않아야 한다. 그 철학은 비록 특수한 상황을 토대로 하여 성립하지만, 여러 특수한 상황들의 유기적인 관계를 통해 새롭게 형성되는 공통의 공속의식을 구성원들이 공유할 수 있는 방향으로 나아가야 한다. 곧 이러한 철학은 한국의 특성을 바탕으로 하면서 한국인의 정서와 정신을 깊게 반영하여 성립시킨 보편성을 지향하는 합리적인 이론 및 외국으로부터 전래되었지만 맹목적으로 그것을 추종하지 않고 한국의 실정에 부합할 수 있도록 주체적으로 새롭게 구성한 이론 등을 아우른다. 이러한 철학이 바로 '우리철학'의 중요한 내용이다.[28]

여기서 주목해야 할 것은 "공통의 공속의식을 구성원들이 공유할 수 있는 방향으로 나아가야 한다"는 것과 외국의 사상을 "한국의 실정에 부합할 수 있도록 주체적으로 새롭게 구성한 이론"이 필요하다는 점이다. 한국인의 공속의식을 공유하면서 논의를 진전시키기 위해서는 우리가 공유하는 공통의 삶의 맥락에서 비롯된 문제들에 대한 담론 공동체가 형성될 필요가 있다. 그러나 그런 담론 공동체가 형성되기 위해서는 그 담론이 외국의 것을 그대로 가져온 것이 아닌, 우리식의 변용이 이루어진 문화적 혼종의 결과물이어야 한다. 그렇기 때문에 이 문제는 '주체적으로 새롭게 구성한 이론'을 선제 조건으로 요구하게 된다.

그렇다면 '주체적으로 새롭게 구성한 이론'이란 어떻게 가능한 것일까? 새로운 모든 것은 맥락 속에서 이루어진다. 하늘에서 갑자기 뚝 떨어지는 새로운 것은 없다. 새로운 이론은 극복하거나, 부정하거나, 파괴할 어떤 선행이론이 존재해야 가능하다. 그리고 그 이론은 새로운 이론가가 맞서 싸울 가치가 있다고 여길 만큼 그에게 영향을 미친 것이어야 한다. 이것은 마치 시인이 자신에게 영향을 준 선배 시인의 영향으로부터 벗어나려고 노력함으로써 자신의 시를 쓰게 되는 과정과 같다.[29] 이론가는 그가 관심을 가진 것이 사적인 자아창조의 문제이건 공적인 사회적 자유에 관한 문제이건 자신만

---

28) 이철승, 「우리철학의 현황과 과제(1) - 근대 전환기 '철학' 용어의 탄생과 외래 철학의 수용 문제를 중심으로」, 『인문학 연구』 52집, 2016, 44쪽.

29) 블룸은 시인이 탄생하기 위해서는 선배 시인에 대한 시적 오독(clinamen)에서 출발하여 자신의 시를 선구자에의 작품에 다시 개방시키는 귀환(Aphophrades)의 단계를 거쳐야 한다고 주장한다. 해럴드 블룸, 『영향에 대한 불안』, 양석원 역, 문학과 지성사, 2012, 76-78쪽 참조.

의 글쓰기를 지향하는 인간이다.[30] 그런 점에서 모든 글쓰기는 사적인 글쓰기로 출발한다. 지금까지 연구자들이 지식의 수입상에 머물렀다는 것은 그와 같은 자신만의 글쓰기를 시도하지 않았다는 것을 의미할 것이다. 자신이 이해한 이론을 자신이 창안한 새로운 메타포로 재서술 할 때 자율적인 이론가가 탄생할 수 있을 것이고, 그런 과정이 문화적 혼종을 낳는 과정일 것이다. 외국 사상의 뿌리를 찾아가면서 그 이론의 내용을 정확히 이해하고자 하는 학문적인 시도도 필요하지만 그런 이해를 토대로 독창적인 이론을 내놓는 학자도 필요하다. 그런 학자가 등장하기 위해서는 좀 더 자유로운 글쓰기의 풍토가 마련되어야 할 것으로 여겨진다. 국가가 주도하는 학술적 글쓰기에 대한 통제에서 벗어나 다양한 지면에서 다양한 형식과 내용을 다루는 창의적인 글쓰기들이 시도되어야 할 것이다.

'우리'의 형성은 그런 사적인 저자들이 등장하기 전에는 기대하기 힘들 것이다. 그런 자율적인 저자들이 등장하고 그의 글에 대한 담론이 형성되고 그 담론이 지속될 때 자연스럽게 '우리'가 형성될 수 있을 것이다. 정영준은 일제강점기의 영미철학 연구자들의 업적에 대해 "이들의 왜소한 발걸음은 후학들을 위한 큰 족적으로 남았으

---

30) 로티는 하이데거와 데리다 같은 철학자들이 모두 자아창조를 위한 글쓰기에 매진한 아이러니스트라고 간주하고 있다. 다만 하이데거는 여전히 어떤 잃어버린 서구의 힘을 복원할 '기초적인 단어'를 좇고 있다는 점에서, 자신이 극복하고자 한 것으로 회귀하는 데 비해, 데리다는 '철학적 담론의 가능성의 조건' 등에 대한 일체의 탐구를 중단하고, 선행자들을 "희화화, 그들과 놀기, 그들이 만든 연상의 훈련을 자유롭게 하기 위해 이론 - 그들의 선행자를 일관되고 전체적으로 바라보려는 시도 - 을 간단히" 버림으로써 아무도 가지 않은 새로운 글쓰기의 길을 가게 되었다고 평가한다. 리처드 로티, 『우연성, 아이러니, 연대성』, 김동식, 이유선 역, 민음사, 1996, 233쪽.

며, 이를 통해 현재 영미철학의 위상은 일제강점기 선각자들의 관심과 노력의 결실이 한 세기가 지나서 비로소 맺어진 것이라고 간주할 수 있을 것"[31])이라고 평가했다. 선구적인 연구자들의 업적을 폄훼할 생각은 없으나 그의 평가는 과장된 측면이 있다. 그들의 영향이 아주 없지는 않았을 것이다. 그들이 소개한 이론들은 제자들에게 전해졌을 것이고 차후의 연구를 위한 토대가 되었을 것이다. 그러나 우리 세대 한국의 철학 연구자들은 자신의 연구분야를 자신이 처음 시작하듯이 공부해 온 것이 사실이다. 외국어를 익히고, 원전을 읽어내고, 당시의 외국의 연구 트렌드를 파악하고 거기서 연구의 주제를 가져오는 식이었다. 선배 연구자들의 연구는 거의 참조되지 않았다. 그것은 아마도 그들의 연구가 맞서 싸울 만한 가치가 있을 정도의 영향력이 없었기 때문일 것이다.

5 소결 : 벽을 허물고 우리철학 만들기

우리철학을 만들어가기 위한 간단한 제안으로 글을 마치고자 한다. '우리철학'의 필요성에 대한 논의가 이어지는 것은 그만큼 우리의 지적인 역량이 성장한 증거라고 생각한다. 그러나 이런 논의에 대해 냉소적인 학자는 이런 논의를 할 것이 아니라, 스스로 '우리철학'을 하라고 조언할 것이다. 맞는 말이지만 그것이 그렇게 갑작스럽게 개인적으로 이루어질 수 있는 일이 아니기 때문에 이와 같은 논의가 필요하다고 생각한다. '우리철학'을 하려면 맥락이 형성되어

---

31) 정영준, 「일제강점기 잡지에 소개된 영미철학의 주요 동향」, 『동북아 문화연구』 제16집, 동북아시아 문화학회, 2008, 191쪽.

야 하고, 창의적인 글쓰기가 이루어져야 하며, 담론의 공동체로서 '우리'가 형성되어야 한다. 논자의 제안은 그래서 다음과 같다.

첫째, 지식의 수입상이 필요하다. 학자들이 지식의 수입상 역할만 한다고 비판할 것이 아니다. 문화적 혼종을 위해서는 더 많은 지식들이 수입될 필요가 있다.

둘째, 창의적인 글쓰기가 장려되어야 한다. 철학내부의 지역 적, 전문분야별 경계 뿐 아니라 학문 간의 경계를 넘나들면서 자기만의 글쓰기를 시도하는 독창적인 저자가 활동할 수 있는 공간을 마련해 주어야 한다.

셋째, 새롭게 형성된 이론에 대해 지속적으로 논의가 이루어질 담론의 공간이 마련되어야 한다. 그 담론에 참여하는 사람들은 국적, 문화, 인종 등에 상관없이 '우리'를 형성한다고 보아야 한다.

영미철학이 가진 본질주의적인 기조 때문에 아마도 영미철학 연구자들에게 창의성을 요구하기는 다른 분야의 연구자들에 비해 더 힘들 것이다.32) 그러나 영미철학 연구자이기 이전에 철학 연구자로

---

32) 익명의 심사자가 이런 결론에 동의할 수 없다는 의견을 보내주었다. 아마도 영미철학을 연구하는 사람들은 창의적일 수 없다고 말하는 것으로 오해한 듯하다. 논자가 여기서 말하는 창의성이란 '우리철학'의 가능성과 관련하여 지역적 특수성을 담아낼 수 있느냐하는 문제와 관련해서 말한 것이다. 논자 역시 최근 영미철학 연구자들이 보여주는 연구성과를 부정할 생각은 없다. 그러나 해외저널에 창의적인 논문을 싣는 것은 영미철학에 기여하는 바가 있을지는 몰라도 우리철학의 외연을 확장하는 것인지는 여전히 의문이다. 그리고 또 다른 심사자는 논자가 말하는 '영미철학', '분석철학', '언어분석철학'이 혼용되

서 정체성을 만들어 가려면 이와 같은 과정이 필요할 것으로 생각한다.

참고문헌

김영정, 「영미 철학의 수용(1980-1995)」, 『철학사상』 Vol. 07, 서울대학교 철학사상연구소, 1997.

김효명, 「서구 철학사상의 유입과 그 평가 - 영미철학의 수용과 그 평가」, 『철학사상』 Vol. 06, 서울대학교 철학사상연구소, 1996.

리처드 로티, 김동식·이유선 역, 『우연성, 아이러니, 연대성』, 민음사, 1996.

이유선, 「한국에서의 미국철학 연구」, 『서양철학의 수용과 변용』, 경인문화사, 2012.

이재영, 「한국의 영국경험론 수용과 그 평가」, 『근대철학』 7, 서양근대철학회, 2012.

이좌용, 「한국에서의 영미철학 수용의 특징과 과제」, 『한국철학의 쟁점』, 철학과 현실사, 2000.

이철승, 「우리철학의 현황과 과제(1) - 근대 전환기 '철학' 용어의 탄생과 외래철학의 수용 문제를 중심으로」, 『인문학 연구』 52집, 2016.

어 사용되고 있고, 엄밀히 정의되지 않았기 때문에 이 글이 논문으로 성립되기 힘들다는 비판적인 관점을 피력했다. 영미철학 혹은 분석철학이 무엇인가를 정의하려면 아마도 별도의 논문이 필요할 것이다. 이 글에서 말하고자 하는 논지는 영미철학 연구자로 스스로의 정체성을 가지고 있는 연구자들이 '우리철학'에 대한 고민이 있다면 어떤 태도를 취해야 하는가 하는 것이므로 이 글에서 답하기는 어려운 지적이라고 생각한다. 영미철학에 대한 과도한 단순화에 바탕을 둔 진단이기 때문에 글의 결론이 설득력이 없다는 지적에 대해서도 논자로서는 기존 영미철학 연구현황을 연구한 국내 자료를 바탕으로 결론을 이끌어낸 것이기 때문에 마땅히 답변을 마련하기 어렵다. 이런 종류의 연구에서는 불가피한 단순화가 아닐까 생각한다.

이훈, 「서구 철학사상의 유입과 그 평가 (1) : 연구를 위한 자료의 통계적 분석」, 『철학사상』 Vol. 04, 서울대학교 철학사상연구소, 1994.

정영준, 「일제강점기 잡지에 소개된 영미철학의 주요 동향」, 『동북아 문화연구』 제16집, 동북아시아 문화학회, 2008.

정종, 「한국철학계에 있어서의 미국철학의 수용과 영향, 『아세아연구』 10, 고려학교 아세아문제연구소, 1967.

존 듀이, 김성숙 이귀학 역, 『민주주의와 교육/철학의 개조』, 동서문화사, 2008.

해럴드 블룸, 『영향에 대한 불안』, 양석원 역, 문학과 지성사, 2012.

황필홍, 이병수, 「50년대까지 영미철학의 수용과 용어의 번역」, 『시대와철학』, 14권 2호, 한국철학사상연구회, 2003.

Richard Rorty, *Philosophy as Cultural Politics*, Cambridge University Press, 2007.

기독교 토착화의 필요조건과 충분조건

송명철

1 들어가는 글

토착화土着化의 본뜻은 어떤 제도나 사상, 풍습 따위가 그 지방의 성질에 맞게 동화되어 뿌리를 내리게 됨이다. 기독교[1]에서 토착화란 말은 가톨릭과 개신교로 구분해서 볼 수 있다. 가톨릭에서는 선교지 주민을 기독교화하기기 위해 교회가 그 지역 문화와 전면적인 동일화를 모색하고 교회의 본질을 구현하는 과정을 토착화inculturation라고 한다. 그리고 이를 통해 한국 교회는 한국적인 동시에 현대적인 것이 된다는 것이다. 개신교에서 토착화는 상황화contextualization 혹은 문화화를 의미하며, 이는 서구 신학의 모방이나 답습에서 벗어나 '한국적 신학'을 수립하기 위해 한국의 고유한 정신문화와 종교 가치를 탐구 대상으로 삼는 신학의 토대이다. 따라서 기독교의 토착화는 서양 기독교의 '정통적'[2]인 교리와 신학을 우리

---

* 이 글은 2018년 5월 조선대 우리철학연구소가 주최하는 학술대회에서 발표하고, 인문학연구원의 『인문학연구』 제56집(2018)에 게재한 논문이다.

1) 이 글에서 기독교라는 용어는 여기를 제외하고 특별한 언급이 없는 한, 개신교를 지칭한다.

동양(한국)의 종교와 철학 안에서 새롭게 자리매김하자는 것이며, 그런 한에서 기독교의 토착화는 진보적이고 변증법적인 작업이라고 할 수 있다.

기독교와 한국 종교 문화의 만남으로서 토착화신학은 감리교회 안에서 시작되어 1960년대에 본격적으로 시도된다. 초기 연구자들은 동서의 하늘(하느님)이 다르지 않다는 입장을 취한다.3) 다석多夕 유영모에게 하느님은 '없이 계시는 하느님'이다. 이는 태극이무극太極而無極이며 진공즉묘유眞空即妙有라는 말과 상통한다고 본다. 하느님이 깃들어 있는 곳이 인간의 바탈本性이다. 바탈은 도덕적인 개념이 아니라 현상계를 초월한 것으로서 하느님이자 참나이다. 비록 몸 나, 즉 육체적 욕구와 충동을 지닌 인간으로 태어난 예수는 바탈을 잘 끌고 나가서 얼나(영적인 존재)로 솟나(깨우치고 거듭나) 그리스도가 되었다. 그리고 예수는 부자유친父子有親한 존재, 즉 절대자와

---

2) 필자는 '예수 자신의 말과 삶을 지금 그리고 여기에서 실천하는 것이 '정통적'이라고 본다. 그러나 한국 기독교는 '예수에 대한 이야기'를 전하는 서양 기독교의 '전통적'인 교리를 무비판적으로 수용했다고 본다. 따라서 로빈 마이어스에 의하면, 참된 신앙은 '예수에 대한 신앙'이 아니라 '예수의 길에 대한 우리의 신뢰'를 가리킨다고 말한다. 한인철, 『예수, 선생으로 만나다』, 연세대학교 대학출판문화원, 2016, 36쪽, 각주 재인용. 비교종교학자인 오강남에 의하면, 기독교의 역사적인 비극 중 하나가 예수님 자신의 가르침보다 예수님에 대한 교회의 가르침이 더욱 중요한 것으로 여겨지게 된 것이라고 한다. 즉 "가르치는 예수(teaching Jesus)보다 가르쳐진 예수(taught Jesus), 선포하는 자(preacher)로서의 예수보다 선포되어진 자(the preached)로서의 예수에 더 역점이 실리게 된 것이라는 이야기다." 오강남, 『예수는 없다』, 현암사, 2014, 195쪽.

3) 이정배는 기독교의 하느님을 우리민족이 상상하던 하느님 이해의 시각에서 이해하려는 감리교의 토착화신학 운동이 기독교의 외연을 넓힌 것으로 본다. 이정배, 『이웃종교인들을 위한 한 신학자의 기독교 이야기』, 동연, 2013, 206-239쪽 참조.

하나가 된 존재가 되었기에 우리는 그를 스승으로 모시게 된다고 한다. 구체적으로 스승 예수를 닮아 사는 것은 공자가 말하는 살신성인殺身成仁하는 것이다. 이를 불교식으로 말하면 탐貪하지 말고 하루한 끼 먹고(몸성히), 성욕인 치癡를 끊어 마음을 평정하고(마음놓이), 성냄(瞋)을 멀리하여 지혜의 빛을 사방에 비춤으로써 사물의 이치를 제대로 보는(바탈태우) 수행이 필요하다.[4] 윤성범은 유교적인 입장에서 기독교를 이해한다. 그는 『중용』의 성誠을 '하느님의 말씀(言)이 예수라는 인간이 됨(成)'으로 본다. 즉 '성이 하느님 그 자체인 동시에 하느님과 인간을 연결시키는 내재적 힘 즉 성령'[5] 이며, '예수 안에서 부자유친의 효孝는 성의 인식근거이고 성은 효의 존재근거'[6]가 된다는 것이다. 유동식은 우리 종교문화의 근원인 무속신앙을 모르고는 이 땅에 기독교를 뿌리내리게 할 수 없다고 본다. 그는 한국 민족의 종교사를 관통하는 것이 '한'이며, '본래 하나인 동시에 전체를 나타내는 것으로 모든 것을 자신 속에 수렴시키는 큰 마음'[7]으로

---

4) 오정숙,『多夕 유영모의 한국적 기독교』, 도서출판미스바, 2005, 121-137쪽 참조. 유영모의 삶과 기독교, 그리스도 이해, 한글과 기독교, 종교사상의 계보와 의의 등을 알고 싶으면 다음 책을 볼 것. 김흥호·이정배 편, 『다석 유영모의 동양사상과 신학』, 솔, 2002. 또한 다석의 제자 박영호의 책, 『죽음공부』는 다석이 최종적으로 우리에게 어떤 깨우침을 주려고 한 것인지를 보여준다. 즉 제나(ego)에 대한 전적인 부정과 무화인 죽음이야 말로 절대자와 합일하는 것이며, 결국 석가, 예수, 노자, 장자가 가르쳐준 공부라는 것이다. 박영호,『죽음공부』, 교양인, 2012, 289-381쪽 참조.

5) 이정배, 같은 책, 225쪽.

6) 같은 책, 226쪽. 윤성범의 유교적 토착신학, 이하에서 다루는 유동식의 풍류적 토착신학 그리고 변선환의 불교적 토착신학을 좀 더 정확히 알려면 다음을 볼 것. 이정배,『한국개신교 전위(前衛) 토착신학 연구』, 대한기독교서회, 2008, 133-224쪽.

본다. 이 한을 토대로 불교는 형이상학적 초월성의 문화를, 유교는 사회 윤리적 측면을 강조하는 삶의 문화를 창조했으며, 이제 기독교는 유교와 불교를 조화시킨 멋진 문화, 즉 풍류도의 현대적인 우리말 표현인 '한 멋진 삶'을 창출해야 한다는 것이다.8) 변선환은 불교의 형이상학적 개념인 무無와 공空을 신비주의의 실체로 보지 않고 역사적인 악의 상징인 거대한 용과 싸워 이기는 거용 살해자의 상징으로 이해할 것을 요구한다. 그렇게 함으로써 붓다 또는 무와 공은 불교인들에게 실존의 그리스도로서 이해될 수 있다고 보고, 불교와 기독교가 서로의 지혜를 구하여 이 땅에 참된 책임공동체를 구현해야 한다고 본다. 종교다원주의의 맥락에서 그는 한국 기독교가 종교에 대한 '서구적 편견으로부터의 자유, 교회중심주의란 우상으로부터의 해방, 기독교의 교리적 절대성의 포기'9)를 해야 한다고 본다. 그리고 열강의 각축장이 된 현실에서 고난으로 가득 찬 조선의 역사에는 세계평화를 위한 하늘의 뜻이 담겨 있고, 우리 민족이 이 뜻을 찾을 만큼 생각하는 백성 곧 '씨알'이 되라고 한 함석헌이나, 성서에서 일탈한 조선의 기독교와 교회제도를 비판하고 성서를 가르쳐 조선을 새롭게 하는 것만이 복음, 즉 기독교의 존재이유라고 보았던

7) 이정배, 『한국개신교 전위(前衛) 토착신학 연구』, 대한기독교서회, 2008, 203쪽.
8) 이정배는 유동식이 예수 십자가 중심의 서구적 기독교가 아니라 그리스도 안에서 신과 인간이 하나가 되는 한국적, 주체적, 풍류적 기독교가 인류의 미래를 걸머질 우주적 영성으로 발전할 수 있으며, 한국 민족에게 주신 하느님의 은총이라고 확신했다고 본다. 이정배, 『이웃종교인들을 위한 한 신학자의 기독교 이야기』, 2013, 221쪽 참조. 그러나 보수 개신교의 입장에서는 유동식이 이웃 종교를 폄하하며, 기독교의 '부활'을 부정하는 것이라고 한다. 황종렬, 『한국 토착화 신학의 구조』, 국태원, 1996, 75-81쪽 참조.
9) 이정배, 같은 책, 237쪽.

김교신 등은 한국적 주체성의 발견을 통한 토착화신학의 필요성과 가능성을 보여준 사람들이라고 할 수 있다.

필자는 전술한 토착화신학을 그대로 수용할 생각은 없다. 왜냐하면 그들의 작업은 그들 시대의 기독교가 우리의 문화와 종교를 통해서 새롭게 해석될 수 있음을 보여준다는 점에서 의의가 있지만, 그들로부터 30여 년이 지난 지금 토착화신학의 올바른 정립을 위해 반드시 해결해야할 문제가 무엇이고, 해결의 실마리가 무엇인지 정확히 보여주지는 않는다고 생각하기 때문이다. 그래서 필자는 다시 묻는다. 기독교가 여전히 우리의 삶과 정신에 올곧게 자리 잡지 못하는 원인은 무엇인가? 어느덧 기독교와 교회는 한낱 '장사'business이외는 아무것도 아니며, '아예 한술 더 떠 그들이 고의로 만들어낸 허섭스레기들을 정당화하는 이데올로기'[10]가 아닌가? 우리 안에는 여전히 유불도의 온기가 남아 있음에도 이를 인정하지 않는 것은, 정작 본인이 흑인이면서도 무의식적으로 자신의 흑인성, 즉 자기 존재의 전부를 인정하지 않기 때문에 나는 백인이라고 하는 것과 같은 것 아닌가? 그래서 '스스로 타자가 되어 자신을 불안정한 위치에 갖다놓고 항상 전전긍긍하며 버림받을 준비를 하고 있는'[11]것이 지금 한국 기독교의 슬픈 운명이 아닌가? 만일 기독교가 우리 문화와 종교를 다른 것이 아닌 틀린 것이나 못한 것으로 본다면, 우선 기독교 내부의 혁명이 필요하다. 혁명을 통해서 마침내 우리가 얻는 것은 '정통 기독교', '탈은폐aletheia된 예수'가 될 것이다. 이로써 우리가 지

---

10) Th.W.아도르노·M.호르크하이머, 김유동 역,『계몽의 변증법』, 문학과지성사, 2010, 184쪽.
11) 이경원,『파농』, 한길사, 2015, 141쪽.

양Aufhebung해야 할 토착화신학의 모습이 떠오르게 될 것이다. 이를 위해 필자가 취하는 전술은 토착화의 필요조건 곧 기독교가 반드시 버려야할 현상과 충분조건 곧 기독교가 찾아야 할 본질을 적시하는 것이다.

2 버려야할 것들(1)

인류의 보편적 문화현상 중 하나인 종교는 초월적 존재에 대한 경외의 감정, 절대자에 대한 의존감, 세계 해석의 원리 그리고 도덕적 의무의 입법자 등으로 정의한다고 해도 언제나 변하면서 자라나도록 된 것이다. 이런 정의에 내포된 의미는 인간이 신과 관계맺음을 통해서 좋은 삶, 행복한 삶을 살도록 도와주어야 한다는 것이다. 왜냐하면 인간이 종교를 갖고 신을 믿는 것은 행복해지려는 충동을 갖고 있을 뿐만이 아니라 스스로 인격적 완성을 통한 완전한 존재가 되기를 소망하기 때문이다. 아직은 아니지만 신과의 합일을 통해 그렇게 되기를 원하는 것이다. 그런 점에서 사실 '신은 환상 속에서 만족되는 인간의 행복욕'[12]아닌가? 적어도 우리가 알고 있는 위대한 사상가들 곧 깨우친 이들은 행복eudaimonia을 삶의 궁극목적으로 삼았다. 동시에 그들은 행복을 성취하기 위해서 타자와 이웃을 인정하고 소통하라고 가르쳤다. 이를 위해 기독교가 버려야 할 것들은 무엇인가?

기독교 특히 개신교가 이 땅에서 선교를 시작한 지 불과 100여 년

---

12) 루트비히 포이어바흐, 강대석 역, 『종교의 본질에 대하여』, 한길사, 2006, 291쪽.

만인 1985년에 신도수가 천만 명에 이르렀다는 것은 아마도 세계 선교사에서 전례 없는 사건일 것이다. 그러나 급속한 성장 과정에서 많은 문제를 드러내기도 했다. 가장 큰 문제는 우리의 전통 문화와 종교에 대한 폄하 및 극단적 배타성이지만, 그밖에도 그저 기도만 하면 모든 것을 이룰 수 있다고 생각하는 망상, 교회제도의 비민주성, 자본주의 논리에 편승한 물신주의, 비합리적 신념에 기인한 광신현상 등이 그것이다. 지금도 한국 기독교는 이웃 종교를 종교로 인정하지 않을 뿐만 아니라, 특정한 시대에 특정한 목적에 맞춰서 생긴 전통적 교리들만이 절대불변의 진리라고 주장한다. 자기들만이 정통이고 순수하다는 주장은 대단히 오만한 신학적 무지일 뿐이다. 그렇다면 지금 오만과 독선은 어떤 것인가? 스스로 십자가 군병이 된 기독교는 모든 여타의 가치를 거부하는 강한 배타성을 내포하고 있는 반공주의를 등에 업고 어떤 모습의 사탄으로 변해왔는가? 도대체 무엇이 한국 기독교를 독재에 빌붙은 돼지떼로 전락시키고, 사람들이 교회를 떠나게 했는가?

1) 반공주의

일제 강점기의 기독교는 한국의 계몽주의 운동으로 인식되기도 하지만, 시간이 흐를수록 일본의 강력한 탄압 속에서 '신앙의 내면화' 혹은 천황을 신격화한 일본적 기독교로 변질한다.[13] 특히 일제

---

13) 서정민, 『한국교회의 역사』, 살림, 2003, 3-26쪽 참조.
　　이 시기에 미국 기독교가 취한 입장은 무엇일까? 초창기 미국 선교사들이 조선 민중들의 항일 운동을 간접적으로 지원한 것은 사실이지만, 공식적인 선교 정책의 일환이 아니라 선교사 개인의 인간적인 참여일 뿐이었다. 이상성, 『추

강점 말기에는 자의적으로 일제에 동조한 혐의를 지울 수 없다.[14] 6·25전쟁 이후 공산정권이 기독교에 가한 탄압을 경험하면서 적극적으로 반공이데올로기를 수용하여 부흥의 전기를 맞게 된다. 물론 이승만 정권은 월남한 기독인들에게 무상으로 교회 부지를 제공하는 '선'을 베풀기조차 한다. 남한사회에서 한국 기독교는 '가장 강렬하고도 잘 조직된 정치적 반공집단'으로 자신을 규정하기에 이른다.[15] 1960년대에 이르면 현재의 한국기독교교회협의회(KNCC)의 전신인 한국기독교연합회를 중심으로 한반도에서 공산주의를 소멸시키는 것이 우리 민족을 구원하는 것이라는 '반공주의적 선민의식'을 조장하면서 교세를 확장한다. 이런 흐름은 1970년대에 이르러 대공투쟁의 핵심세력인 군인과 경찰을 기독교인으로 만들어야 한다는 운동으로 전개된다. 1980년대에 이르면 우파 기독교 국제기구들과 연대하고 국내에서 여러 단체, 즉 기독교지도자협의회, 기독교반공

....

락하는 한국교회』, 인물과사상사, 2008, 210쪽 참조.

14) 최덕성, 『한국교회 친일파 전통』, 지식산업사, 2006, 18-27쪽 참조.
  예를 들면, 1941년 무렵 한국장로교회 대표자들이 자의로 일본까지 가서 신사참배를 하기도 했다. 최덕성, 같은 책, 42쪽. 토착화와 관련한 기독교의 정체성 논란은 1930년대로 거슬러 올라가야 할 것이다. 왜냐하면 이 시기에 성서를 해석하는 입장이 크게 두 가지로 구분되기 때문이다. 말하자면, 박형룡을 중심으로 한 보수주의는 성서가 오로지 하나님의 계시를 받아서 쓴 것이고 따라서 결코 오류가 있을 수 없다고 주장한다. 다른 한편으로, 김재준과 정경옥은 진보주의적이고 자유주의적 시각에서 성서의 권위와 권리원천을 인정하고 존중하기는 하지만 그러나 성서 해석은 단순히 문자에 의존하는 것이 아니라 그 작품이 써진 사회적·역사적·문화적 배경 등을 고려해야한다고 주장한다. 박봉랑, 『신학의 해방』, 대한기독교출판사, 1991, 62-66쪽, 72-96쪽 참조.

15) 김경재, 「기독교의 성찰과 전망」, 『1945년 이후 한국종교의 성찰과 전망』, 한국종교사회연구소 편, 민족문화사, 1998, 111쪽.

연합회, 구국십자군 등을 만들어 반공 활동을 지속한다. 1990년대에는 한국기독교총연합회(한기총)를 중심으로 조직력을 강화하면서 지배력을 강화해 나간다. 그리고 2003년 초부터 한기총 중심의 반공적 행동주의는 극단적인 친미주의를 공공연하게 드러내면서 미국의 부시정권과 함께 북한을 악의 축으로 규정하기에 이른다.16) 우리 삶의 현장이 새롭게 변해가는 지금, 기독교의 상식이 비상식이 된 지금, 상식인의 눈으로 보면 우리 기독교는 '점차 죽어서 그 뻣뻣한[死後硬直] 증세를 보여주고 있다.'17)

2) 이웃 종교에 대한 차별

우리 문화에 대한 선교사들의 부정적 시각은 우리의 종교에 대해서도 동일하다.18) 특히 미국 출신 선교사들은 미국에서 생겨난 보수주의·경건주의·근본주의 선교 단체 소속으로, 비기독교적 종교 문화에 대해 부정적인 입장을 취하고 있었기 때문에 조선의 선교에서도 동일한 태도를 취하고 있었다. 그리피스W. E. Griffis는 조선인들의 종교생활을 실질적으로 지배하는 것은 원시적인 자연 숭배라고 규정한다.19) 우리나라에는 서구 문명이 달성한 이성적이고 합리적인 사유가 결여되어 있으며 기독교에 버금가는 종교가 없다는 것이다.

---

16) 강인철, 『한국의 개신교와 반공주의』, 중심, 2007, 15-93쪽 참조.
17) 존 쉘비 스퐁, 최종수 역, 『새 시대를 위한 새 기독교』, 한국기독교연구소, 2005, 45쪽.
18) 조현범, 『문명과 야만, 타자의 시선으로 본 19세기 조선』, 책세상, 2003, 121-143쪽, 158쪽 참조.
19) 이찬수, 『한국 그리스도교 비평』, 이화여자대학교출판부, 2009, 121쪽.

(1) 무교

한국의 기독교는 무교가 한국 민중의 정신에 깊이 자리 잡고 있음에도 불구하고 그런 사실을 애써 부정할 뿐만 아니라, 종교적 가치도 없는 미신에 불과하다고 폄하 한다.[20) 언더우드H. H. Underwood는 무교가 도덕적 감동을 제공하지 못하는 종교이며, 기독교 선교에서 '한국에서 대결해야 할 가장 완고한 적'[21)이라고 한다. 선교사들은 무교가 선교의 방해물이며 심지어 악마로 여겼다. 그들은 조선이 단지 미신이며 우상 숭배에 불과한 신앙을 갖고 있기 때문에 미국처럼 근대적 국가로 발전하지 못했다고 본다. 그러나 무교에 대해 지나치게 육체적이고 현세적이며, 따라서 내세적인 희망이 결여된 것이라고 비난하거나, 신령만 잘 달래서 개인이 원하는 것만 얻으면 그만일 뿐 공동체 사회에서 마땅히 있어야할 윤리관이 결여된 것이라고 비난한다면 분명 잘못된 견해다. 왜냐하면 무교는 인간의 근원적이고 원초적인 욕구인 배고픔의 충족, 다산, 풍요, 건강 등을 현실에서 충족하려는 희망의 산물이기 때문이다. 뿐만 아니라 무교의 고유한 의례인 굿을 보면, 굿판이 막바지에 이르면 모든 사람들이 한데 어울려 먹고 마시며 흥겹게 논다.[22) 기독교의 관점에서 보면 그런 행

---

20) 개신교의 견해와 달리 무교는 우리의 '민족종교'로서 한국 종교의 기층을 이루고 있다. 무교가 한 때 일제와 기독교 그리고 우리 정부에 의해서 탄압을 받았지만 오늘날에도 여전히 그 생명력이 유지되고 있고 앞으로도 한국 사회의 조화와 통일에 긍정적인 영향을 줄 것이다. 조흥윤, 「민족 및 고유종교의 성찰과 전망」, 『1945년 이후 한국종교의 성찰과 전망』, 한국종교사회연구소 편, 민족문화사, 1998, 167-184쪽 참조.

21) 이찬수, 앞의 책, 2009, 123쪽.

22) 대표적인 예로, 마을 공동체의 안녕과 풍요를 기원하는 마을굿은 노동의 힘겨움, 일상의 단조로움, 구성원들 간의 불화를 해소하는 축제다. 거기에서는 신

위는 비이성적이고 난장판이라고 비난할 것이다. 그러나 사실 그런 난장판이야말로 하늘과 땅, 신과 인간, 주인과 노예, 나와 너의 구분이 없어지는 통일의 모습을 그대로 보여주는 것이라고 할 수 있다.

사실 기독교는 무교의 기복祈福사상을 내재적으로 수용할 뿐만 아니라, 선교를 위해 적극적으로 이용하고 있기도 하다.[23] 결과적으로 오늘날 기독교 전도를 위해 무교의 끈질긴 생명력과 타협했을 뿐만 아니라, 오히려 무교의 여러 요소를 받아들여 한국 기독교는 '껍데기만 기독교이고 알맹이는 무교가 되었다.'[24]고 해도 과언은 아닐 것이다.

(2) 유교

유교는 윤리 체계일지는 몰라도 종교는 아니라는 것이 기독교의 입장이다. 유교는 사람이 만든 신앙이고 따라서 초월적 존재인 신이나 사후세계에 대한 관념이 없기 때문에 종교의 범주에 포함시킬 수 없다는 것이다. 더구나 축첩제도, 여성 차별 등을 인정하고 있기 때문에 유교는 전근대적이고 비문명적이라는 것이다. 선교사들은 심지어 유교 때문에 한국이 억압적이고 보잘 것 없는 통치 체계를 유지하고 있다고 본다.[25]

과 인간, 인간과 인간이 한데 어우러진다. 차옥숭, 『한국인의 종교경험, 巫敎』, 서광사, 1997, 179-185쪽 참조.

23) 현세 기복적인 신앙이 표현되는 부흥회를 잠시 살펴보는 것만으로도 그런 사실은 충분히 입증된다. 눈을 감고 손뼉을 치면서 같은 찬송가를 반복하고 몸을 흔들어 대는 모습, 큰소리로 소위 '통성기도'를 해대고 마침내 알아듣지도 못하는 '방언'을 마구 늘어놓으면서 몰아지경에 빠지는 모습이야말로 무교와 다르지 않다.

24) 최준식, 『한국의 종교, 문화로 읽는다』, 사계절, 1999, 68쪽.

그러면 유교는 종교가 아니며 또한 조상 숭배는 전적으로 미신이고 심지어 비문명적인 행위인가? 물론 우리는 유교를 종교가 아닌 학문 체계로 볼 수도 있을 것이다. 그러나 종교란 것이 초월적인 존재의 유무, 혹은 세상을 초월한 존재나 원리를 다루고 있는가의 여부에 따라서 규정될 수 있는 것이라면, 유교는 분명히 '종교적'이다. 왜냐하면 유교는 인간의 삶을 설명하기 위해 천天이나 태극太極, 이理라는 초월적 개념을 사용하고 있기 때문이다. 더구나 종교가 자기 존재의 궁극적인 기원과 운명에 대한 관심에서 초월적 존재를 필요로 한다면, 조상을 숭배하는 제사는 충분히 종교성을 지니고 있다. 제사는 조상신이라는 초월적 존재, 제사를 집전하는 제관, 그리고 신도와 같은 참례자들로 구성되고 진행된다. 그리고 모든 과정이 끝나면 술은 음복하고 음식은 제사에 참여한 자손들뿐만 아니라 이웃까지 함께 나누어 먹는다. 만일 기독교의 성찬식, 즉 예수의 살과 피를 상징하는 빵과 포도주를 나눠 마시는 것을 기독교의 종교성에 필연적인 것이라고 한다면, 제사에서 드러난 모습들은 유교를 종교로 간주할 수밖에 없도록 한다. 그러므로 유교의 근본 개념인 인仁의 정신, 즉 사람이 타인과의 관계맺음 속에서 반드시 지녀야할 도덕적 성품 혹은 타인을 배려하는 마음씨를 한국 기독교는 적극적으로 수용할 필요가 있다.

---

25) 이찬수, 앞의 책, 123쪽.
   미국의 어떤 선교사는 유교에 대해서 다음과 같이 비판하고 있다. 유교는 믿음을 쇠약하게 하고 사람을 거만하게 만들며, 여성을 이차적으로 노예적으로 객관화시키면서 윤리와 발전을 저해한다는 것이다. 최대광, 「기독교근본주의의 정의와 미국과 한국의 기독교 근본주의」, 『종교근본주의』, 모시는사람들, 2011, 65쪽 참조.

종교학적 관점에서 제사는 기독교가 갖고 있는 영생의 소망을 담고 있다. 왜냐하면 제사를 지내는 것은 자신의 존재가 근원적으로 부모에게서 왔고, 이후에는 자식을 통해서 지속 가능하다는 희망을 담고 있기 때문이다. 이것이야말로 유한자인 인간이 무한자인 신에게 육박해 가는 길이 아닌가?[26] 그러므로 기독교는 유교와 같은 우리의 문화와 종교에 대해서 폐쇄적이고 차별적인 태도를 취해서는 안 된다. 왜냐하면 기독교가 이 땅에 올곧게 뿌리를 내릴 수 있기 위해서 필연적으로 우리의 문화와 자연스럽게 조화를 이뤄야만 한다는 것이 시대적 요청이기 때문이다.

(3) 불교

선교사들은 불교가 무식하고 미신적인 종교, 이타적이지 않고 이기적인 종교라고 폄하한다.[27] 불교는 타자의 구원과 깨우침에는 관심이 없이 오직 자기 자신의 정신적 안녕만을 추구하는 종교이며, 인간 본위의 종교에 불과하다는 것이다. 불교가 삶이나 죽음의 문제에 무관심한 종교이기 때문에 실제로 쓸모가 없다는 것이다.

---

26) 기독교의 입장과 달리 금장태는 유교가 앞으로도 우리의 도덕적 전통질서와 물질문명의 현대질서를 통합하고, 더 나아가 민족통합 및 문화적, 도덕적 조화 기능을 발휘할 것이며 도덕성과 시대정신의 활력으로 살아날 것이라고 한다. 금장태, 「현대 한국유교의 성찰과 전망」, 『1945년 이후 한국종교의 성찰과 전망』, 한국종교사회연구소 편, 민족문화사, 1998, 53-54쪽. 참조.

27) 이찬수, 앞의 책, 122쪽.
영국의 인류학자 비숍(I. L. Bishop)은, 한국의 승려들은 불교 역사나 교의, 불교 의식의 취지에 대해 무지한 채로 대다수 승려들이 그저 몇 마디 음절만 공덕을 쌓느라고 끊임없이 반복하고 있으며, 예불할 때에는 그들 '스스로도 무슨 뜻인지도 모르는 산스크리스트어나 티베트어 몇 마디를 중얼거리거나 큰 소리로 뱉어 내는 것일 뿐'이라고 비판한다. 이찬수, 같은 책, 269쪽.

그러나 불교는 인간의 궁극적인 문제에 대한 심오한 분석, 자비사상, 방대한 양의 경전, 윤회와 업보설 등 보편적 종교로 손색이 없다. 불교는 초월적인 신의 도움 혹은 신에 대한 전적인 복종과 믿음을 통해서 인간의 궁극적인 문제를 해결하려 하는 것이 아니라, 자신의 깨우침을 통한 문제해결을 강조하는 이성적 종교다. 주지하다시피 불교는 인간의 궁극적인 행복 혹은 좋은 삶은 욕심, 성냄, 어리석음을 버리고 자아중심적인 사유로부터 벗어남으로써 가능하다고 가르친다. 이는 권력, 명예, 부와 같은 인간적 욕망을 버리고 진정한 자아, 참된 자아를 회복함으로써 신령한 존재 혹은 하느님의 마음에 드는 존재가 될 수 있다는 예수의 가르침과 다르지 않다.[28] 더구나 한국의 기독교는 불교와 무관하지 않다. 불교의 미륵신앙은 조선시대의 계급사회에서 민중이 희생당하였을 때 미륵세계가 도래하여 해방된다는 민중의 소망이 담겨있는 신앙이다. 미륵신앙에서 볼 수 있는 민중 해방적 성격은 기독교의 민중해방 이념과 상통하는 성격을 지닌다고 할 수 있다. 그럼에도 불구하고 기독교의 불교에 대한 차별이 극단적으로 심해졌다. 이 때 차별은 단순한 인식적 차원이 아니라 직접적이고 물리적인 폭력을 동원하여 불상을 훼손하거나 심지어 사찰에 불을 지르는 것과 같은 현상을 말한다.[29] 이야말로 이웃을 사랑하라고 가르친 예수를 배반하는 것 아닌가? 그래서 마

---

28) 사실 붓다의 '자비', 공자의 '인', 예수의 '사랑'은 종교의 심층 구조의 측면에서 보면, 참된 자아를 찾음으로부터 타자를 인정하고 배려하라고 하는 동일한 가르침이라고 할 수 있다. 오강남, 『종교, 심층을 보다』, 현암사, 2011, 123-140쪽, 342-347쪽, 439-455쪽 참조.

29) 김종명, 「종교간 갈등 해소 : 전제와 대안」, 『종교근본주의』, 모시는사람들, 2011, 221-246쪽 참조.

침내 한국 기독교는 '성장주의, 승리주의, 성차별주의, 권위주의에 물든 역기능의 온상'[30])이 되었다.

3 버려야할 것들(2)

전술한 기독교의 현상들 곧 깊이 뿌리내리고 이윽고 새 봄과 함께 움터 올라서 우리 삶을 즐겁게 해줄 우리의 토양을 오염시켜 참담한 지경에 이르도록 한 것들의 원인은 무엇인가? 기독교 근본주의다. 1910년에서 1915년 사이에 미국의 프린스턴에서 개신교 운동 지도자들과 보수적 신학자들이 "근본"The Fundamentals이라는 총서를 간행한 이후 사용된 근본주의는 '현대 자연과학과 철학 그리고 성서주석학에 대한 방어와 공격의 산물'[31])이다. 즉 현대의 문화와 정신을 반영하지 못하고 과거 회귀적 경향을 보임으로써 기독교의 정신을 역사적으로 과거에 제한한다.[32]) 사실 나는 한국 기독교에 널브러진 보

---

30) 김덕기, 「한국교회의 성서해석의 폭력성」, 『한국 기독교, 그 어두운 자화상』, 다산글방, 2002, 21쪽.

31) 한스 큉, 이종한 역, 『그리스도교, 본질과 역사』, 분도출판사, 2014, 787쪽.

32) 기독교 근본주의는, 헤겔이 비판한 종교와 같다. 그는 예수의 생생한 삶과 근본 가르침을 제거하고 제도와 의례만 남은 '박제화 된' 기독교를 죽은 종교 곧 실정(positive)종교로 규정한다. 헤겔은 당시의 기독교가 독일 민족의 고유한 정서와 감정을 담아내지 못하는 이질적인 종교일 뿐만 아니라, 민족의 정신을 도덕적으로 고양시키고 순화시키지 못한다고 비판했다. 그래서 그는 민중종교(Volksreligion)를 주장한다. 이 종교는 그동안 사회·정치적 제도나 종교의 강력한 계율 아래서 억압된 민중의 생생한 정서와 감정을 일깨워서 민중이 스스로의 힘으로 바로 서게 하고, 그 민중이 스스로 인간으로 느낄 수 있도록 하는 종교다. G. W. F. Hegel, *Volksreligion und Christentum, in, Hegels*

수적이고 근본주의적 기독교 요소들과 맞대응하고 싶지도 않고 흥미도 없다. 왜냐하면 그것들은 내가 관여 안 해도 이미 사라져 가고 있고, 그 자체가 타당성이 전혀 없으므로 곧 사라질 것이기 때문이다. 그럼에도 근본주의자들은 자신들의 입장, 즉 오직 나의 하느님과 나의 전통만을 근본적이고 순수하다고 주장하며, 심지어 타자를 공격하고 정복해야 한다고 주장하기 때문에 큰 문제다.

서양선교사들, 숭미주의적 기독교인들의 미국식 근본주의는 철저하게 자본축적의 논리, 미국의 패권주의 신화와 관련되어 있다. 예를 들면 미국의 기독교근본주의자들은 하느님이 미국과 미국 국민을 위해서 힘으로 세계를 지배하고 끊임없는 성장과 풍요를 약속 했다고 한다. 그래서 미국에 반하는 것은 하느님에게 반하는 것이며, 따라서 미국이 주체가 되어 전 세계의 산업을 지배하고, 무엇보다 미국의 기독교는 순수하며, 영어는 모든 인류가 배워야 할 언어라고 주장한다.33)

한국 기독교의 문제는 미국식 근본주의를 단순히 하나의 신학적

---

theologische Jugendschriften(1907), Hrsg., H. Nohl. (Tübingen, 1966), p.5.
헤겔의 '민중종교' 개념은 헤르더(Herder)의 '민족정신'에 영향을 받은 것 같다. 헤르더는 당시 독일 문학이 외국의 이질적인 신화나 전설 등을 무비판적으로 받아들여서 독일의 고유한 민족정신이 노예상태로 전락했다고 보고, 독일민족의 전통적 정신의 회복을 주장한다. G. 루카치, 반성완 외 옮김, 『독일문학사』, 심설당, 1987, 15쪽.

33) 최대광, 앞의 글, 60-63쪽 참조. 선교사들의 이런 사고는 백인우월주의에 의한 미개민족의 문명화 곧 미국화가 기독교화임을 의미한다. 그들의 의도는 한국의 기독교화와 식민지화였고, 실제로 선교활동 중에 언더우드는 석유나 설탕, 농기구 등을 수입하여 경제적 이득을 취하면서도 자기들의 일이 인류에게 봉사하는 것이라고 주장했다. 이만열, 『한국기독교와 민족의식』, 지식산업사, 2014, 467-470, 492-493쪽 참조.

흐름이 아니라 오직 그것만이 정통이라고 생각하고 무비판적으로 수용했다는 점이다. 미국 같은 근대적 국가, 문명화된 국가, 부유한 국가가 되려면 당연히 미국의 정치와 교육 그리고 무엇보다도 미국식 기독교를 철저하게 수용해야 한다는 것이다. 이로써 오늘의 한국 기독교는 우리의 전통종교에 대하여 전쟁 선포를 하고, 반 미국적, 반 기독교적인 것으로서 철저히 부정하고 심지어 제거 해야만 하는 것이었다. 근본주의자들은 배타주의와 차별의 정당성을 성서를 통해서 입증하려고 한다. 그러나 이처럼 딱딱한 율법주의, 도덕적인 태만을 일삼는 교회, 하지만 불행히도 많은 기독교인들이 이것을 참된 신앙이라고 믿고 있는 것은 어쩌면 우리가 만들어 낸 사탄적 기독교이며, '그리스도의 깃발 아래서 사탄적으로 행동하는 그리스도의 교회다.'[34]

최근 한국의 기독교근본주의는, 자유주의적이고 진보적인 그리고 합리적이고 다원화된 새로운 사상을 반 기독교적이고 타락한 것으로 여기고, 그것을 '근본'과 '순수' 그리고 '정통'의 이름으로 바꾸려는 저항운동으로 발전하기에 이른다. 이때의 저항은 기독교가 정치 세력화 하는 것을 의미한다. 한국 기독교근본주의자들이 기독교 뉴라이트라는 이름으로 현실 정치에 참여하고 있다는 것은 잘 알려진 사실이다.[35] 이들이야말로 유배당한 신자(a believer in exile)들이며, 이

---

34) 월터 윙크, 박만 역, 『사탄의 가면을 벗겨라』, 한국기독교연구소, 2005, 103쪽.
35) 2005년 11월 김진홍 목사는 '뉴라이트전국연합'을 결성한다. 이 단체는 미국의 부시정권을 탄생시킨 '신기독교우파'(New Christian Right)를 연상시킨다. 반공 이데올로기의 수호를 중심으로 정치 세력화한 기독교 보수집단의 전형이다. 한국기독자교수협의회/한국교수불자연합회, 『현대사회에서 종교권력, 무엇이 문제인가』, 동연, 2008, 161쪽. 유교를 국교로 삼은 한(漢)나라에서 공자의 이론

제 '교회'(ecclesia, 불러나왔다)로 나와야할 사람들이다.

4 찾아야 할 것들

기독교근본주의처럼 오늘 한국 기독교 안에 팽만한 배타주의의
신학적 기원은 사실 니케아 신조로부터 비롯되었다고 볼 수 있다.
예수를 하느님과 동일한 본질homoousios로 규정한 것은, 오직 예수만
이 유일한 구원자이고 따라서 '기독교 신앙을 영원히 변질시킨'[36]
기독교만이 참된 종교가 되는 것이다. 325년 콘스탄티누스의 별장이
있는 니케아에서 그렇게 결정된 이후, 이에 반대한 아리우스 장로파
를 비롯해서 로마의 전통종교인 미트라스 종교, 심지어 유대교까지
배척한 것은 잘 알려진 것이다.[37]

을 따르지 않는 것은 최고의 신성모독죄로 다스렸듯이, '종교가 정치집단화
하면 그 배타성은 절정에 달한다.' 이기동,『기독교와 동양사상』, 동인서원,
2007, 208쪽. 사정이 이러하니, 기독교 근본주의자들은, 기독교 공동체의 진리
를 보편성의 이름으로 다른 종교공동체에 강요하는 것을 거부한다는 공통점
그리고 진리의 다원성을 인정하고 장려하는 공통점을 지닌 포스트모던신학과
다원주의신학의 현실적 타당성을 부정할 수밖에 없다. 한인철,『종교다원주의
의 유형』, 한국기독교연구소, 2005, 215-240쪽 참조.

36) 로빈 마이어스, 김준우 역,『언더그라운드 교회』, 한국기독교연구소, 2013, 108쪽.
37) 아리우스 장로파는 '예수는 하나님이기는 하지만, 참 하나님은 아니다.'고 주
장했다. 리차드 루벤슈타인, 한인철 역,『예수는 어떻게 하나님이 되셨는가』,
한국기독교연구소, 2004, 103쪽.
CE 313년, 서로마의 콘스탄티누스는 밀라노 칙령을 통해 기독교에 대한 박해
를 종식하고 선교의 자유를 보장한다. 324년에 동로마를 포섭하고 단독 황제
가 된 그에게 가장 큰 문제는 분열 없이 로마제국을 이끌어가는 것이었다.
그런데 당시 과학과 학문의 중심지였던 알렉산드리아 교구에서 주교와 장로

누가 직접 종자를 가져왔든 아니면 누가 좋은 종자라고 가져다주었든 간에 일단 그 종자를 심어서 열매가 튼실하고 좋은 것이 아니라 오히려 토종을 밀어내고 심지어 토양을 오염시켰다면 농부가 할 일은 무엇인가? 다시 그 종자를 심는 것은 어리석은 일이다. 하여 농부는 우선 토양을 갈아엎는 수고를 해야만 하며, 우리의 에토스ethos에 알맞은 좋은 종자를 찾아야 할 것이다. 들어오기 전부터 이미 배타주의라는 병균에 감염되어 있었던 기독교라는 종자를 버리고 새로 구할 종자로서 기독교는 어떤 것이어야 하는가?

우선 초자연주의적 유신론에 물들지 않은 것이어야 한다. 왜냐하면 그런 신은 우리의 삶, 우리의 세계를 자기 마음대로 조작하고 처분하는 존재이기 때문이다. 남성명사로 표현되는 '그'는 자신이 원하는 것은 무엇이든지 해낼 만큼 전적으로 자유롭다. 그 신은 그만이 전능한 힘을 가지며 따라서 사랑마저도 임의적인 것이라서 정작 우리가 할 수 있는 것은 아무것도 없게 된다.[38] 우리가 못하는 모든 것을 다 할 수 있는 그 신은 아우슈비츠에서도, 금남로에서도, 광화문광장에서도 자기의 '능력'대로 그리고 '자유'대로 아무 일도 하지

사이에 교리 논쟁이 발생한 것이다. 알렉산더 주교는 죄인이 죄인을 구원할 수 없으므로 그리스도 예수는 하느님일 수밖에 없다고 주장한 반면, 아리우스 장로는 만일 예수가 하느님이면 하느님이 둘이 되므로 전통적인 유대교 신앙에 어긋나며 따라서 예수는 도덕적 완성을 이룬 신적인 존재이기는 하지만 참된 하느님은 아니라는 것이다. 원래 안키라(앙카라)에서 하기로 한 회의를 갑자기 자신의 별장에서 개최한 콘스탄티누스는 알렉산더 주교의 손을 들어준다. 그래야 초월세계의 하느님 그리고 현실의 하느님인 황제가 양립할 수 있기 때문이다. 한인철, 『예수, 선생으로 만나다』, 265-275쪽 참조.
38) 데이빗 그리핀, 강성도 역, 『포스트모던 하나님 포스트모던 기독교』, 한국기독교연구소, 2002, 275-282쪽 참조.

않았던 것이다. 그러니 우리가 구하는 신은 폭군이자 동시에 무능한 아버지가 아니다. 차라리 오뉴월 땡볕에서 종일 김을 매고 돌아와서 자식을 위해 밥을 지으신 어머니, 쉬지도 못하고 밤이면 등잔불 켜 놓고 베를 짜신 어머니, 돌아가시는 마당에도 형제간의 화목을 바라시던 어머니다.[39]

그렇다면 이제 우리가 다시 찾고 만나야할 예수는 누구인가? 한 인간으로서 그는 어떤 삶을 살았는가? 그는 신비적 탄생과정을 거친 신의 독생자이고 인류의 죄를 대신해서 죽은 후 마침내 부활하여 신이 된 존재인가? 혹시 그런 예수는 신화적 상징과 필요에 의해 만들어진 교리의 감옥에 갇혀 단지 관념적인 믿음의 대상으로 전락한 존재, 교회의 권력에 의해 순치되어 지금 우리에게는 이미 죽은 존재가 아닌가? 그래서 우리는 부활절 이후 추종자들에 의해서 채색된 전통적인 예수 곧 그리스도로 만들어진 예수가 아니라, 1세기 팔레스타인에서 사회적 소외자들과 같이 호흡했던 역사적 예수 곧 하느님 나라라는 대안적 세계를 설계한 예수를 만나야 하는 것 아닌가?[40]

---

39) 히브리 성경에 2500번이나 나오는 '엘로힘'(Elohim)이라는 이름은 남성 신 '엘'과 여성 신 '엘로아'가 결합되어 복수를 나타내는 '임'이 붙여진 것이다. '전능하신 하느님'인 '엘 샤다이'(El Shaddai)도 어원적으로 '젖가슴을 가진 하느님'일 수 있다. '나는 나다'인 '야훼'(Yahweh)도 "너희를 낳은 하느님"(신명기 32:18)에서는 '낳다'의 의미가 '어머니로서 산고를 치른다'는 뜻으로 보면 어머니다. 그러므로 기독교의 신은 최소한 아버지 이면서 동시에 어머니 같은 존재다. 오강남, 『예수는 없다』, 121-128쪽 참조. 그러기에 노자 역시 '도'(道)를 "寂廖獨立不改, 可以爲天下母"로서의 어머니에 비유한다. 우리의 근원이시면서도 정작 본인은 드러내지 않고, 묵묵히 우리를 입히시고 먹이시어 살아가게 하신 어머니 말이다. 양방웅, 『노자, 왜 초간본인가』, 이서원, 2016, 22쪽.

40) 마커스 보그·톰 라이트, 김준우 역, 『예수의 의미』, 한국기독교연구소, 2001, 93쪽 참조.

예수는 목수tekton의 아들로 태어났다. 그는 농민계급 보다 낮은 장인계급 출신이며 바로 그 아래 거지, 일용 노동자, 율법사회에서 추방당한 자, 노예 같은 '비천하고 희생 가능한 계급'[41]이 있다. 그때는 '전쟁과 승리에 의한 평화'[42]일 뿐인 팍스로마나Pax Romana(로마의

우리가 흔히 알고 있는 예수, 즉 성서를 통해서 만나는 예수는 예수 사후에 저자들이 속한 신앙 공동체의 존속과 정체성을 유지하기 위해 그들의 입맛에 맞게 신학적으로 재해석된 존재다. 이런 예수를 '신앙의 그리스도' 혹은 '정경적(canonical) 예수'라고 하며, 전문적인 신학용어로 말하면 '케리그마의 그리스도'(kerygmatic Christ), 즉 '선포된 그리스도'라고 할 수 있다. '역사적 예수'에 대한 연구는 1985년 존 도미닉 크로산(John Dominic Crossan)과 로버트 펑크(Robert Funk)가 설립한 '예수 세미나(Jesus Seminar)에서 출발한다. 자유주의적인 신학자 74명이 참여하여 복음서에 기록된 예수의 어록들 중에서 후대 교회가 가필한 것들을 추려내고, 역사적 예수의 어록을 통해 예수의 참 모습을 밝히는 작업을 해오고 있다. 존 도미닉 크로산, 한인철 역, 『예수는 누구인가』, 한국기독교연구소, 2013, 20쪽. 이들의 연구는 예수의 유대적 배경을 무시한다는 비판을 받음에도 불구하고, "서구 신약학계의 통념이었던 종말론적 예수상을 부인하고 유대 사회의 전통적 가치를 전복한 지혜 교사로서의 예수상을 주창했다." 정승우, 『예수, 역사인가 신화인가』, 책세상, 2005, 40쪽.

41) 존 도미닉 크로산, 같은 책, 68쪽. 특히 이스라엘을 직접 통치한 헤롯 일가는 황제의 신임을 얻기 위해 과도하게 세금을 거뒀고, 경제적으로 민중들은 도시의 부자들에게 농지를 임차한 소작농이나 일용 노동자가 되어 쉽게 병들거나 이방의 세계로 유랑할 수밖에 없었다. 종교적으로 보면 로마의 원로원과 비슷한 일종의 의회라고 할 수 있는 산헤드린을 장악한 사두개파, 경건주의자들이라고 할 수 있는 바리새파, 쿰란에서 살면서 엄격한 공동체의 규율을 강조하고 종말론적 신학을 지녔던 급진주의적 엘리트 종파인 에세네파가 있었다. 그 외에 반로마 무력투쟁을 이끈 젤롯당, 앗시리아에 의해 멸망한 북이스라엘의 수도인 사마리아에 거주한 사람들로서 남유대 사람들로부터 '부정한자'라고 소외당한 집단이 있다. 정승우, 같은 책, 86-100쪽 참조. 한인철, 『예수, 선생으로 만나다』, 38-89쪽 참조.

42) 클라우스 벵스트, 정지련 역, 『로마의 평화』, 한국신학연구소, 1994, 38쪽.

평화)를 건설한 옥타비아누스가 아우구스투스Augustus(존엄한 자)가 되어 지배하고 있었다.

그러면 이제 예수가 지상에 실현하려고 했던 것은 무엇이고, 그 실현을 위해 어떻게 살았는가? 나름 살만한 땅이었음에도 불구하고 로마제국 그리고 거기에 기생한 유대 왕족과 제사장 계급들, 허다한 정결제도purity system를 만들어 민중의 숨통을 조인 바리새파들에 저항한 땅에서 태어나고 자란 예수가 꿈꾼 세상은 무엇인가? 부모와 자식이 반목하고, 자식이 부모를 때리고, 친구와 형제간이 다투고, 무법자 천지가 된 세상, 그래서 차라리 태어나지 않는 것이 좋았을 세상, 마침내 '유한한 인간들에게는 단지 쓰라린 고통만 남을'[43]세상에 사는 사람들이 기다리는 나라는 어떤 것인가? 그것은 '예루살렘의 성전국가도 아니고, 헤롯의 독재국가도 아니고, 로마의 제국주의도 아닌, 제 4의 길, 즉 하나님 나라에 대한 꿈이었다.'[44]

한국 기독교인들이 흔히 천당 혹은 천국으로 부르는 그 '하늘나라'는 저 하늘 어디, 즉 물리적 공간이 아니라 바로 이 '땅 위에서'

---

43) 헤시오도스, 김원익 역, 『신통기』, 민음사, 2003, 203쪽. 예수의 신앙공동체를 이루기 시작했을 때(B.C 1세기 무렵 - A.D 2세기 무렵) 대부분의 사람들은 토굴과 비슷한 움막에서 살았다. 소작농에도 해당되지 않은 사람들은 도시에서 날품을 팔거나 유랑민이 될 수밖에 없었다. 예수는 그런 사람들의 친구가 되었던 것이다. G. 윌스, 권혁 옮김, 『예수의 네 가지 얼굴』, 돋을새김, 2009, 191-227쪽 참조. 한국기독교청년협의회, 『재미있는 신약이야기』, 녹두, 1993, 17-29쪽 참조.
44) 한인철, 앞의 책, 80쪽. 예수는 대제사장에게 내는 종교세, 헤롯 안티파스에게 내는 국세, 로마제국에 내는 제국세 등에 시달린 이스라엘 민중들에게 위안이 될 희망의 나라를 상상한다. 즉 헤롯 '안티파스 통치기간 동안 갈릴리의 소작농들에 대한 경제적 수탈은 예수의 대안적 왕국운동의 배경'이 되었다. 잭 넬슨-폴마이어, 한성수 역, 『예수를 배반한 기독교』, 한국기독교연구소, 2012, 300쪽.

이루어지는 나라다. 나라 혹은 왕국에 해당하는 그리스어 바실레이아basileia는 영토 혹은 장소라는 뜻보다 주권, 통치, 원리라는 뜻이 더 강하다. 그러므로 하늘나라는 하느님이 통치하는 나라, 신이 절대적 주권을 가진 나라이다.[45] 그러므로 그 나라는 '어디든지' 일어날 수 있지만, 돈과 권력이 하느님자리를 대신하면 '어디에도' 없는 곳이다.

하늘나라가 도래하기 위해서는 우선 '회개'metanoia가 필요하다. '메타노이아'는 생각을 바꾸라, 세상을 보는 법을 바꾸라, 깨우치라는 뜻이다. 그러니까 '우리 내면의 가장 깊은 곳, 우리의 의식을 바꾸라. 그러면 천국이 바로 옆에 있다는 사실을 깨달을 것이다.'[46]는 의미다. 인간은 누구나 배고픔을 채우고 싶어 한다. 그러나 세상의 재화는 한정되어 있다. 만일 누군가가 자신만의 배고픔을 채우기 위해, 자기의 재산만 늘리기 위해 수단과 방법을 가리지 않는다면 세상의 평화는 요원해질 것이다. 물질적 부와 풍요를 추구하는 것은 당연하다고 여기는 자신의 내면을 들여다보면, 정의와 사랑의 신은 결코 그런 사람을 인정하지 않는다는 것을 깨달을 것이다. 종교는 성전 꼭대기에서 뛰어내려도 안 다치는 것과 같은 초자연적인 능력을 보여주는 것도 아니며, 종교적 권력을 갖는 것도 마찬가지다. 신이 맡겨준 종교권력으로 사회적 약자를 보호하는 것이 아니라 오히려 세속권력과 야합하여 신성함을 해치는 것은 정녕 신을 배신할 뿐이다. 세상 권력은 또한 어떤가? 누구나 출세하기를 바란다. 그러나

---

45) 존 도미닉 크로산, 『가장 위대한 기도』, 김준우 역, 한국기독교연구소, 2017, 121쪽. 오강남, 『종교, 심층을 보다』, 137쪽. 히브리어 '말쿠트'(malkuth), 아람어 '말쿠타'(malkutha) 역시 왕국이 아니라 통치(reigning)를 의미한다.

46) 오강남, 같은 책, 137쪽.

높은 권력을 가지려면 누군가의 희생이 불가피하다. 모두가 신의 자식들인데 서로 할퀴는 것을 좋아할 부모는 없다는 것을 깨우치라는 것이다. 이것을 깨달은 사람 곧 지혜를 얻은 사람들이 '지극히 높으신 하느님을 섬기는 거룩한 백성'(다니엘서 7:18)이며, 하느님의 나라에 알맞은 '사람의 아들'Son of Man이다. 깨달은 사람들은 존재하는 모든 것 안에서 신의 현존을 느낀다. 그들에게 하느님 나라는 미래에 일어날 사건이 아니라, 지금 곧 일어날 일 그리고 '손 뻗으면 닿을 가까운 곳'near at hand에서 이미 일어고 있는 나라다.

그러면 예수는 어떤 삶을 살았는가? 예수는 부자나 가난한자, 남자나 여자, 유대인이나 이방인을 모두 공평하게 대우함과 동시에 정치적·경제적으로 소외받고 차별을 당하는 자들의 고통과 슬픔 그리고 배고픔을 함께 나누는 삶, 질병을 '치유'healing한 삶을 살았다.47) 그는 억압적 권력과 폭력에 '맞서고' '저항하라'고 가르친 급진주의자,48) 폭력은 상대방을 향한 것이 아니라 자기 자신을 향해 되돌아

---

47) 신약성서 누가복음 6:20 곧 "너희 가난한 사람들은 복이 있다."에서 나오는 그리스어 '가난한'(ptochos)은, '극빈의'라는 의미를 갖는다. 즉 "질병이나 빚, 징병이나 죽음에 의해 땅에서 쫓겨나 극빈과 거지 생활로 떨어진 가정의 상태를 가리킨다." 존 도미닉 크로산, 김기철 역, 『예수』, 한국기독교연구소, 2007, 113쪽. 또한 크로산은 예수가 육체적 질병을 '치료'(curing)한 것이 아니라, 육체적 질병에 수반된 정신적 혹은 종교적 고통을 '치유'(healing)한 것으로 본다. 그래서 예수 운동의 핵심은 "개방된 밥상(open table)을 함께 나누고, 무상의 치유를 제공하는 것"이다. 존 도미닉 크로산, 『예수는 누구인가』, 147쪽.

48) G. 윌스, 권혁 옮김, 『예수는 그렇게 말하지 않았다』, 돋을새김, 2006, 86쪽. 그러나 폭력적으로 저항하다, 폭동을 일으키다, 혹은 반란을 일으키다, 저항하여 봉기한다는 뜻을 가진 그리스어 'antistenai'는, 예수에게는 다른 의미가 숨겨져 있다. 그는 굴종도 아니며 폭력적 반격도 아닌, 도망치는 것도 아니요 싸우는 것도 아닌, 그래서 너의 인간적 존엄성을 확보할 수 있고, 혁명 이전에 지금이

오는 것임을 가르쳐준 존재다.[49] 예수는 그를 따르는 무리들과 전혀 거리를 두거나 차별적 태도를 취하지 않았다. 또한 그는 역사적이고 실존적인 삶의 질곡에서 해방과 구원의 길이 있음을 가르쳐준 복음의 교사였고, 본래 자기 것만 지키려는 부족적 인간인 우리가 타인을 배척하고 증오함으로써 우리 자신과 희생자의 인간성을 동시에 파괴시킨다는 것을 일깨워 준 참 사람fully human이다. 즉 우리가 예수에게서 발견한 본질 자체는 새로운 인간성new humanity에 대한 총체적 변화의 의미였으며, 모든 인간에게 있는 질병인 모든 형태의 편견을 파괴함으로써 마침내 완전하고 자유로운 인간성을 온몸으로 살아낸 존재가 바로 예수다. 그러므로 구원이라는 것도 인간의 삶의 가능성을 보여준 참 사람 예수 안에서, 즉 부족의 한계, 편견, 성차별 및 공포로부터 자유로운 실존 안에서 성립한다.[50] 그리하여 마침내

라도 힘의 평형상태를 변화시키는 길을 찾아보자는 것이다. 다른 **뺨**을 돌려 대주고, 속옷까지 벗어 주고, 일부러 더 많이 걸어가 주는 것은 폭력을 가하는 자 스스로가 죄를 짓게 하여 회개하도록 수치스럽게 만드는 동시에 지배체제의 불의함을 폭로하는 은밀한 전략이다. 그야말로 악을 악으로 되갚지 않으면서 폭력의 악순환을 막는 것이다. 이런 의미에서 그는 '파격적'(subversive)이며 급진적이다. 월터 윙크, 한성수 역, 『사탄의 체제와 예수의 비폭력』, 한국기독교연구소, 2015, 323-352쪽 참조. 리처드 호슬리 엮음, 정연복 역, 『제국의 그림자 속에서』, 한국기독교연구소, 2014, 7-18, 129-144, 162-164쪽 참조.

49) 류성민, 『성스러움과 폭력』, 살림, 2005, 85-89쪽 참조.

50) 존 셸비 스퐁, 이계준 역, 『만들어진 예수, 참 사람 예수』, 한국기독교연구소, 2009, 341-376쪽 참조. 칸트가 본 예수도 이와 크게 다르지 않다. 단적으로 말해서 예수는 '도덕적 완전성을 구비한 인간'이다. 예수는 인간이었음에도 불구하고 죽을 때 까지 악한 세력과 투쟁했고, 소외되고 가난한 무리들과 친구가 되었던 존재다. 예수의 그런 삶이 신이 원하는 삶이었고 결국 예수는 역사적으로 도덕성을 실현한 존재, 신의 마음에 드는 존재가 된 것이다. I. Kant, *Kritik der praktischen Vernunft, in, Kant Werke Bd.6*, Hrsg, von W. Weischedel, (Darmstadt

예수 안에서 인간과 신devine은 하나가 되고, 한 인간임에도 불구하고 마침내 예수는 '모든 존재의 근원'이 되었다.[51]

이제야 한국적 토착화신학의 밑그림이 그려졌다. 한국적 기독교는 새로운 인간성의 원형으로서의 참 사람, 타자 인정과 무한한 배려를 실천하는 성숙한 인격적 존재, 그가 곧 신적 존재인 예수를 따라 사는 것 혹은 마음속에라도 그런 예수를 간직하는 신앙공동체로 움돋는 것으로부터 출발해야만 한다. 그 바탕위에서 몸나로는 인간인 예수가 얼나로 솟나 그리스도가 되며 또한 부자유친한 예수와 하느님이 같다는 다석의 가르침이 다시 살아나고, 공과 무의 형이상학에 힘과 역동성을 불어넣어 사슬에 묶인 하느님을 해방시키려고 했던 변선환을 다시 볼 수 있게 된다. 동시에 세상의 모순구조 안에서 온 몸으로 고통을 감내하는 민중이야말로 '세상 죄를 지고 가는 어린양'인 예수이며, 밥을 나눠먹은 예수공동체로서의 교회는 배제와 폭력이 없는 평등공동체임을 보여준 안병무를 다시금 존경할 수 있게 된다.[52]

5 나오는 글

한국 기독교는 그동안 교세확장만을 위해 헌금을 많이 내면 더 큰 복을 받을 수 있다거나 오직 자기 교회만이 참되다고 주장했다. 거

: Wissenschaftliche Buchgesellschaft, 1983), p.712.

51) 존 쉘비 스퐁, 『새 시대를 위한 새 기독교』, 126쪽.

52) 안병무, 『민중신학을 말한다』, 안병무전집2, 한길사, 38-42, 196-199, 221-223쪽 참조.

기에는 오직 이기주의, 천박한 자본주의의 경쟁논리만 난무할 뿐이다. 오늘날 한국 기독교는 강도의 소굴로 전락한 느낌이다. 각종 제도와 법규로 '종교의 생명력과 종교인의 자유를 죽이는 교회, 권력과 부에 기생하는 교회'[53]로 전락한 것 같다.

현대 사회는 분명히 다원주의 사회다. 다원화된 사회에서 문화 역시 다양할 수밖에 없다. 당연히 문화 선택의 기회가 많아지고, 각자의 성향에 따라서 특정한 종교를 선택할 자유가 있다. 그 선택은 존중 받아야 할 것이다. 붓다나 공자 그리고 예수의 궁극적인 가르침은 서로 배타적인 것이 아니라 상호 공존할 수 있는 것임에도 불구하고, 한국의 기독인들은 다른 종교에 대하여 배타적이고 폭력적이다. 이런 상황에서 기독교 토착화는 불가능하다. 아니 엄밀히 말해서 이웃 종교를 배척하는 기독교는 참사람으로 살았던 예수, 그래서 우리에게도 '그렇게 살 수 있고 그렇다면 그렇게 살아야 한다'는 실존적 결단을 가능케 하는 예수를 또다시 십자가에 못 박는 것이다.

이제 한국 교회와 기독교가 가야할 길은 무엇인가? 제국에 저항한 예수의 삶이 아니라, 새로운 이스라엘, '새로운 로마제국'[54]인 미국의 근본주의를 따를 것인가? 그래서 세 명의 동지들과 어깨를 걸고 수류탄을 터트리는 마지막 순간까지 인민공화국 만세를 외쳤던 장렬한 죽음이 아니라, 더 이상 아무도 찾지 않는 교회 안에 홀로 버려져 '예수 천당 불신 지옥'을 뇌까리며 죽을 것인가? 이미 교회 기독교는 동유럽을 포함한 세계 도처에서 '빛바랜 마지막 유물'[55]이

---

53) 양명수, 『기독교 사회정의론』, 한국신학연구소, 1997, 189쪽.

54) 리처드 호슬리, 앞의 책, 9쪽.

55) 돈 큐핏, 김준우 역, 『예수 정신에 따른 기독교 개혁』, 한국기독교연구소, 2006, 106쪽.

되어버린 지금에도 말이다. 아니면 하느님은 모든 관계를 단절한 절대자며 예수는 그와 동일한 존재라고 주장하지 않고, 예수는 우리가 본받아야 할 사람, 올바른 삶의 길을 먼저 살아내신 스승, 그래서 본질적으로 붓다이고 공자이며 노자였던 그런 예수를 따를 것인가 말이다. 만일 우리가 참된 종교, 참사람 예수를 재발견하기 원한다면, 교회와 결별하고 새로운 사고방식을 배워야만 할 것이다. '메마르고 야윈 기독교가 세상에 줄 수 있는 것은 교리들, 신조들, 이론들, 예배의식들, 영적인 기도문들이 아니다.'[56] 그러니 이제 한국 기독교의 지도자들은 다시금 우리 토착문화와 전통 종교를 깊이 공부해야 한다. 큐핏의 말대로 '종교가 무엇이며, 그것이 어떻게 인간을 해방시키며 우리로 하여금 우리 자신의 세계를 건설해나가는 일을 어떻게 도울 수 있는지를 다시 배워야만 한다.'[57] 이로부터 수 십 년 전 선배들의 치열한 고민에서 출발한 토착화, 토착신학이 새롭게 시작될 것이다.

참고문헌

강인철, 『한국의 개신교와 반공주의』, 중심, 2007.
김경재, 「기독교의 성찰과 전망」, 『1945년 이후 한국종교의 성찰과 전망』, 한국종교사회연구소 편, 민족문화사, 1998.
김덕기, 「한국교회의 성서해석의 폭력성」, 『한국 기독교, 그 어두운 자화상』, 다산글방, 2002.

56) 월터 윙크, 한성수 역, 『참사람』, 한국기독교연구소, 2016, 528쪽.
57) 돈 큐핏, 같은 책, 107쪽.

김종명, 「종교 간 갈등 해소 : 전제와 대안」, 『종교근본주의』, 모시는사람들, 2011.

김흥호, 이정배 편, 『다석 유영모의 동양사상과 신학』, 솔, 2002.

금장태, 「현대 한국유교의 성찰과 전망」, 『1945년 이후 한국종교의 성찰과 전망』, 한국종교사회연구소 편, 민족문화사, 1998.

데이빗 그리핀, 강성도 역, 『포스트모던 하나님 포스트모던 기독교』, 한국기독교연구소, 2002.

돈 큐핏, 김준우 역, 『예수 정신에 따른 기독교 개혁』, 한국기독교연구소, 2006.

로빈 마이어스, 김준우 역, 『언더그라운드 교회』, 한국기독교연구소, 2013.

류성민, 『성스러움과 폭력』, 살림, 2005.

리차드 루벤슈타인, 한인철 역, 『예수는 어떻게 하나님이 되셨는가』, 한국기독교연구소, 2004.

리처드 호슬리 엮음, 정연복 역, 『제국의 그림자 속에서』, 한국기독교연구소, 2014.

마커스 보그·톰 라이트, 김준우 역, 『예수의 의미』, 한국기독교연구소, 2001.

박봉랑, 『신학의 해방』, 대한기독교출판사, 1991.

박영호, 『죽음공부』, 교양인, 2012.

서정민, 『한국교회의 역사』, 살림, 2003.

안병무, 『민중신학을 말한다』, 안병무전집2, 한길사, 1993.

양명수, 『기독교 사회정의론』, 한국신학연구소, 1997.

양방웅, 『노자, 왜 초간본인가』, 이서원, 2016.

오강남, 『예수는 없다』, 현암사, 2014.

_____, 『종교, 심층을 보다』, 현암사, 2011.

오정숙, 『多夕 유영모의 한국적 기독교』, 도서출판미스바, 2005.

존 도미닉 크로산, 김기철 역, 『예수』, 한국기독교연구소, 2007.

_____, 김준우 역, 『가장 위대한 기도』, 한국기독교연구소, 2017.

_____, 한인철 역, 『예수는 누구인가』, 한국기독교연구소, 2013.

_____, 김기철 역, 『예수』, 한국기독교연구소, 2007.

월터 윙크, 박만 역, 『사탄의 가면을 벗겨라』, 한국기독교연구소, 2005.

_____, 한성수 역, 『사탄의 체제와 예수의 비폭력』, 한국기독교연구소, 2015.

_____, 『참사람』, 한국기독교연구소, 2016.

이경원, 『파농』, 한길사, 2015.

이기동, 『기독교와 동양사상』, 동인서원, 2007.

이만열, 『한국기독교와 민족의식』, 지식산업사, 2014.

이상성, 『추락하는 한국교회』, 인물과사상사, 2008.

이정배, 『이웃종교인들을 위한 한 신학자의 기독교 이야기』, 2013.

_____, 『한국개신교 전위(前衛) 토착신학 연구』, 대한기독교서회, 2008.

이찬수, 『한국 그리스도교 비평』, 이화여자대학교출판부, 2009.

잭 넬슨-폴마이어, 한성수 역, 『예수를 배반한 기독교』, 한국기독교연구소, 2012.

정승우, 『예수, 역사인가 신화인가』, 책세상, 2005.

조현범, 『문명과 야만, 타자의 시선으로 본 19세기 조선』, 책세상, 2003.

조흥윤, 「민족 및 고유종교의 성찰과 전망」, 『1945년 이후 한국종교의 성찰과 전망』, 한국종교사회연구소 편, 민족문화사, 1998.

존 쉘비 스퐁, 이계준 역, 『만들어진 예수, 참 사람 예수』, 한국기독교연구소, 2009.

_____, 최종수 역, 『새 시대를 위한 새 기독교』, 한국기독교연구소, 2005.

차옥숭, 『한국인의 종교경험, 巫敎』, 서광사, 1997.

최대광, 「기독교근본주의의 정의와 미국과 한국의 기독교 근본주의」, 『종교근본주의』, 모시는 사람들, 2011.

최덕성, 『한국교회 친일파 전통』, 지식산업사, 2006.

최준식, 『한국의 종교, 문화로 읽는다』, 사계절, 1999.

클라우스 벵스트, 정지련 역, 『로마의 평화』, 한국신학연구소, 1994.

한스 큉, 이종한 역, 『그리스도교, 본질과 역사』, 분도출판사, 2014.

한국기독교청년협의회, 『재미있는 신약이야기』, 녹두, 1993.

한국기독자교수협의회/한국교수불자연합회, 『현대사회에서 종교권력, 무엇이 문제인가』, 동연, 2008.

한인철, 『예수, 선생으로 만나다』, 연세대학교 대학출판문화원, 2016.

_____, 『종교다원주의의 유형』, 한국기독교연구소, 2005.

헤시오도스, 김원익 역, 『신통기』, 민음사, 2003.

황종렬, 『한국 토착화 신학의 구조』, 국태원, 1996.

G. 루카치, 반성완 외 옮김, 『독일문학사』, 심설당, 1987.

G. 윌스, 권혁 옮김, 『예수는 그렇게 말하지 않았다』, 돋을새김, 2006.

_____, 『예수의 네 가지 얼굴』, 돋을새김, 2009.

G. W. F. Hegel, *Volksreligion und Christentum,* in, *Hegels theologische Jugendschriften(1907),* Hrsg., H. Nohl. (Tübingen, 1966).

I. Kant, *Kritik der praktischen Vernunft,* in, *Kant Werke Bd.6,* Hrsg, von W. Weischedel, (Darmstadt : Wissenschaftliche Buchgesellschaft, 1983).

Th. W. 아도르노 / M. 호르크하이머, 김유동 역, 『계몽의 변증법』, 문학과지성사, 2010.

마르크스주의 철학과 나

김재현

1. 조선대 우리철학연구소 소장인 이철승 교수로부터 '한국의 마르크스주의 철학의 수용과 한국화'에 대한 발표 의뢰를 받고 별생각 없이 수락했다. 여러 가지 새로운 자료를 검토하면서 어떻게 쓰나 고민하다가 최근의 몇 가지 글을 보고[1] 필자가 개인적으로 느끼고 경험한 것을 솔직하게 정리하고 고백하는 방식으로 글을 쓰는 것도 괜찮겠다는 생각을 했다. 아마 이제 곧 정년을 앞두고 있는 터라 이런 생각이 났는지도 모르겠다.

2. 고등학교 다닐 때 흥사단 아카데미 활동을 하면서 도산 안창호 선생의 가르침을 간접적으로 배우며 실천하려 했다. 당시 흥사단 활동에 적극적이었고 시민과 학생을 대상으로 강연을 많이 하셨던 숭실대 철학과의 안병욱 교수를 만날 기회가 많았다. 고등학교 특별활동반은 이존희 국사선생이 지도하는 '역사반'에 가입해 한국사에 관

---

* 이 글은 2018년 5월 조선대학교 우리철학 연구소에서 주최하는 학술대회에서 발표한 내용을 수정 보완한 것이다.

1) 김정한, 「한국적 마르크스주의의 길: 정운영 10주기를 기억하며」, 『실천문학』, 실천문학사, 2015.5 ; 박노영, 「나는 아직도 마르크스주의자이다」, 『경제와사회』, 2016년 가을호(통권 제111호).

심을 갖게 되었고, 일제의 식민사관에 대한 자료와 이광수『민족개
조론』등을 읽으며 토론한 기억이 있다.

고등학교 2학년 겨울방학인 1974년 1월 흥사단 본부에서 '아카데
미 회보'를 만들다가 사복형사들에게 원고 등을 뺏기고 회보 출간을
못한 사건이 있었다. 분통이 터졌지만 대학입시를 앞둔 우리 동기들
(연성만 등)은 입시공부에 몰두할 수밖에 없었다. 고3때 흥사단 아카
데미 선배(문학진 등)와 연관된 '민청학련사건'으로 수업 중 체육선
생에게 불려나가 조사받은 적도 있다. 고등학교 때 까지는 공산주의
비판 교육만 받았지 마르크스주의를 제대로 공부할 기회가 없었다.

내가 다닌 고등학교는 일제 때 일본인이 과거의 경희궁터를 개조
하여 만든 학교로 넓고 시설이 매우 좋았다. 이 학교는 일본인 관료
의 자제들이 주로 다닌 학교로 해방 후 '서울고등학교'로 개명했다.
가끔씩 관광버스로 일본인 졸업생이 기모노를 입은 부인과 함께 교
정을 둘러볼 때의 기분 나쁜 느낌은 지금도 뚜렷하다. 그 무렵 어느
일본인 장관의 '한국이 발전하기 위해 한국의 여고생들을 기생관광
을 위한 관광요원으로 키워야 한다'는 내용의 발언이 매스컴에 알려
져서 매우 흥분했던 기억도 있다. 이 당시에는 흥사단 활동 탓인지
민족주의적 감정이 강했던 것으로 기억한다.

3. 1975년 3월 초 서울대 인문계열에 입학한 나는 관악캠퍼스 첫
입학생으로 유신시대의 매우 억압적인 정치적 분위기 속에서, 황량
한 캠퍼스와 대학건물의 위압적인 무게에 짓눌려 우울한 대학생활
을 시작한다. 이런 상황 속에서 니체를 비롯한 실존주의와 철학에
관한 책들을 읽기 시작했다. 4월 3일에 '독재타도', '유신반대' 구호
를 외치며 데모에 참여했다가 고등학교 동기인 연성만과 함께 남부

경찰서 유치장에 잡혀가 각서를 쓰고 밤늦게 풀려나와 소주를 마시며 '앞으로 어설프게 잡혀오지는 말자'고 다짐했던 기억이 난다.[2]

4월 8일 대통령긴급조치 7호가 발표되고 대학도 임시휴교에 들어갔다. 갑자기 할 일이 없어진 나는 친구와 여행을 떠났다가 돌아왔다. 세상은 어두웠고 암울했다. 5월 13일 긴급조치가 9호가 선포되고, 5월 15일 개강이 된 얼마 후 고등학교 선배인 이범영(1954-1994; 이하 형)을 만나면서 새로운 대학생활이 시작되었다.[3]

형의 소개로 '농촌법학회'(이하 농법회)에 참여하게 되었고 정신적으로 방황하던 당시 나는 '언더서클'에서 공부하는 재미를 느끼기 시작했다. E.H. 카의 『역사란 무엇인가』를 읽으면서 토론하고, 이영협의 『일반경제사요론』을 읽으며 마르크스의 역사관을 배우기 시작했다. 최문환의 『민족주의 전개과정』, 조용범의 『후진국 경제론』, 리영희의 『전환시대의 논리』(1974) 등을 읽으며 현실에 대한 비판적 시각을 가지게 됐고, 중국사회와 베트남을 새롭게 보기 시작했다. 또 『창작과 비평』에 실린 천승세의 「황구의 비명」, 황석영의 『객지』, 최인훈의 『광장』 등과 김지하, 신경림, 조태일 등의 시집을 읽으며 사회와 역사, 세계에 대한 새로운 인식을 갖기 시작했다.

농법회 세미나가 끝나면 선배, 동료들과 같이 막걸리를 마시며 세미나 때 못했던 이야기를 하거나 현실에 대해 진지하게 토론하면서 억압적이고 불평등한 현실에 분노하곤 했다. 중간에 휴교한 관계로 7월 30일 기말고사를 끝내고 충남 공주군 내문리로 농촌활동을 갔

2) 연성만에 대해서는 신동호, 『70년대 캠퍼스 2』, 환경재단 도요새, 2007, 22-29쪽.

3) 이범영에 대해서는 농촌법학회 50년사 발간위원회·민주화운동 기념사업회, 『고난의 꽃봉오리가 되다: 서울대학교 농촌법학회 50년사』, 184-231쪽 ; 신동호 『70년대 캠퍼스 1』, 환경재단 도요새, 2007, 275-283쪽.

다. 나는 청소년반과 아동반을 맡아 열심히 활동을 하면서 당시의 어두운 농촌현실을 알려고 노력했다.

겨울방학에는 형이 1학년들에게 일본 사회과학책을 읽기 위한 일본어 문법을 일주일 정도 가르쳤다. 일본어 문법을 학습한 후 겨울방학 동안 봉천동의 내 하숙방에서 몇 동기들과 함께 암파岩波문고의 『사회과학입문社會科學入門』[4]을 다 읽었다. 덕분에 그 이후로는 일본어 책과 논문을 어느 정도 읽을 수 있게 되었다. 1976년 1월에도 내문리로 농촌활동을 갔다.

1학년 겨울방학 때, 76학번 환영회(1박 2일 MT) 준비에 대한 회의 중 신입생을 위해 보다 구체적이고 재미있는 주제로 발표를 하면 좋겠다고 제안하는 바람에 내가 '민족문학론'에 대해 발표를 맡게 되었다. 덕분에 나는 당시에 나온 소설과 시집들, 평론들을 많이 읽었다. 당시에는 마르크스주의 관련 책은 거의 없었고, 읽을 만한 책들도 별로 없어서 일본어 책을 구해보거나, 계간지인 『창작과 비평』, 『문학과 지성』이 나오기를 기다려 바로 구입해 읽곤 했다.

나는 형의 안내로 1976년 2월에 경동교회에서 '예수는 정치범이었다'는 등의 사회 비판적 발언을 해서 대학에서 해직된 안병무 교수의 해방신학에 대한 특강을 일주일간 들었다. 이 때 안교수, 형과 함께 점심을 먹으며 이것저것 질문하면서, 하이데거의 철학과 신학의 관계에 대해 논의했던 기억이 난다. 내가 인문계열 생활을 마치고 철학전공을 한다고 했을 때 형은 아주 좋은 학문이고 해볼 만한 것이라고 얘기하며 열심히 공부해서 학점관리를 잘 하라는 격려를 해

---

4) 일본의 저명한 마르크스주의자인 高島善哉가 마르크스주의적 관점으로 세계를 바라보는 시각을 알기쉽게 서술한 책이다.

주었다. 형은 철학과 신학에도 관심이 많았고 나에게도 철학공부에 대해서 가끔씩 물어보곤 했다. 당시 형이 갖고 있던 마르틴 부버의 독일어 원서『Ich und Du(나와 너)』를 빌려서 좀 읽었고, 지금도 갖고 있다.

1976년 9월, 철학과에 들어간 후로 강의에서는 주로 서양철학사와 칸트, 후설, 하이데거, 비트겐슈타인 등을 공부했다. 나의 경우는 농 법회에서 경제사 등에 관한 공부와 일본책인『사회과학입문』, 일본 어로 번역된 파펜하임의『근대인의 소외』, 등을 통해, 그리고 정문 길의『소외론 연구』(1978), 마르쿠제의『이성과 혁명』 등을 통해 마 르크스주의를 접한 셈이다. 또한 당시에 청계천 헌책방에서 마르크 스주의에 관한 일본책들을 가끔 구할 수 있었는데『자본론해설』이 란 문고판 책을 주인이 팔 수 없다고 해 다른 책을 사면서 몰래 훔쳐 온 일도 있었다. 또한 1975년 10월에 김상협의『모택동사상』(일조각) 개정증보판이 나왔는데, 당시 사회주의 중국에 대한 관심 때문에 이 책을 읽기도 했지만 선배들이 1964년에 나온 초판에 '모순론', '실천 론' 등의 원문들이 많이 나오고 초판의 내용이 더 좋다고 해서 초판 을 빌려본 기억도 난다.

1976년 12월 8일에 형이 주동한 데모에서 5동 앞에 유인물을 뿌 리고 계획대로 재빨리 도망가 며칠간 사설독서실에 머물면서 '역사 철학' 과목 등의 리포트를 써냈다. 형은 시위현장에서 잡혀 구속되 었다.

1977년 10월 7일 오후에 서울대 사회학과 주최로 심포지움이 있 었는데 갑작스레 울산에서 어머님이 올라오셔서 나는 빠졌고, 결국 철학과 홍윤기를 비롯한 여러 친구와 사회학과 최상일을 비롯한 여 러 후배들이 구속되었다. 이 사건으로 휴교되고, 나는 괴로운 마음을 추스르기 위해 당시 부모님이 계시던 울산에 내려가 산 속 절에 들어갔다. 그러나 몸은 산 속에 있어도 마음은 감방에 들어간 선배, 동료, 후배들에 대한 미안함과 죄책감으로 힘들었다.

개강 후 얼마 안 지난 11월 11일, 도서관을 중심으로 대학 여러 곳에서 대규모의 시위가 일어났다. 권형택5), 연성만 등 당시 농법회와 다른 그룹 멤버들이 함께 주도한 시위였다. 나는 계획을 알고 있었으므로 농법회 1학년 후배들에게 도서관에 들어가지 않도록 전달을 했지만, 오세중 진재학 등 많은 후배들이 도서관 농성에 참여하여 1학년 때 제적되거나 수감되는 고통을 겪었다. 1학년 학습을 책임진 선배로서 도저히 견딜 수 없는 아픔이었고 중대한 실책이었다. 지금도 그 때를 생각하면 당시 1학년으로 고생한 77학번 후배들에게 미안한 생각이 든다.

형이 감방에서 나온 후 어느 자리에선가 감옥에 있을 때 니이체의 『짜라투스트라는 이렇게 말했다』를 아주 재미있게 읽었고 특히 힘이 없을 때 삶에의 의지를 강하게 불러일으켰다고 이야기하던 기억이 난다. 니체와 마르크스는 비슷한 시대의 서구 부르조아 사회의 문제를 전혀 다른 관점으로 비판한 철학자이다.

농법회 활동을 통해 한국현실을 보다 깊이 알게 되었고, 당시의 독재체제를 무너뜨리기 위한 학생운동이 지속적으로 있었다. 나는 형을 도와 시위에 참여한 이후로는 서클 내부에서 후배를 가르치고 이끄는 역할을 담당하여 데모에 주도적으로 참여하지는 않았다. 그러나 당시 선배, 동료, 후배들이 투옥되고, 재판이 이어지는 대학생활은 내게는 죄책감과 함께 너무 괴롭고 힘들었던 것으로 기억된다.

---

5) 권형택에 대해서는 신동호, 『70년대 킴퍼스 2』, 환경재단 도요새, 2007, 28-29쪽.

1977년, 3학년 2학기 때 차인석 교수로부터 '프랑크푸르트 학파의 비판이론' 강의를 들으면서 서구마르크스주의를 본격적으로 공부하게 되고, 이 때『경제학 –철학 수고』영어본을 교수님께 빌려 초기 마르크스 철학에 대해 리포트를 열심히 썼다. 아마도 내가 처음으로 쓴 마르크스주의 관련 글이라고 생각한다.

나는 4학년에 접어들면서 진로를 분명히 하여 공부를 계속해 대학원 진학을 하기로 했다. 그런데 1978년 10월 27일 철학과 친구로부터 학생운동관계로 이연숙(당시 서울여대 4학년)이 검거됐다는 연락을 받았다. 선배, 친구, 후배들이 수감되더니 이제는 사랑하는 사람까지… 나는 그 당시 심정을 어떻게 표현해야 할지 모르겠다. 당시의 일기장에는 "아픈 몸이 아프지 않을 때까지 가자"라는 말이 쓰여 있다. 당시 김수영의 시집과 산문집을 읽으면서 조금은 위로받았던 것 같다.[6]

4학년 말에 국사학과 이윤갑의 요청으로 마르쿠제의『이성과 혁명』(김종호역, 1975)에 대한 서평을『서울대』통권 2호(1979.2)에 실었다.[7] 학부 졸업논문으로 이론과 실천의 관계를 고민하면서 '칸트에서 선천적 종합판단의 의도와 성과'에 대해 썼다. 대학원 1학년 때인 1979년 10월 26일 독재자 박정희의 죽음을 알게 된 순간 나는 만세를 불렀다. 아마 같은 시대 나와 유사한 경험을 한 사람들은 모두 비슷한 심정이었을 것이다.

---

6) 이연숙(1956-2014)에 대해서는 김재현 편저,『사랑하는 당신 미안해요』, 불휘미디어, 2015 ; 진회숙,『우리 기쁜 젊은 날』, 삼인, 2018, 136-144쪽 참조.
7) 같은 책에 철학과 동기인 허남진이 정문길의『소외론 연구』(1978)에 대한 서평을 썼다.

4. 선배, 동기들이 데모를 하고 구속되는 사건들이 이어지는 가운데, 학부 3학년 2학기 후반부터인가 여러 학과의 친구들이 스터디그룹을 조직해 같이 공부하면서 서로에게 자극받고 위로하면서 연구자로서 길을 같이 가기로 했다. 학문연구를 통해 민주화와 사회혁명에 기여하는 사람도 있어야 한다는 생각으로 만난 친구들이었다.[8] 함께 『자본론』[9]을 몰래 읽다가 감시가 심해질 것 같으면 안병태의 『조선근대경제사연구朝鮮近代經濟史研究』[10], 강재언의 일본어로 된 한국사책을 보기도 했다. 우리는 모두 대학원에 진학해 마르크스주의에 기초한 연구자의 길을 가기로 했다.

1979년 10.26 사건이 일어나자 곧 대학원 스터디 그룹의 멤버들이 모여 앞으로의 사태 전개에 대해 토론하고, 급변하는 사회상황에서 대학원생으로서 무엇을 할 것인가를 논의했다. 급변하는 현실에 필요한 운동을 전개하기 위해 일단 대학원 학생회를 조직하기로 하고

---

8) 당시 국문학과의 박희병(서울대 국문과 교수), 국사학과 이윤갑(계명대 사학과 교수), 경제학과 정성진(경상대 경제학과 교수), 사회학과 김석준(현 부산시 교육감), 종교학과 장석만(한국종교문화연구소 소장), 철학과 허남진(서울대 철학과 교수)과 내가 스터디 그룹의 멤버였다.

9) 『자본론』 1권은 해방 직후 전석담 등이 번역한 서울출판사 간행 한글판으로 읽었고 2권은 일본어로 3권은 영어로 읽었던 기억이 난다. 경제학과의 정성진이 주도적인 역할을 했다. 정성진은 경상대에서 마르크스주의 경제학자로서 활발한 연구활동을 하고 있다. 정성진, 「한국에서 마르크스주의 연구의 성과와 과제」, 『한중 마르크스주의 연구의 성과와 과제』, 경상대학교 사회과학연구원 한중국제학술대회 자료집, 2011. 이 논문의 표1: 1980년대 이후 한국에서 마르크스주의의 진화과정(26-27쪽)과 표2: 한국의 마르크스주의 사상 지도 (30-31쪽) 참조.

10) 1982년에 『한국근대경제와 일본제국주의』(백산서당)라는 제목으로 번역본이 나왔다.

장기적인 전망을 가지고 대학원 학술지를 만들기로 했다. 국사학과 이윤갑이 제안하여 일본 역사과학협의회에서 간행하는『역사평론歷史評論』의 체제와 유사한 학술지를 만들기로 했다.

그런데 이 과정에서『역사평론』1980년 4월호에 실린「박암살과 한국독재정권」이라는 글을 읽었다. 이 글은 우선 10.26 당일 사건 직후의 미국, 일본, 한국의 핫라인을 분석하고 한국사회의 경제구조, 계급, 계층관계, 신군부세력의 움직임, 민주화세력의 형성 정도를 분석한 후 '한국사회는 당분간 박정희 없는 박체제가 계속될 것이다'라고 결론 내렸다. 나는 마르크스주의적 현실 분석을 바탕으로 국제 정치적 역학관계를 접합시킨 이 글을 읽고 상당한 충격을 받았다. 현실에 대한 이론적 분석의 중요성을 처음으로 실감한 것이다. 나는 이 글을 2부 복사하여 나중에 1부를 형에게 전달하면서 복학생과 운동권 분들이 필독하면 좋겠다는 말을 했다. 나중에 들으니 여러 부 복사해서 나누어 읽었다고 했다.

대학원 학생회 조직을 해나가면서 보니 학부에서도 학생운동권이 학생회와 대의원회를 장악해 가고 있었다. 농법회 후배들의 역할(학생회장 : 심재철, 대의원의장 : 유시민 등)이 두드러지게 나타났다. 그러나 1980년 '서울의 봄'은 꽃피질 못하고 마침내 5.17로 이어졌다. 나는 당시 대학원 학생회 일을 주도했기 때문에 피신하게 됐고, 피신 중에 가끔 형을 비롯한 농법회 선배들을 만나 도움을 받은 기억이 난다. 당시 철학과 대학원을 같이 다녔던 선배인 윤구병 선생 집에서도 잠깐 신세를 졌고 금전적으로도 도움을 받았다.

대학원에서는 본격적으로 헤겔철학을 공부하면서 마르크스주의 철학도 함께 연구하게 된다. 대학원 1학년 말에는 인문대 학보『지양』창간호(1980.4)에「Hegel에서 주인과 노예의 변증법」이라는 논문

을 게재한다.[11]

나는 1981년 2월에 「헤겔에서 노동에 대한 고찰」로 석사논문을 썼다. 이 논문은 마르크스주의를 직접 연구하지 못했기 때문에 헤겔을 통해 마르크스를 이해하고자 하는 방편으로 이루어진 것이었다. 그런데 김태길 교수가 논문 제목에 '노동' 개념이 들어가면 앞으로 어렵지 않을까 하는 걱정을 해주셨던 기억이 난다.

1982년 2월 20일 문공부는 평민사가 출판한 이사야 벌린I. Berlin의 책『칼 마르크스, 그의 생애와 그의 시대』 시판을 허락한다.[12] 이후에도 1985년과 1987년 금서 대부분의 출판을 허용한다.[13] 1983년에는 석사과정에서 후배들과 같이 읽었던 독일책인 요하임 리터의 『헤겔과 프랑스혁명』(한울)을 번역해 출간했다.

이을호는 철학과 74학번으로 황태연, 설헌영, 나를 포함해서 임석진 명지대 교수와 헤겔철학을 같이 공부하다가 학생운동 관계로 제적된다. 그가 1984년 4월 민주화청년연합회 정책실장이던 시절 당시 운동권의 운동론을 CDR(시민민주주의혁명론), NDR(민족민주혁명론),

---

11) 이 글은 대학원 1학년 때부터 사회철학하는 사람들과 같이 읽은 A.Kojève의 독일어책『Hegel』을 토대로 작성되었다. 설헌영 번역으로『역사와 현실 변증법: 헤겔 철학의 현대적 접근』(한벗, 1981)으로 출간되었다.

12) 이는 35년 만에 이루어진 마르크스 관련 저작의 해금이었다. 이 당시 해금된 마르크스주의 관련 서적 목록은 정문길『한국 마르크스학의 지평』문학과 지성사, 2004. 227쪽 참조. 한국에서 마르크스주의 수용에 대해서는 이 책 8장 '한국에 있어서의 진보주의의 수용과 전개' 9장 '한국에서 마르크스 – 엥겔스 연구: 저작의 번역과 연구 현황을 중심으로' 참조. 국내 번역된 마르크스 엥겔스 문헌 전체의 목록은 같은 책 273-319쪽에 상세히 소개되어 있다.

13) 장시복, 「한국에서『자본론』의 수용과 번역: 일제 강점기~1980년대」,『마르크스주의 연구』제13권 제1호, 2016 참조.

PDR(민중민주혁명론) 등으로 정리함으로써 'CNP논쟁'에 불을 붙였다.[14] 'CNP논쟁'은 남북분단 후 한국사회에서 본격적으로 마르크스주의적 현실변혁이론에 대한 논쟁이라 할 수 있다. 이 논쟁은 『창작과 비평』 1985년 가을호(57호)에 실린 박현채의 「현대 한국 사회의 성격과 발전단계에 관한 연구(1)」를 계기로 1990년대 초반까지 이어지는 소위 '사회구성체논쟁'의 불씨가 된다.

5. 대전 공군2사관학교에서 교관으로 3년, 서울 공군사관학교 작전처와 교수부에서 1년 근무를 마치고 1985년 3월에 박사과정에 입학한다. 이 때 나를 포함한 철학과 대학원생들이 중심이 되어 8월에 신림동에 '사회철학연구실'(이하 사철연)을 마련한다. 헤겔, 마르크스, 그람시, 알뛰세 등을 같이 읽으면서 실천운동의 과학화와 대중화에 대한 요구에 응답하고자 노력하다가 1986년 3월에 마산에 있는 경남대학교 철학과로 가게 된다.[15]

1986년 7월에는 연구실을 잠실로 이전하고 이 때 본격적인 학술

---

14) 이을호에 대해서는 신동호, 『70년대 캠퍼스 2』, 환경재단 도요새, 2007. 50-52쪽 ; 이을호와 동기인 미학과 김태경은 구속될 것을 각오하고 모리스 돕, 폴 스위지 등의 신마르크스주의 경제학 책과 레닌의 『국가와 혁명』 등을 영인해서 뿌렸다.(같은 책, 53쪽) 이을호는 CNP 논쟁을 구상하고, 전개하면서 마르크스를 공부하는 후배들(김재현, 설헌영, 박정호 등)과 함께 토론하는 기회를 가졌다.
15) 마산에 내려가자마자 전두환 정권을 비판하는 개헌요구에 대한 서명을 했다. 한 선배교수로부터 '김교수 빨갱이 아니요?' 라는 질문에 '빨갱이가 무엇인지 정의를 내리면 예, 아니오 대답을 하겠다'고 대꾸해서 시비가 붙은 적이 있다. 마산에서도 민주청년회 일로 이범영형이 내려오면 경남대 학생회장을 지낸 민주청년회 사람들과 같이 만나서 여러 가지 이야기를 나눈 후, 우리 집에서 자고 가곤 했다. 마산에 온 후 나는 이론적 작업과 함께 실천적으로 지역에서 요구되는 전교조, 민교협 활동, 지역연구소 활동, 시민운동 등에 참여하게 된다.

운동을 위해 마르크스주의 사전을 번역·편찬하는 작업을 시작한다.[16] 사철연을 봉천동으로 옮기고 스스로 조직정비를 한 후에 1987, 9월 27일 사철연을 학술운동단체로 공개했다. 사철연의 회칙 위에는 "철학자들은 여러 가지로 세계를 단지 해석해왔다. 그러나 중요한 것은 세계를 변화시키는 것이다"라는 마르크스의 포이어바하에 대한 11번째 테제가 쓰여있다. 사철연은 제1회 발표회에서 '현단계 철학운동의 위상과 과제'[17]라는 주제로 장시간 토론하면서 앞으로의 방향을 모색하기 시작했다.

윤구병과 '사회철학연구실'과 부분적으로 관계있는 70년대 학번 선배들이 중심이 되어 부정기 간행물 『시대와 철학』(1호 까치, 1987.6.5)을 발간한다. 이들은 "철학은 그 시대를 사상 속에서 파악한 것"이라는 문제의식 속에서 "시대의 아픔과 고민을 같이 하면서도 개념적인 긴장을 놓치지 않으려는 의도에서 이 책의 표지를 『시대와 철학』"으로 했으며 서양 실천철학과 함께 동양철학도 "사회-경제적인 면과 연결되어 해석될 수 있음을 제시"하면서 '철학의 실천적 자세'를 강조한다. 이들은 철학도들의 자기반성, 주체적 철학의 형성을 위한 근원적 실천으로서의 철학과 생산자적 철학, 비판적 철학을 표방하면서 '분단'과 '민중해방'의 문제를 철학적 과제로 제기하고 철학의 대중화를 의도한다. 이러한 문제제기는 현실변혁의 '무기로서

---

16) 1986년 10월에 동녘출판사에 '철학사전편집위원회'가 구성(위원장: 박정호)되었다. 사전작업의 의미는 1) 과학적 세계관을 보급, 심화한다. 2) 공동작업을 통해 상호연대를 강화한다. 3) 연구실의 장기적 기금을 마련한다 등이다.

17) 발표자와 내용은 다음과 같다. 이재현「철학, 연구, 운동」, 김창호「사회이론의 철학적 기초」, 장은주「올바른 철학실천을 위한 모색:『시대와 철학』(1호, 까치)에 대한 서평」.

의 철학'을 강조함과 동시에 기존철학계의 아카데미즘에 대한 비판의 의미도 있었다.[18] 현실변혁의 무기가 되기 위해서는 '대중성'을 중요시해야 하고 기존 철학계를 비판하기 위해서는 '전문성'을 중시해야 하는데 결국 절충적 입장으로 간행했다. 그런데 이 작업은 출판사 사정과 사철연의 변화, 편집위원들의 사정 등으로 더 이상 계속되지 않았다.

사철연은 서울대 대학원생 중심의 연구소였으므로 대중적 학술운동을 하기에는 한계가 있었다. 사회철학연구실과 임석진교수와 헤겔연구를 같이 하던 서울의 여러 대학의 헤겔학회 소장파들이 통합을 하고, 연구와 운동의 활성화를 위해 조직 확장을 하면서 여러 대학원 내부의 소모임들이 학교별, 연령별, 전공별로 통합되고, 사회철학연구실, 헤겔 학회, 『시대와 철학』(까치)팀, 동양철학 연구팀 등 약 130여명의 회원이 1989년 3월 25일 한국방송통신대학 강당에서 모여 '한국철학사상연구회'(이하 한철연)를 창립한다. 그런데 조직의 명칭을 정하는 과정에서 '철학'과 '사상'의 관계에 대한 논란이 있었는데 조직의 이념상 사상을 반드시 집어넣을 필요가 있다고 생각하여 '한국철학사상연구회'라고 결정하였다.[19]

---

18) 편집위원은 김수중, 김재현, 이규성, 이병창, 이정호, 이훈이며 이들이 곧 논문 필자이기도 하다. 이들의 논문 6편(서양4, 동양2)과 이병창이 쓴 「서평: 1980년대 변증법의 수용과정」 등이 실려 있다. 이 책을 만드는 과정에서 편집위원 외에도 당시 대학원에서 비판적 문제의식을 갖고 있는 여러 사람들이 참여했다. 또한 이 책의 편집방향에 대해서 '전문성'을 중시하느냐 '대중성'을 중시하느냐에 대한 논쟁이 치열하게 있었다.

19) 한국철학회, 철학연구회 등 기존의 철학회는 물론 이후에 생긴 여러 철학회에서도 '사상'이라는 개념을 쓰지 않는다. '사상'을 집어넣은 이유는 철학도 사회역사적 사상사적 흐름의 하나임을 강조함과 동시에 현실과 시대와의 대결을

한철연은 '과학적 세계관'의 확립과 '철학에서의 혁명'을 목표로 제시하면서 사회운동권과도 연결되어 있었고 아카데미 철학을 비판하는 실천적 입장을 강조하는 점에서 이념적으로 볼 때에는 기존 철학계에 대한 강력한 도전이었다. 그러나 당시의 시대적 분위기에서 인맥상으로는 완전한 도전이나 단절은 아니었다.[20] 통합된 한철연 구성원들은 이미 이전에 헤겔을 비롯한 사회철학과 변증법에 관한 책들을 상당수 번역했다.[21]

염두에 두었기 때문이다. 이러한 입장은 마르크스주의 철학자인 신남철의 입장으로부터 영향받은 것이다. 신남철에 대해서는 졸고 「신남철의 마르크스주의 철학 수용과 그 한국적 특징」(김재현, 『한국 사회철학의 수용과 전개』, 동녘, 2002), 한철연에 대해서는 졸고 「한국철학사상연구회와 〈시대와 철학〉에 대한 비판적 고찰」(김재현, 『한국 근현대 사회철학의 모색』, 경남대출판부, 2015) 참조

20) 창립대회에 조요한 한국철학회장,소흥렬공동대표, 학술단체협의회 공동대표(안병욱), 전민련 편집실장(이태복)등이 참여한 것은 이 철학회의 성격을 잘 보여준다.한철연 창립당시임원명단은 다음과 같다.공동대표6명(소흥렬, 김홍명, 윤구병, 송영배, 이태수, 최종욱) 운영위원: 운영위원장/연구부장/이병창, 교육부장/이종철, 교육부간사/서도식, 편집부장/이규성, 편집간사/김우철, 장은주, 기획조사부장/이만근, 사업부장/김성민, 섭외부장/이상훈, 총무부장/서유석, 총무간사/황성혜(회계), 김광식(도서 및 회보)

21) 당시 한철연 구성원들이 번역한 책으로는 A.코제브, 설헌영 역, 『역사와 현실 변증법; 헤겔철학의 현대적 접근』, 한벗, 1981 ; M.리델, 이병창 역, 『헤겔 사유에 있어서 이론과 실천』, 1982, 한밭출판사 ; J.리터, 김재현 역, 『헤겔과 프랑스 혁명』, 1983, 도서출판 한울 ; 김창호 편역, 『헤겔변증법연구』, 풀빛, 1983 ; 코직, 박정호 역, 『구체성의 변증법』, 거름, 1984 ; 루카치, 박정호·조만영 역 『역사와 계급의식』, 거름, 1986 ; D.맥렐란, 홍윤기 역, 『청년헤겔운동』, 학민사, 1984 ; 그람씨, 이상훈 역, 『옥중수고』, 거름, 1986 ; 루카치, 김재기 역, 『청년헤겔1』, 1986?, 동녘 ; 루카치, 서유석·이춘길 역, 『청년헤겔2』, 1987, 동녘 ; 우기동역, 『철학연습』, 미래, 1986 외에도 김성민, 이병수 등 여러 명이 마르크스철학 관련 책을 번역했다.

한철연 조직의 축을 형성한 것은 70년대 중반 학번에서 80년대 초반 학번이었다. 이 새로운 연구자 세대는 철학뿐 아니라 다른 인문학, 사회과학에서도 학술단체 결성의 주도적 역할을 수행했다. '6월 항쟁' 이후 사회 각 부분에서 변혁적 운동과 기층 민중운동이 활성화되면서, 개별 분과학문 별로 산재해 있던 연구단체들이 '학술단체 협의회'로 결집되었다. 철학의 경우도 산재해 있던 진보적 철학 연구자들이 역량을 한데모아 한철연을 결성한 것이다.

6. 1987년 '6월 항쟁' 이후 노동자들의 합법적 조직화 운동, 그리고 북방정책의 변화 등과 함께 마르크스주의가 본격적으로 수용되기 시작했다. 또한 학생운동 내부에서 주체사상에 대한 논쟁도 활발했으며 학술단체들이 중심이 되어 '민족적 민중적 학문'에 대한 논의를 시작했다.[22] 그런데 특이한 것은 한국에서의 이러한 마르크스주의 수용은 서구와는 역방향의 것으로서 분단 이후의 한국사회에서 금지되고 억압되었던 사상적 현실을 잘 보여주는 것이다. 곧 이어 1989년 11월 9일 베를린 장벽이 붕괴되고 동구사회주의권이 몰락하는 세계사적 변화가 일어난다.

한철연이 공식으로 출범한 1년 후에 반연간지인 기관지로서 『시

---

22) 1988년 6월 3,4일 양일에 걸쳐 건국대에서 처음으로 학술단체 연합심포지움이 열렸다. 이때의 주요 개념이 '학술운동'과 '민족적·민중적 학문'이었다. 사철연에서는 필자가 '모순·이데올로기·과학'이라는 제목으로 당시 사회과학과 문학에서 논의되던 모순론을 통해 한국근현대사를 분석하고 한국철학사상의 이데올로기적 성격을 해명하면서 신남철, 박치우, 박종홍 등을 다루었다. 학술단체 협의회편, 『80년대 한국인문사회과학의 현단계와 전망』, 역사비평사, 1988.

대와 철학』 창간호(천지출판사, 1990.6.30)가 다시 나온다. 그러나 1987
년에 나온『시대와 철학』필자와 편집위원이 모두 한철연의 중요 구
성원으로 활동하므로 새 창간호와 연속성이 있고, 한철연이라는 새
로운 조직이 내는 것이므로 '시대와 철학'이라는 이름을 그대로 사
용하여 새 창간호를 만든 것이다.23)

  이 새 창간호는 이념적으로는 기본적으로 앞서 나온 창간호의 정
신을 이어받는다. "이 잡지는 시대에 따라 변전하는 삶의 양식을 이
해하고, 그것을 여러 차원에서 철학적으로 해명하면서 현 시대가 보
여주는 미래의 가능성"을 모색하고자 하면서 "철학은 시대의 혼이
자 시대의 모순에 대한 반역"24)임을 천명한다. 이러한 노력의 하나
로 당시 소련에서 한참 진행 중이던 '페레스트로이카에 대한 철학적
반성'이라는 좌담25)을 하고 한철연 제1회 학술발표회 주제였던 '한
국현실과 철학운동의 과제'를 특집으로 논문을 묶어내고 '동구개혁
과 철학'에 대한 소련 철학자들의 논문을 번역 소개한다.26) 그런데
이 창간호의 발행은 한국 최초의 본격적인 마르크스주의 철학사전
인『철학대사전』의 작업을 통해 어느 정도 수익을 얻은 동녘출판사
에서 출판비를 지원함으로써 이루어졌다.

  『시대와 철학』 2호(동녘출판사, 1991.2)의 '책머리'에서는 '시대와 함

---

23) 이 부분에 대해서는『시대와 철학』 2호, 동녘, 1991, '책머리에' 참조.

24) 『시대와 철학』 천지, 1990, 편집자 권두언 '철학은 시대의 혼이다'.

25) 좌담자는 윤구병, 이병창, 이훈, 최종욱이다.

26) 이 외에도 창간호의 내용으로는 월북철학자들(김재현), 북한의 주체철학에 대
   하여(이영철), 자연사적 과정으로서의 역사와 인간의 주체성(이주향), 관념론
   과 유물론의 종합(소흥렬), 유기의 세계관과 대중성(이규성)이라는 글이 실렸
   다. 이들 모두 당시 현실에서 중요하게 다루어지던 문제들을 철학적으로 접근
   하고자 한 노력으로 볼 수 있을 것이다.

께 호흡하고 있는가'를 계속 물으면서도 진보적 철학연구의 역사가 너무 짧고 그 폭과 깊이에도 한계가 있으므로 철학연구자들의 호흡이 시대의 추세를 따라잡기에 숨가쁘다는 고백을 한다. 그리고 당시 국제적으로 동구 사회주의권의 몰락, 중국의 천안문 사태, 소련에서 페레스트로이카의 진행 등의 변화를 다루기 위해 '사회주의권 변혁의 철학적 문제들'을 특집으로 다루었다.[27] 한철연에서는 소련의 해체, 동구 사회주의권의 몰락에 따른 마르크스주의의 변화와 다양화에 대한 이론적 대응으로서 『현대사회와 마르크스주의의 철학』(1992)을 간행했다. 이 책에서는 정통마르크스주의의 틀을 넘어 현대 마르크스주의의 다양한 경향들을 폭넓게 소개하고 있다.[28]

7. 1990년대 들어 마르크스주의 이외의 다양한 경향들 특히 상대주의적, 다원주의적, 더 나아가 해체적 경향을 갖는 포스트모던적 사상들이 활발히 수용, 소개된다. 모더니티에 대한 논쟁 속에서 하버마스는 의사소통행위이론에 기초해서 사회적 합리성, 합의, 해방,

---

27) 「사회발전의 변증법 – 생산력과 생산관계를 중심으로」(이만근), 「레닌의 민주주의론에 대한 재검토」(박정호), 「소련철학에서 인간론의 지평」(김재현), 한철연이 발간한 『시대와 철학』의 역사와 내용에 대해서는 필자의 글 「한국철학사상연구회와 『시대와 철학』에 대한 비판적 고찰」, 『시대와 철학』 23권 1호, 2012 ; 김재현, 『한국 근현대 사회철학의 모색』, 경남대학교 출판부, 2015, 232-256쪽 참조.

28) 한철연은 2013년에 『다시 쓰는 맑스주의 사상사』라는 책을 간행한다. 20여년 만에 한국에서 마르크스주의의 여러 경향과 사조들이 어떻게 수용되었는가를 잘 보여주는 책이다. 이 두 책을 비교하여 그동안 한국에서 마르크스주의 철학의 수용이 어떻게 변화되었는가를 분석할 필요가 있지만 이는 다음 과제로 미룬다.

연대 등과 같은 근대적 가치를 보존·확대하고자 하는 확고한 이성
주의자로서 포스트모더니즘에 대항하여 합리성에 기초한 사회비판
이론을 옹호한다.[29]

하버마스에 대한 박사논문 준비를 위해 학교를 휴직하고 일 년 간
(1992.1-1993.1) 독일에서 공부했다(A.Honneth, P.Dews와 만남). 이 때
선진 유럽인들의 학문적 전통과 뿌리가 매우 튼튼하며, 이론과 현실
이 생동적으로 서로 관계 맺으면서 긴장관계 속에 있다는 것을 느꼈
다. 이에 반해 한국의 철학은 전통과의 단절, 이론과 현실의 괴리 등
으로 매우 추상적이고 공허하다는 것을 확인할 수 있었다. 어쨌든
1995년 8월에 '하버마스에서 해방의 문제'로 박사논문을 마쳤다.

나는 1996년 2월 『사회비평』 하버마스 특집호에서 하는 특별좌담
인 '하버마스: 비판적 독회'에 참여했다. 이 자리에서 마르크스와 하
버마스의 공통점과 차이에 대해 논의하고, 하버마스의 철학연구 결
과보다 철학연구를 해온 과정을 잘 살피고 우리도 이러한 연구과정
을 거쳐야 함을 주장했다. 즉 유럽의 철학적 전통을 계승하면서도
역사, 사회과학 등 포괄적이고 현실적인 연구를 토대로 새로운 철학
을 만들었듯이 우리도 우리의 역사와 사회과학을 토대로 새로운 이

---

29) 여기서 우리는 포스트 모더니즘에 대한 하버마스의 철학적 개입이 띠고 있는
정치적 성격을 강조하는 것이 중요하다고 생각한다. 1970년대 후반부터 그의
연구는 근(현)대성의 일부 또는 전체를 거부하는 다양한 갈래의 보수주의적
사고가 서구 자본주의 전체에 걸쳐서 되살아나고 있는 것에 주목하고 있다.
하버마스가 2차 대전 이전의 유럽 우파가 가졌던 비합리주의라고 여겼던, 이
러한 사고의 재등장은 분명하게, 특히 독일 연방 공화국 내에서 아주 위협적인
의미를 가지고 있었다. 특히 자유 민주주의에 대한 반동적인 도전에 대한 공포
는 하버마스로 하여금 포스트모더니즘 논쟁에 적극 참여하도록 만들었다. 캘
리니코스, 임상훈·이동연 역, 『포스트모더니즘 비판』, 성림, 1994, 92-93쪽.

론을 만들 필요가 있음을 강조했다.[30)

1996년 봄, 하버마스의 한국 방문을 전후해 그에 대한 여러 연구들이 나왔는데, 이 중 『하버마스의 사상: 주요 주제와 쟁점들』(나남출판, 1996.4)의 책머리에서 장춘익은 한국에서 마르크스주의와 관련해 하버마스의 사상이 수용되는 과정에 대해 잘 설명하고 있다.

"1970년대 중반부터 소개되기 시작한 하버마스의 사상은 처음에는 마르크스사상에 대한 우회로로서 수용되었다. 합법적으로 마르크스의 저작을 접할 수 없었던 사람들은 마르크스에게 영향을 준 사상이나, 영향을 받은 사상이라도 공부하고자 하였다. 그래서 한편으로 헤겔을, 다른 한편으로는 서구마르크스주의를 공부하였다. 그 후 1980년대 중반부터 마르크스주의 계열의 서적에 대한 접근이 비교적 자유로워지면서 그런 우회로들은 불필요한 것이 되었다. 마치 마르크스주의의 전통을 단숨에 만회하려는 듯이, 마르크스뿐만 아니라 레닌과 모택동의 글, 그리고 동구권에서 출판된 책들이 다투어 번역되었다. 이에 병행하여 마르크스주의적인 소장학자들은 엄청난 열정과 에너지를 투여하면서 이론논쟁을 진행시켰다. 그러나 이런 노력들이 미처 스스로의 성과를 정리하고 새로운 이론을 수용할 필요를 자각하기 전에, 1980년대 말부터 동구권의 체제변동이 닥쳤다. 사회주의권의 변동을 더 나은 사회주의를 위한 자체 개혁으로 이해하려 했던 시각마저 더 이상 유지될 수 없게 되자 비판적 지식인들의 이론적 지향점은 극도로 불투명해 졌다. 뒤이어 수용된 포스트모

---

30) 『사회비평』 제15호, 996, 238-293쪽. 좌담은 송호근의 사회로 박영도, 윤평중, 장춘익, 김재현이 참여했다.

더니즘은 마르크스주의뿐만 아니라 모든 진보적 사고를 의심의 대상으로 만드는 것이었다.

이런 상황에서 자기수정의 태세를 갖추고 다양한 이론적 조류들과의 접점을 잃지 않으려는 비판적 지식인들이 하버마스의 사상에 다시 주목하게 된다. 마르크스의 정치경제학처럼 학문성과 실천적 함의를 동시에 갖는 비판적 사회이론을 새롭게 세우려는 하버마스의 작업이 이제 비로소 진지한 고려의 대상이 된 것이다."31)

1990년대 들어 본격화된 하버마스의 수용은 한국에서 마르크스주의 수용과정을 역설적으로 보여준다고 할 수 있을 것이다. 하버마스는 한편으로 마르크스적 전통을 가지면서 다른 한편으로는 마르크스주의 기본틀과 단절되는 면이 있다. 하버마스는 "민주적 공론장에 대한 참여의 선행 조건으로 경제적 평등 - 계급구조의 종말과 성적 불평등의 종말 - 이 필요하지 않은가? 그렇다면 이러한 참여와 자본주의가 양립할 수 있는가? 당신의 입장은 무엇인가?"라는 낸시 프레이저의 질문에 "나는 평생 개혁주의자reformist라고 생각했고 최근에는 더 그렇게 되었다고 생각했다. 그럼에도 나는 '마지막 마르크스주의자'the last Marxist인 것처럼 느껴진다"32)고 말한 적이 있다. 우리는 하버마스의 이 말을 어떻게 해석할 것인가?

나는 1998년 9월 『현대사상』 특별 증간호에 실린 「지식인 리포트: 한국 좌파의 목소리」라는 권두 좌담에 지방대 교수의 자격으로 참여한 적이 있다. 이 때 나는 '좌파가 무엇이냐, 마르크스주의가 무엇

---

31) 장춘익, 『하버마스의 사상: 주요 주제와 쟁점들』, 나남출판, 1996, '책머리에' 9-10쪽.
32) *Habermas and Public Sphere*, C.Calhoun: MIT Press, 1992, p.469.

이냐?'라는 질문에 대해 '1970년 학번 세대 특유의 민족, 민중적 입장'이라고 말했고, '과학으로서의 마르크스주의보다는 비판으로서의 마르크스주의', '삶의 태도이며 근본적 진리(홉스봄)로서의 좌파적 또는 마르크스주의적 입장'이라고 말했던 적이 있다.[33] 오늘날 한국에서 마르크스주의 철학 또는 마르크스주의 철학자란 무엇이며 어떤 의미를 갖는가? 한국에서 마르크스주의 철학의 수용과 토착화란 무엇인가?

33) 현대사상 특별 증간호 『한국 좌파의 목소리: 1998 지식인 리포트』, 민음사, 1998.9. 12-75쪽.

'우리철학'의
길을 열며

우리 철학의 길 /

김교빈

1 들어가는 말

근대 이후 나타난 인류 문명의 발전 속도는 숨 가쁠 정도로 엄청나다. 1784년 증기기관의 발명에서 시작된 1차 산업혁명이 농업과 수공업 사회를 공장제 대량생산으로 바꾸었고, 그로부터 150년도 못 되어 포드 자동차의 컨베이어 시스템으로 대표되는 전기에너지 기반의 2차 산업혁명이 일어났다. 그리고 50년 쯤 뒤 컴퓨터와 인터넷 기반의 3차 산업혁명이 시작되었고, 2016년 1월 스위스에서 열린 다보스포럼은 4차 산업혁명이 시작되었음을 알렸다.

이러한 변화는 인류에게 한편으로는 환경문제를 그리고 다른 한편으로는 문화문제를 화두로 갖게 하였다. 특히 문화는 과학기술의 발전에 힘입은 교통과 통신의 발달이 지구를 한 마을처럼 좁힌 상황에서 엄청난 부가가치를 창출하는 자원으로 주목받게 된 것이다. 그래서 사람들은 21세기를 '문화의 세기'라고도 부르고 있으며, 세계 여러 나라들은 자신들의 고유문화를 활용한 문화상품을 내세우면서 엄청난 규모의 문화전쟁을 벌이고 있다. 새로운 강대국으로 떠오른

---

* 이 글은 동서철학회의 『동서철학연구』 제19집(2000)에 게재한 논문을 일부 수정한 것이다.

중국은 전 세계 여러 나라에 중국문화를 알리는 공자아카데미를 세웠고, 우리나라도 이러한 흐름에 발맞추어 2000년대 초반부터 문화체육관광부에서 한스타일Han Styles이라는 이름으로 한복, 한옥, 한식, 한지, 한글, 한국 음악을 세계적인 수준으로 끌어올리는 사업을 추진 중이다.[1] 세계 여러 나라들이 자신들의 문화를 중시하고 정치, 경제, 사회 모든 방면으로 적극 활용해 가는 까닭은 자신들의 정체성을 유지 강화하는 길이 독자적인 문화를 보존하고 확산하는 데에 달려 있다고 보기 때문이다.

문화는 광범위한 범주에서 보면 인류가 만든 모든 것을 의미하는 개념으로서 지식·예술·종교·법률·풍속 등 모든 사회현상을 포괄하지만, 좁은 의미에서는 정신생활 영역을 가리키는 개념이 되기도 한다. 문화를 층이 다른 3단계 구조로 구분한 방박龐樸의 견해에 따르면 현존하는 유물 등은 물질적 층면에 속하는 것으로 나무의 잎과 꽃에 해당하고, 정치·법률·관습 같은 제도와 이론체계는 제도적 층면에 속하는 것으로 나무의 둥치에 해당하며, 종교·철학·윤리 등은 심리적 층면에 속하는 것으로 나무의 뿌리에 해당한다.[2] 따라서 철학은 오늘날 주목받는 문화의 뿌리인 셈이다. 그렇다면 과연 우리 문화에서 우리 철학은 어떠한 위치에 놓여 있으며, 맡은 역할을 충분히 수행하고 있는 것일까?

역사적으로 보면 18세기 이후 서양이 동양을 압도해 오면서부터 동양 여러 나라의 문화와 사상은 전근대적이고 비합리적이며 비과

---

1) 이 사업은 한브랜즈(Han Brands)라는 이름으로 시작되었고 처음에는 국학(國學)이 한 항목으로 들어 있었지만 한문으로 된 전통사상들을 세계화하는 작업이 쉽지 않다는 판단에서 한국 음악으로 대체하였고 사업 이름 또한 바뀌었다.
2) 李宗桂,『중국문화개론』, 동문선, 1991, 18-22쪽 참조.

학적이라는 비판을 받았었다. 우리나라도 예외가 아니어서 철학분야만 보더라도 전통철학은 서양철학의 유입과 함께 근대 이전까지 누리던 주도적 위치를 잃고 말았다. 하지만 중국의 경우 마르크시즘의 중국화를 포함하여 다양한 서양철학 사조를 자신들의 관점에서 소화해 보려고 노력했던 것3)과 달리 우리 경우는 융합을 지향하기보다는 서양철학이 전통철학을 적대적 관계에 서서 말살하고 지배하는 형식으로 진행된 셈이다. 그 결과 일본 제국주의 통치의 일환으로 서양 중심의 교육제도가 자리 잡은 이래 일제하에서는 독일철학이 중심이었고, 해방 이후로는 영미철학이 중심을 이루면서 현재에 이르고 있다. 대부분의 대학에서 철학과 교과과정이 독일철학과 영미철학 중심으로 구성되어 있는 오늘의 현실이 그러한 흐름의 연장인 셈이다.

물론 20세기 후반에 들어오면서 분위기가 많이 달라지기도 하였다. 서구자본주의가 파생시킨 도덕적 타락과 인간성 상실, 환경오염으로 대표되는 생태학적 위기 등이 서구문화와 그 근간을 이루는 서구사상을 반성하게 만들었고, 또한 앞에서 언급한 것처럼 동양의 여러 나라들이 국가 간의 냉혹한 경쟁 속에서 자신의 정체성을 확립하기 위하여 고유문화와 사상에 주목하기 시작한 것들이 변화의 중요한 요인이 되었다. 하지만 우리 철학계의 현실은 그 같은 변화 요인

---

3) 5·4 신문화 운동 이후 서구 사상을 수용하기 위한 여러 가지 노력이 있었으며, 가장 최근의 사례인 현대신유가의 경우도 비록 성공적인 것은 아니었지만 서구문화를 단순한 수용 차원이 아니라 민족문화의 새로운 모색을 위한 추동 요소로 삼아간 예라고 할 수 있다. 『시대와철학』16호에 「중국전통주의자의 서양에 대한 창조적 오해와 모색」이라는 주제로 실린 4편의 논문 참조(한국철학사상연구회, 1998).

들을 긍정적으로 수용하여 발전적인 방향으로 나아가기에는 너무도 열악한 환경에 처해 있는 듯하다. 주관적 상황을 보면 철학 전공자들 대부분이 세부전공 이기주의를 넘어서지 못하고 있으며, 사회나 문화에 대한 토대 분석 없이 여전히 사변적이고 추상적인 논의만 거듭하고 있다. 또한 외적인 상황을 보더라도 신자유주의 시장 논리에 따른 구조개혁의 흐름 속에서 다른 인문학 분야와 마찬가지로 대학 현장에서의 생존이 어려운 상황으로 몰려 있고, 그에 따라 학문 후속세대들의 진출 또한 거의 막혀버림으로써 미래의 전망마저 위협받고 있다. 이렇게 된 원인은 무엇일까? 그러한 원인 분석과 그에 따른 뼈저린 반성만이 오늘 우리 철학계가 처한 현실을 극복할 수 있는 초석이 될 수 있을 것이다. 그런 점에서 이 글에서는 먼저 한국철학이란 무엇인가를 살피고, 한국 현실에서 철학이 처한 문제점을 짚어 본 다음 우리 철학이 어떠한 길로 나아가야 할지를 가늠해 보고자 한다.

2 한국철학이란 무엇인가

어느 민족이나 민족의 존립 근거는 주체성이다. 주체성은 민족 내부의 동질성을 보장하는 기반인 동시에 다른 민족과의 차별성을 드러내는 근거이기 때문이다. 물론 2017년 통계에 따르면 국내 다문화가구가 32만에 이르고 여기에 속한 인구도 96만 명에 달하며[4] 외국인 국내 체류자 또한 2백 만 명을 넘어섰다.[5] 더구나 지금처럼 민족

---

4) 「다문화가족 관련 연도별 통계」, 여성가족부 다문화가족정책과, 180912 다문화가족 관련 통계 현황

또는 국가 간의 협력과 조화가 강조되는 국제화시대에는 특수성에 기반을 둔 민족 주체성을 강조하기보다 인류의 보편성을 확보하는 일이 우선적인 과제인 것처럼 보인다. 하지만 다문화와 국제화도 그 중심축인 민족이 없다면 모래 위에 지은 집과 같다. 민족문화에 토대를 두지 못한 다문화는 뿌리 없는 문화가 되기 쉬우며, 민족의 존립에 근거하지 않은 국제화는 강대국의 이익만을 보장하는 허구에 불과하기 때문이다. 이것은 약소국, 약소민족의 평화에 대한 보장 없이 세계 평화를 논하는 것과 같다.

민족 주체성을 구성하는 요소는 다양하다. 고유 언어와 관습, 민족 범주에서 공유하는 오랜 역사경험 등이 모두 여기에 해당한다. 하지만 그 가운데 빼놓을 수 없는 것이 민족의 고유한 철학사상이다. 민족의 고유한 철학이란 그 민족의 보편적인 사유체계이며 그 속에서 민족 나름의 인간관, 자연관, 세계관이 나오기 때문이다. 그러므로 고유한 사유체계를 지니지 못한 민족은 더 이상 민족으로서의 존립 근거를 잃게 된다.

그렇다면 우리 민족의 고유한 철학사상은 무엇인가? 일찍이 식민시대 일본학자들은 전통철학의 핵심인 유교·불교·도교가 모두 중국에서 들어온 철학이므로 한국만의 고유한 철학사상은 없다고 하였다. 그 대신 그들은 삼국시대부터 고려시대까지는 불교에만 집착하였고 조선시대에는 유교에만 집착하였듯이, 새로운 외래 사상이 들어오면 거기에만 몰두하는 고착성과 더불어 오랜 역사를 통해 중국문화에 맹종해 온 사대성이 한국사상의 특징이라고 규정하였다. 하지만 이러한 논리는 자신들의 조선 지배를 합리화시키기 위한 억

---

5) 「국적·지역 및 체류자격별 체류외국인 현황」, 통계청.

지에 불과하였다.

그 뒤 이 같은 견해에 반대하는 새로운 주장들이 나왔다. 그 가운데 첫째는 유교·불교·도교 같은 외래사상을 제외한 단군 신화와 무속신앙, 그리고 화랑도만이 우리 철학사상이라고 보는 견해이다. 둘째는 비록 유교·불교·도교가 외래사상이기는 하지만 오랜 세월을 거치면서 우리 것이 되었으므로 우리 철학사상으로 보아야 한다는 견해이다. 셋째는 철학은 보편을 추구하는 작업이므로 서양과 동양, 한국·중국·일본으로 가를 것이 아니라는 전제에서 한국철학이란 한국에서 하는 철학 정도의 의미로써 이 땅에서 한국 사람이 한국말로 하는 철학은 모두 한국철학으로 보아야 한다는 견해도 있다. 위의 여러 견해 가운데 첫 번째 견해는 편협한 국수주의에 머물기 쉬우며 세 번째 견해는 뿌리 없는 보편론이 되기 쉽다. 첫째 견해가 객관적인 자료의 부족으로 지나친 추상화를 통해 국수주의에 빠질 우려가 있다면, 셋째 견해는 삶의 경험이 지닌 차이와 이를 바탕으로 한 사유체계의 차이를 무시한 허구적 논리가 될 우려가 있다.

그렇다면 우리는 무엇을 우리의 철학으로 규정할 것인가? 앞에서 말했듯이 어느 민족이나 그 민족만의 사유체계를 갖는다. 그것은 그 민족이 오랜 역사 속에서 자신들이 몸담고 살아 온 자연 조건과 사회 상황 속에서의 체험들을 추상화하고 체계화해 낸 것이다. 그 과정에서 독자적인 사유체계를 만들어 내기도 하고 외래 사상을 받아들여 자신들의 사상으로 만들어 가기도 한다. 사실 인간은 고대부터 오늘날까지 누구나 자기가 살고 있는 체험 세계, 즉 삶의 세계에 나타난 여러 문제들을 고민하면서 나름대로 답을 구해왔다. 하지만 이러한 고민들은 개별 인간의 문제만으로 그치는 것이 아니다. 따라서 개개인의 고민과 해석이 오랜 기간을 거치면서 민족 범주의 보편적 공감대를 구성하게 되고 궁극적으로는 하나의 사유체계를 이룬다. 이 같은 과정을 거쳐 한국 민족이 만들어 낸 보편적 사유체계가 바로 한국의 철학사상인 셈이다. 이러한 점을 좀 더 나누어 살펴보면 다음과 같다.

첫째는 한국적 특징을 지니는 것이어야 한다. 한국적 특징이란 밖으로부터 똑같은 사상을 받아들이더라도 다른 나라가 받아들인 모습과 구별되는 특징이다. 예를 들면 불교는 오랜 기간을 거쳐 한국적 특징을 지닌 철학사상으로 자리 잡았다고 평가되며, 그렇기 때문에 인도불교·중국불교·일본불교·한국불교의 구분이 가능해 지는 것이다. 이 점은 유교의 경우도 마찬가지이다. 따라서 오늘날의 서양철학이나 기독교도 오랜 과정을 거치면서 한국적 특징을 띠게 된다면 우리 철학사상의 범주에 들게 될 것은 당연한 일이다.

둘째로 앞의 전제를 충족시키기 위해서는 한국인의 삶에 기초하여야 한다. 아무리 뛰어난 철학사상이 우리 지식인들 사이에 널리 퍼져 있다고 해도 이 땅의 삶과 관계가 없는 한 한국의 철학사상이 될 수는 없다. 그 사상이 뛰어난 중국철학이라면 여전히 우리가 아는 중국철학 가운데 하나일 뿐이며, 독일철학이라면 마찬가지로 독일의 다양한 철학 가운데 하나일 뿐이다. 하지만 그러한 철학사상이 우리 사회의 문제를 고민하고 우리의 삶을 개선시키기 위한 도구가 될 때 비로소 우리 철학사상이 되는 길을 걷게 된다. 즉 우리 사회의 문제를 정확히 인식하는 도구인 동시에 그 모순을 해결하기 위한 대안이 될 수 있을 때 우리의 철학사상으로 기능하게 되는 것이다. 과거 불교나 유교가 토착화하는 과정도 이런 과정이었으며, 앞으로 기독교나 서양철학들이 걸어야 할 길도 이러한 과정이다.

셋째는 과거의 철학이든 오늘날 우리가 받아들인 외래사상이든 민족의 삶에 발전적으로 작용해야만 한다. 예를 들어 과거 우리 철학의 한 부분이었던 전통철학도 오늘 우리의 삶과 무관하다면 더 이상 우리 철학이 될 수는 없다. 물론 그 경우 과거 역사 속에서 그 전통철학이 가졌던 철학사적 기능 자체가 부정되는 것은 아니다. 하지만 오늘 우리의 삶과 무관할 때는 그러한 철학의 역할이 오늘 우리의 삶을 개선시키기 보다는 오히려 사회발전을 가로막는 역기능으로 작용하기 쉽기 때문에, 과거의 긍정적 역할이 오늘의 역할로 아무런 제약 없이 이어지는 것은 아니라는 사실이다. 이런 점에서 본다면 외래사상, 특히 오늘날의 서양철학도 반드시 주체적 입장에서 섭취, 수용되어 오늘 우리 민족의 삶에 긍정적인 역할을 맡는 과정을 거쳐 비로소 우리 철학사상의 범주 속에 들어오게 될 것이다.

3 무엇이 문제인가

연구자들 가운데 동양철학과 서양철학은 연구방법이 다르다고 하는 사람들이 있다. 그들은 그 근거로 서양철학이 역사적으로 존재론이나 인식론적 경향을 강하게 띠었던 것과 달리 동양철학은 수양을 위한 공부론에 관심을 두었다는 점을 들기도 한다. 또는 서양철학이 분석적이고 논리적인 방법을 강조했던 것과 달리 동양 철학은 직관이나 체득을 중시했다고 구별하기도 한다. 그러나 이와 달리 어떠한 철학이든 보편성의 원칙에서 본다면 방법이 구별될 필요가 없다는 주장도 있다. 이 같은 두 가지 주장은 한국철학 연구에도 서로 다른 적용 방식을 보인다. 한국이라는 특수 조건에 근거한 특수한 연구방법이 있다는 주장도 있고, 철학의 보편성에서 볼 때 그러한 주장은 편협한 국수주의적 사고라는 지적도 있다. 하지만 이러한 주장들 속에는 앞에서 지적한 전공 이기주의처럼 연구자들 자신의 입지를 강화하려는 의도가 들어 있기도 하다.

그러나 정말 중요한 것은 방법론의 차이가 아니다. 어떠한 철학에만 유용한 연구방법은 없다. 다만 어떠한 연구방법이 다른 방법에 비해 분석도구로써의 역할에서 비교 우위에 있다고 할 수 있을 뿐이다. 어떤 방법을 선택할 때 정말 중요한 것은 그 방법이 연구목적에 들어맞는 결과를 얻는 데 얼마나 유용한 것인지, 그리고 한국사회의 문제를 새롭게 볼 수 있는 틀을 만드는데 얼마나 효과적이며 한국에 적합한 사유체계를 바람직한 발전 방향으로 이끌 수 있는 방법인지를 따지는 문제이며, 이를 대다수의 한국인들이 동의하고 받아들이는지가 관건이다. 그러므로 훈고학적 방법이든 고증학적 방법이든, 또는 해석학적 방법이든 현상학적 접근이든 위의 전제를 충족할 수 있다면 모두 유용하다. 그리고 유물론적 방법 또한 유용하다면 받아들이면 될 뿐이다.

본래 한국 철학사상을 탐구하는 근본 목적은 한국 사람다운 삶을 살기 위한 것이다. 따라서 한국철학을 연구하는 방법은 이 목적을 실현하기 위한 것이 되어야 한다. 그런 점에서 본다면 어떤 철학을 할 것인가 보다는 왜, 그리고 무엇을 위해 철학을 하는가가 중요한 문제인 것이다. 그러기 위해서는 근본적으로 어떠한 자세가 필요할까. 먼저 우리 철학을 하는 바른 자세를 크게 세 가지로 나누어 이야기해 보자.

첫째, 우리 자신이 살고 있는 현실에 대한 역사의식, 시대의식, 사회의식을 가져야 한다. 우리에게는 과거에 어떠한 철학사상이 있었으며 서양에는 어떤 철학이 있었는지, 그리고 그 철학 사상들이 역사적으로 어떠한 기능을 했는지를 아는 일도 중요하다. 하지만 우리가 철학사상을 탐구하는 목적이 단순히 과거를 회상하기 위한 것이나 지적인 호기심을 채우기 위한 것이 아니다. 그러한 것을 바탕으로 오늘 우리가 안고 있는 문제들을 해결하는 힘으로 창조적인 전환을 이룰 수 있어야 하는 것이다. 그러기 위해서는 오늘 우리가 사는 현실을 분석하고 설명할 수 있는 눈을 가져야 한다. 그 눈이란 바로 시대의식, 역사의식, 사회의식이다. 더 구체적으로는 시대적 요구와 역사적 사명, 그리고 사회가 안고 있는 모순을 짚어낼 수 있는 눈을 의미한다. 하지만 우리 철학계는 환경운동이나 정치개혁 같은 치열한 시민운동의 확산에 대한 이념을 창출해 주거나 민족의 숙원인 통일 논의의 정신적 기초를 마련해 주기 위한 노력보다는 침묵과 외면으로 일관해 온 것이 사실이다. 이 같은 시대적 요구를 반영해 내지 못할 때 철학은 이 땅의 철학으로 설 수 없을 것이다.

둘째, 우리 사상에 대한 자긍심이 연구의 출발점이 되어야 한다. 이 말은 전통철학을 중심으로 한 우리의 철학사상을 지나치게 높이고 무조건 따르라는 것이 아니다. 그러한 자세는 자긍이 아니라 자만이 될 뿐이다. 자만은 언제나 자기 철학사상 안으로 숨는 폐쇄성을 낳고, 그 결과는 국수주의나 허위의식으로 나타난다. 그렇다고 우리의 철학사상을 스스로 낮추어서도 안 된다. 이것은 자기 비하일 뿐이다. 전통철학사상에 대한 자기 비하는 우리 민족의 사유체계 속에 담긴 선조들의 고유한 성과를 무시하는 민족 허무주의를 낳고, 그 결과 남의 것을 무조건 추종하는 외래사상 의존을 가져온다. 하지만 자긍심은 그렇지 않다. 자긍심은 주체의식을 바탕으로 하면서도 열린 마음을 갖는다. 따라서 우리 철학사상에 굳건한 토대를 두고 있으면서도 외래사상 가운데 도움이 될 만한 것들을 긍정적인 자세로 수용하게 되는 것이다. 이 같은 자세를 가질 때에만 우리의 철학사상을 비판적으로 계승해 낼 수 있을 것이며 아울러 우리 사상에 도움 될 외래사상들을 지나쳐 버리지 않게 된다. 이런 점에서 볼 때 교리적 프로그램으로서의 분석철학이 이미 끝났다고 하는 레셔의 선언에도 불구하고 영미분석철학이 여전히 큰 흐름으로 자리하고 있는 우리 철학계의 현실을, 한국을 롤 모델로 삼아 완전히 한국화한 상황 속에서 퇴계 율곡을 주제로 성리학 논쟁을 한창 벌이고 있는 가상의 아프리카 어떤 나라의 상황에 빗댄 탁석산의 지적은 옳다.[6]

셋째, 창의적인 자세가 필요하다. 대체로 한국의 철학사상은 근대 이전에 만들어진 것이 대부분이며, 서양의 철학사상 또한 우리와 다른 사회적 조건들 속에서 만들어졌다. 따라서 그 속에는 근대 이전과 오늘 우리가 사는 현대, 또는 서양과 동양이라는 차이가 담겨져 있다. 예를 들어 전통철학의 경우는 근대 이전의 철학사상을 만들어 낸 사회적 토대와 오늘 우리가 사는 사회적 토대 사이에 큰 차이가 있으며, 그에 따라 철학사상을 실현하는 방법과 주체가 달라진다. 서양철학의 경우 또한 삶의 조건과 경험에서 많은 차이가 있기 때문에 논의되는 대상이나 주체가 달라질 수밖에 없다. 그러므로 과거의 철학사상이 아무리 좋다고 해도 오늘의 현실에 그대로 옮겨 심을 수는 없으며, 서양의 아무리 위대한 철학사상도 마찬가지이다. 따라서 한국 철학사상의 전통들을 의미 있게 계승해 내고 서양의 위대한 철학적 업적을 긍정적으로 수용해 들이기 위해서는 지금 우리 현실에

---

6) 탁석산, 「언어분석철학의 종언과 한국철학」, 『인문학연구』, 한국외국어대학교 인문과학연구소, 1997 참조.

맞게 철저히 비판하고 개조해 낼 수 있는 창의적 자세가 요구된다. 이런 점에서 볼 때 관점에 따라 평가가 달라질 수 있겠지만 우리 철학 속에서 새로운 패러다임을 모색하는 조동일의 경우나 우리철학을 통해 분단현실을 넘어서려 한 백낙청의 시도는 의미가 크다고 하겠다.[7]

그렇다면 우리는 이러한 자세를 바탕으로 구체적으로는 어떠한 방법으로 한국철학을 연구해야 하는가? 첫째는 정치·사회·경제적 배경과 연관하여 이해하는 것이다. 어떤 철학이든 그 철학이 나온 시대와 무관하지 않으며, 그런 점에서 모든 철학은 시대의 아들이다. 예를 들어 봉건시대에 나온 전통철학은 군주와 양반 관료 중심의 정치적 배경과 지주 - 전호 관계에 입각한 봉건적 토지경제, 그리고 양반, 중인, 상민, 노비의 차별적인 사회 신분제도를 그 배경으로 하고 있다. 마찬가지로 오늘날 우리가 다루는 서양철학 또한 그 속에 그 철학을 배태한 사회적 배경과 역사적 배경을 담고 있다. 따라서 그러한 철학에서 말하는 인간이나 사회에 대한 견해, 또는 세계관이나 자연관 속에는 그 같은 배경이 반영되어 있다. 그러므로 이 같은 토대 분석을 지나쳐 버리면 각각의 철학사상이 지닌 한계에 대한 지적 없이 오늘 우리 현실에 그대로 유용하다는 몰역사적이며 몰주체적인 주장을 낳게 된다. 이 같은 주장은 구체적 상황에 대한 구체적 분석이라는 과학성을 상실한 주장일 뿐이며, 일종의 종교적 신념이 될 수는 있어도 철학이 될 수는 없다.

7) 조동일은 『우리 학문의 길』, 『한국의 문학사와 철학사』 등에서 기철학의 생극론을 중심으로 한 새로운 학문의 기본 구상을 보이고 있고, 백낙청 또한 『분단체제 변혁의 공부길』에서 전통철학적 관점에 입각하여 오늘의 분단 상황을 넘어설 수 있는 사유체계를 모색하고 있다.

둘째는 다른 학문분야가 이루어낸 성과와 연관하여 이해하는 것이 필요하다. 철학의 발전은 사회 여러 분야의 발전과 무관한 것이 아니다. 예를 들어 보면 동서양을 막론하고 과학의 발전이 가져온 세계관의 확대는 일정하게 철학적 세계관의 확장으로 나타났던 것이다. 또한 외세와의 관계가 주요 모순으로 작용하는 근대 이후의 철학을 이해하기 위해서는 정치학이나 역사학계의 성과를 검토하지 않으면 안 된다. 이와 같은 노력 없이 철학의 발전과정만을 문제 삼는다면 그 결과는 관념 일변에 치우쳤다는 평가를 면할 수 없게 된다. 이 점은 오늘날에도 마찬가지로 나타난다. 환경문제나 생명윤리를 다루기 위해서는 자연과학의 연구 성과들을 수용해 들일 수 있어야 하며, 시민운동의 이념이나 신자유주의 문제 등을 다루기 위해서는 경제학이나 사회학 분야에서 나온 우리 사회에 대한 분석을 충분히 받아들여야만 할 것이다. 하지만 우리 철학계의 현실은 학제간 연구가 다른 학문보다 훨씬 뒤져있다. 생명체 복제 문제의 윤리성을 지적하면서도 관련학문과의 공동연구는 없으며, 의료윤리 문제나 인공지능 문제 또한 마찬가지이다. 이러한 결과는 구체성에 근거하지 못한 채 원칙에 입각한 동어반복만을 되풀이하는 결과를 낳는다.

셋째는 우리 사회의 문제들을 해결하기 위한 방향으로 나아가야 한다. 철학이 대중에게 외면당하는 가장 큰 이유는 현실 문제를 다루지 않기 때문이며, 다룬다고 하더라도 구체성을 상실한 추상화의 오류에 빠져 사변 철학으로 끝나기 때문이다. 철학의 역할은 시대의 성과를 종합해 들이면서 총체적인 설명을 하기도 하고 때에 따라서는 새로운 시대를 열어가기도 한다. 그러므로 가장 중요한 기준은 그 시대의 문제점을 얼마나 정확히 집고 있는가이다. 그리고 다음으로 중요한 것은 그렇게 인식한 시대의 문제를 얼마나 논리적인 체계로 설명하고 있는가이다. 그리고 마지막으로 그러한 논리 체계를 바탕으로 다시 얼마나 치열하게 시대에 대한 실천으로 돌아오고 있는가이다. 따라서 민족의 최대 과제인 통일을 중요 주제로 삼는 것도 필요하고, 오늘 현대사회의 다양한 모순과 문제를 짚어내고 대안을 제시할 수도 있어야 할 것이다. 과거 대부분의 마르크시즘에 대한 연구가 오히려 남북의 편차를 벌리는 역할을 했던 것처럼[8] 오늘날 우리 또한 현실의 필요성과 배치되는 모습을 보여서는 안 될 것이다.

4 한국철학은 우리에게 어떤 의미가 있는가

한국 철학이 한국 사람들에게 주는 의미는 무엇일까? 물론 한국 사람만이 한국철학을 배우고 연구하는 것은 아니다. 외국 사람들도 얼마든지 한국철학을 배우기도 하고 연구하기도 한다. 이것은 우리들이 다양한 여러 나라의 철학을 연구하거나 배우는 것과 같다. 그렇다면 한국 사람이 한국철학을 연구하는 것과 외국 사람이 한국철학을 연구하는 것은 무엇이 다른가? 외국 사람이 한국철학을 연구할때는 그 목적이 한국철학을 발전시키려는데 있지 않다. 이것은 한국 사람이 외국 철학을 아무리 열심히 연구하더라도 궁극적으로 연구의 목적이 그 나라의 철학 발전에 이바지하려는 것이 아닌 것과 같다.

---

8) 백종현은 「독일철학의 유입과 그 평가」에서 1960년부터 79년까지 나온 남쪽의 마르크시즘 관련 연구가 '공산주의나 마르크스 사상에 대한 본격적인 연구 논저가 한 편도 없는 상황에서 그에 대한 비판 서적들만 무수히 발간되는 이상한 현상'을 보였다고 지적하였다. 철학사상 6호, 서울대학교 철학사상연구소, 1996.

사실 이런 점에서는 모든 학문분야가 마찬가지이다. 우리가 어떤 외국의 문학을 공부하더라도 그 목적이 그 나라의 문학을 발전시키려는데 있는 것은 아니다. 외국문학 공부를 통해 그 문학이 지닌 다양하고 풍부한 성과를 배움으로써, 좁게는 그 나라의 문학과 문화를 이해하고 나아가 그 나라와의 교류에 중요한 힘을 얻으려는 것이며, 크게는 그러한 성과를 바탕으로 우리 문학이나 문화 발전에 도움을 얻으려는 것이다.

마찬가지로 다른 나라 사람이 한국철학을 탐구하는 까닭도 한국철학의 핵심을 이해함으로써 한국인의 사유구조와 의식을 알려는 것이며, 궁극적으로는 자기 나라의 이익에 보탬이 되게 하려는 것이다. 따라서 그 경우는 아무리 좋게 평가하더라도 수단으로서의 연구를 벗어 날 수 없다. 물론 한국철학과 외국철학 사이에 보편성도 있을 수 있다. 하지만 그러한 탐구의 궁극 목적이 자기 나라 철학과 남의 나라 철학 속에 들어 있는 보편성을 확인하기 위한 것은 아니다.

그렇다면 한국 사람이 한국철학을 탐구하는 의미는 어디에 있을까? 우리에게는 우리 철학의 탐구가 수단이 될 수 없다. 우리는 우리 철학을 탐구하여 한국 철학사상의 본 모습을 찾아내고, 외국의 철학사상들이 탐구한 결과를 들여다가 우리 철학사상을 풍부하게 만들며, 우리의 철학사상 가운데 재현이 가능한 것들을 오늘 우리 사회의 발전을 위해 새롭게 재구성해 내기도 한다. 그러므로 한국 사람에게 한국 철학사상 탐구의 의미는 수단이 아니라 목적인 것이다. 이처럼 한국 철학사상을 주체적으로 탐구할 수 있는 사람은 한국사람 밖에 없다. 한국 사람의 한국 철학사상 탐구는 바로 우리 스스로를 우리 눈으로 보는 것이며 우리의 삶을 주체적으로 변화 발전시키려는 노력이다. 이 같은 관점에서 볼 때 전통철학 연구자든 서양철학 연구자든 그 목적은 우리 철학을 발전시킨다는 근본 목표에서 서로 만날 수 있을 것이다. 이런 점에서 영문학자인 백낙청교수가 민족문학 발전에 대한 공로를 인정받아 민족주의자인 심산 김창숙을 기념하는 상을 수상한 것은 의미가 깊다고 하겠다.9)

5 맺음말

한국 철학사상은 오랜 역사를 지니고 있다. 숱한 과거 철학사의 흐름이 고대부터 오늘까지 이어지고 있다. 물론 오늘의 철학도 새로운 미래로 이어질 것이다. 사실 어떠한 경우든 과거에 뿌리를 두지 않은 현재는 없으며 어떠한 현실도 고정된 상태로 있지는 않는다. 현실은 언제나 과거의 전통 위에 서 있으며, 지금 현실도 머지않아 새로운 현실에 대해 전통으로 작용하게 될 것이다. 물론 전통철학 가운데에는 버려야 할 것도 많지만 그러나 동시에 계승해야 할 것도 있다. 또한 서양철학의 경우도 부정되어야 할 것도 있겠지만 우리 사상을 발전시키기 위해 긍정적으로 검토해야 할 것이 많다. 그리고 이 두 방향의 연구는 과거 박종홍교수가 서양적 연구방법을 들여오면서 다시 한국철학 연구로 회귀하였던 것10)처럼 주체성이라는 목표 아래 서로 만나야만 할 것이다. 그러므로 우리 연구자 모두는 언제나 비판적 태도와 함께 열린 마음으로 우리의 철학을 보아야 할 것이다.

---

9) 백낙청, 「제2회 心山賞을 받으며」, 앞의 책, 288-297쪽 참조.
10) 김교빈, 「열암의 철학 역정을 통해 본 열암철학의 구도」, 『현실과창조』 3집, 열암사상기념사업회, 2001.3 참조.

| 저자 소개 |

김교빈 사단법인 한국철학사상연구회 이사장   **김재현** 전 경남대학교 철학과 교수
나종석 연세대학교 문과대학 교수   **류종렬** 한국철학사상연구회 회원
송명철 전남대학교 철학과 강사   **이병수** 건국대학교 통일인문학연구단 HK교수
이유선 서울대학교 기초교육원 강의교수   **이철승** 조선대학교 철학과 교수
장영란 한국외국어대학교 교양대학 교수   **최영성** 한국전통문화대학교 무형유산학과 교수
홍원식 계명대학교 철학윤리학과 교수
(저자명: 가나다순)

우리철학총서 특집호

오늘의 한국철학, 그리고 우리철학

초판 1쇄 인쇄   2019년 2월 20일
초판 1쇄 발행   2019년 2월 28일

지 은 이 | 조선대학교 인문학연구원 우리철학연구소
펴 낸 이 | 하운근
펴 낸 곳 | 學古房

주   소 | 경기도 고양시 덕양구 통일로 140 삼송테크노밸리 A동 B224
전   화 | (02)353-9908 편집부(02)356-9903
팩   스 | (02)6959-8234
홈페이지 | www.hakgobang.co.kr
전자우편 | hakgobang@naver.com, hakgobang@chol.com
등록번호 | 제311-1994-000001호

ISBN   978-89-6071-866-1 94100
        978-89-6071-865-4 (세트)

값 : 25,000원